ANTIMANUAL
DE GESTÃO
DESCONSTRUINDO OS DISCURSOS DO *MANAGEMENT*

Valquíria Padilha

(Org.)

ANTIMANUAL DE GESTÃO
DESCONSTRUINDO OS DISCURSOS DO *MANAGEMENT*

DIREÇÃO EDITORIAL:	Marlos Aurélio
CONSELHO EDITORIAL:	Avelino Grassi
	Fábio E.R. Silva
	Márcio Fabri dos Anjos
	Mauro Vilela
COPIDESQUE:	Ana Aline Guedes da Fonseca de Brito Batista
REVISÃO:	Thiago Figueiredo Tacconi
DIAGRAMAÇÃO:	Tatiana Alleoni Crivellari
CAPA:	Miguel Simon

© Ideias & Letras, 2015
1ª impressão

Rua Tanabi, 56 – Água Branca
Cep: 05002-010 – São Paulo/SP
(11) 3675-1319 (11) 3862-4831
Televendas: 0800 777 6004
vendas@ideiaseletras.com.br
www.ideiaseletras.com.br

Dados Internacionais de Catalogação na Publicação (CIP)
(Câmara Brasileira do Livro, SP, Brasil)

Antimanual de gestão: desconstruindo os discursos do management /
Valquíria Padilha [organizadora], São Paulo-SP: Ideias & Letras, 2015.

Vários autores. ISBN 978-85-65893-82-4
1. Administração de empresas 2. Organizações
Administração 3. Sociologia do trabalho
I. Padilha, Valquíria.

15-03404   CDD-30   6.36

Índice para catálogo sistemático:
1. Sociologia do trabalho   306.36

SUMÁRIO

Apresentação 7
Fabio Kazuo Ocada

Introdução 11
Valquíria Padilha

Capítulo 1 ▶ 23
O papel da ideologia nas teorias organizacionais
Claudio Gurgel

Capítulo 2 ▶ 59
A meritocracia nas organizações contemporâneas: gestão de competência, avaliação de desempenho e mobilidade funcional
José Henrique de Faria e Cinthia Letícia Ramos

Capítulo 3 ▶ 91
A administração e a terceirização: como o pragmatismo compromete a análise
Paula Marcelino

Capítulo 4 ▶ 127
Capitalismo, modelos de gestão e assédio moral no trabalho
Valquíria Padilha

Capítulo 5 ▶ **159**
Entre fazeres e representações: que motivos eu tenho para trabalhar?
Rosemeire Aparecida Scopinho

Capítulo 6 ▶ **183**
Direitos demais aos trabalhadores no Brasil?
Jorge Luiz Souto Maior

Capítulo 7 ▶ **245**
10 questões polêmicas sobre a Redução da Jornada de Trabalho (RJT)
Cássio da Silva Calvete

Capítulo 8 ▶ **285**
O desejo de mandar
Fernando Braga Costa

Capítulo 9 ▶ **305**
A liderança diante dos sofrimentos dos outros
Angelo Soares

Capítulo 10 ▶ **321**
A sociologia e o mal-estar na formação de administradores
Valquíria Padilha e Thiago Martins Jorge

Capítulo 11 ▶ **355**
As fissuras do horizonte: utopia, a despeito da nebulosa neoliberal
Daniel Pereira Andrade

Referências bibliográficas/webgrafia **387**

Sobre os autores **409**

APRESENTAÇÃO

FABIO KAZUO OCADA[1]

Desde as últimas décadas do século XX, em meio ao processo de reestruturação mundial do capitalismo, ideólogos da ordem vigente inundaram o mercado editorial nacional com uma enxurrada de publicações, que, não apenas propagandeavam as vicissitudes inerentes às novas concepções flexíveis de gestão do trabalho – baseadas em formas coercitivas de obtenção da adesão dos trabalhadores –, mas tratavam, também, de difundir para as mais diferentes esferas da vida social, o discurso ideológico a elas correspondente.

Utilizando-se de novas terminologias para referir-se às inovações otimizadoras da exploração da força de trabalho, o conjunto dessas publicações empenhou-se em incutir entre os diferentes setores da sociedade, os valores empresariais associados ao ideário neoliberal. No bojo desse processo, um conjunto de novos termos passou a figurar no vocabulário corrente, de empresários, de seus representantes políticos, de administradores dos "recursos humanos" e também entre os próprios trabalhadores, incluindo profissionais do ensino e assalariados do meio acadêmico.

---

1 Professor de Sociologia na Unesp, *campus* de Marília-SP.

APRESENTAÇÃO ▸ FABIO KAZUO OCADA

As inúmeras estratégias empregadas com vistas à cooptação ideológica dos trabalhadores pressupunham a aplicação de um conhecimento racional, pretensamente científico, da dinâmica das relações intersubjetivas no trabalho. Em flagrante contradição com a precarização das condições de trabalho, dos direitos trabalhistas e das formas de contratação para uma parcela expressiva da sociedade, a racionalização do trabalho passou a exigir dos trabalhadores a adesão aos ideais do empresariado.

Nesse contexto, os recursos motivacionais aplicados à gestão flexível do trabalho passaram a desempenhar papel relevante nos manuais de administração. Com vistas à manutenção das relações capitalistas de produção, fundada no domínio do capital sobre o trabalho, investiu-se na manipulação das relações intersubjetivas implicadas no trabalho alienado, de modo a se intensificar, tanto a exploração, quanto o domínio sobre a força de trabalho. As consequências desse desenvolvimento foram nefastas para os trabalhadores. Na esteira do processo de universalização desse novo paradigma organizacional de administração e gestão, as universidades assumiram papel estratégico, tanto na difusão dos preceitos ideológicos do chamado "toyotismo", quanto para conferir a cientificidade necessária para a sua legitimação.

Por essa razão, de encontro ao entulho ideológico publicado ao longo dessa fase recente do desenvolvimento histórico do capitalismo, o presente trabalho, intitulado *Antimanual de gestão: desconstruindo os discursos do* management, organizado pela Prof[a]. Dra. Valquiria Padilha, atende com vigor a uma demanda urgente da sociedade contemporânea por análises críticas, comprometidas com a transformação da realidade bem como com o conhecimento da verdade acerca das contradições sociais relacionadas às transformações do trabalho. Nesse sentido, os autores aqui reunidos, por meio de abordagens distintas, apresentam o avesso dos discursos gerenciais e empresariais, desafinando o coro entoado pelos defensores da ordem social do capital, rompendo com o confinamento intelectual imposto pelos manuais de gerenciamento e pelas teorias da administração; e tornando-se, assim, análises imprescindíveis nos dias atuais.

Marília, 26 de julho de 2014.

INTRODUÇÃO

Valquíria Padilha

Este livro é um antimanual de gestão porque o universo do *management* é visto pelo seu avesso. Ao contrário dos manuais utilizados em disciplinas dos cursos de Administração nas universidades, este livro tem uma proposta ousada: desconstruir valores, conceitos, discursos e ideologias propagados aos gestores de empresas e aos futuros gestores como sendo sinônimos de ciência e de técnica. Os discursos que fazem parte do complexo universo das organizações e de seus gestores são revestidos de neutralidade e de universalidade, quando na verdade são ideológicos. As ideologias estão sempre a serviço de algum grupo de interesses.

Compreendo ideologia como uma forma de interpretação manipulada da realidade, já que seu mecanismo opera com o objetivo de transformar o particular em universal. Uma parte da realidade é tomada como se fosse o todo, confundindo as pessoas sobre o que é o real. Gosto do exemplo da colher dentro de um copo de água. Se uma pessoa nunca viu uma colher e a vê pela primeira vez dentro de um copo de água, certamente descreve o cabo da colher como sendo torto, já que a água funciona como um deformador do cabo real da colher, causando uma ilusão de ótica. No entanto, a partir dessa metáfora, podemos pensar na água como tendo a função da ideologia: ela atua como um artifício que confunde o leitor ou telespectador desavisado.

Compartilho da concepção adorniada de ideologia, como bem explica Maia (2007, p. 117):

> [...] *Como um vasto conjunto de procedimentos técnicos de administração do psiquismo dos sujeitos, que visa a reproduzir a aparência social sem deixar brechas para que se manifeste aquilo que escapa à lógica da equivalência. [...] A ideologia converteu-se na mera afirmação de que o que é, a realidade como esta aparece, não poderia ser diferente. Nesse sentido ela é uma mentira manifesta, justificada pela eficiência do aparato que a mantém; em outras palavras, a administração total da sociedade, baseada no desenvolvimento técnico nos moldes de uma razão instrumental, fecha as possibilidades de negação da realidade que, historicamente, os homens criaram.*

Quando as ideologias são ensinadas e repetidas nas escolas de gestão, elas aparecem aos alunos – que não possuem referências não ideológicas do real – como se fossem ciência. Como nossas universidades são ainda bastante fundadas nos preceitos positivistas, tudo que é ciência deve ser comprovado, medido, quantificado e deve ser aceita como uma verdade absoluta incontestável. Se o autor disse, se está escrito no manual, se o professor doutor adota esse livro e repetiu em sala de aula, então só pode ser verdade, só pode ser científico, deve ser universal.

Mas, por que os alunos não possuem referências não ideológicas do real e, assim, aceitam ideologias como se fosse ciência? Muito se tem a considerar na elaboração de uma resposta para essa questão. A maneira como nossos meios de comunicação de massa transmitem suas mensagens a nós, ouvintes, leitores e telespectadores da mídia comercial, é uma primeira importante consideração a se fazer. Valeria refletir sobre o "showrnalismo", da notícia como espetáculo à promíscua relação entre a mídia e o poder (que José Arbex Jr. chama de "jornalismo canalha"), passando por todo o aparato da Indústria Cultural (que Theodor Adorno diria ser um conjunto de técnicas e tecnologias manipulando, igualando e atrofiando as pessoas em nome do entretenimento e de uma falsa cultura).

Depois, é premente reconhecer as escolas como "Aparelhos Ideológicos do Estado", para usar um conceito de Louis Althusser. Nos processos de formação e informação das pessoas, estamos cercados de ideologias, meias verdades e inverdades travestidas de ciência e também de pseudointelectuais agindo como porta-vozes dessa ciência carregada de ideologia. Digo pseudointelectuais para provocar os que optam pela ciência da manutenção e não da mudança, para os que tomam o partido do pensamento único e escolhem o lado do poder. Quando compreendemos intelectual como alguém que forma o público, entendemos que o intelectual forma consciências do mundo. Como vemos o mundo, a sociedade e as pessoas foi algo aprendido primeiro em casa, depois pelas mídias e escola. Os intelectuais são centrais em todas essas esferas da formação de nossa consciência. A "falsa consciência" é a ideologia.

Estamos falando de ideologias que banalizam e naturalizam desigualdades, a pobreza, o capitalismo e o neoliberalismo como se fossem únicos e universais. Os discursos da meritocracia ocupam cada vez mais lugar nas mentes e almas das pessoas desprovidas da educação emancipatória (nos termos adornianos) que ensina o aprendiz a separar o joio do trigo, ou seja, que ensina a reconhecer e relativizar o efeito da água sobre a forma da colher que está dentro do copo. Um ensino ideológico, nos termos que assumimos aqui, é exatamente o que descreve Biscalchin, no seu pequeno, mas radical livro intitulado *Universidade, mercado e a formação de papagaios burros* (2008): "é o que transforma a universidade submissa ao mercado, que banaliza o mal, retira a amplitude do olhar (impede o aluno de ver o universo – que está na gênese da palavra universidade) e rouba a sua capacidade de ouvir vozes e acordes diversos e/ou dissonantes".

Os cursos de Administração de Empresas são definitivamente – e cada vez mais – uma fábrica de mão de obra qualificada para as demandas das organizações, geralmente de capital privado. A consequência imediata disso é que a universidade não consegue mais formar pessoas (futuros profissionais) capazes de pensar, de refletir para além do estabelecido. O mercado exige profissionais de que tipo, com que habilidades? Quem sabe dizer o que é o mercado? É uma pessoa exigente, um grupo de empresas, um grupo de empresas mais governos, são os bancos ou se trata apenas de um ser indefinido tão invisível quanto as famosas "mãos" de Adam Smith?

A ideia de organizar um livro como esse nasceu da minha prática como docente de Sociologia no curso de graduação em Administração de Empresas, desde 2006 até hoje. A sala de aula com esses futuros gestores transformou-se em uma arena política para mim, pois escuto dos alunos comentários e pontos de vista, por vezes, assustadores. Com formação em Sociologia Crítica, não é sem crises que tenho de enfrentar todos os dias o peso do *mainstream* que reina soberano numa escola de negócios.

Ao longo desses últimos anos venho tomando nota de perguntas e comentários que os alunos fazem nas minhas aulas de sociologia e pensava: um dia vou organizar todas essas discussões e debates em um livro. Perguntas e comentários carregados, na maioria das vezes, de enganos construídos a partir de uma formação ideológica que rouba dos alunos o direito de conhecer o vasto universo de visões sobre a sociedade, as empresas, o capitalismo.

Alguns comentários, por exemplo, de alunos são:

- *Precisamos trabalhar apenas para os acionistas, não para os trabalhadores;*
- *Se existem pobres, gente sendo explorada, não me interessa, o que eu sei é que sou rico e está tudo bem com a minha vida e quero ser ainda mais rico que meus pais;*
- *Não tem como melhorar a vida dos trabalhadores numa empresa, porque se eles tiverem condições melhores, vão encostar e fazer corpo mole;*
- *Não dá para ficar passando a mão na cabeça dos trabalhadores, eles precisam fazer por merecer;*
- *Aumentar salário é passar a mão na cabeça do trabalhador. Ao invés de eles pagarem uma escola particular para seus*

filhos, vão gastar com ostentação. Se eu fosse empresária eu iria decidir onde os meus trabalhadores iriam gastar seus salários;
- *Trabalhador que ganha bem demais não se motiva para ir trabalhar;*
- *As leis no Brasil só protegem os trabalhadores, os donos das empresas são muito prejudicados nesse país, meu pai, que é empresário, teve que ir trabalhar mesmo com câncer, enquanto o empregado dele faltou 5 dias do trabalho porque estava com conjuntivite;*
- *A CLT só engessa o crescimento do Brasil, deveria ser jogada fora;*
- *Se eu precisar dizer ao acionista que ele tem que abrir mão de 0,5% de seu lucro para eu melhorar um pouco a vida do trabalhador, jamais eu faria isso com ele, não existe isso num mercado competitivo;*
- *A culpa de toda a precarização do trabalho no Brasil é só do Estado;*
- *Só é pobre no Brasil quem quer, quem não se esforça, o mundo do sucesso é para quem se esforça;*
- *A sociologia só critica tudo, mas não dá nenhuma solução;*
- *Esse discurso da sociologia é socialismo;*
- *O mercado é competitivo, se eu quiser mudar na minha empresa para favorecer trabalhador, eu perco mercado;*
- *A sociologia é muito teórica, nós precisamos de prática.*

Muitos outros comentários desse tipo passaram pelos meus ouvidos nas minhas aulas de sociologia desde 2006.

A sociologia crítica provoca, evidentemente, reações diversas nos estudantes de administração, que estão sendo formados para gerarem mais produtividade, mais lucro aos acionistas, em menos tempo, com menos custo, sem ponderar as consequências psíquicas e sociais dessas decisões. A sociologia tem sido uma das raras oportunidades que os alunos têm de aprender a questionar quais são os ganhos e as perdas dos modelos de gestão adotados pelos países capitalistas, como o Brasil. Não é aceitável que os estudantes de administração de empresas passem cinco anos na faculdade sem aprender a problematizar o que aparece, num primeiro olhar, como sendo absolutamente natural, universal ou verdadeiro. A sociologia crítica precisa desnudar as aparências, tencionar as verdades absolutas, desconstruir ideologias.

Lembrei-me de amigos, colegas e intelectuais que contam com meu respeito e admiração e convidei-os para compartilhar comigo essa aventura sociológica de escrever um "antimanual de gestão". Todos os autores que aceitaram escrever capítulos neste livro são de primeira linha, sobretudo se pensarmos que eles vêm contribuindo, cada um à sua maneira, para fortalecer o pensamento crítico nas ciências sociais, em geral, e na administração, em particular.

O **capítulo 1**, escrito por Claudio Roberto Gurgel, intitulado "O papel da ideologia nas teorias organizacionais", discute como as teorias e formulações da administração se destinam essencialmente a elevar a produtividade das empresas e obter a cooperação dos trabalhadores. Elevar a produtividade porque a produtividade é a maior extração de produto/valor com o menor empenho de recursos, que aumenta o excedente, de onde vem o lucro, a redução do custo unitário, a possibilidade de preços mais baixos etc. Obter cooperação dos trabalhadores porque a motivação original do artesão foi perdida quando ele foi reduzido a assalariado, com todas as vicissitudes dessa nova condição. É preciso criar métodos para fazer esse homem trabalhar com alguma vontade. Por isso, sendo teorias e ideias destinadas a mobilizar os homens, elas são sempre uma combinação de técnica e discurso ideológico. Seu capítulo tem o objetivo de demonstrar como isso ocorre nas diversas teorias organizacionais, de Taylor ao toyotismo, a partir da investigação sobre a literatura fundamental dos principais pensamentos e pensadores da área e a ajuda de obras que se preocuparam com esse caráter ao mesmo tempo ilusionista e mobilizador da ideologia.

O **capítulo 2**, escrito por José Henrique de Faria e Cinthia Letícia Ramos, intitulado "A meritocracia nas organizações contemporâneas: gestão de competência, avaliação de desempenho e mobilidade funcional", apresenta uma interessante análise sobre a meritocracia, que tem sido considerada como um sistema social de recompensa, em que o sucesso de um indivíduo ou grupo depende de habilidade, talento e esforço. Dessa forma, o mérito passa a ser tratado nos sentidos: de valor moral, quando supera obstáculos impostos pela moralidade; teológico, quando supera o dever estrito definido; de aptidão, quando se refere ao reconhecimento ou aprovação; qualidade louvável, quando se refere ao conteúdo da ação. A meritocracia exige formas válidas de medida com base no fato de que todos os que a ela se submetem possuem igual oportunidade. Assim, a ideia de meritocracia tem servido de base para a ideologia da igualdade social, ocultando as diferenças, o preconceito, a discriminação e a opressão. Nas organizações contemporâneas, a meritocracia vem sendo concretamente operacionalizada com base na concepção de igualdade de oportunidades através de programas corporativos de gestão de competência e de conhecimento, de avaliação de desempenho e de mobilidade funcional ou plano de carreira, cargos e salários. O objetivo deste capítulo é mostrar como a ideologia do mérito se materializa nas organizações contemporâneas através de programas corporativos enquanto um sistema de poder, de controle, de ideologia e de racionalidade instrumental.

O **capítulo 3**, escrito por Paula Marcelino, intitulado "A administração e a terceirização: como o pragmatismo compromete a análise", tem como objetivo debater a literatura da área de administração sobre a terceirização do trabalho de modo a: a) identificar quais são os principais elementos do debate na área; b) comparar essa produção com o conhecimento acumulado por outras disciplinas sobre o tema da terceirização; e c) identificar de que maneira o posicionamento social da disciplina "Administração de Empresas" interfere na construção do conhecimento nessa área. A autora entende que a área de administração faz uma leitura ideológica e não científica dos processos de terceirização dentro das empresas; e que isso se deve à natureza própria da disciplina sob o capitalismo. O texto é resultado de pesquisa bibliográfica sobre o tema.

O **capítulo 4**, escrito por Valquíria Padilha, intitulado "Capitalismo, modelos de gestão e assédio moral no trabalho", analisa, a partir de uma perspectiva crítica, as relações entre o modelo de gestão adotado pelas empresas públicas e privadas e o aumento de queixas de assédio moral no ambiente do trabalho, não só no Brasil como em outros países do mundo ocidental. O objetivo do texto é levar ao conhecimento dos leitores o que é assédio moral no trabalho, quais são as possíveis causas, qual é o perfil do assediador e como os gestores poderiam atuar para não permitir o assédio moral no local de trabalho.

O **capítulo 5**, escrito por Rosemeire Aparecida Scopinho, intitulado "Entre fazeres e representações: que motivos eu tenho para trabalhar?", aborda, de forma didática, o clássico problema da motivação para o trabalho, que tanto e por tanto tempo preocupa gestores e trabalhadores, a partir da noção de *habilidade artesanal* discutida por Richard Sennett em *O artífice*. Para discutir a questão, a autora resgata as pesquisas que realizou no Brasil com trabalhadores rurais, assentados rurais e com eletricitários.

O **capítulo 6**, escrito por Jorge Luiz Souto Maior, intitulado "Direitos demais aos trabalhadores no Brasil?", apresenta uma densa retrospectiva da história dos direitos do trabalho no Brasil, procurando levar o leitor a entender como essa trajetória é permeada por lutas árduas entre empregadores e empregados. Assim, defende a necessidade da manutenção e garantia dos direitos trabalhistas no Brasil e conclui que, apesar de tudo, o Direito do Trabalho e as instituições voltadas à sua construção e aplicação não apenas se mantiveram vivos como viram crescer bastante a sua relevância no cenário jurídico e político nacional desde o final da década de 1990, com intensificação maior a partir de 2002.

O **capítulo 7**, escrito por Cássio da Silva Calvete, intitulado "10 questões polêmicas sobre a Redução da Jornada de Trabalho (RJT)", se propõe a enfrentar de forma didática questões polêmicas acerca da Redução da Jornada de Trabalho. Algumas das questões abordadas se configuram como polêmicas em função da disputa ideológica à qual se presta à temática. Outras adquirem esse *status* em função das características particulares da sociedade e da economia brasileira e outras pelos riscos inerentes à adoção de medidas econômicas de forte impacto na economia e na sociedade em geral. Assim, o autor aborda mais de um ponto de vista existente sobre cada uma das questões selecionadas.

O **capítulo 8**, escrito por Fernando Braga Costa, intitulado "O desejo de mandar", apresenta preciosas reflexões sobre como o modo de produção capitalista – que não inventou a dominação de humanos sobre humanos – a tornou natural, incontestável e, sobretudo, o mais grave: uma necessidade e um objetivo. Isso alcança não apenas as estratégias que sustentam o mecanicismo das disputas empresariais, mas também e agudamente, norteia o pensamento e o desejo dos jovens que preenchem os atuais quadros universitários. Como analisar e compreender esse estado? Como avaliar e interferir nesse processo?

O **capítulo 9**, escrito por Angelo Soares, intitulado "A liderança diante dos sofrimentos dos outros", traz à tona uma discussão importantíssima partindo da realidade: no universo da gestão somos sempre confrontados com o humano. As decisões tomadas vão sempre ter um impacto nas vidas de outras pessoas. A gestão não precisa desumanizar os outros, mesmo num contexto social ou organizacional difícil. Uma gestão moral não deve desumanizar. Parafraseando o sociólogo Zygmunt Bauman, o autor diz que a gestão tem sentido a medida em que ela pode ajudar toda a humanidade para que a dignidade humana seja respeitada. São as escolhas humanas na gestão que fazem toda a diferença entre vidas (des)humanas. O objetivo do capítulo é discutir diferentes formas de sofrimentos associados à organização do trabalho para tentar compreender como os gestores lidam com os sofrimentos, sejam os seus próprios ou os de seus empregados.

O **capítulo 10**, escrito por Valquíria Padilha e Thiago Martins Jorge, intitulado "A sociologia e o mal-estar na formação de administradores", provoca o universo da formação de gestores, considerando que os administradores de empresas são formados basicamente para aumentarem os lucros dos empresários, utilizando os recursos disponíveis (força de trabalho, matéria-prima, natureza, equipamentos) de forma eficiente. As disciplinas que compõem o núcleo duro da formação de administração são *Marketing*, Finanças, Recursos Humanos e Operações. Todas essas áreas são modeladas de forma positivista e dominadas pelas metodologias quantitativas. A sociologia é uma disciplina que normalmente entra na grade curricular dos cursos de graduação em Administração. Mas, neste capítulo, os autores defendem a tese de que apenas a sociologia crítica tem a intenção de: 1) ser anticapitalista; 2) levar os sujeitos à emancipação; 3) "escovar a história a contrapelo" (BENJAMIN, 1994, p. 225); e 4) ser contrária às ideologias da gestão. O capítulo esclarece cada um desses itens a fim de legitimar a defesa da sociologia crítica na formação dos futuros gestores.

O **capítulo 11** (último), escrito por Daniel Pereira Andrade, intitulado "As fissuras do horizonte: utopia, a despeito da nebulosa neoliberal", tem como proposta oferecer uma reflexão à fala comum dos estudantes de Administração de Empresas de que todo projeto alternativo de sociedade é uma utopia irrealizável. A reflexão encaminha-se pela questão do final das utopias como indissociável da própria maneira como as sociedades neoliberais contemporâneas se conformam, dando ênfase para dois aspectos: a individualização das responsabilidades pela lógica do capital humano e do empreendedorismo, com o consequente esvaziamento da esfera pública e dos projetos coletivos e políticos de destino comum; e a constituição de uma temporalidade da urgência, que cultua a responsividade imediata e desloca a própria temporalidade de um projeto comum de longo prazo. O objetivo não é constatar a morte das utopias, mas revelar algumas das condições sociais que impedem a constituição da imaginação pública, de modo a apontar para transformações que precisam ser realizadas como condições de possibilidade para a reformulação de um projeto comum.

Este livro não trará mais respostas que perguntas e não oferecerá passos a serem seguidos para atingir um determinado fim ótimo. Convidamos o leitor a enfrentar a leitura e o estudo deste livro como um exercício de descolonização do pensamento, abrindo-se, assim, para um rico universo de questionamentos, reflexões, contestações e utopias — para além do que se lê nos manuais técnicos de administração de empresas.

davam ao termo? Como podemos imaginar esse exercício filosófico do engenheiro Taylor, cuja referência maior é a objetividade dos cálculos, da métrica e do cronômetro? Principalmente, cabe perguntar: para que uma filosofia? Sim, para que, se o homem é *economicus*? Não seria o bastante a *filosofia* da remuneração por peça e adicional por peça?

Não! Como continuaria dizendo Taylor ao presidente da Comissão Especial da Câmara dos Representantes: "[...] A ideia de paz deve substituir a antiga ideia de guerra entre operários e patrões"(*Idem*).

A pergunta que se aplica a Taylor cabe ser estendida a todos quantos se pretendem fazendo teoria e formulando ideias voltadas para a gestão de qualquer atividade humana. As organizações, muito bem definidas como associações humanas para um fim determinado, têm, como diria Brecht em seu poema *Cartilha de guerra alemã*, um defeito: são feitas por homens. Os homens, como já se percebeu, vão além de operadores mecânicos. Por mais que se pretenda que funcionem como máquinas, existem alguns hiatos entre o trabalho e outras atividades que lhes permitem pensar.

Maslow (1943) foi muito convincente na sua *pirâmide das motivações* quando situou a necessidade da sobrevivência como fisiológica. Não há contemplação: sem o preenchimento dessa necessidade não há como fazer projeções, salvo em circunstâncias muito especiais. Os homens precisam se alimentar e ter o suprimento de outros bens que lhes facultem moverem-se com alguma energia. Isso é básico. Foi, aliás, o que levou Herzberg *et al.* (1959) a classificar essa necessidade fisiológica como higiênica, nem sequer motivadora, tão básica vem a ser.

Mas o fato é que também se demonstrou que apesar disso há algumas necessidades que estão no plano da subjetividade – aparentemente, privilégio humano – e que têm um poder de emulação (ou depressão extraordinário).

Os homens que produziram ideias e teorias podem ser acusados de tudo – insensibilidade, crueldade, manipulação, mentiras –, mas não podem ser acusados de imbecis. Ao contrário. São frequentemente muito inteligentes.

Todas as percepções que temos, quanto à importância do plano subjetivo na vida e no trabalho são por eles capturadas – até porque muitos deles, em especial no mundo da administração, lidaram com outros homens a quem queriam fazer produzir. Nessa lida diária aprenderam que não basta dar a ordem, indicar a "maneira certa", mas é preciso, como observou Follett (1924), imprimir à ordem um caráter convincente e envolvente. Por isso, o engenheiro Taylor não tem dúvida em dizer que seu sistema depende de "uma certa filosofia".

Seu diálogo com o presidente da Comissão Especial da Câmara de Representantes foi adiante e vale a pena conhecê-lo, porque são palavras que põem mais luz sobre o significado e importância dessa filosofia.

Como vimos, ele lucidamente vai ao ponto que resume o sentido de toda a sua filosofia: "A ideia de paz deve substituir a ideia de guerra entre operários e patrões". Em que esfera do pensamento e do exercício de reflexão se localiza essa filosofia? A esfera que busca indicar uma leitura dos fatos a que se atribui veracidade e uma exortação a um dado movimento, a uma dada ação – é a esfera da ideologia. É disso que pretendemos tratar neste capítulo: o papel da ideologia nas teorias organizacionais.

Não seremos pretensiosos. Não pretenderemos cobrir todo o pensamento administrativo. Isso seria cansativo e certamente se põe acima das nossas possibilidades. De todo modo, vamos revisitar algumas formulações e vermos nelas aquilo que podemos considerar como passagens típicas desse processo de explicar os fatos e impulsionar as ações pela via da palavra – escrita ou oral – de acordo com os nossos objetivos.

Disse-me um dia uma professora do meu departamento, na Universidade, que "isso de ideologia já tinha acabado". Ouvindo esse comentário, foi inevitável relembrar do personagem de Molière, em *O burguês fidalgo*, que ao saber o que vinha a ser *prosa* concluiu:

"Mas olha só! Há mais de quarenta anos que eu faço prosa e nem sabia!". Assim também se faz a ideologia, muitas vezes sem o saber.

A predição do fim das ideologias, feita por Daniel Bell (1980), não se confirmou. Ao contrário, a própria afirmação do fim da ideologia e das ideologias, em rigor, nada mais é que uma ideologia. Ela procura nos indicar uma leitura alienada da realidade e nos impelir à ação conservadora ou à inação.

Reconhecer a sobrevivência das ideologias e da própria ideologia como fenômeno do pensamento da sociedade dividida, uma sociedade de versões e interpretações, com objetivos diferenciados e muitas vezes conflituosos, significa se colocar no mundo de modo alerta e não se deixar levar pelos interesses e finalidades de terceiros – a menos que, conscientemente, seja essa a nossa vontade.

A ideologia

Este é um tema que encontrou dificuldade para ser conhecido e compreendido. Com o passar do tempo, a vida social, econômica e política se tornou mais explícita e a literatura sobre a ideologia e seu significado, importância e presença entre nós se tornou de fácil acesso.

Uma biblioteca de textos sobre ideologia pode ser montada sem dificuldade: desde os textos iniciais de Hegel e Marx até os mais recentes de Althusser (1983), Mészáros (1996), Zizek (1996) e Eagleton (1997). No Brasil, é muito conhecido o texto de Marilena Chauí (1989), *O que é ideologia?*

No que diz respeito diretamente à administração, Maurício Tragtemberg (1985) faz a associação da ideologia com a burocracia, em obra muito referida, e Covre (1983) em sua análise sobre a formação do gestor trabalha com o conceito. Nosso livro, *A gerência do pensamento* (GURGEL, 2003), também está apoiado no conceito de ideologia, quando estuda a mediação/influência que a teoria gerencial e suas ferramentas fazem na consciência dos universitários e formados.

Portanto, não nos ocuparemos excessivamente do conceito, ainda que seja necessário nos situarmos quanto a ele. Em outras palavras, precisamos dizer ao leitor, não exatamente o que vem a ser ideologia, mas como entendemos e trabalhamos com essa categoria.

Sem dúvida que o texto de Karl Mannheim, *Ideologia e utopia* (1976), é uma porta inicial para entendermos o sentido do conceito. Mannheim faz a distinção entre um pensamento falso, que representa uma falsificação da realidade, definição que aparece em Marx da *Ideologia alemã*, e a **utopia**, uma construção teórica e ideal que se apresenta não como algo real, porque utopia, mas como algo que impulsiona à ação transformadora. Como explica Eduardo Galeano, com as palavras de Fernando Birri, a utopia não é um lugar, é uma direção. É, portanto, uma motivação para caminhar:

> *A utopia está lá no horizonte. Me aproximo dois passos, ela se afasta dois passos. Caminho dez passos e o horizonte corre dez passos. Por mais que eu caminhe, jamais alcançarei. Para que serve a utopia? Serve para isso: para que eu não deixe de caminhar.* (GALEANO; BORGES, 1994, p. 310)

Nesse sentido, a utopia não é igualmente real. Mas sua irrealidade tem a eticidade do sonho de transformação. Mannheim faz essa distinção, atribuindo à utopia um sentido revolucionário, que propõe algo diferente do que está estabelecido, enquanto a ideologia teria um caráter conservador, harmonizando-se com o estado de coisas, imprimindo-lhe ou buscando imprimir sentido ético e/ou racional aos fatos e comportamentos.

Como dissemos, essa dicotmia de Mannheim – de um lado algo conservador, de outro, algo impulsionador da mudança, ainda que ambos escapando ao real porque o falsificando ou o idealizando – abre a porta da compreensão do conceito. Não para que consideremos a dicotomia proposta como uma verdade – também aí existe ideologia. Não! Mas para considerar, como disse Hegel, que "o múltiplo é um". Porque ao ilustrar com o exemplo da ideologia/utopia da liberdade, Mannheim comenta que a utopia da burguesia ascendente consistia na ideia da liberdade. "[...] Uma verdadeira utopia, isto é, continha elementos orientados para a realização de uma nova ordem [...] desintegração da ordem previamente existente." Mas, continua o filósofo:

> Sabemos, hoje em dia, exatamente em que medida essas utopias se tornaram realidade e até que ponto a ideia de liberdade daquela época continha não apenas elementos utópicos, mas igualmente ideológicos. (MANNHEIM, 1976, p. 227)

Nesse sentido, a porta nos leva a um conceito ambíguo, que tem de ilusão e alusão ao real (ALTHUSSER, 1983), que tem conservação e mudança. Em certas situações, antes tem mudança para, a seguir, ter conservação. Esse movimento circular, igualmente característico da dialética da matéria e do pensamento, está na ideologia a que estamos nos referindo.

Pensamos, então, que ideologia tem no seu interior dois componentes: a ilusão e a possibilidade real. Por isso é irresistível a inclinação para comparar a promessa ideológica com a promessa lotérica. As loterias não teriam sucesso se ao final sempre se verificasse um resultado sem ganhador. Mas a afirmação de que todos ganharão com a loteria jamais convenceria alguém a jogar; assim como a afirmação de que ninguém ganhará com a loteria, igualmente. O real é que poucos ganharão. Mas, infelizmente o real é muito pesado para ser um companheiro constante. É a afirmação que trabalha com a possibilidade e não com o real que nos faz caminhar. É nesse sentido que dizemos que a dicotomia de Mannheim nos abre a porta para compreender que, como mais uma vez ensina Hegel, "a verdade é o todo".

Quando um texto nos expõe, ensina, informa e analisa algo, ele não apenas expõe, ensina, informa e analisa – ele nos propõe algo.

A conhecida pretensão de Weber, anunciando-se como autor de uma "sociologia compreensiva", que apenas descreve a realidade e não a prescreve ou a escreve, é uma ideologia da neutralidade científica. Na verdade, Weber, como todos que pretendem a neutralidade, é um traidor de si mesmo, porque são muitas as ocasiões em que sua "sociologia compreensiva", mais do que compreender, subentende e sugere.

Por isso, no estudo das teorias, sejam teorias econômicas ou administrativas, o sentido das palavras é sempre o de impulsionar a ação que serve ao interesse do orador, o interesse de quem fala, da perspectiva de quem fala, como gostam de dizer os educadores.

Um estudioso ou estudante, mestre ou aprendiz não tem o direito de omitir ou desconhecer essa situação implícita em qualquer discurso: o interesse de quem fala. Certa lealdade filosófica exige que essa condição seja reconhecida por quem fala ou tem o direito profissional de falar aos outros – o professor, por exemplo. Por isso, as bibliografias dos programas de disciplina precisam incentivar os estudantes a recorrerem a fontes diversas e estimulá-los à pesquisa e ao contraditório.

Uma interessante discussão faz Zizek em *Um mapa da ideologia*, quando põe em evidência a questão de *por que assim falam os homens*. Porque nos querem enganar ou estão tão enganados que nos querem fazer acreditar naquilo que os enganam? Há uma intenção deliberada na construção de uma ideologia ou é a ideologia tão poderosa que induz os homens a reproduzi-la para os outros homens como se ela fosse uma verdade absoluta?

Zizek relembra a passagem de Marx em *O capital*, "*sie wissen das nicht, aber sie tun es*" – disso eles não sabem, mas o fazem –, que ilustraria o fenômeno da ideologia em seu estado mais elementar – acreditar e por isso fazer com que acreditem. A essa passagem Zizek contrapõe a fórmula de Sloterdijk, em *Crítica da razão cínica*: "eles sabem muito bem o que estão fazendo, mas mesmo assim o fazem" (ZIZEK, 1996, pp. 312-313).

Para Sloterdijk, o nosso tempo já não permite que as ilusões sejam assim propaladas sem que os seus divulgadores desconheçam o seu caráter ilusório. Eles sabem, ainda assim o fazem. Eles sabem, ainda assim o dizem. Há um cinismo dominante, por exemplo, na defesa da *liberdade de iniciativa* (iniciativa econômica, livre comércio etc.), porque é bem sabido que essa liberdade é limitada aos que possuem capitais. Mais ainda limitada aos que possuem grandes capitais, de tal modo que o pequeno capitalista, para não falar dos trabalhadores, são submetidos/dominados no mercado, quando não sufocados até a falência ou, no caso dos trabalhadores, levados ao esgotamento físico e mental, porque a liberdade de iniciativa inclui um certo *laissez-faire*, que desregula o trabalho e o próprio mercado.

Nesse sentido, a defesa do *empreendedorismo vulgar*,[3] esse que sustenta o Sebrae e os governos e rende alguns trocados a certos "acadêmicos", se inscreve como um exemplo perfeito do cinismo ideológico. Ninguém desconhece que milhares de economias, às vezes poupanças de uma vida, foram tragadas pelos sonhos inviáveis de pequenos negociantes ou projetos de pequenos negócios que naufragaram nos primeiros anos – depois de submeter seus *empreendedores* a meses de sacrifícios e esforços inúteis. Entretanto, muitos continuam a alimentar o sonho, à semelhança do sonho lotérico, quando poucos ganham incentivando a que muitos percam. Órgãos públicos e privados, faculdades e professores se promovem e/ou enriquecem à custa desses sonhos que cedo se transformam em pesadelos financeiros e sociais. Eles o sabem, ainda assim o fazem.

Dirão alguns que estão ensinando aos pequenos negociantes que não fracassem, explicando-lhes como se fazem planos de negócio. Mas eles, *os mestres*, sabem que a probabilidade do fracasso é várias vezes maior. É uma espécie de crime culposo: eu

---

[3] A referência ao empreendedorismo vulgar se deve à necessidade de distinguir o empreendedorismo schumpeteriano daquilo que hoje se divulga como empreendedorismo. Schumpeter escreve em sua obra fundamental, *Teoria do desenvolvimento econômico*, que "chamamos empreendimento à realização de combinações novas", que no entender dele é a chave do desenvolvimento, fonte da inovação (SCHUMPETER, 1982, p. 54). Empreendedor é aquele que inova em algum produto, método, mercado, fonte de matéria-prima ou forma de organização (*Idem*, p. 48). Portanto, ter um negócio não é suficiente para ser empreendedor, no conceito clássico. O conceito clássico, schumpeteriano, não é o mesmo conceito vulgarizado com que se denomina empreendedor um pequeno negociante em tudo igual ao seu concorrente.

sei que atirar contra um assaltante em fuga no centro da cidade ao meio-dia provavelmente matará um inocente. Ainda assim, atiro. Em nome da segurança pública.

Retornando a Zizek e Sloterdijk, cabe perguntar: em que medida isso é ideologicamente intencional? Ou seja, em que medida isso é incentivado e serve ao capitalismo porque conforma parcelas sociais precarizadas, que, em vez de se indignarem, tentam se tornar integrantes da classe dominante, incorporando suas regras de competição e seu individualismo?

Nesse debate trazido por Zizek, talvez possamos considerar que a ideologia tem propagadores ingênuos e cínicos. Não é uma pequena diferença. Especialmente a quem, como fazemos aqui, pretende, diante da ideologia, se colocar e colocar a todas e todos uma outra fórmula: *o que sabes sobre o que fazes e dizes?*

Porque todos nós que estamos fazendo e dizendo com/a terceiros, que estamos propagando ideias, precisamos examinar o quanto de ideologia e o quanto de utopia – agora nos sentidos que Mannheim dá a essas palavras – estamos propagando.[4]

Há uma questão, finalmente, que paira sobre a discussão, que é a ética substantiva em jogo. O discurso dominante não deve ser combatido porque é ideologia – uma vez que em rigor todos os discursos o são –, mas porque ele quer manter os padrões éticos do projeto societário existente, cujas bases se apoiam na desigualdade, na exploração do trabalho, na expropriação do valor criado por outrem, no levar vantagem em tudo, na destruição ambiental, no cinismo e na insensibilidade às dores do mundo.

---

4   Esse caráter positivo, transformador, que Mannheim dá à palavra *utopia* é dado à *ideologia do proletariado, ideologia revolucionária*, por Lênin, Gramsci, Althusser e outros pensadores. De certo modo, apoiado em Marx de *Contribuição à crítica da economia política* (1983), o conceito de ideologia adquire "o sentido bem menos pejorativo da luta de classes no nível das ideias", como observa Eagleton (1997, p. 79). Eagleton recorre à conhecida passagem de Marx naquela obra, quando ele se refere a "formas ideológicas em que os homens adquirem consciência do conflito (de classe) e lutam para resolvê-lo" (MARX, 1983, p. 25). Caberia então falar de ideologia da classe dominante e ideologia da classe dominada – ambas revestindo de interesse de classe as explicações, as ações e induções.

Nesse sentido, não nos é permitida a ingenuidade ao lidar com as ideologias.

A ideologia nas teorias organizacionais

O taylorismo

Certamente podemos falar da administração científica e do seu principal proponente, Frederick Taylor, como um dos mais evidentes exemplos da frequência com que se dá o discurso ideológico no interior das teorias organizacionais.

As primeiras palavras que abrem este texto já trazem uma passagem bastante significativa do discurso ideológico construído por Taylor. Sua preocupação com uma das questões centrais do embate sindical e político, a luta de classes, é revelada em várias passagens de sua obra. Encontra-se no texto mais conhecido, *Princípios da administração científica*, como também no seu trabalho anterior *Administración de Talleres*. Nesse livro, ele observa que:

> *El nuevo sistema transforma sus patronos de antagonistas en amigos, que trabajan tan vigorosamente como sea posible junto a ellos, empujando todos en la misma dirección.* (TAYLOR, 1945, p. 134)

Em *Princípios da administração científica*, entre outras passagens, ele desenvolve um discurso à beira do infantil, manipulando o senso comum em relação aos esportes, tema de grande aderência à cultura da massa trabalhadora, na mesma direção do combate à tese da luta de classes e da resistência dos trabalhadores à exploração do trabalho. Abstraindo as diferenças de situações, ele dirá que:

> *Sempre que um americano joga basquete [...] pode-se dizer que eles se esforçam, por todos os meios, para assegurar a vitória à sua equipe [...] o trabalhador vem ao serviço, no dia seguinte, e em vez de empregar todo*

> *o seu esforço para produzir [...] quase sempre procura fazer menos do que pode.* (TAYLOR, 1980, p. 32)

Anteriormente, duas páginas passadas, ele já havia escrito, comentando acerca dos sindicalistas e críticos do seu método, que

> *a maioria desses homens crê que os interesses dos empregadores e empregados sejam necessariamente antagônicos. A administração científica tem, por seu fundamento, a certeza de que os verdadeiros interesses de ambos são um, único e mesmo.* (*Idem*, p. 30)

Em sua obra anterior, *Administración de Talleres* (1945, p. 133), Taylor havia anunciado o sentido do seu sistema, explicitando o que estamos afirmando quanto ao caráter ideológico de sua teoria:

> *El gran propósito de la nueva organización es el de producir dos cambios transcendetales en los obreros: primero, una revolución en sus actitudes mentales hacia sus patrones y el trabajo; segundo, como resultado de ese cambio mental un aumento tal en su determinación y actividad física.* (TAYLOR, 1945, p. 133)

Ele tem clareza em relação ao significado da mudança de *actitudes mentales* em face, atente o leitor, não apenas do *trabajo*, mas primeiramente de *sus patrones*. Posicionar os trabalhadores em harmonia com o patronato é um aspecto que está nos fundamentos de uma das teorias que mais se pretende *técnica, científica*, no sentido profundamente positivista que essas palavras possam adquirir. O engenheiro quer ver funcionar sua filosofia e ela é tão importante (ou será mais importante?) quanto seu tempo-padrão, sua lei da fadiga, sua supervisão funcional, sua única maneira certa.

Como ele diria ao final de *Princípios da administração científica*:

> *Se os elementos desse mecanismo, tais como estudo do tempo, chefia funcional, etc., são usados sem a observação da verdadeira filosofia da administração, os resultados na maioria dos casos são desastrosos.* (TAYLOR, 1980, p. 119)

Harmonia, transformação dos patrões em amigos, "uma revolução em suas atitudes mentais diante dos seus patrões e do trabalho", esta é a filosofia a que ele se refere e que se constitui em evidente proposição ideológica.

Entretanto, uma das características de Taylor parece ser a mais absoluta e, em certas ocasiões, chocante franqueza. Ele dirá coisas em seus livros que de fato surpreendem pela rudeza. A referência que faz ao trabalhador bovino como o mais adequado e o relato de sua ascensão à chefia da mineradora, onde até então era um engenheiro de operações, são trechos ilustrativos de um homem que não poupava a franqueza. Por isso, apesar de todas as palavras destinadas a demonstrar que patrões e empregados são amigos e não antagonistas, porque o interesse de patrões e empregados são "um, único e mesmo", ele também dirá que:

> *Todos los operários deberán tener en cuenta que todo taller existe, en primer término, en el último y en todo momento con el propósito de proporcionar benefícios a sus patronos.* (TAYLOR, 1945, p. 146)

Não se trata de um deslize cometido pelo minucioso Taylor. É, na verdade, a explicitação do sentido exato de sua prédica pela harmonia. Amigos, amigos; negócios à parte. Patrões e empregados não são iguais, mas precisam ser parceiros para que possam prosperar igualmente. Ou supor que isso possa acontecer.

Este é o subtexto de sua filosofia.

Fayol e a influência europeia

Contemporâneo de Taylor e igualmente gestor de uma companhia mineradora, Fayol é, no entanto, um teórico formado no ambiente europeu. Diferentemente dos Estados Unidos, a Europa se constituiu historicamente como um conjunto de experiências diversificadas, com explícita inclinação para o contraditório. Não é sem custo que os Estados Unidos, a despeito de reunir outros aspectos que lhes foram favoráveis, viveu, em sua formação, enorme aridez no campo da filosofia. Em rigor, excetuando John Dewey, a formação histórica dos Estados Unidos não registra um grande pensador que possa se colocar no mesmo plano dos pensadores europeus. Na França, onde viveu grande parte de sua vida, Fayol encontrou uma sociedade rica em formulação de ideias e particularmente rica na convivência com essas ideias. Para a França convergiram, ou nela nasceram, as correntes mais variadas da filosofia, da política e da economia, para nos atermos a essas dimensões do conhecimento que parecem exercer maior influência sobre a formação dos povos.

É dispensável, ainda que tentador, fazer uma lista de nomes que poderiam ir de Montesquieu e Rousseau à galeria dos revolucionários franceses, de Say a Proudhom, de Kardec a Chardin para citar alguns a que Fayol alcançou pela contemporaneidade ou pela história a que teve acesso. Além disso, a França sempre foi um espaço libertário, onde se refugiaram Bakunine, Marx e Lênin, além de outros que, a despeito da Süreté, viam ali a possibilidade de viver e expressar as suas ideias.

Vale acrescentar que à época em que Fayol amadurece suas concepções sobre gestão, a Europa, evidentemente que a França entre os primeiros, passa pelo processo a que Hilferding (1985) denominou "capitalismo organizado", em que o Estado dá os seus primeiros sinais de atuação no campo econômico, aliando-se as articulações entre o capital bancário e a indústria, com os olhos na *anarquia da produção* e na crise que se avizinhava. É também dessa época o crescimento das ideias socialistas, sob forte influência da revolução soviética, de 1917, cujo papel impulsionador dos movimentos revolucionários nacionais foi evidente. Tudo isso contribui para que o engenheiro francês produza uma teoria entrecortada de considerações humanistas que não se fazem muito presentes em Taylor.

O discurso ideológico de Fayol, inevitável, corresponde ao seu tempo e lugar, ainda que com o mesmo objetivo de elevar a produtividade e obter a cooperação dos trabalhadores, objetivos permanentes e constantes de todas as teorias organizacionais (GURGEL; RODRIGUEZ, 2014).

Para dizer o mesmo que Taylor quanto ao propósito de uma empresa (proporcionar benefícios *a sus patronos*) ele anunciará seu 6º princípio como a "subordinação do interesse particular ao interesse geral" em evidente inversão do real, na acepção mais primária da ideologia. Ele traduz o interesse geral como o interesse dos patrões e não daqueles que socialmente produzem, os trabalhadores, cujo trabalho coletivo é expropriado por um ou uns poucos sócios da empresa. A contradição fundamental do capitalismo – a produção social *versus* a apropriação individual – é naturalizada e convertida em princípio.

Essa inversão ele a faz cercando-se de comparações que lembram a metáfora do esporte usada por Taylor em citação anterior que fizemos. Segundo diz, "o interesse de um agente ou de um grupo de agentes não deve prevalecer sobre o interesse da empresa" tal qual "o interesse da família deve estar acima do interesse de um dos seus membros e o interesse do Estado deve sobrepor-se ao de um cidadão ou de um grupo de cidadãos" (FAYOL, 1990, p. 49).

A diferença entre a empresa e a família, entre a empresa e o Estado subsome na comparação, cujo objetivo é, enfim, obter o consentimento ideológico do leitor, do trabalhador, da sociedade, enfim, de todos, para a dominação e a exploração do trabalho. Isto é, exatamente o oposto do que diz: a subordinação do interesse coletivo de dezenas, centenas, às vezes milhares de trabalhadores ao interesse de um proprietário ou de meia dúzia de grandes acionistas da empresa.

Continuando a inversão, ele arremata: "Parece que não haveria necessidade de tal conceito ser lembrado". E explica porque o lembrou, mais uma vez invertendo o real: "Mas a ignorância, a ambição, o egoísmo, a indiferença, as fraquezas, enfim, todas as paixões humanas tendem a fazer perder de vista o interesse geral em proveito do interesse particular" (*Idem*, p. 50).

É irresistível pôr de cabeça para cima o discurso de Fayol, indagando sobre quem é o egoísta, o ambicioso, o indiferente que perde de vista o interesse geral em proveito do interesse particular.

Próximo da *filosofia* do seu antecessor, ele também sugere "acordos (salariais) tão equitativos quanto possível" (*Idem*). Mas quando discute a participação dos operários nos lucros da empresa ele observa que "à vista de todos os fatores que intervêm, a parte da atividade ou da habilidade mais ou menos grande de um operário sobre o resultado final de uma grande empresa é impossível de fixar" (FAYOL, 1990, p. 54). Apesar de declarar que é *impossível de fixar* a parte da contribuição do operário para o resultado final, Fayol conclui (fixando): "ela é (a parte), aliás, bem insignificante" (*Idem*).

Continuando seu discurso contra a participação nos lucros, buscando convencer que bem melhor do que participar dos lucros é ter um salário, ele dirá, sem que apresente qualquer fonte estatística de sua *informação, que* "o aumento de salário concedido de vinte anos para cá representa um total superior ao montante dos dividendos distribuídos ao capital" (*Idem*, p. 54).

A contribuição teórica de Fayol traz uma ideologia que corresponde a um tempo de acumulação de força dos trabalhadores. É diferente do tempo e do lugar de Taylor. Fayol analisa esse novo quadro dizendo que:

> *A importância do movimento associativo aumentou consideravelmente de cerca de meio século a esta data. Observei, em 1860, os operários da grande indústria sem coesão, sem liame, verdadeira poeira de indivíduos; o sindicato transformou-os em coletividades que tratam de igual para igual com o patrão.* (FAYOL, 1990, pp. 64-65)

Sua leitura dos fatos revela uma visão histórica e política atenta: "É o raiar de uma nova era que já modificou profundamente os hábitos e as ideias" (*Idem*). Ele adverte: "Os chefes de empresa devem inteirar-se dessa evolução" (*Idem*).

Essas observações, sintomaticamente, estão presentes no seu 14º princípio, aquele que encerra sua famosa lista de princípios orientadores da gestão de empresas: *União do pessoal*. Diferentemente de Taylor, para quem o trabalho em equipe é oportunidade dos vadios se esconderem por trás dos produtivos, Fayol investe na ideia de que a "união faz a força", conforme diz, abrindo a seção que apresenta o referido 14º princípio.

Mas ele propõe que essa união inclua e se subordine ao chefe: "A harmonia e a união do pessoal de uma empresa são grande fonte de vitalidade para ela. É necessário, pois, realizar esforços para estabelecê-la" (FAYOL, 1990, p. 62). E explica de que maneira: "um princípio a observar: unidade de comando", isto é, subordinação ao chefe (*Idem*).

Seu conceito de "união do pessoal" inclui significativamente o sindicato que, ao contrário do que diz seu antecessor norte-americano, não é um inimigo, mas um agente que, tendo transformado os operários em coletividades, precisa ser cooptado.

> *Não é apenas pelos felizes efeitos da harmonia que reina entre os agentes de uma empresa que se manifesta o poder da união; as reuniões comerciais, os sindicatos, as associações de toda sorte desempenham papel considerável no governo dos negócios.* (FAYOL, 1990, p. 63)

Por isso o seu 11º princípio: *equidade*. "Anelo de equidade, desejo de igualdade, são aspirações que se devem ter muito em conta no trato do pessoal" (*Idem*, p. 61). Explicando com todas as letras:

> *Para que o pessoal seja estimulado a empregar no exercício de suas funções toda a boa vontade e devotamento de que é capaz, é preciso que ele seja tratado com benevolência; equidade resulta da combinação da benevolência com a justiça.*

Sua teoria é exigente para os chefes, porque ele sabe e quer que compreendam que um novo tempo exige um novo modo. Esse modo é o que se poderia chamar de uma gerência moderna, não tanto quanto aos métodos operacionais, mas bastante quanto ao comportamento e relações sociais de trabalho. Um exercício difícil colocado a quem comanda, justificando em parte a designação de Fayol como um teórico da gerência. Nesse sentido, ele é também o ideólogo da gerência moderna.

Em rigor, seria mais justo intitulá-lo *o pioneiro* da gerência moderna. Uma gerência que sofistica o discurso, levando em conta um dado momento histórico das relações sociais de produção.

Barnard, Follett, Mayo e o humanismo administrativo

A seguir, alguns anos depois de Fayol, Chester Barnard, nos Estados Unidos, agora sob um novo tempo – o tempo da Grande Depressão – diria coisas semelhantes.

O *crack* de 1929, que derrubou a bolsa de Nova Iorque e a seguir abriu um longo período de crise, a chamada crise dos anos 1930, não foi um evento que levou a um processo, mas um evento que fazia parte de um processo.

Desde meado dos anos 1920, a economia norte-americana dava sinais de alta concentração de capital e simultaneamente de problemas com o mercado interno e externo. A produtividade fordista deu cabo de muitas vagas de emprego, comprometendo o mercado de trabalho e o mercado consumidor, por consequência. Ademais, o ajuste brusco das contas públicas no imediato pós-guerra, com a redução das transferências de guerra, além da restauração da economia europeia, reduzirá o fluxo de capital e o comércio internacional dos Estados Unidos para a Europa e vice-versa.

Como observa Cano:

> *A economia dos EUA, entre 1921 e 1928, ao mesmo tempo em que atravessava um "boom" pelo lado real, exorbitou o crescimento pelo lado financeiro, com expansão do crédito e taxas de juros muito baixas, estimulando os mercados de valores e o imobiliário. Pelo lado real, alguns sinais já se manifestavam antes de outubro de 1929: como a reacomodação baixista*

> *dos preços agrícolas, especialmente das* commodities, *ao longo do período; estouro de bolha imobiliária no sul em 1925; desaceleração da demanda de imóveis e a de automóveis já a partir de 1927-1928. [...] Embora o "estopim" da crise tivesse sido a Bolsa de Nova Iorque, um exame detido sobre os anos 1920 mostraria uma série de problemas – como os acima apontados – pelo lado real da economia, que indicavam, no mínimo, forte prenúncio de desaceleração do crescimento e, pelo lado financeiro, crescente volatilidade e especulação.* (CANO, 2009, p. 603)

São essas condições que nos fazem crer na antecedência dessas preocupações da moderna gerência com esse novo tempo, tempo difícil, entretanto transformador. As conferências e textos de Mary Parker Follett (GRAHAM, 1997), falando de integração, ordens despersonalizadas, poder compartilhado e outras considerações avançadas para sua época e lugar (EUA) indicam que certa instabilidade das grandes teses da economia e da administração já existia no meado dos anos 1920. Grande parte dessas considerações da teórica, a que Drucker (1997) chamaria de "profeta do gerenciamento", foram apresentadas em palestras e textos dos anos 1920 (GRAHAM, 1997).

Elton Mayo é outro nome que aparece associado a mudanças na gestão das empresas, significativamente à mesma época. Ele coordenou a maior parte da pesquisa de Hawthorne que todo estudante mais ou menos aplicado conhece como a base da Escola das Relações Humanas. Trata-se de uma pesquisa que se desenrolou de 1924 a 1932 em busca de respostas para as inquietações das empresas acerca da produtividade e das relações sociais de produção.

A Escola das Relações Humanas traz para o cenário da administração a importância da emoção nas relações sociais de trabalho e introduz uma leitura social e até mesmo uma identidade social nas empresas. Várias obras atribuem ligações entre a crise dos anos 1930 e a Escola das Relações Humanas e, de fato, não pode ser à toa que o livro de Mayo e, a seguir, o texto de Roetethlisberger e Dickson trazendo os resultados da pesquisa de Hawthorne sejam publicados nos anos 1930: o primeiro em 1933 e o segundo em 1939.

Estabelecemos essa relação entre as condições econômicas e as ideias, porque de fato observamos que, na história, as crises econômicas desempenham um papel determinante nas concepções das pessoas. Supomos que existe uma trajetória que começa na crise econômica, evolui para a crise ideológica e se expressa na crise política dos postulados teóricos.

No caso dos anos 1930, talvez o caso mais explícito, onde esses fenômenos mais discretos se manifestaram de forma contundente, permitimo-nos ver essa trajetória.

No plano da economia, a "mão invisível" de Smith e a denominada "Lei de Say" reinavam até então. Todos se inclinavam diante da afirmação de que uma "mão invisível" conduzia a economia liberal para o equilíbrio e que, conforme dizia Jean-Baptiste Say (1983), a oferta criava sua própria procura, propiciando um movimento circular constante e capaz de autorregular o sistema, superando suas crises. Foi isso que disse, por exemplo, o presidente Hoover quando o *crash* tomou de surpresa os investidores da bolsa, naquele 24 de outubro de 1929.

Mas o andar dos anos, de 1930 a 1933, não comprovou as teses liberais. A crise se aprofundou e parecia não ter fim. Isso abalou as convicções ideológicas liberais. De imediato, refletiu sobre os planos políticos e inspirou um programa, o *New Deal*, em que o papel do Estado foi profundamente diferente daquele que até então era praticado nos Estados Unidos e em grande parte do mundo. Dali surgiu um Estado que entrou no âmbito econômico com todos os seus recursos – econômicos, financeiros, legais e simbólicos.

Uma trajetória clara: crise econômica, crise ideológica e crise política dos postulados econômicos clássicos e neoclássicos, crises que depois se refletiriam nos livros de Keynes (1964), Kalecki (1977) e Myrdal (1968).

Não foi outra a trajetória da administração e de suas teorias: a crise dos resultados empresariais levou à crise dos ensinamentos tayloristas e principalmente da visão restritiva em relação aos trabalhadores.

Rapidamente, ideias como as de Parker-Follett e de Elton Mayo estavam sendo compartilhadas no novo ambiente do *New Deal*.

Chester Barnard representa esse momento de um modo expressivo. Por dois motivos especiais: trata-se de um dirigente de empresa, naquela época provavelmente a maior empresa dos Estados Unidos, a *Bell Telephone Company*, e seu livro é lançado em 1939, na fronteira entre a Escola das Relações Humanas e a abordagem comportamentalista, cujo sucesso se estenderia até os nossos anos.

Ele é, portanto, um autêntico representante de um momento de virada histórica no desenvolvimento do capitalismo e da gestão do capitalismo. Daí em diante, o capitalismo aprofundaria a integração com o Estado em sua economia política, ganharia uma dimensão internacional não conhecida até então e, acossado pela pressão do internacionalismo de seu rival, o socialismo, passaria a operar com políticas sociais e trabalhistas generosas, com evidentes reflexos sobre as relações de trabalho.

Para Barnard, "a função do executivo é exatamente a de facilitar a síntese de forças contraditórias em ação concreta, para reconciliar forças, instintos, interesses, condições, posições e ideais conflitantes" (BARNARD, 1983, p. 51).

Sua ideia-força é a cooperação, o comportamento cooperativo: "Os organismos humanos não funcionam senão em conjunto com outros organismos humanos" (*Idem*, p. 46), por isso:

> *É uma constatação óbvia da observação comum que os poderes de dois ou mais homens trabalhando em conjunto excedem [...] os poderes de um. [...] Aquilo que pode ser impossível sem ajuda, pode tornar-se possível com ela.* (BARNARD, 1971, pp. 54-55)

Em claro esforço de contornar o estigma do lucro, ele dirá que na empresa:

> *O propósito não é o lucro. [...] as possibilidades do lucro e sua realização, até certo grau, são necessidades em algumas economias como*

condições sob as quais se torna possível um contínuo suprimento de incentivos; mas o propósito objetivo de nenhuma organização é o lucro, mas serviços. (*Idem*, p. 162)

Portanto, os trabalhadores estão sendo chamados não a cumprir com *el propósito de proporcionar benefícios a sus patronos*, como disse Taylor, mas prestar serviços à sociedade.

Nada mais nobre.

Barnard critica duramente o liberalismo e o individualismo:

Existem duas crenças [...] ambas lutando[...]. Uma delas é a que tem como centro a liberdade do indivíduo e faz dele o ponto central do universo social [...] ela é crítica e pessimista. [...] Descarrega sua ênfase sobre o fracasso da cooperação, sobre guerras e conflitos, confusão e desorganização, devastação, fome, moléstia e morte, e não obstante prega uma liberdade extrema, um individualismo ideal, uma autodeterminação, que no seu irrestrito dogmatismo, acabaria por evitar toda cooperação. (BARNARD, 1971, p. 279)

A seguir ele se define em relação às duas crenças: "Eu acredito no poder da cooperação" (*Idem*, p. 280). Hábil, o empresário não se anuncia filiado a segunda crença – evidentemente o socialismo, "que no seu irrestrito dogmatismo iria sufocar todo desenvolvimento dos indivíduos" (*Idem*). Ele propõe uma terceira via, a cooperação. Exercendo a função do executivo, segundo pensa, definida como: "Facilitar a síntese de forças contraditórias", ele dirá, encerrando sua obra, que: "A expansão da cooperação e o desenvolvimento do indivíduo são realidades mutuamente dependentes" (BARNARD, 1971, p. 280).

As teorias organizacionais têm como polos históricos essas duas grandes concepções, ambas carregadas de ideologia, não exatamente antagônicas, mas de certo modo complementares. Movimentos de maior ênfase entre uma e outra vão acontecer ao longo da produção teórica em nossa área de conhecimento.

Taylor e Barnard, de um lado, bem como Mayo e Follett, de outro, representam os polos desse movimento alternado.

Weber e a ideologia da igualdade burocrática

A teoria burocrática weberiana traz consigo um componente ideológico sutil. Segundo as palavras de Weber:

> *A dominação burocrática significa, em geral [...] a dominação da impessoalidade [...] sem considerações pessoais, de modo formalmente igual para cada qual, isto é, cada qual dos interessados que efetivamente se encontram em situação igual.* (WEBER, 2000, p. 147)

O conceito de burocracia traz, sem dúvida, a ideia de impessoalidade e igualdade, nas palavras repetidas de Weber em seus textos sobre *dominação*.

Como é sabido, ele está em busca da fonte de legitimidade da dominação, melhor dizendo, do que, diante dos dominados, legitima a dominação: "é conveniente distinguir as classes de dominação segundo suas pretensões à *legitimidade*" (*Idem*, p. 139). Fará isto em relação ao que denomina de "três tipos puros de dominação legitima", explicando que "a vigência de sua legitimidade pode ser, primordialmente: 1) de caráter racional; [...] 2) de caráter tradicional [...] ou de caráter carismático" (WEBER, 2000, p. 141). É a dominação racional aquela "baseada na crença na legitimidade das ordens estatuídas e do direito de mando daqueles que, em virtude dessas ordens, estão nomeados para exercer a dominação (dominação legal)" (*Idem*).

No caso da burocracia, ele se refere "a dominação legal com quadro administrativo burocrático" (WEBER, 2000, p. 142). Em várias passagens, enfatiza este caráter legal, dizendo sob variadas formas que:

> *A burocracia em seu desenvolvimento pleno encontra-se também, num sentido específico, sob o princípio* sine ira ac studio. *[...] Em vez do senhor das ordens mais antigas, movido por simpatia pessoal, favor,*

> *graça e gratidão [...] o especialista não envolvido pessoalmente [...] a estrutura burocrática oferece uma combinação favorável. Sobretudo, é só ela que costuma criar para a jurisdição o fundamento para a realização de um direito conceitualmente sistematizado e racional, na base de leis.*
> (WEBER, *ibid*, p. 213)

A burocracia não gratuitamente é chamada de *sistema racional--legal*. Ela se pretende colocar acima do personalismo, do patrimonialismo, das vontades pessoais. Um "império da lei", racional, sem ira e paixões.

Sim, é a lei para todos. Mas o conjunto de regras técnicas e normas que constituem o sistema legal em que se apoia o conceito weberiano de burocracia não é inquirido sobre a sua própria legitimidade – ele, esse conjunto, é apresentado como legitimador, sem que o autor indague em que condições aquelas regras e aquelas normas foram produzidas. Como foram formuladas e formalizadas, que jogo de forças e pressões, que recursos de poder político e econômico, que dominação política precede a dominação burocrática – isso não se coloca ao autor.

Uma ideologia da igualdade é construída a partir da teoria da burocracia. A impessoalidade do funcionário, baseada nas normas ou, mais amplamente, no sistema de direito, abstrai a realidade desigual em que essas normas ou esse sistema de direito é construído. Ele procura fazer crer, ademais, que "a administração burocrática significa: dominação em virtude de conhecimento", dizendo ser "esse o seu caráter fundamental" (WEBER, 2000, p. 147). Antes já dissera que "o grande instrumento de superioridade da administração burocrática é o conhecimento profissional" (*Idem*, p. 146). Para acrescentar mais adiante: "Posição de formidável poder devido ao conhecimento profissional" (*Idem*). Trata-se de dupla inversão, em que no primeiro caso a dominação é atribuída ao conhecimento, quando na verdade a dominação é realizada pelo conjunto de leis sobredeterminadas essencialmente pelo poder econômico onde de fato reside o poder. No segundo caso, na subjetivação do poder, Weber aponta para o *profissional/funcionário*, que na verdade é um agente do poder, ele mesmo dominado. Os que detêm o poder – os que controlam os meios de produção da riqueza e a própria riqueza – são eclipsados nessa presunção da dominação do conhecimento e do funcionário.

A construção dessa ideologia, uma falsificação do real, trouxe consigo uma variada gama de outras falácias, como o "recrutamento universal a partir dos profissionalmente mais qualificados" (WEBER, 2000, p. 147). Aqui estamos lembrando o conceito de meritocracia, cujo papel seletivo e discriminatório nas sociedades moderna e contemporânea é conhecido. O conceito de qualificado é construído absorvendo toda a massa de condicionantes da vida burguesa, que se expressa nas provas de concurso e nas entrevistas para admissão ao trabalho, cujas questões fortalecem e induzem ideias e comportamentos; nas universidades corporativas, verdadeiras lavagens cerebrais embutidas em discursos pretensamente acadêmicos; nos códigos de ética e outros recursos que moldam o *mérito* muito além (ou aquém?) do conhecimento técnico e científico dos candidatos.

Falácia também é o protagonismo atribuído aos burocratas, hoje mais atacados e culpados dos males da burguesia do que os próprios burgueses que ali os colocam para executarem as políticas que lhes interessam. Weber também alimentou essa fantasia quando apontou para "a tendência dos funcionários a uma execução *materialmente utilitarista* de suas tarefas administrativas" (*Idem*), o que acabou extrapolando para um senso comum (ideologia) de que a burocracia se imporia como um poder à parte, tema a que o pensador alemão dedicou várias páginas, especialmente em seu pouco conhecido *Parlamentarismo e governo numa Alemanha reconstruída* (1980).

Há também uma versão de que a burocracia rivaliza com a representação dos interesses legítimos da sociedade, impondo-lhe – "tendência a exigir os correspondentes regulamentos" – exigências infindáveis e, assim, efetivando uma dominação insuportável. Isso acabou por dar às mesquinharias e questões secundárias – problemas que não estão na base da exploração, ainda que, de fato, incomodem – uma dimensão tão agigantada que as causas reais da desigualdade, do sofrimento no trabalho e na vida social, são submetidas. Cabe ainda chamar a atenção para o conceito de *racionalidade* presente no discurso weberiano sobre a burocracia. A racionalidade burocrática seria um ponto avançado do desenvolvimento da sociedade, o movimento destinado a superar o *patrimonialismo*, como modelo de dominação. Weber se refere ao patrimonialismo que exerce, por exemplo, o monarca, ao não distinguir os bens públicos dos bens privados, considerando a tudo seu patrimônio. Entretanto, ao observador mais atento não escapa o fato de que em grande medida o que se está intitulando de racional, palavra-açúcar da modernidade, em contraponto ao patrimonialismo, consiste da legitimação pela lei do *patrimonialismo* burguês. Aquele que se exerce de modo amplo, envolvendo o mercado, o Estado e por consequência a sociedade como um todo. De onde vem a dominação racional que o patronato exerce senão da prevalência do capital sobre tudo mais? É esse capital, líquido e físico, que por seu turno permite ao capitalista tratar a todas e todos como seu patrimônio. É ele, esse patrimônio – dinheiro, máquinas e instalações –, a metonímia do patrimônio de que se apossa o detentor do capital. É a parte que representa o todo. Não é outra a razão pela qual o Estado, patrimonialisticamente gerido sob as regras burocráticas, se põe de joelhos diante do capital e o serve de acordo com a necessidade, a cada crise e a cada bonança. Lembrando que o patrimonialismo é muito associado aos sistemas monárquicos, cabe perfeitamente citar aqui o comentário de Marx sobre o poder do capital, na *Crítica à filosofia do direito de Hegel*: "Quem detém a propriedade privada é rei" (MARX, 2005, p. 156).

A racionalidade e o sistema de direito que constituem o *sistema racional-legal*, a burocracia moderna, em contraste com o patrimonialismo é, portanto, em grande parte, um ilusionismo – ao estilo de todas as ideologias do dominante.

Administração flexível e toyotismo, uma unidade ideológica contemporânea

Contemporaneamente, a administração dita flexível e o toyotismo também trazem suas contribuições particulares ao discurso ideológico em busca da cooperação ou consentimento dos trabalhadores.

A administração flexível é uma concepção que se deve extrair da tese de Toffler em *A empresa flexível:* é preciso romper com a padronização e inovar. Ele enfatizaria que "nenhum problema com que se defronta a indústria americana é mais importante ou menos compreendido que o da inovação" (TOFFLER, 1985, p. 83). Sua explicação é clara: "Estamos passando da produção fabril em massa [...] milhões de unidades acabadas padronizadas e idênticas" para "bens e serviços individualizados"(TOFFLER, 1985, p. 131).

É essa individualização, variação, quebra de padrões nos produtos, nos meios de produção e em todas as esferas, que conduz à palavra *flexível* – ela própria uma palavra-ideologia, porque açucarada, doce e falsa. Porque o padrão mais profundo do sistema, sua contradição fundamental – a produção social *versus* apropriação individual ou de pequenos grupos empresariais/grandes acionistas – continuou sem qualquer flexibilização/qualquer movimento que não o da concentração do capital. Os bancos continuaram a cobrar os seus juros, seus critérios de financiamento continuaram sem flexibilização, os industriais continuaram a expropriar o valor do trabalho, os salários continuaram baixos e em rigor, como disse Castro (1979), "o capitalismo ainda é aquele".

Mas, a sobrevivência do capitalismo, para que ele continue *aquele*, necessita periodicamente mudar. Mudar o que se *deve* mudar. Mudar não o sistema de produção e reprodução, mas os seus modelos e/ou procedimentos. No mais exato estilo Tancredi, o personagem do escritor Giuseppe, em *Il Gattopardo,* "é preciso mudar para que as coisas continuem como estão". É o que poderíamos denominar a objetivação da ideologia, sua efetivação pela prática, tal qual o ilusionismo obtido por Taylor com a remuneração e o adicional por peça ou, em plano macro, a intervenção keynesiana na constituição do que corretamente se denomina capitalismo de Estado. Ou ainda o Estado do Bem-Estar Social, no pós-guerra.

No início dos anos 1970, Toffler captura o momento da crise do fordismo no seu nascimento. Examinando a *Bell Corporation*, a quem presta consultoria à época, ele vê os Estados Unidos e mais que isso, a economia capitalista contemporânea em crise. Aponta para a padronização fordista como a fonte da crise. Sua receita é a inovação, de certa forma repetindo Schumpeter, em *Teoria do desenvolvimento capitalista*,[5] que por seu turno repete Marx (MARX; ENGELS, 1982, p. 24).[6]

A inovação passa a ser o centro de todas as atenções e evidentemente vai exigir um sistema que se preste a produzir em pequenos lotes. Não uma linha de montagem para expelir milhões de unidades no seu *output*, mas células de produção, como se diria depois que Ohno *pensou pelo avesso* o sistema Ford (CORIAT, 1994).

Administração flexível e toyotismo constituíram um processo casado, em que o primeiro modelo incentiva a obsolescência acelerada, a despadronização e a inovação; e o segundo instala estruturas de produção para se adaptarem a novos ciclos constantemente.

Essa nova unidade conceitual de produção tem a virtuosidade de produzir dois discursos ideológicos simultâneos: um, que repete a fórmula para obter cooperação mais sofisticadamente, com novos procedimentos, que igualmente se destinam a obter a adesão ou o consentimento do trabalhador; outro que envolve toda a sociedade, com a mais capciosa reconceituação de *qualidade*.

---

5 "Esta ocorrência da mudança 'revolucionária' é justamente o nosso problema, o problema do desenvolvimento econômico". [...] O desenvolvimento, no sentido em que o tomamos, [...] é uma mudança espontânea e contínua nos canais do fluxo, perturbação do equilíbrio, que altera e desloca para sempre o estado de equilíbrio previamente existente" (SCHUMPETER, 1982, pp. 46-47).
6 "A burguesia só pode existir com a condição de revolucionar incessantemente os instrumentos de produção [...] abalo constante [...] subversão contínua da produção" (MARX; ENGELS, 1982, p. 24).

Vamos por partes. No primeiro caso, Toffler fala de um novo artesanato, "uma forma nova e superior de artesanato" (TOFFLER, 1985, p. 78), como se tivéssemos uma volta ao produtor livre, o artesão, dono do seu trabalho. Entretanto, a *administração flexível* que ele propõe não chega a esse ponto de flexibilidade. O *artesanato,* cujo conceito inclui operacionalmente o fato de o trabalhador executar todas as fases do trabalho, é, porém, um sistema cuja essencialidade está em que o produtor produz o trabalho (trabalho concreto, material) e o vende. Vende o trabalho, não sua força de trabalho. Portanto, remunera-se integralmente, a menos que venda abaixo do custo, o que seria uma situação excepcional. Não é isso o que acontece.

A ideia de multifuncionalidade que nasce com o toyotismo nos anos de 1950 é a materialidade desse novo tipo de artesanato a que o Toffler se refere. É a célula de produção, onde se coloca o trabalhador para operar várias funções, a materialização desse novo artesanato. Por isso dizemos que *administração flexível* e *toyotismo* constituem uma unidade. Por isso também se diz que o toyotismo propiciaria uma "reagregação das atividades" do trabalhador. A multifuncionalidade toyotista é apresentada como uma superação ou redução do trabalho alienado porque estaria restaurando "no trabalhador direto uma boa dose de reagregação das atividades de concepção e execução", como admitiu Tauile em seu prefácio ao livro de Benjamin Coriat sobre o toyotismo. O prefaciante chega a falar, não sem alguma desconfiança – "se o que está reportado no livro é verdade" – que:

> No âmbito de novas relações capital/trabalho – mais cooperativas e calcadas em compromissos de longo prazo com credibilidade – garante-se o repasse devido (ou no mínimo maior) dos ganhos de produtividade alcançados. (CORIAT, 1994, pp. 16-17)

Mas o que está escrito no livro deixa ver claramente que não há "novas relações de trabalho", nem "reagregação" capazes de por fim ou reduzir o caráter alienado do trabalho sob o toyotismo. Já seria suficiente o comentário de Coriat (1994, p. 80) sobre a "dureza das condições de trabalho" dos trabalhadores sob contratos temporários, que constituem uma grande massa de assalariados hoje operando nas prestadoras de serviço e na informalidade das terceirizações e "parcerias". Em várias passagens do livro, Coriat faz menção a situações no mínimo ambíguas. Vejamos algumas.

Tratando do "sistema de emprego japonês", Coriat diz que

> *todas as apresentações do sistema de relações industriais japonesas concordam em reconhecer que este repousa sobre três traços principais: "O emprego vitalício", o "salário por antiguidade", "o sindicalismo de empresa".* (CORIAT, 1994, p. 84)

O "emprego vitalício", curiosamente colocado entre aspas pelo próprio Coriat, incorporou-se ao discurso ideológico da administração japonesa como se fosse uma prática generalizada e verdadeira. Mais concretamente estamos falando de " 'emprego vitalício' que concerne apenas, lembremo-nos, a trabalhadores das grandes empresas (30% apenas da população operária ativa é a avaliação geral)", diz o autor francês (CORIAT, 1994, p. 88). Além do mais e ainda assim:

> *As empresas sempre recorreram a diminuições de pessoal quando julgaram necessário. O sistema dispõe de "flexibilidade" [sic] que é utilizada neste nível, quando a necessidade se faz sentir.* (CORIAT, 1994, p. 88)

A vitaliciedade existe até quando o desempregar é necessário? Que significa isso diante do sistema americano, alemão ou brasileiro? Algo diferente?

O "salário por antiguidade" está relacionado a melhorias salariais que se dariam a cada período vivido pelo trabalhador na empresa. Portanto, coloca-se como um instrumento de retenção, mas especialmente se coloca como um instrumento de conformação. Em outras palavras, há um subtexto no *salário por antiguidade* quando cruzado com o *emprego vitalício que acaba quando a necessidade de desempregar "se faz sentir"*. Esse subtexto é: comporte-se bem para permanecer e ter ganhos salariais com o passar do tempo. Pelo que observa Coriat, o salário por antiguidade é uma prática duradoura porque uma de suas motivações é:

> *A estrutura da pirâmide de idade dos trabalhadores ao sair da Segunda Guerra Mundial, fortemente desequilibrada por uma abundância relativa de jovens. Nestas condições, era mais "econômico" para as empresas pagar os novos empregados que constituíam a maior parte do pessoal.* (*Idem*, p. 90)

Significa, portanto, uma economia de custo realizada sob um discurso de equidade, cuja mensagem (subtexto) soava melodiosamente entre os jovens e os idosos. Vale dizer ainda que:

> *O sistema era muito bem aceito – e até favorecido – pelos sindicatos, na medida em que o sistema de salários que daí resultava era coerente com os seus objetivos "igualitários" e com a sua própria noção de justiça.* (CORIAT, 1994, pp. 91-92)

Reforça ainda: "Um salário por antiguidade correspondendo melhor às necessidades dos trabalhadores, levando em consideração o conjunto do seu 'ciclo de vida' "(*Idem*).

Em se tratando de sindicato, terceiro traço principal, Coriat fala em "sindicalismo integrado" e "sindicalismo cooperativo" para se referir a um sindicalismo que foi reduzido pela violenta repressão e "grandes derrotas" ao que se institucionalizou como "sindicalismo de empresa". Sumariamente, "o 'sindicalismo de empresa' (é aquele) cuja característica essencial é ser reputado como bem mais 'cooperativo' que conflitivo", diz ele (CORIAT, 1994, pp. 84-87).

Além disso, Coriat fala do que se conhece pelo título de "mercado interno de trabalho", que consiste de um subsistema desse sistema geral de emprego, que em síntese e sem mitificação diz respeito à "mobilidade e promoção interna" de trabalhadores (CORIAT,

1994, p. 92). É um procedimento histórico que corresponde às pretensões de ascensão funcional e profissional muito comum entre os trabalhadores e que sempre funcionou como fator de cooptação de lideranças e estímulo a *vestir a camisa da empresa*.

Esse "mercado interno de trabalho" incentiva os trabalhadores toyotistas a se submeterem na expectativa de, com o tempo, ocuparem cargos superiores, com remunerações igualmente superiores.

O próprio Ohno, criador do toyotismo, em seu *O sistema Toyota de produção* (1997) faz discursos ideológicos interessantes. Um deles recorre à conhecida metáfora dos esportes, antes já usada por Taylor, conforme vimos. Diz Ohno (1997) que "gerentes e supervisores numa fábrica são como o gerente da equipe e os treinadores". Explica:

> Um time de beisebol muito bom já domina as jogadas, os jogadores podem enfrentar qualquer situação. [...] Na manufatura, a equipe de produção que tenha dominado o sistema just-in-time é experiente como um time de beisebol que joga bem em equipe. (OHNO, 1997, p. 29)

Para ele, "um time de campeonato combina bem trabalho de equipe com habilidade individual" (*Ibid.*). Mais adiante vai reafirmar esta associação:

> O trabalho e os esportes têm muita coisa em comum. Numa competição de barco com oito remadores por barco, num time de beisebol com nove jogadores, num jogo de vôlei [...] a chave para vencer ou perder é o trabalho em equipe. [...] A manufatura também é feita através do trabalho em equipe. (OHNO, 1997, pp. 42-43)

Na página seguinte, ele vai comparar a manufatura e o sistema de trabalho a uma corrida de revezamento, associando a linha de produção e sua sequência de etapas à passagem do bastão de um corredor ao corredor seguinte. Nessa comparação, ele quer estimular a solidariedade dos trabalhadores em compensar o atraso do outro na produção, como fazem os corredores nas corridas de longa distância.

Ele também reconhece o papel do modelo de sindicalismo que se impôs ao Japão:

> *O sistema um operador, muitos processos [...] esse sistema não poderia ser facilmente implementado. Foi possível no Japão porque não tínhamos sindicatos estabelecidos por tipo de tarefa como os da Europa e Estados Unidos.* (OHNO, 1997, p. 34)

E acrescenta "[...] A transição do operador unifuncional para o multifuncional ocorreu relativamente sem problemas" (*Idem*).

A multifuncionalidade é, a exemplo do que comenta Tauíle, apresentada como uma vantagem para o trabalhador:

> *No sistema americano, um torneiro mecânico é sempre um operador de torno. No sistema japonês, um operador possui um espectro mais amplo de habilidades [...] que eu denomino de habilidades manufatureiras.* (OHNO, 1997, p. 35)

Com absoluta clareza, Ohno constrói a fantasia ideológica do trabalhador que, segundo ele, reencontra o sentido de sua ação na multifuncionalidade: "[...] Participam na construção de um sistema total na área de produção. Dessa forma, o indivíduo pode encontrar valor no seu trabalho" (*Idem*).

Esse conjunto de elementos do sistema de emprego toyotista é um todo que envolve, amortece a indignação, domestica e impele o comportamento – uma ideologia.

O segundo discurso ideológico presente na unidade conceitual em que se constitui a combinação entre a administração flexível e o toyotismo diz respeito à *gestão da qualidade*. É a ideia de *agregação de valor*, *melhoria contínua* e outras referências semelhantes e que de fato significam, no final das contas, obsolescência planejada e acelerada dos produtos. Toffler quer fazer crer que são os clientes que pedem a obsolescência dos seus bens, embriagados pela vontade incontrolável de mudar, revelando "uma rápida despadronização dos anseios do consumidor" (TOFFLER, 1985, p. 78).

A palavra *inovação* se transforma em um mito e ela própria se renova. Passa a condição de inovação qualquer mudança que se promova em um bem ou serviço, não importa se estamos diante do mesmo produto – talvez piorado. Um exemplo disso são as sucessivas mudanças na eletrônica, nem sempre para melhor, como é o caso das "inovações" da *Microsoft*, cujo *Windows* se renova a cada ano, muitas vezes para pior.

Em exemplar inversão, a qualidade inclui a descartabilidade, ou pelo defeito irreversível, que se apresentará mais cedo do que o cliente pensa, ou pela inferioridade do produto, diante de sua versão mais nova. Ou ainda pela perda ou precariedade de funcionamento, muitas vezes de um bem em perfeitas condições, como foi o caso do *Windows XP*, recentemente abandonado pelo seu próprio fabricante, que deixou milhares de clientes igualmente abandonados.

Conclusão

As teorias organizacionais e seus grandes sistemas de gestão não são, portanto, apenas conjuntos de métodos e técnicas. São também discursos ideológicos, no sentido de formulações que têm em vista iludir e impulsionar uma certa conduta do interesse de quem formula. Ou de acordo com as necessidades de quem gerencia.

Algumas vezes isso se faz de modo deliberado e intencional. Outras vezes é apenas um processo de reprodução, a que certos propagandistas de ideias se prestam, sem uma clara consciência daquilo que estão fazendo. Ou ainda uma ação desavisada de pessoas que, em rigor, sequer gostariam de estar servindo ao que na verdade servem ao divulgar acriticamente algumas formulações.

De um modo geral, no plano da administração, essas ideologias têm como objetivo obter a cooperação ou aceitação dos trabalhadores para certos procedimentos; integrá-los no sistema global da reprodução capitalista ou cooptá-los para uma postura de colaboração com o capitalismo e a rejeição a ideias contrárias e rebeldes, os contrapontos que são divulgados principalmente pelos sindicatos, partidos e intelectuais contra-hegemônicos.

Vimos como grandes autores, com os quais convivemos em nossas aulas e nossos textos, assumiram discursos fortes, algumas vezes grosseiros, outras vezes sutis, para obter a aceitação dos seus sistemas teóricos e/ou para contribuir com a continuidade e sobrevivência das empresas e do macrossistema.

Podemos perceber que essas evoluções do pensamento administrativo correspondem a movimentos históricos que *educam os educadores* a se colocarem de um modo ou de outro; tal qual Taylor ou Barnard.

De um modo geral são construções que exigem o desenvolvimento de lógicas, algumas mais refinadas, outras não. Nada que se compare à infantil expressão "colaboradores" com que alguns administradores e empresários na atualidade julgam ser possível amenizar ou até superar a desigualdade entre patrões e empregados.

O que cabe, entretanto, observar é que, assim como reagimos diante do tratamento eufemístico de diferenças tão grandes, entre colaboradores e trabalhadores assalariados, devemos também estar atentos às teorias como ideologias. Nem sempre os discursos ideológicos são tão evidentes e perceptíveis. Vale relembrar que a eficácia de uma ideologia estará sempre sujeita ao quanto de possibilidades reais estão ali contidas e são capazes de despertar a credibilidade ou a expectativa lotérica que faz parte da subjetividade.

O nosso objetivo, neste texto, foi chamar a atenção para esse componente do pensamento administrativo. Não só para indicar os específicos textos e as evidentes passagens em que isso se verifica. Mas, principalmente para mostrar que realmente se verifica.

Certamente nossa leitura dos autores apresentados não foi suficiente para identificar tudo que nos poderia significar de exemplo. Mas nos pareceu suficiente para dar uma ideia geral sobre as potencialidades de um texto teórico.

Como dissemos no início, reconhecer a existência da ideologia no seio das teorias ou mesmo reconhecer as teorias como constituídas de ideologia é uma postura, antes de tudo, honesta com quem ouve o que dizemos ou quem lê o que escrevemos.

Claro, isso serve inclusive para nós, que escrevemos estas páginas, supondo condescendentemente que estamos exercitando a nossa utopia.

CAPÍTULO 2▸
A meritocracia nas organizações contemporâneas: gestão de competência, avaliação de desempenho e mobilidade funcional

José Henrique de Faria

Cinthia Letícia Ramos

Introdução

"A equipe conquistou o campeonato nacional com méritos, sagrando-se campeã com duas rodadas de antecedência."

"Pedro obteve o primeiro lugar geral no vestibular. Seu grande mérito foi ter se dedicado aos estudos o ano todo."

"Cristina foi promovida a gerente de vendas por seu próprio mérito, pois ela sempre conseguiu superar as metas estabelecidas."

"Não entendo como ele foi homenageado pela Associação, afinal ele não teve mérito nenhum."

Você já deve ter ouvido ou lido frases iguais ou parecidas com estas. De acordo com essas manifestações, ter mérito significa ter alguma qualidade diferenciada, ser recompensado por um esforço, ser reconhecido pelo sucesso obtido. Na última frase, a indignação sugere que a pessoa homenageada não tinha essa qualidade, não fez um esforço que merecesse a recompensa, de forma que o reconhecimento obtido foi inadequado. Não é incomum que na sociedade, nas empresas, nas organizações, nos grupos sociais, nas associações e no âmbito familiar, predomine a concepção de que aquelas pessoas ou equipes que possuem uma habilidade ou um valor considerado superior obtenha reconhecimento. A isso se chama meritocracia, um sistema que valoriza as capacidades de acordo com determinados parâmetros instituídos.

A meritocracia, assim, valoriza o princípio das aptidões, em um determinado sistema de referência, decorrente de capacidades socialmente aceitas (*achievement* ou *realização*), em contraposição ao princípio segundo o qual as posições sociais são decorrentes de privilégios, sejam de nascimento, sejam políticos ou culturais (*ascription* ou *indicação*), fenômeno este também chamado de nepotismo.[7] Essa passagem de um princípio a outro na escala das posições sociais foi especialmente destacada quando o modo capitalista de produção se impôs sobre o modo feudal e quando, consequentemente, a monarquia foi suplantada pela República e pela democracia burguesa. Não é difícil entender as razões. A burguesia considerava que o acesso às posições de prestígio social e político deveria ser permitido às iniciativas próprias da vida econômica, pois, afinal, se eram as atividades produtivas que promoviam a riqueza da sociedade, eram aqueles que a exercem que deveriam ser reconhecidos por seus méritos.

A oposição à tirania e à opressão impetrada pela monarquia, no caso da Revolução Francesa, por exemplo, foi baseada na concepção de que todos os cidadãos eram livres, iguais e fraternos, o que ficou marcado pelo lema *Liberté, Egalité, Fraternité* (Liberdade,

---

[7] O nepotismo tem sido relacionado ao patrimonialismo e, portanto, a uma forma "atrasada" de administração. No entanto, há um argumento segundo o qual o emprego de parentes na administração dos negócios é admitido, o que seria o *nepotismo meritocrático*, já que os parentes trabalhariam "em condições de igualdade" em relação aos demais funcionários.

Igualdade, Fraternidade). Mas, eram mesmo todos os cidadãos iguais ou se tratava de uma igualdade apenas formal?

A própria burguesia usufruiu do princípio dos privilégios que tanto criticava na monarquia, ao legar aos seus filhos as posições sociais devidas por herança na gestão de seus patrimônios, ou seja, aliando o que combatia com o que defendia fez uso do assim chamado *nepotismo meritocrático*. Ao mesmo tempo, a burguesia não reconhecia os méritos daqueles que diretamente produziam as riquezas, que eram os trabalhadores em geral, fixando-se naqueles empregados cujas aptidões e habilidades correspondiam aos seus próprios valores e interesses. A meritocracia, assim, foi se constituindo em um fator muito valorizado na burocracia, ou seja, na gestão administrativa pública e privada que fosse capaz de reproduzir e desenvolver o sistema de capital.

Atualmente, a meritocracia passou a ser materializada em programas corporativos, tais como gestão por competência e avaliação de desempenho, com efeitos sobre mobilidade funcional (plano de carreira), remuneração diferenciada etc. Quais competências? Quais conhecimentos? Qual desempenho? Que mobilidade? Quem, afinal, define os parâmetros de referência que medem o mérito? Quem julga? Voltando à questão: todos os que se encontram submetidos a esses parâmetros são realmente iguais?

Para melhor entender esse processo, vamos começar por definir o que é meritocracia a partir de uma análise crítica. A análise crítica do conceito é importante para que se possa perceber não apenas o que o conceito define, mas também o que ele esconde. Em seguida, vamos analisar como o sistema de mérito é utilizado nas organizações, seus pressupostos, finalidades e contradições.

A meritocracia

Vamos começar nossa análise fazendo alguns questionamentos bem simples às frases que iniciaram este capítulo.

"A equipe conquistou o campeonato nacional com méritos, sagrando-se campeã com duas rodadas de antecedência". Todas as equipes tinham as mesmas condições financeiras e puderam contratar os melhores jogadores? Poderíamos argumentar que se essa equipe tinha condições financeiras melhores este seria um mérito seu. Mas, as demais equipes tiveram as mesmas oportunidades que essa, ou seja, todas eram iguais e apenas essa conseguiu se diferenciar?

"Pedro obteve o primeiro lugar geral no vestibular. Seu grande mérito foi ter se dedicado aos estudos o ano todo." Foi apenas Pedro que se dedicou aos estudos o ano todo? Aqueles vestibulandos que precisavam trabalhar para garantir seu sustento são iguais a Pedro que fez um cursinho patrocinado por seus pais e pôde se dedicar exclusivamente aos estudos? Todas as escolas e todos os sistemas de ensino são iguais para todos?

"Cristina foi promovida a gerente de vendas por seu próprio mérito, pois ela sempre conseguiu superar as metas estabelecidas." As condições dadas à Cristina eram as mesmas para as demais vendedoras? As cotas eram isonômicas para todas as vendedoras? Os locais em que as vendedoras atuavam eram exatamente os mesmos?

"Não entendo como Francisco foi homenageado pela Associação, afinal ele não teve mérito nenhum." Por que Francisco foi homenageado pela Associação se ele não teve mérito? Qual o critério que a Associação adotou que foi considerado inadequado? Existem diferentes critérios para se definir o mérito? Os sistemas de avaliação são totalmente racionais e objetivos e os avaliadores são isentos?

O que podemos deduzir dessas situações? Em primeiro lugar, podemos facilmente observar que todo o sistema de mérito tem um parâmetro de referência que indica o sucesso ou o fracasso de uma ação: o número de pontos conquistados (pela equipe e pelo vestibulando), a quantidade obtida segundo uma medida (cotas), valores subjetivos de avaliação (liderança, simpatia, capacidade de relacionamento interpessoal). Em segundo lugar, podemos observar que em todos os casos há um pressuposto que todos os envolvidos são iguais e que têm as mesmas condições materiais e pessoais (emocionais, atitudinais, de experiência social, de educação etc.). Em terceiro lugar, observamos que os parâmetros do sucesso não são definidos pelos participantes, mas são impostos, ou seja, há uma heteronomia, uma sujeição a uma regra ou a um conjunto de regras definidas por outros que não os sujeitos da ação.[8] Em quarto lugar, é inegável não apenas que os sistemas de avaliação não são plenamente objetivos, como principalmente os julgamentos baseados nesse sistema são subjetivos.

Partindo desses quatro pontos bastante simples, já podemos considerar que a meritocracia é concebida como um sistema social de recompensa, em que o sucesso de um indivíduo ou grupo depende de habilidade, talento e esforço. Dessa forma, de acordo com Lalande (s/d, p. 665), o mérito passa a ser tratado em pelo menos quatro sentidos:

1) De valor moral, quando decorre de um esforço em ultrapassar as dificuldades e superar obstáculos internos ao sujeito que são impostos pela moralidade. Nesse caso, por exemplo, se a moral social estabelece padrões de conduta que caracterizam o que deve ser o comportamento social que rege a vida das pessoas dificultando que as mesmas possam agir de forma diferente do estabelecido, o mérito consiste em superar essas regras internamente (psicologicamente, emocionalmente), ou seja, as pessoas não se submetem ao julgamento moral da sociedade;

2) Teológico, quando supera o dever estrito definido por um conjunto de princípios, geralmente religiosos, conferindo à pessoa uma espécie de crédito. Por exemplo, se uma pessoa não apenas "ajuda aos necessitados", mas dedica-se a uma causa, seu mérito passa a ser uma forma de um bem extraordinário a ser recompensado, em vida ou não;

---

[8] Em sua obra *Crítica da razão pura*, Kant (1980) considera que a heteronomia é a sujeição da vontade humana a determinações que não pertencem àquilo que é estabelecido livre e autonomamente pela consciência moral.

3) De aptidão, quando se refere ao reconhecimento ou aprovação por alguma coisa que a pessoa fez ou por alguma virtude que a mesma possui. Nesse caso, o mérito refere-se a um talento inato ou desenvolvido que se diferencia do considerado comum ou "normal";

4) Qualidade louvável, quando se refere ao conteúdo da ação. Nesse caso, o mérito encontra-se não tanto na ação, mas em seu resultado, em seu produto. Uma solução para um problema técnico ou tecnológico, por exemplo, é reconhecida muito mais pela sua eficácia prática ou utilitária do que pelo processo que a permitiu.

Em todos esses sentidos, a meritocracia exige formas válidas de medida com base no fato de que todos os que a ela se submetem possuem igual condição (social e psicológica) e igual oportunidade (social, econômica, cultural) e parte do pressuposto segundo o qual o sistema de avaliação é neutro em sua formulação e julgamento. Dito de outra forma, a meritocracia se baseia na ideologia da igualdade de oportunidades e possibilidades e na crença da neutralidade de sua avaliação.

Para Mészáros (2004):

> *A ideologia não é ilusão nem superstição religiosa de indivíduos mal orientados, mas uma forma específica de consciência social, materialmente ancorada e sustentada. Como tal não pode ser superada nas sociedades de classe. Sua persistência se deve ao fato de ela ser constituída objetivamente (e constantemente reconstituída) como consciência prática inevitável das sociedades de classe, relacionada com a articulação de conjuntos de valores e estratégias rivais que tentam controlar o metabolismo social em todos os seus principais aspectos.* (MÉSZÁROS, 2004, p. 65)

Prossegue Mészáros:

> *O conflito mais fundamental na luta social refere-se à própria estrutura social que proporciona o quadro que regula as práticas produtivas e distributivas de qualquer sociedade específica, cujo objetivo é manter ou, ao*

> *contrário, negar o modo dominante de controle sobre o metabolismo social dentro dos limites das relações de produção estabelecidas. Isso significa que as diferentes formas ideológicas de consciência social têm implicações práticas de longo alcance em todas as suas variedades, independentemente de sua vinculação sociopolítica a posições progressistas ou conservadoras.*
> (MÉSZÁROS, 2004, pp. 65-66)

Nesse sentido, não se pode reduzir o conceito de ideologia como simplesmente uma "falsa consciência". O que define a ideologia como ideologia não é seu suposto desafio à "razão" ou seu afastamento das regras preconcebidas de um "discurso científico", mas sim sua situação real (materialmente fundamentada) em um determinado tipo de sociedade. As funções complexas precisam focalizar a atenção nas exigências práticas vitais do sistema de reprodução (MÉSZÁROS, 2004, pp. 472-473).

Para Barbosa (2003), no Brasil não existe:

> *[...] Uma ideologia meritocrática fortemente estabelecida na sociedade, mas sem sistemas e discursos meritocráticos. Entre nós existe, do ponto de vista do sistema cultural, a ideia de que cobrar resultados e ainda por cima mensurá-los, é uma atitude profundamente autoritária. Avaliar serviço público, então, é muito mais complicado. Existe nas representações coletivas brasileiras uma relação grande entre competição, cobrança de resultados e desempenho como procedimentos e processos autoritários, e não como processos funcionais ou de hierarquizar pessoas no interior de um todo para fins específicos. Além disso, existe uma identificação entre processos democráticos com meritocráticos. Nem todos os processos democráticos são meritocráticos e nem todos os processos meritocráticos podem e/ou devem ser democráticos.*

Ao contrário do que afirma Barbosa, há uma ideologia estabelecida na sociedade acompanhada de um discurso meritocrático: a ideologia da igualdade e da neutralidade. O problema se encontra exatamente no conteúdo de tal ideologia. Mas as questões-chave de tal ideologia encontram-se claramente definidas por Barbosa:

1) trata-se de processo de hierarquizar pessoas no interior de um todo com fins específicos; 2) a meritocracia não precisa necessariamente adotar processos democráticos, podendo ser uma imposição coercitiva; 3) há uma relação inadequada entre competição e cobrança por resultados e desempenho, com procedimentos autoritários, sendo estes apenas processos funcionais.

Na perspectiva liberal, a meritocracia tem sido conceituada como um princípio no qual a mobilidade social tem por base os talentos e qualificações que os indivíduos possuem tendo em vista suas ocupações. Esses indivíduos mereceriam diferentes recompensas segundo o reconhecimento social de seus talentos. A meritocracia, nesse ponto de vista, seria o fundamento da justiça social desde que todos os indivíduos tivessem acesso às mesmas condições independentemente de sua origem econômica, cultural ou social. No entanto, tais condições de igualdade de oportunidades e possibilidades jamais foram garantidas pelo sistema de capital e sua lógica de mercado, que historicamente tem reproduzido a exclusão social, a concentração de rendas, a divisão social do trabalho.

Partindo tanto da concepção liberal como da concepção de meritocracia como um sistema funcional, portanto, a meritocracia tem servido de base para a ideologia da igualdade individual e social, ocultando as diferenças, o preconceito, a discriminação, a opressão e o controle: em uma palavra, ocultando as relações de poder.

Desse modo, não tem importância o significado das ações de cada pessoa com suas diferenças, ou seja, não importa o quanto cada um empregou o melhor de seus esforços, mas o que esse esforço representa no sistema de referência e no processo de avaliação. Uma pessoa que tenha empenhado o melhor de sua energia em um trabalho não será julgada em seu mérito por esse empenho, mas pelo resultado dele no sistema de referência e de acordo com a subjetividade do avaliador.[9] Nesse sentido, uma pessoa que eventualmente

---

9 Normalmente, pouco se valoriza o mérito de uma equipe esportiva que, sem condições financeiras e sem estrutura, alcança a quarta posição em um torneio do qual

não tenha tido o mesmo empenho pode ser considerada meritória de recompensa porque o resultado de sua ação correspondeu ao que estava predeterminado, pois o sistema de referência é exatamente o parâmetro do julgamento do mérito: a nota do teste; as cotas de vendas; o projeto que deu mais lucro. Os desempenhos, assim considerados, remetem ao problema do reconhecimento social. Entretanto, a busca do reconhecimento social não pode ser entendida como sendo simplesmente um mal-estar da sociedade.

A categoria "luta pelo reconhecimento" foi proposta por Hegel desde os chamados "escritos de Jena" (ou seja, estudos realizados entre 1801 e 1806, período em que Hegel residia e lecionava em Jena) (KOJEVE, 2002). É dessa fase que vêm as ideias que estão sendo reatualizadas e reintroduzidas no debate filosófico e nas ciências sociais para explicar as origens dos conflitos sociais. Assim, o tema do reconhecimento tem ocupado um lugar de destaque na filosofia desde que Hegel, ao interpretar o conflito como mecanismo de transformação social na construção de uma sociedade em que as relações sociais são mais estruturadas, introduz a categoria do respeito e do reconhecimento intersubjetivo como o motor desses conflitos.

O problema com o reconhecimento do mérito, então, não se encontra na meritocracia propriamente dita, mas nos parâmetros utilizados para definir o que é socialmente meritório e no seu sistema de avaliação. Ocorre que, em geral, não conseguimos distinguir o mérito de seus parâmetros, de maneira que julgamos o mérito não por ele mesmo, mas pelos critérios de sua avaliação. O mérito é simplesmente a "nota" que o aluno tirou na prova e não o empenho no estudo; é a cota de venda e não o trabalho. Não se consideram as diferenças sociais, econômicas, culturais ou psicológicas dos indivíduos inseridos no sistema de avaliação, mas os resultados que se baseiam no princípio de que todos são iguais social, econômica, cultural e psicologicamente.

---

participam vinte equipes, por exemplo. Isso se deve ao fato de que se parte do princípio de que todas as equipes tinham as mesmas possibilidades e oportunidades e que, portanto, somente a equipe vencedora tem méritos.

Nesse sentido, a crítica ao sistema meritocrático nas organizações em geral tem sido muito superficial. Aquilo que normalmente é mais bem percebido pelos indivíduos no processo meritocrático nas organizações é a subjetividade presente no sistema de avaliação. Colocando todo o problema no julgamento "injusto", deixa-se de lado o processo inteiro. Nesse sentido, Gorski (2012) sugere:

> *A necessidade de que sejam utilizados critérios justos nas metodologias de reconhecimento no momento de se praticar recompensa baseada em resultados. Para que os planos de recompensa sejam vistos como justos é necessário que possam ser aplicados a todos os indivíduos da organização observando-se o mérito profissional. Muitas vezes a relação entre o bom desempenho profissional e sua recompensa não é perceptível e para que isso ocorra devem existir alguns critérios como: avaliação de desempenho com critérios claros não subjetivos e comunicação eficaz objetivando dar aos funcionários um retorno honesto das informações. Na inexistência de tais condições é que se abre espaço para que as pessoas aleguem o favoritismo e a influência como motivos da recompensa de um colega, já que com a falta de informação cada um procurará criar suas próprias razões que muitas vezes estarão motivadas pela insatisfação, para justificar o reconhecimento do trabalho do outro em detrimento do seu.*

A concepção de um sistema justo aplicado a todos indistintamente, com base na igualdade entre os indivíduos, na existência de critérios claros não subjetivos e em um eficaz e honesto processo de comunicação aparece, aqui, como a fórmula salvadora da meritocracia. Tal fórmula desconsidera que todo o processo desde o início pode ser excludente, discriminatório e injusto, já que o julgamento do mesmo é realizado apenas em sua fase final, na qual os indivíduos se sentem diretamente afetados "pelas preferências do avaliador", "alegando favoritismos". Essa fórmula pretende esconder que o processo inteiro da meritocracia se encontra sob o controle de quem o define, incluindo as subjetividades avaliativas e os mecanismos de comunicação.

O mérito passa a ser, portanto, aquilo que ele significa a partir de quem o define. Em *Alice no país do espelho*, Lewis Carroll (1871) nos ensina o que se esconde por detrás do significado. Vejamos o diálogo de Alice com o gnomo Humpty Dumpty.[10]

> Humpty: – Quando utilizo uma palavra, ela significa exatamente aquilo que eu quero que ela signifique. Nada mais, nada menos.
>
> Alice: – O problema está em saber se é possível fazer que uma palavra signifique um monte de coisas diferentes.
>
> Humpty: – O problema está em saber quem é que manda. Ponto final. É tudo.

Este diálogo nos ensina que o mérito não está no "monte de coisas diferentes" que ele pode significar, mas no que ele significa para quem o define. Não está na ausência de "uma ideologia fortemente estabelecida", mas de fato em sua existência. Dessa forma, o mérito "significa exatamente aquilo que ele deve significar" para quem manda, para quem estabelece os parâmetros de referência de sua avaliação e julgamento. Nesse sentido, quando se diz que alguém foi promovido em uma empresa por mérito, isso significa que o mesmo foi promovido segundo um parâmetro que foi definido pela empresa de acordo com seus objetivos, interesses e necessidades e de acordo com um processo de julgamento carregado de subjetividade. O sucesso não se encontra no desempenho em si mesmo da pessoa, mas no desempenho para a empresa e seus gestores. Trata-se, então, de uma relação de poder e de uma forma de controle.

Pagès *et al.* (1987) já relatavam que os mecanismos de controle e poder assumem não somente grande importância prática, mas também teórica, tendo em vista a complexidade dos temas nas múltiplas correntes das ciências humanas e sociais. Em *O poder*

---

10 Humpty Dumpty é um personagem criado a partir de uma sonoridade enigmática infantil de Mamãe Gansa, na Inglaterra. Ele é retratado como um ovo antropomórfico. Trata-se, também, de uma expressão inglesa usada de forma ofensiva para chamar alguém de "baixinho e gordo". Lewis Carroll faz deste personagem um especialista em questões linguísticas para quem, através do raciocínio invertido, as palavras comuns significam o que quer que ele queira que signifiquem.

das organizações os autores são emblemáticos ao questionarem este processo:

> *Como explicar a integração dos executivos e dos trabalhadores na grande empresa moderna, a sobrecarga de trabalho, aceita e mesmo procurada por muitos, a aceitação de uma ideologia de lucro e de expansão, apesar dos conflitos e sofrimentos que os acompanham? Como identificar as influências precisas exercidas sobre cada um na arquitetura complexa da grande organização?* (PAGÈS et al., 1987, p. 11)

Pagès *et al.* (1987) indica que os esquemas hierárquicos e funcionais produzidos pelas organizações são insuficientes para responder à conduta e ao engajamento de seus membros. Seguindo essa mesma linha de análise, Gaulejac (2007) explicita que o controle e a temporalidade do trabalho levam o indivíduo a impor ritmos, cadências e rupturas que se afastam do tempo biológico e do tempo das estações. O indivíduo submetido à gestão deve ajustar-se ao "tempo de trabalho", às necessidades produtivas e financeiras, sendo exigidos atributos como a adaptabilidade e a flexibilidade quase em tempo integral. O ideal da igualdade que dá suporte à concepção da meritocracia, nesse sentido, refere-se à igualdade de obrigações e de adaptação aos padrões impostos.

O princípio de que todos são iguais e que têm a mesma oportunidade, ou seja, o ideal de igualdade de possibilidades e de oportunidades, pode ser incontestável do ponto de vista formal, de uma regra geral que garante que "todos são iguais perante a lei", mas do ponto de vista da realidade social esse princípio é inalcançável tendo em vista os inevitáveis fatores sociais, econômicos, culturais e psicológicos que condicionam as ações dos indivíduos e que tendem a se reproduzir nos sistemas de avaliação meritocrático. A igualdade de oportunidades passa a ser, dessa forma, uma ideologia que justifica a permanência das desigualdades tornando-as socialmente aceitáveis (BOURDIEU; PASSERON, 1975). Com a pretensão de tornar iguais os que são diferentes e de tratar de forma diferente os que são iguais, a meritocracia sanciona um processo de discriminação e de exclusão. Não há mérito em tratar os diferentes como sendo iguais (tratar como iguais os que têm condições sociais, econômicas e psicológicas diferentes), mas em tratar de forma igual (sem discriminação, sem preconceito, sem exclusão ou marginalização) os que são diferentes, respeitando as diferenças.

Não é difícil perceber que o mérito, então, depende de seu reconhecimento, ou seja, para ser meritória, uma ação precisa ser reconhecida a partir de critérios de justiça. Mas a luta por justiça social não se esgota simplesmente no reconhecimento. A mesma se apresenta em pelo menos quatro dimensões, segundo Fraser (2008):

1) luta pelo reconhecimento social como forma de integração plena na sociedade como sujeitos iguais (dimensão cultural);

2) luta por uma redistribuição isonômica, igualitária e justa da riqueza material enquanto resultado da produção de suas condições de existência (dimensão econômica);

3) luta pela representação política paritária nas esferas de decisão como forma de pertença social e como procedimentos que estruturam os processos públicos de confrontação (dimensão político-social);

4) luta pela sua realização no plano emocional na medida em que é da condição humana a demanda psicológica por recompensa decorrente do empenho de energia política no processo de luta social (dimensão psicológica).

Não se trata, portanto, do questionamento do mérito caso este seja coletivamente sancionado a partir de critérios de justiça social, mas do questionamento da definição impositiva não apenas de seus critérios, como dos parâmetros de referência com os quais o mérito é julgado e do seu processo de avaliação. O mérito, de acordo com as frases apresentadas no início, não estaria no esforço coletivo e na superação das dificuldades, mas na pontuação obtida ao final do torneio; não na dedicação ao estudo, mas na nota do processo seletivo; não no trabalho, mas na superação das cotas de venda; não na subjetividade, mas na racionalidade instrumental do processo e do julgamento.[11]

O estabelecimento da meritocracia, portanto, deve levar em consideração o reconhecimento social como integração plena na sociedade ou nas organizações de sujeitos efetivamente iguais; a distribuição justa e igualitária entre todos; da riqueza produzida por todos; a participação política paritária nos processos de decisão que garantam a confrontação; e a recompensa emocional decorrente do empenho na luta social e política.

A meritocracia tal como tem sido conceituada, no entanto, contém diversas artimanhas: 1) utilizando-se de um fenômeno real que é a valorização dos resultados da luta social por melhores condições de vida coletiva, oferece um sistema ideológico de valorização de resultados que interessam ao modo dominante de produção das condições de existência; 2) utilizando-se do princípio da igualdade de direitos, oferece a ilusão da igualdade social que esse modo de produção nega; 3) utilizando-se da isonomia de tratamento dada pelos parâmetros de avaliação, oferece um sistema de referência desde logo direcionado a determinados fins; 4) utilizando-se da neutralidade do julgamento por pares ou superiores, oferece um processo recheado de subjetividades de toda ordem.

Em síntese, o problema do mérito não está em reconhecer o sucesso de uma ação na qual os participantes possuam real e efetivamente as mesmas condições isonômicas, sendo consideradas as diferenças

---

[11] O resultado final do torneio indica a equipe considerada vencedora de acordo com as regras de disputa, mas não pode retirar os méritos dos demais participantes. Assim também indica o aluno que obteve a primeira colocação no processo de acordo com o sistema de seleção, mas não pode desconsiderar o mérito dos demais alunos. Em outras palavras, a indicação de sucesso somente pode ser considerada na especificidade do processo, com suas regras e procedimentos. Em nenhum dos casos trata-se de julgamento meritocrático entre sujeitos iguais em um sistema neutro de avaliação.

entre os mesmos, o problema encontra-se no sistema de referência imposto aos participantes que parte do pressuposto ideológico segundo o qual todos são iguais, que a avaliação (sistema de referência) é neutra e que o processo de julgamento é objetivo. A questão não está em considerar a meritocracia como uma espécie de "mal-estar da civilização" (para usar uma expressão de Freud) a ser combatida a qualquer custo, mas em considerar que a ideologia que a sustenta faz dela um processo social e individualmente injusto, punitivo, excludente e discriminador, que é vendido nas prateleiras das organizações como um programa de gestão de RH que valoriza as competências, os conhecimentos, as habilidades e aptidões, os resultados alcançados, em um mundo em que todos possuem as mesmas oportunidades e possibilidades.

A meritocracia nas organizações

Uma vez analisada a questão da meritocracia, vamos ver agora como a mesma é concebida na visão organizacional. Para tanto, recorremos a algumas considerações divulgadas em *sites* que tratam do tema, por considerarmos as mesmas bastante significativas dessa concepção organizacional/empresarial. Não pretendemos esgotar o conjunto de considerações, por isso escolhemos, entre muitas (que, em linhas gerais, pouco se diferenciam entre si), aquelas que melhor ilustram o discurso dominante dessa concepção.

De acordo com Nogueira, Oliveira e Pinto (2007):

> *Ao reconhecer e recompensar devidamente seus colaboradores, uma organização estabelece um acordo de equidade, dando-lhes a retribuição adequada por seus esforços. Em consequência disso, a utilização de um sistema eficaz de reconhecimento e recompensa torna-se um fator motivacional que auxilia na manutenção e na melhoria do desempenho por parte dos colaboradores e é uma forma de esclarecer quais os valores e comportamentos a organização valoriza.*

Para esses autores, a organização estabelece um "acordo" de igualdade de direitos aos seus "colaboradores" através do qual oferece uma retribuição adequada aos esforços, fator esse que os motivaria tendo em vista a melhoria de seu desempenho. Essa concepção coloca, desde então, o problema da meritocracia na visão organizacional: esclarecer quais os valores e comportamentos que a organização valoriza. A organização, aqui, assume o lugar da definitiva e (por que não) sublime definição. Esse problema se encontra explicitado nas considerações de especialistas e consultores empresariais.

Segundo o *site* Brasil Econômico,[12] o especialista no assunto da meritocracia, Josué Bressane Junior, consultor da Gemte Consulting, conta que teve contato com esse modelo de gestão há mais de 20 anos. De acordo com o consultor, o país tem grandes oportunidades para implantar esse modelo de gestão. "Quando a empresa implanta a meritocracia é necessária uma mudança de cultura interna. Ela se torna um valor da empresa, e valor não se discute", destaca.

Sem qualquer esforço, pode-se verificar que a empresa define seu sistema de valores, que é indiscutível, exigindo uma "mudança de cultura", ou seja, de procedimentos até então instituídos. A meritocracia é, nessa concepção, um sistema de valores empresariais, os quais devem ser aceitos como valores universais. Para o referido consultor:

> *A meritocracia é um modelo que remunera de acordo com a performance do profissional. E, nesse caso, se o profissional trabalha menos acaba tendo uma remuneração menor do que os outros, o que nem sempre agrada as pessoas. Questionado sobre as metas estabelecidas, Bressane é rápido: Pode ser um índice de classificação, alunos que permanecem na unidade. São várias as possibilidades que a empresa pode explorar, basta identificar qual a meta que companhia espera atingir.*

Nessa acepção, o mérito é medido pela "quantidade de tempo despendido no trabalho" ou pela "quantidade de trabalho".

---

12 Disponível em: <www.brasileconomico.ig.com.br/noticias/meritocracia-ganha-espaco-nas-empresas-brasileiras_123947.html>.

Quem faz menos tem uma remuneração menor. Fosse a realidade assim como descrita, um operador de máquinas que trabalha oito horas diárias teria uma remuneração equivalente ao gerente que trabalha as mesmas oito horas. Evidentemente, essa não é a questão que estabelece a distinção entre ambos e tampouco é um problema de mérito comparado. O lugar que o indivíduo ocupa na estrutura define, de pronto, uma diferença decorrente da divisão social do trabalho. Mas o que chama a atenção é o sistema de referência, chamado de "metas". O consultor é explícito: a empresa pode explorar vários sistemas de referência, vários padrões de medida, bastando definir as metas que pretende atingir. Em outras palavras, o mérito, como exposto desde o início, depende de um sistema de referência, de uma medida que é definida "por quem manda", como diria Humpty Dumpty.

Para Esteves:[13]

> *A globalização influenciou, e muito, na difusão da cultura meritocrática nas organizações aqui no Brasil. As primeiras empresas a estabelecerem uma gestão de desempenho de pessoas e equipes baseado em metas quantitativas e qualitativas foram as multinacionais de grande porte, que há mais ou menos 10 anos praticam esse modelo de gestão. A partir daí, as demais empresas foram constatando os benefícios da prática dessa gestão de desempenho que tinha como objetivo, valorizar e estimular não só o desenvolvimento dos colaboradores e das equipes, como também o desenvolvimento e maturação de uma cultura meritocrática e a replicaram internamente em suas estruturas de gestão de pessoas.*

Nota-se, aqui, a concepção de uma "cultura meritocrática", que outra coisa não é senão a introdução, sob outra denominação, da competição interna interpares. Os benefícios dessa prática de gestão de desempenho foram "constatados pelas empresas" como um fator que as beneficia na "gestão de pessoas". Isso fica mais claro na manifestação de Esteves, a seguir:

---

[13] Disponível em: <exame.abril.com.br/rede-de-blogs/carreira-em-geracoes/2013/02/18/o-que-e-meritocracia/>.

> *Atualmente, são vários os mecanismos que as empresas usam para reconhecer e recompensar esses colaboradores (nível executivo a operacional) que atingem os resultados qualitativos e quantitativos: ascensão na hierarquia, aumento do salário fixo, impacto na remuneração variável, viagens, treinamentos, bolsas de estudo, entre outros. Metas meritocráticas servem para nos estimular a alcançar os resultados esperados e com isso geram ação, mas também geram expectativa e a possibilidade de frustrações e comparações. As políticas de RH das empresas que estabelecem esse modelo de gestão de desempenho devem ser construídas levando em conta todos os tipos de consequências de uma cultura de meritocracia.*

A política de compensação, devida aos resultados quantitativos e qualitativos alcançados para a empresa, é uma clara demonstração de como atua a área de RH na gestão do mérito. Além das recompensas salariais e de promoções, são introduzidos outros aliciantes subjetivos, tais como viagens, bolsas de estudos, treinamentos. A criação de incentivos no plano da meritocracia visa premiar aqueles cujas ações geram mais e melhores resultados para os objetivos da empresa. Novamente, a questão das diferenças individuais é suprimida e em seu lugar é proposto um "cuidado especial com as consequências": frustrações e comparações inevitáveis realizadas pelos avaliados com os resultados dos julgamentos. A preocupação com as consequências, admitidas como realmente existentes, implica necessariamente a definição de práticas ideológicas. Essas práticas que procuram legitimar a meritocracia, apresentada como um eficaz elemento da gestão de RH, procuram desviar a atenção sobre suas contradições, as quais são indicadas como sendo apenas consequências do que se chama "cultura de meritocracia". Consequências essas que não são localizadas no processo, mas nas reações dos indivíduos. Assim, se fixa a ideologia de que "sendo o programa bom", as reações adversas decorrem de "defeitos da cultura organizacional". Em outras palavras, corrigindo os efeitos acredita-se que se preserva a causa.

De fato, para Marconi Alvarenga Rocha, Diretor Administrativo na Mereo Consulting,[14] a meritocracia:

> *Refere-se a um modelo de organização que considera o mérito para a promoção ou reconhecimento dos elementos nele inseridos. Por não considerar distinções de sexo, raça, condições sociais ou financeiras, o modelo meritocrático se torna um mecanismo justo de seleção e promoção de seus talentos. Quando bem aplicado, o modelo conduzirá o sistema a melhorias constantes de* performance, *na direção dada pela definição de "mérito" para aquele sistema. É exatamente nesta última afirmação que reside um dos itens de maior relevância na implantação de um modelo meritocrático dentro de uma organização, ou seja, como a empresa define o mérito.*

Para esse consultor, a meritocracia é um "mecanismo justo de promoção e seleção" dos talentos organizacionais justamente devido à sua ideologia da igualdade que, sendo bem aplicada, melhora o desempenho segundo o sistema de referência definido pela organização. A relevância, portanto, está no sistema de referência "como a empresa define o mérito" que não distingue as diferenças entre os indivíduos.

A gestão por competência na Empresa Alfa

Vamos acompanhar, agora, um modelo de gestão por competência em uma empresa multinacional, analisado por Ramos e Faria (2014), para verificar como a meritocracia se apresenta no mesmo. Esse modelo serve para ilustrar os argumentos até aqui apresentados. Essa empresa será chamada aqui de Alfa. O desempenho e o mérito correspondentes estão expressos em uma escala atitudinal, ou seja, medem as atitudes dos empregados para cada competência. Em outras palavras, o sistema de referência do mérito está expresso nas atitudes esperadas pela empresa para cada uma das competências.

---

14 Disponível em: <www.mereoconsulting.com.br/fatores-chave-para-o-sucesso-de-um--modelo-meritocratico-nas-empresas/#>.

Antes de apresentar as competências, convém observar seis pontos fundamentais deste programa:

1) o Programa de Gestão por Competências é o instrumento definido pela indústria Alfa para desdobrar suas estratégias, materializando-se em um conjunto de comportamentos estruturados e diferenciados que facilitam a execução e integração dos processos: (a) orientando a gestão dos empregados com um estilo comum; (b) explicitando quais os comportamentos dos empregados esperados pela companhia; (c) possibilitando o alinhamento das pessoas às necessidades do negócio;

2) a Gerência de Recursos Humanos, responsável por implantar o programa e garantir sua aplicabilidade e aderência com as diretrizes corporativas, aplica o programa nos seguintes processos: educação corporativa; aprendizagem organizacional; gestão do conhecimento; dimensionamento de equipes; recrutamento e seleção; gestão de desempenho; alocação, mobilidade e sucessão;

3) o Dicionário de Competências descreve de forma conceitual e prática as competências organizacionais e as competências individuais corporativas, sendo seu principal objetivo prover os conceitos e elementos que as compõem, assim como orientar os processos de gestão de pessoas garantindo a identidade organizacional além das fronteiras geográficas;

4) o programa identifica oito competências organizacionais: orientação para o mercado, gestão empresarial, inovação e tecnologia para os negócios, gestão de pessoas, gestão da cadeia de suprimentos, gestão de processos, gestão de portfólio, programa e projetos, responsabilidade social e ambiental. Cada uma delas possui um detalhamento dessa descrição, intensificando o alinhamento às estratégias da Alfa;

5) além das competências organizacionais, foram identificadas nove competências individuais: trabalho em equipe, iniciativa, liderança de pessoas, atuação estratégica, orientação para processos e resultados, criatividade e inovação, aprendizagem e compartilhamento do conhecimento, foco no cliente, capacidade de decisão. Tais competências devem estar presentes em todos os empregados garantindo a identidade corporativa;

6) como nem sempre todos os empregados atendem plenamente ao nível requerido para as competências, a empresa definiu uma *escala de avaliação em que o empregado é posicionado para cada uma das competências, que* vai desde "não demonstrada", quando o avaliado não apresenta nenhum traço do nível requerido para a competência, até "supera o nível requerido". A superação do nível requerido é o indicativo do mérito.

Os quadros, a seguir, mostram as competências corporativas e as atitudes esperadas em cada uma delas.

Quadro 1 – Trabalho em equipe

	Capacidade de trabalhar cooperativamente, integrando interesses individuais aos do grupo, para alcance de um objetivo comum, na busca de resultados para o negócio, considerando as características pessoais, culturais e profissionais.
A	Atua realizando algumas intervenções na equipe, compartilhando experiências.
B	Tem facilidade de atuar em equipes, agrega qualidade ao trabalho e propõe ideias.
C	É um facilitador da equipe, integra as pessoas e gera uma ambiência de trabalho produtiva e colaborativa.
D	É referência legitimada. Sua atuação estimula a equipe a focalizar no trabalho e na conquista de resultados, extrapolando a própria equipe.

Fonte: documentos institucionais da Indústria Alfa.

No Quadro 1, em que se explicita a avaliação da escala de proficiência no âmbito do trabalho em equipe, pode-se observar um paradoxo entre a concepção de que as competências individuais são consideradas no âmbito do trabalho em equipe e a definição deste trabalho. De fato, o trabalho em equipe é definido como a *capacidade de trabalhar cooperativamente* de forma a integrar *os interesses individuais aos do grupo,* tendo em vista *o alcance de um objetivo comum* e a busca *de resultados para o negócio.* A integração dos interesses é regida pelos resultados para o negócio e pelo objetivo comum definido pela empresa.

Nota-se, aqui, que as competências individuais são as de intervenção, atuação, facilitação e constituição de referência no âmbito do grupo para garantir o projeto da Indústria Alfa. As competências não são propriamente individuais. São competências requeridas do indivíduo pela Indústria Alfa. O mérito do empregado encontra-se nas atitudes que gerem resultados alcançados pela equipe de acordo com os objetivos da empresa. Outro paradoxo está no discurso de trabalho em equipe e a competitividade que se estabelece, de forma velada, entre os pares. Ao mesmo tempo em que se estimula a necessidade de cooperação, de integração e participação coletiva, o empregado é avaliado individualmente em cada competência, ou seja, se o mesmo não alcançar as metas estabelecidas, terá "deficiência de desempenho" em sua *proficiência requerida,* o que vai interferir diretamente na progressão da carreira e na evolução salarial.

Quadro 2 – Orientação para processos e resultados

Capacidade de alcançar e superar metas estabelecidas, garantindo a qualidade e eficácia dos processos. Pressupõe planejamento, acompanhamento e análise dos processos que levam aos resultados econômico-financeiros, sociais e ambientais.	
A	Executa atividades dos processos de sua área sob orientação, considerando o potencial impacto de suas ações nas áreas com as quais interage.

B	Executa atividades dos processos de sua área de forma autônoma. Busca resultados com iniciativa para aprimorar processos, procedimentos e sistemas.
C	Propõem-se a alcançar metas desafiadoras adicionais às do seu âmbito de responsabilidade, otimizando o fluxo do processo onde atua. Diante das dificuldades, encontra formas de convertê-las em oportunidades.
D	Compromete esforços próprios e alheios para alcançar metas e objetivos desafiadores, estimulando a colaboração mútua e a atuação integrada.

Fonte: documentos institucionais da Indústria Alfa.

No Quadro 2, em que se explicita a avaliação da escala de proficiência no âmbito dos processos e resultados, a orientação é no sentido de alcançar e superar metas definidas pela empresa. Nota-se aqui que a meritocracia se refere à superação das metas como garantia de qualidade e eficácia. As competências não são as dos empregados no trabalho, mas aquelas que a empresa requer destes, ou seja, são competências definidas pela Indústria Alfa para seus empregados que gerem resultados econômico-financeiros, sociais e ambientais. Resultados sociais e ambientais dizem respeito à imagem da empresa. O empregado, enfim, deve comprometer seus próprios esforços e dos demais empregados em nome das metas.

Quadro 3 – Aprendizagem e compartilhamento do conhecimento

	Capacidade de buscar, apreender, aplicar e disseminar conhecimentos para o crescimento pessoal e organizacional. Inclui aprender com as expectativas próprias e de outros, bem com desaprender quando necessário.
A	Busca oportunidades de aprendizagem, aplica e compartilha conhecimentos quando lhes são requeridos.
B	Apresenta comportamento de constante busca do aprendizado além do requerido, consegue utilizar as competências adquiridas em suas atividades e compartilha conhecimento de forma consistente.
C	Compartilha com equipes conhecimentos e experiências adquiridas, sistematizando a prática.

| D | Promove em outros a capacidade de buscar, apreender, aplicar e disseminar conhecimentos organizacionais estratégicos e críticos, garantindo que a aprendizagem individual seja transformada em organizacional. |

Fonte: documentos institucionais da Indústria Alfa.

No quadro 3, as competências individuais são avaliadas quanto ao conhecimento compartilhado e à aprendizagem, incluindo a aprendizagem com as expectativas próprias e alheias e a "desaprendizagem", a qual se refere a uma forma de apagar o que não interessa ao trabalho que a Indústria Alfa requer. O discurso ideológico do mérito encontra-se expresso na busca de oportunidades e aprendizagem pelo empregado, em seu comportamento constante de aprender além do que a empresa requer (desde que no interesse da mesma), no compartilhamento de experiências adquiridas no trabalho e na promoção da capacidade de disseminar conhecimentos organizacionais e estratégicos de forma a transformar o conhecimento individual em organizacional.

Nota-se que a busca individual de oportunidades e por aprender para além do necessário, definidoras dos critérios de competências e do mérito, entram em contradição com a concepção de que o conhecimento individual deve se transformar em organizacional, pois os conhecimentos requeridos são aqueles exigidos para o trabalho e o crescimento pessoal só possui mérito se for compatível com o desenvolvimento organizacional. Portanto, o caráter do saber dos empregados refere-se apenas ao saber útil para a Alfa. A busca constante por oportunidades de aprendizagem pressupõe uma consciência de autodesenvolvimento e de transmissão consentida de conhecimento, em que o indivíduo deve estar continuamente buscando, criando e se autoeducando para então transferir, de forma estruturada, esse saber explícito. O produto do seu trabalho transforma-se em conhecimento corporativo, devidamente classificado e disponibilizado em bancos de "lições apreendidas" e de "boas práticas". Assim, se por um lado o empregado deve ser um "eterno aprendiz", estar em constante desenvolvimento, garantindo que sua aprendizagem individual seja transformada em organizacional, ao mesmo tempo esse conhecimento só será válido e útil para a organização se tiver um caráter prático e um alinhamento aos objetivos e estratégias da organização.

Quadro 4 – Perfil de competências individuais associadas às funções e aos cargos da Indústria Alfa

Competência	\multicolumn{6}{c}{Funções}	\multicolumn{3}{c}{Cargo}
	Gerente Executivo	Gerente Geral	Gerente	Coordenador	Supervisor	Especialista	Sênior	Pleno	Júnior
Trabalho em equipe	D	D	D	D	C	C	C	B	A
Iniciativa	D	D	D	C	C	C	C	B	A
Liderança de pessoas	D	D	D	C	C	B	B	A	A
Atuação estratégica	D	D	C	B	B	C	B	A	A
Orientação de Processos e Resultados	D	D	D	C	C	C	C	B	A
Criatividade e Inovação	D	D	C	C	B	D	B	A	A
Aprendizagem e Compartilhamento do Conhecimento	D	D	D	C	C	D	C	B	A
Foco no cliente	D	D	D	C	C	C	C	B	A
Capacidade de decisão	D	C	C	B	B	B	B	A	A

Fonte: documentos institucionais da Indústria Alfa.

Obs: escala (A, B, C, D), sendo que o nível A é o de menos complexidade e o D de maior complexidade. Competências Opcionais.

O Quadro 4 indica que, com o objetivo de reforçar e garantir a identidade da Indústria Alfa são definidos os níveis requeridos nas competências individuais para cada grupo de empregados, de acordo com sua posição na empresa. Nem todas as competências individuais corporativas são obrigatórias para todos os empregados.

Porém, em função da necessidade do trabalho ou desenvolvimento, quando uma competência individual corporativa opcional for aplicada, é utilizado o nível requerido pelo cargo ou função ocupada pelo empregado. A concepção de competência que orienta o perfil individual faz uma distinção de complexidade das funções, a qual é baseada em uma estrutura de poder. A complexidade não é tratada como conhecimento relativamente coerente, cujos componentes exigem diversas relações de interdependência ou de subordinação e cuja aprendizagem possui um grau elevado de dificuldade cognitiva. Para a Indústria Alfa, a complexidade é associada à responsabilidade funcional. A ideologia que se manifesta neste perfil é a de que quanto mais dedicado e comprometido for o empregado para com a organização, mais complexo se torna a competência exigida e maior é seu mérito.

Esse caso da Indústria Alfa ilustra o fato de que a avaliação do mérito, com base nas competências, orienta a medida do desempenho requerido e, nesse sentido, também a mobilidade funcional e a remuneração. A meritocracia encontra-se na adoção de atitudes requeridas pela empresa para atingir seus objetivos. Não é difícil notar que o estabelecimento de padrões referenciais de comportamento (os sistemas de referência do mérito) fixa um modelo de ação ao qual todo o empregado deve se submeter. Tal modelo parte do pressuposto de que todos os empregados, distinguidos apenas em seus níveis funcionais, possuem as mesmas condições sociais e emocionais, ou seja, a mesma formação, a mesma trajetória social, as mesmas experiências de vida, as mesmas condições econômicas de origem, a mesma estrutura familiar, a mesma cultura (crenças e valores). O programa trata da igualdade de direitos como se esta fosse igualdade de oportunidades e possibilidades, ou seja, o programa se apresenta com base na ideologia da igualdade.

Brito (2008) argumenta que os processos de educação corporativa e de gestão por competência mobilizam os aspectos subjetivos do trabalho envolvendo a cultura, os valores, o coração e a mente dos funcionários num processo de aprendizado contínuo capaz de liberar a força criativa de cada um, projetada para atingir os resultados desejados pela organização, ou seja, para defender os interesses do capital, manter sua competitividade no mercado, garantir seu lucro e a sua sobrevivência, ao concentrar a inteligência, a emoção e a energia dos empregados nas estratégias empresariais. Seguindo essa lógica, Brito (2008) sugere que a grande diferença entre a forma de compartilhamento natural do conhecimento e as novas formas de compartilhamento do conhecimento, promovida pelas organizações, é:

> *O gerenciamento, manipulação e controle rigoroso do processo de aprendizagem a partir unicamente dos interesses do capital, fato que significa uma mudança sem precedentes na forma de gestão e educação de pessoas para o trabalho nas organizações ao interferir direta e claramente na cultura organizacional e ao criar propositadamente um imaginário enganador na organização.* (BRITO, 2008, p. 207)

Outro ponto, já exaustivamente indicado, encontra-se no processo de avaliação. Mesmo se este fosse um processo de autoavaliação, a subjetividade do julgamento já seria presumível. Ocorre, contudo, que a avaliação é (somente ou inclusive) realizada pelas chefias e a subjetividade da mesma inclui elementos de julgamento que nenhum "sistema honesto de comunicação" é capaz de superar. A concepção de que tudo acontece "às claras", de que os julgamentos são "isentos", de que não há "interesses em conflito", de que não existem "relações de poder", constituem a ilusão da conveniência, pois se trata de uma abstração arbitrária.

O mérito não se encontra nas competências e nas atitudes propriamente ditas, mas naquelas que interessam à empresa e que dependem da subjetividade dos avaliadores. Por exemplo, uma liderança que mobiliza atitudes críticas sobre as relações e condições de trabalho não é avaliada da mesma forma que uma liderança que promova o aumento da produtividade ou que melhore as relações com clientes e fornecedores. Trata-se de avaliar não o mérito da liderança, mas o daquela que interessa aos objetivos da empresa. Um empregado funcionalmente competente, porém, tímido, pode ser mais mal avaliado que outro menos competente funcionalmente, mas extrovertido e com facilidade nos relacionamentos interpessoais. O fato concreto é que não há meios, procedimentos, métodos ou sistemas que superem ou eliminem a subjetividade nos julgamentos em processos de avaliação do mérito.

Em síntese, podemos considerar que em um sistema meritocrático relativamente justo em relação às diferenças individuais, essas não podem ser tratadas segundo o reconhecimento diferencial dos méritos de acordo com um sistema de referência dado, mas pelas atribuições de cada um conforme suas condições e possibilidades. É necessário que se admita a existência de diferenças individuais, mas é também necessário que se rejeite a sanção (punição) social e organizacional dessas diferenças. Reconhecer as diferenças deve ser a forma de impedir que aptidões individuais diferenciadas e capacidades de rendimento desiguais se transformem em privilégios.

Um sistema meritocrático que, em nome dos objetivos organizacionais, pune os diferentes como se estes fossem culpados por serem diferentes vai apenas validar um modo socialmente injusto de vida coletiva, em que os resultados obtidos por um indivíduo não dependeriam do que outros indivíduos executam. Assim, o processo de trabalho, que é necessariamente coletivo, acaba sendo avaliado pelo desempenho individual. O caso da Indústria Alfa, por exemplo, mostra claramente como a empresa ao mesmo tempo em que insiste no aspecto coletivo (grupal) do desempenho, o avalia na perspectiva individual.

Conclusão

Este capítulo tratou da meritocracia como um sistema de avaliação. Observamos como esse sistema de recompensa é ao mesmo tempo um sistema de punição, pois todo sistema de avaliação do trabalho coletivo que premia a individualidade pune os demais participantes que não foram premiados. Ocorre que sem a colaboração de todos não haveria o processo de trabalho coletivo. Assim, também, um empregado que um dia pode ser recompensado de acordo com os critérios de tal sistema, em outro dia pode ser punido exatamente pelos mesmos critérios desse sistema.

O sistema meritocrático entra formalmente na vida dos indivíduos na escola, quando esta ao sancionar as aptidões de cada aluno, faz acreditar que as diferenças de capacidade são naturais, quando as mesmas são igualmente decorrentes de uma diferenciação econômica, social e cultural. Assim também ocorre nas organizações/empresas. A meritocracia, no mundo empresarial, desconsidera essas diferenças individuais na medida em que se orienta para obter o máximo de eficácia produtiva, para a qual todos concorreriam em iguais condições. Os resultados individuais são premiados de acordo com o ideal produtivo, ou seja, de acordo com os objetivos organizacionais em um dado sistema de referência. Uma vez que tal sistema de referência meritocrático é implementado, desencadeia-se um processo de seleção que define não os mais capazes, mas os que possuem melhor utilidade na reprodução e no desenvolvimento desse sistema (BOBBIO, MATTEUCCI, PASQUINO, 1995). Com base em critérios rigorosamente definidos, os indivíduos são separados no processo seletivo entre aqueles que interessam à organização e os que a mesma dispensa. Entre os que interessam, ocorre outra distinção, que separa os indivíduos de acordo com suas posições funcionais. Dessa forma, o ideal de igualdade instala uma desigualdade cada vez maior.

A meritocracia no mundo organizacional não é outra coisa senão uma forma de exercício de poder que se materializa em mecanismos de controle tanto das atividades quanto da subjetividade dos empregados através de um artifício, chamado de programa corporativo de gestão de competências e avaliação de desempenho. O ideal do mérito desvia a atenção dos empregados dos mecanismos de controle que este ideal encerra. Estabelecer uma forma de recompensa individual é também estabelecer um sistema de controle do conjunto dos empregados, que são orientados em seu desempenho de acordo com uma finalidade definida pela organização segundo seus objetivos e interesses.

A meritocracia, como já expusemos anteriormente, não seria em si mesma um problema se reconhecesse as diferenças e se estivesse assentada em critérios de justiça coletivamente sancionados. O problema se encontra tanto nos sistemas de referência instituídos impositivamente para avaliar o mérito, que partem da ideologia da igualdade de oportunidades e possibilidades, como no processo de julgamento.

Os defensores da meritocracia nas organizações geralmente reconhecem sua fragilidade em apenas uma fase do processo, que é aquela mais visível externamente. Assim, apontam para a ausência de uma comunicação honesta (falta de clareza quanto aos critérios e à forma de avaliação) e para a subjetividade do avaliador. Esse tipo de crítica centra-se no efeito do processo e não em todo o processo, como se apenas uma parte do mesmo fosse frágil. Daí decorrem as soluções salvadoras, as fórmulas mágicas, os cuidados extremos e outras proposições. A parte "invisível" do processo, que é a definição mesma do sistema de referência, com seus propósitos e finalidades, suas metas e objetivos a serem alcançados, sua ideologia e seus pressupostos de igualdade, aparece não apenas como inquestionável, mas como um modelo virtuoso.

Aplicado nas organizações e empresas, a meritocracia, ainda que possa considerar as diferenças funcionais, reproduz a ideologia da igualdade de oportunidades e possibilidades através de programas corporativos de gestão de competências e avaliação de desempenho, influindo diretamente na remuneração e na carreira de seus empregados. Como as críticas a esse sistema normalmente se concentram no processo de avaliação final, acabam por colocar suas fragilidades na ação subjetiva do avaliador, na falta de comunicação clara e precisa sobre o que está sendo avaliado e na definição exata das metas. No entanto, o próprio modelo é subjetivo, excludente, incita a competição, individualiza o trabalho coletivo e fixa um procedimento de recompensa e punição.

CAPÍTULO 3▸
A administração e a terceirização: como o pragmatismo compromete a análise[15]

PAULA MARCELINO

O texto que segue tem como objetivo discutir a definição de terceirização de modo a destacar o comprometimento, do ponto de vista científico, da forma como a área de administração define o fenômeno. Como veremos, o olhar pragmático dessa área de conhecimento técnico, direcionado antes de tudo para o lucro das empresas, torna a avaliação da terceirização parcial, desprovida de análises reais daquela que é a sua principal consequência social: a precarização do trabalho. Verdade seja dita, depois de muita tinta ter rolado em outras áreas do conhecimento, formuladores da administração passaram a citar o efeito "precarização" da terceirização.[16] Mas, ao menos na bibliografia consultada,

---

15   O texto que o leitor tem em mãos é parte modificada de um capítulo do meu livro *Trabalhadores terceirizados e luta sindical* (Curitiba: Appris, 2013), resultado de uma tese de doutorado defendida no ano de 2008 na Universidade Estadual de Campinas (Unicamp). Versões modificadas desse texto, com inserção de novas referências bibliográficas e desenvolvimento de argumentos, já foram publicadas na forma de artigos em revistas científicas. Para mais informações consultar: <lattes.cnpq.br/5794537264211714>.
16   Refiro-me aos textos de Freitas e Maldonado (2013) e Cabral e Lazzarini (2010), por exemplo.

o tema é apenas citado ou tratado de forma superficial, como um erro de percurso ou uma consequência desagradável. Rapidamente se passa às indicações sobre as vantagens – e, minoritariamente, desvantagens – da terceirização para as empresas.

Os textos sobre terceirização da área de administração são, em sua grande maioria, manuais de como implementar o chamado "mecanismo de gestão", ou "técnica moderna de administração". O tom fortemente pragmático e unilateral desse discurso em direção aos benefícios para as empresas tem como pano de fundo uma vaga ideia de modernidade, ainda herdeira do pensamento iluminista de autores como Condorcet, Diderot, Smith e Newton em relação à crença na ciência e no progresso, mas bem longe dos ideais da Revolução Francesa de igualdade, liberdade e fraternidade. O moderno aqui é usado no sentido dado pelo senso comum: a inovação constante, tanto do ponto de vista técnico quanto do organizacional. Nessa acepção de moderno, só há positividade. Posicionar-se contra qualquer iniciativa "modernizadora" significa contrariar os princípios da lógica.

Nesses manuais também se pode notar a presença constante de outra justificativa para a o uso de trabalho terceirizado: as exigências da globalização. O termo é empregado, também na bibliografia consultada da administração, sem muito rigor conceitual, como uma palavra neutra, cuja positividade ou negatividade é definida pelo evento que se analisa. Faz-se referência a ele como um conjunto de fenômenos sociais de ordem cultural, política e econômica. Em seu emprego ordinário, serve para justificar desde as novas formas de imperialismo cultural, até a inserção de mecanismos de gestão nas empresas, como é o caso da terceirização. O termo "globalização" funciona, igualmente, como álibi para governos e empresas em relação a tudo que acontece de negativo na economia; transfere-se a responsabilidade para os mercados ou forças supranacionais.

Tal como nos mostra Chesnais (2001), trata-se de uma fase do processo de internacionalização e valorização do capital, cujo movimento político-econômico é determinado pela sua expansão, de forma bastante seletiva, para além das fronteiras dos Estados-nação. Qualificar o processo, ou seja, chamá-lo de "mundialização do capital", é uma forma de deixar claro qual é o seu sentido, quem é seu sujeito e a quem ele serve: nem atinge todas as partes do globo de maneira homogênea, nem beneficia a todas as classes sociais indistintamente.

Também é lugar comum nessa literatura afirmar que a terceirização não deve ser vista como um modismo e muito menos como uma estratégia de simples redução de custos. O objetivo da terceirização, para esse conjunto de autores (DAVIS, 1992; GIOSA, 1993; PAGNONCELLI, 1993; OLIVEIRA, 1994; QUEIROZ, 1995; ALVAREZ, 1996), deve ser a busca pela qualidade; o que implica na "focalização" da atividade da empresa, na concentração desta na sua atividade principal. A redução de custos seria uma consequência natural de uma terceirização bem-feita.

Para esses autores, a definição de atividade essencial, principal – que na literatura da área de direito é chamada de atividade-fim – não é uma característica estanque da atividade empresarial. Por ocasião da nossa pesquisa de mestrado, quando analisamos o caso da terceirização na Honda, de Sumaré (SP), nos fizemos a seguinte pergunta:

> *Qual parte do carro a ser montado deve ser considerado como atividade--fim? A montagem dos pneus, caixas de transmissão e de direção – atividades que estão progressivamente sendo integradas ao leque de funções dos operadores logísticos subcontratados – podem ser considerados atividades-meio de uma indústria cuja atividade fundamental é **montar veículos?*** (MARCELINO, 2004, p. 157)

Essa questão que, à época, nos parecia tão pertinente, não faz o mínimo sentido para os teóricos da administração. Isso porque a atividade-fim de uma empresa pode variar ao longo dos anos; o que é considerado atividade essencial hoje, pode não o ser amanhã. É por isso que, nas modernas montadoras de veículos, atividade-fim não é a montagem do veículo em si, mas a concepção de projetos ou o desenvolvimento de tecnologia. Levado até o fim o raciocínio, qualquer atividade das empresas pode ser terceirizada.

Alguns autores chegam a afirmar que mesmo aquela atividade que a empresa elege como principal pode e deve, em alguns casos, ser terceirizada. Numa construção argumentativa surpreendente pela conclusão na última frase que parece dissonante com as frases anteriores, Alvarez (1996, p.14) afirma:

Embora uma corrente ortodoxa da terceirização defini-a como a passagem para um terceiro daquilo que não fizer parte do negócio principal, verifica-se que muitas empresas não respeitam esse limite, ou seja, partilham com terceiros até mesmo áreas-fim. Trata-se de empresas orientadas para a qualidade.

Segundo esse mesmo autor, a terceirização e a qualidade são ambas elementos fundamentais de uma forma de gestão mais ampla. A qualidade é a de priorizar a agregação de valor ao longo da cadeia produtiva; portanto, necessariamente, deve envolver os terceiros. Ou seja, atividades que agregam pouco valor ao produto de uma empresa devem ser as primeiras na lista de repasses a terceiros.

Outra quase unanimidade, na bibliografia sobre terceirização na área de administração, é a necessidade da parceria entre a empresa tomadora de serviços e a empresa subcontratada. O raciocínio dos autores é que se o objetivo é qualidade final do produto, somente a parceria é capaz de garantir que o produto final seja competitivo. Para Pagnoncelli (1993), a parceria se constrói a partir de quatro elementos: diálogo, convivência, confiança e identidade cultural.

Os elementos dissonantes dessa quase unanimidade em torno da necessidade da parceria revelam, ainda uma vez, o pragmatismo de boa parte dos estudos em Administração. Para Alvarez (1996), a parceria não interessa quando o valor agregado pelo fornecedor não é significativo; nesse caso seria um comprometimento desnecessário para a empresa. Em sua visão, também não é possível estabelecer parcerias com todos os que se relacionam com a empresa, pois isso significaria o seu engessamento cultural e econômico. Oliveira (1994) acrescenta um ponto com o qual concordamos, dizendo que a própria noção de parceria é ambígua, porque tudo aquilo que poderia ser considerado como um entendimento e interesse mútuo das duas empresas, não passam, na verdade, de uma relação comercial, um contrato de negócios entre um comprador e um fornecedor (de produtos ou de serviços). Segundo esse autor, parceria não é altruísmo. A não ser que as relações estejam calcadas em sólidos preceitos legais, mantidos por um Estado igualmente sólido e eficaz (que penalize o descumprimento dos contratos, por exemplo), não há a possibilidade do "ganha-ganha" entre as empresas. Para esses dois autores, portanto, a terceirização pode prescindir da parceria, ainda que ela seja recomendável.

Para Oliveira (1994), a terceirização com parceria (mesmo se considerada apenas como um bom contrato comercial) corresponde a uma evolução das relações de trabalho no Brasil, pois as relações empresariais e aquelas entre patrões e empregados no Brasil guardariam ainda um forte caráter pessoal. Nessa mesma linha de raciocínio, Oliveira afirma que a cultura empresarial brasileira tem alguns traços importantes que explicam porque a terceirização teve difusão tardia no país – fenômeno avaliado negativamente pelo autor –, especialmente nos setores de ponto da produção industrial. O principal desses traços era a preferência pelos investimentos em bens patrimoniais, mesmo que improdutivos; isso correspondia a um ideal de autossuficiência e uma consequente busca de integração interna. Prevalecia entre os empresários, segundo Oliveira, a crença de que, horizontalizando a produção, pagava-se um lucro para os fornecedores que poderia ser interno. Tal visão empresarial correspondia, no plano do contexto político-econômico, à opção pela urbanização e industrialização do país que, guardadas as devidas especificidades de cada período, podemos dizer que prevaleceu da década de 1930 até o final do regime militar. Assim, como a cadeia produtiva não estava toda preenchida, não havia fornecedores confiáveis e ainda era necessário enfrentar os monopólios e oligopólios.

Para Oliveira (1994), a mudança do pensamento empresarial se deu com a crise econômica brasileira depois do Plano Collor (1990), quando os empresários brasileiros precisaram recorrer à terceirização como forma de redução de custos fixos, principalmente com a força de trabalho. A terceirização saiu, então, dos seus nichos tradicionais (cozinha, limpeza, segurança, jardinagem) e se espalhou por outras atividades das empresas.

Acreditamos que o elemento da cultura empresarial não é descartável para a compreensão do fenômeno. A própria bibliografia da área nos mostra esse percurso do pensamento em administração que, num primeiro momento, não passava de um conjunto de manuais de como construir uma grande organização, vertical e funcional ao mesmo tempo. Do início da década de 1990 em diante, os manuais se voltaram para a horizontalização da empresa, ou em como "focalizar" os recursos e esforços da organização para sua atividade principal.

A partir dos textos consultados, podemos resumir as vantagens da terceirização, do ponto de vista da área de administração, nos seguintes itens: focalização; flexibilidade (ou maior capacidade de adaptação a mudanças); desburocratização ou agilização dos processos; melhoria da qualidade do produto ou do serviço; melhoria na produtividade, proporcionando maior competitividade; redução de custos; redução de imobilizados (imóveis não utilizados); liberação de espaços; criação de ambiente propício ao surgimento de inovações; formalização de parcerias e sinergia entre empresas; valorização profissional com oportunidades para funcionários terem seus próprios negócios; estabelecimento de novas micro, pequenas e médias empresas; ampliação dos mercados para essas empresas e aumento do número de postos de trabalho.

Nesse mesmo esforço de sistematização, Pagnoncelli (1993) diz que a terceirização também tem suas armadilhas:

1) o "canto da sereia" da redução de custos que pode levar à desestruturação da empresa e à queda da qualidade de seu produto quando mal planejada e realizada a terceirização;

2) nem sempre é mais barato terceirizar;

3) não avaliar com clareza quais são as áreas da empresa que devem estar sob sigilo, se é que alguma deve estar;

4) o temor de certos executivos de que a terceirização possa diminuir o contingente de funcionários e o tamanho da estrutura sob seu comando direto;

5) montar estruturas muito grandes para administrar as subcontratadas;

6) a escolha errada dos terceiros;

7) confundir a dose e o remédio virar veneno, ou seja, exagerar na terceirização;

8) criação de laços paternalistas com os terceiros, tornando-os dependentes economicamente;

9) o risco da empresa subcontratada arcar com o ônus das flutuações econômicas e de demanda;

10) o perigo do sindicalismo se tornar um empecilho para a terceirização;

11) encarar a legislação como um problema, quando, na verdade, ela não é; pois ela é ampla e ambígua o suficiente para evitar problemas para as empresas.

Diante desses perigos para o bom funcionamento das empresas apontados por Pagnoncelli, as recomendações de Alvarez (1996, p. 74) sobre os principais cuidados a serem tomados quando uma empresa toma a decisão de terceirizar são:

1) definição de atividade-fim, em especial para aquelas que não têm intenção de terceirizar o núcleo de suas atividades, mas, em todo caso, a terceirização deve sempre começar pelas áreas periféricas, de apoio;

2) desenvolver um programa de conscientização dos funcionários para evitar-se a resistência, inclusive a sindical;

3) avaliar os ganhos de produtividade e eficiência, não centrar a atenção somente em custos;

4) avaliar processo de trabalho e recurso de terceiros;

5) analisar aspectos contratuais, inclusive se a contratada é idônea;

6) atentar para questão social das demissões, cuja solução pode ser incentivar a transferência dos trabalhadores para a subcontratada e/ou transformar os demitidos em empreendedores (sempre tomando o cuidado com a não continuidade do vínculo empregatício);

7) observar a qualificação do terceiro;

8) treinamento da contratante para o pessoal da subcontratada;

9) cuidado com a exclusividade, pois além dos riscos óbvios de sobrevivência da terceira, ainda há o perigo da interpretação de uma dependência organizacional por parte da justiça;

10) realização constante de auditorias de qualidade.

Os elementos apontados nos dois parágrafos acima fazem parte do que poderíamos chamar de uma possível "crítica" à terceirização – ou, menos incisivo que isso, a algumas formas de terceirizar – feitas a partir do olhar do campo da administração. Elas se inscrevem no espírito que já apontamos anteriormente da literatura dessa área: cartilhas, manuais de implementação e recomendações às empresas. Sob esse ponto de vista – o dos capitalistas, dos donos das empresas –, não nos resta dúvidas de que a terceirização cumpre bem o seu papel: reduz custos em primeiro lugar, depois, divide os trabalhadores e torna os coletivos de trabalho, de maneira geral, mais dóceis às necessidades de maximização dos lucros empresariais. Absolutamente nenhuma referência bibliográfica foi encontrada, nessa área, onde o posicionamento fosse contrário à terceirização.

Uma crítica contundente à terceirização é possível quando o ponto de vista é o do outro lado, o dos trabalhadores, daqueles que vivem esse processo a partir das consequências nas relações de trabalho e de emprego, além dos efeitos sobre a sua subjetividade e sua organização. Entretanto, mesmo estudos que não o fazem – seja por serem voltados à administração, seja por reclamarem uma suposta neutralidade – são capazes de identificar problemas e apontar que a terceirização não carrega consigo somente positividade.

A mais evidente crítica ao discurso sobre os benefícios da terceirização rebate o argumento da ampliação do número de empregos. O já citado Oliveira (1994), não obstante ser autor de um livro de defesa da terceirização, afirma que as empresas subcontratadas também têm a intenção de adequar-se às novas demandas com o menor custo possível. Em outras palavras, essas empresas subcontratadas já se estabelecem sob um novo patamar produtivo, onde a demanda pela redução dos custos com a força de trabalho define desde o início a política de contratação e as condições de trabalho e emprego. Assim, numa boa parte dos casos, terceirizar não implica em transferência de postos de trabalho para outra(s) empresa(s), nem na criação de novos empregos.

Para dar solidez à afirmação do não aumento do número de empregos do parágrafo anterior, citamos, como exemplo, os dados de uma pesquisa realizada por Marcio Pochmann (2007).[17] Esses dados nos apontam que, no estado de São Paulo, entre os anos de 1990 e 2005, o número de trabalhadores formais em empresas terceirizadas foi multiplicado por sete, enquanto que, no mesmo período, o total de empregos no estado cresceu apenas quarenta por cento. Ainda que outros fatores possam convergir para uma diferença tão expressiva entre a taxa de crescimento elevada do número de empregos formais nas empresas prestadoras de serviços terceirizados e a baixa taxa de crescimento geral de empregos no Estado, é bastante razoável deduzir a não manutenção do número de empregos com a adoção da terceirização; mais do que isso, a redução deles.

A pesquisa de Pochmann, na nossa visão, também corrobora um entendimento, já consolidado por vários estudos das Ciências Sociais, sobre os principais fatores que levaram à terceirização. De um lado, elementos trazidos por pesquisas como as de Teixeira (1993), Martins e Ramalho (1994), Druck (1999), Amorim (2011), Marcelino (2004 e 2013) apontam a divisão como um fator de desagregação dos coletivos de trabalho e da identidade de classe entre os trabalhadores. Depois da década de 1980, na qual o país viveu uma ascensão do movimento sindical, recompor o domínio sobre os trabalhadores era uma tarefa importante para as empresas no sentido

---

[17] A pesquisa foi realizada por encomenda do Sindeepres (Sindicato dos Empregados em Empresas de Prestação de Serviços a Terceiros, Colocação e Administração de Mão de Obra, Trabalho Temporário, Leitura de Medidores e Entrega de Avisos do Estado de São Paulo) com empresas identificadas como segmento dos estabelecimentos formais envolvidos com terceirização no Estado de São Paulo; um universo de 8.717 empresas. Fonte de dados primários: Sindeepres, Caixa Econômica Federal e Ministério do Trabalho e do Emprego. A pesquisa abarca o período de 1985 a 2005.

de garantir suas taxas de lucro. Taxas essas que eram pressionadas pelos altos índices de inflação, pela crise econômica e pelos sucessivos planos econômicos. De outro lado, o crescimento acentuado da terceirização na década de 1990 também reflete o esforço das empresas para a diminuição dos seus custos fixos. Os dados de Pochmann são contundentes nesse sentido: um trabalhador terceirizado ganha, em média, metade do não terceirizado e sofre muito mais com a rotatividade no trabalho.

Gráfico 1 — Estado de São Paulo — Salário médio e taxa de rotatividade para trabalhadores terceirizados e não terceirizados em 2005 (em %)

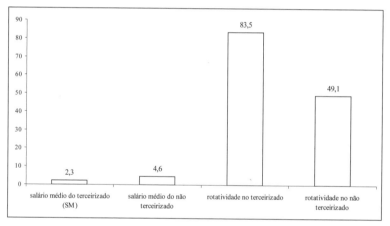

Fonte: POCHMANN, 2007, p. 25.

Dados mais recentes, sistematizados pelo Centro de Estudos Sindicais e de Economia do Trabalho (Cesit), da Unicamp, apontam em números as consequências em termos de precarização do trabalho para os terceirizados em três dos principais aspectos do trabalho: remuneração, rotatividade de empregos e duração da jornada de trabalho.

Gráfico 2 – Terceirização e condições de trabalho no Brasil (2010)

Condições de trabalho	Empresas Tipicamente Contratantes	Empresas tipicamente Terceirizadas	Diferença Terceirizados/ Contratante
Número de Trabalhadores/as	31.750.303	10.867.987	-
Remuneração de dezembro (R$)	1.824,2	1.329,4	-27,1%
Tempo de emprego (anos)	5,8	2,6	-55,5%
Jornada semanal contratada (horas)	40h	43h	7,1%

Fonte: RAIS, 2010; Caged, agosto 2011.
Nota: não está contido a agricultura. Horas contratadas não inclui hora extra.
Elaboração: Cesit.

Sabe-se também que o aumento expressivo no número de pequenas e médias empresas no país, na década de 1990, se dá, em parte, pela abertura de empresas que prestam serviços terceirizados. Amaro (2002) nos aponta um dado importante para a compreensão do mecanismo de diminuição salarial dos trabalhadores de empresas desse porte:

> [...] As maiores firmas são responsáveis por 72,4% da renda de salários e de outras remunerações geradas em 1998. As micro e pequenas empresas, embora detenham 98,8% do número de estabelecimentos e 43,8% do pessoal ocupado, respondem por apenas 17,4% dessa renda. [...] Essa diferenciação deixa claro que a remuneração da mão de obra nas microfirmas ainda é substancialmente inferior ao observado nas grandes. Tal situação reflete tanto a menor qualificação da maioria dos trabalhadores ocupados nas menores empresas quanto a baixa qualidade dos postos de trabalho nelas existentes. (AMARO. 2002, p. 5)

As críticas mais importantes à literatura da área de administração lida, na questão da terceirização, no nosso entendimento, ao desmonte da argumentação em torno do que ela aponta serem benefícios para os trabalhadores. Nesse sentido, são decisivos os dados de Pochmann sobre a falsa ideia de geração de empregos e aqueles sistematizados pelo Cesit que indicam o quanto a terceirização precariza as condições de vida e trabalho através da redução real dos salários. Alguns apontamentos críticos sobre outros elementos levantados por essa literatura para justificar a terceirização foram realizados ao longo deste item (crítica à ideia de parceria, ao recurso à vaga noção de globalização como imperativo e como processo sem sujeito etc.). Façamos uma síntese de como a terceirização é vista pela óptica da bibliografia da área de administração:

1) mecanismo de gestão empresarial;

2) técnica moderna de administração (e não um modismo passageiro);

3) processo planejado de transferência de atividades para terceiros (geralmente empresas) que, em etapa anterior, eram desenvolvidas por pessoal contratado diretamente. Normalmente, a terceirização se dá nas atividades secundárias das empresas, mas, em consonância com a liberdade de empreendimento, pode-se também terceirizar atividade-fim.

4) mecanismo que tem por objetivo principal a busca pela qualidade e competitividade cujo "efeito colateral" desejável é a redução de custos;

5) enstrumento de desverticalização das empresas para torná-las mais ágeis, flexíveis e com menos níveis hierárquicos;

6) forma de desonerar as empresas de parte de seus custos fixos (no caso, gastos com a força de trabalho);

7) atuação interempresarial onde a presença da parceria é recomendável.

Reter esses pontos nos importa para construirmos o que consideramos uma definição apropriada de terceirização para uma análise, não apenas técnica, mas também, e principalmente, política, desse fenômeno social.

Outros elementos na busca dessa definição nos são dados pela área de Direito. Do ponto de vista dos teóricos da administração, cabe ao Direito regular o que a prática empresarial já impôs. Nesse sentido, Pagnoncelli (1993) considera:

1) ao judiciário compete agir nos casos em que o direito é violado;

2) o fato social da terceirização antecede a lei;

3) a realidade é que o fato social da terceirização já é fator de influência no judiciário;

4) qual a explicação para o fato de muitos empresários não considerarem os aspectos jurídicos e tributários da terceirização como uma restrição à mesma?;

5) quando um programa de terceirização é implantado de forma planejada, considerando o caminho da legalidade, não há o que temer;

6) risco é inerente à atividade empresarial. Isso não exclui a terceirização. Também para o trabalhador, que considera o emprego uma segurança, ele não existe (PAGNONCELLI, 1993, p. 93).

Vejamos como a literatura do direito se posiciona, em linhas gerais, diante desse papel reativo que lhe é imputado pela administração e como ela reflete e define a terceirização.

A terceirização e o direito: o difícil equacionamento entre a proteção ao trabalho e a regulamentação reativa

Uma busca sobre o tema "terceirização" aponta para uma vasta bibliografia no campo da administração no início da década de 1990. Hoje, nessa área, se produz menos sobre o assunto no que se refere a manuais. Em compensação, com a área do direito parece ter acontecido o contrário: os livros sobre terceirização se multiplicaram na segunda metade da década de 1990 e muitos ainda são publicados e reeditados nos anos 2000 e 2010. Parece-nos que, depois dos manuais administrativos e da experiência de conflitos trabalhistas de uma década, o direito sente a necessidade de discorrer sobre o tema; o que não acontece com a área de administração.

Em direito também podemos encontrar um conjunto razoavelmente amplo de manuais de como terceirizar de forma a evitar problemas jurídicos. Uma boa parte do que se produz nessa área é resultado de experiências de advogados na prestação de consultorias sobre terceirização para as empresas. A CLT (Consolidação das Leis do Trabalho) é vista por uma grande parte dessa bibliografia como um entrave para o desenvolvimento.[18] Enquadram-se nesse perfil, por exemplo, os autores Jerônimo Souto Leiria, Newton Dornelles Saratt e Carlos Eduardo Souto. A atribuição de poderes quase milagrosos ao processo de terceirização, como indicado na citação abaixo, nos revela o nível de interlocução entre esses autores do direito e aqueles da administração:

> *Terceirizar significa construir parcerias e priorizar o equilíbrio de forças. Terceirizar implica acabar com a subordinação. Terceirizar é olhar em volta, por cima e além dos muros, conviver mais com a comunidade, aumentar as trocas, estimular o surgimento de novos empresários,*

---

18 De maneira geral, a bibliografia da área de direito é mais variada em ópticas de análise que a da área de administração.

> *melhorar a renda da comunidade, combater também dessa maneira a pobreza e a fome.* (LEIRIA, SOUTO, SARATT, 1992, pp. 14-15)

Mesmo com amplas afinidades entre as duas áreas, o direito não apresenta consensualidade, como na administração, em relação a quais atividades estão sujeitas ou não à terceirização. O debate em torno dos conceitos de atividade-fim e atividade-meio ainda orienta muitos autores para a definição de sua licitude ou ilicitude. Eles ainda servem também para indicar para as empresas como adotar a terceirização sem brechas para disputas judiciais. Isso se dá porque o texto da súmula que a regulamenta faz referência direta aos critérios de terceirização a partir da natureza das atividades no processo de produção ou nos serviços.

Como a maior parte da literatura da área de direito volta-se para o equacionamento dos problemas empresariais com a terceirização, nela também impera certo pragmatismo na interpretação do que é atividade-fim e atividade-meio: quem define é a empresa. Algumas tentativas são feitas na direção de dar sentido a esses conceitos. Martins sistematiza a compreensão da área:

> *Atividade-fim é a que diz respeito aos objetivos da empresa, incluindo a produção de bens ou serviços, a comercialização etc. É a atividade central da empresa, direta, de seu objeto social. Para o Direito Comercial, atividade-fim é aquela que consta do objeto do contrato social. É a atividade principal. [...] A atividade-meio pode ser entendida como a atividade desempenhada pela empresa que não coincide com seus fins principais. É a atividade não essencial da empresa, secundária, que não é seu objeto central. É uma atividade de apoio ou complementar.* (MARTINS, 2005, p.136)

Como podemos observar, a definição permanece vaga. E esses autores sabem disso. Mesmo dizendo que o direito não pode aceitar a terceirização da atividade-fim – pois, nesse caso, a empresa estaria arrendando seu próprio negócio –, Martins admite que várias empresas terceirizam aquilo que consta no seu contrato social como atividade-fim. Para ele, entretanto, isso não se configura como um problema, pois deve ficar a cargo do administrador decidir o que terceirizar. Vidal Neto, em 1992, apontava a impossibilidade de se definir com exatidão o que é atividade-fim ou atividade-meio de uma empresa. O julgamento da licitude ou não da terceirização deve passar, portanto, por outros critérios.

Embora alguns juízes brasileiros ainda estabeleçam suas sentenças tendo em vista a natureza da atividade terceirizada, a orientação de advogados e especialistas da área, para as empresas, é atentar para outro ponto, esse sim considerado fundamental: a inexistência de subordinação direta dos trabalhadores terceirizados à empresa tomadora. O risco da existência dessa subordinação direta é a empresa tomadora ter que arcar com os problemas trabalhistas entre a empresa subcontratada e seus trabalhadores. Esse mecanismo chama-se responsabilidade subsidiária.[19] Segundo Martins (2005, p. 69), a responsabilidade subsidiária acontece quando a tomadora não escolhe bem seus parceiros ou não os fiscaliza suficientemente quanto ao cumprimento das suas obrigações trabalhistas. O inciso IV da súmula 331, citada acima, estabelece essa orientação.

Na contramão do que escreve sobre terceirização todos os outros textos consultados da área de direito, Carelli (2002; 2003) afirma que a grande questão da Justiça do Trabalho não é identificar se há ou não terceirização de atividade-fim, mas se há ou não intermediação de força de trabalho. É esse procedimento que se deve combater. A existência de terceirização em atividade-fim seria, segundo esse autor, apenas um indício da existência de simples intermediação de força de trabalho.

---

19 Há ainda outra forma de responsabilidade que pode se aplicar nos casos de terceirização: a responsabilidade solidária. Contudo, ao contrário da responsabilidade subsidiária, a solidária só se impõe por vontade das partes (da empresa tomadora e da subcontratada) ou por imposição da lei. Assim, não é um instituto frequente nos contratos ou nas decisões judiciais brasileiras sobre terceirização.

Carelli (2003) analisa a terceirização sob a luz do Direito do Trabalho e afirma que a terceirização em si não pertence a esse ramo do direito. O mote dela seria, então, o repasse de serviços ou atividades especializadas para terceiros que possuam melhores condições técnicas para realizá-las. Dessa forma, como técnica de administração devidamente utilizada – leia-se: garantindo os direitos trabalhistas de seus contratados –, a terceirização não é necessariamente ruim para os trabalhadores. Seu problema somente apareceria, segundo esse autor, quando ela é aplicada apenas como forma de gestão de força de trabalho; isto é, como instrumento para redução de salários e rebaixamento das condições do contrato entre trabalhador e empregador.

Para Carelli (2002), o intuito da redução de custos seria incompatível com a própria ideia de terceirização, pois não haveria como reduzir custos quando o que está em jogo é a atividade econômica de outra empresa que, evidentemente, também visa a maximização do seu lucro. Isso significa que o Direito do Trabalho não teria o condão de julgar a legalidade ou não da terceirização, mas apenas de afirmar a existência ou não de burla à legislação trabalhista. Nesse sentido, ele é invasivo e pode atingir qualquer forma de contrato desde que ele implique na utilização de trabalho humano (LEIRIA, SOUTO e SARATT, 1992, p. 72). O Direito do Trabalho não rege a atividade econômico-empresarial, mas o trabalho subordinado.

Carelli afirma que a legislação brasileira é ambígua e não deixa clara a diferença entre a terceirização e a intermediação de força de trabalho – como se faz na França e na Espanha, por exemplo. O autor acredita que a pouca atenção do aparato jurídico brasileiro com as diferenciações entre intermediação de força de trabalho e a terceirização, bem como com a proteção dos trabalhadores na primeira condição, se deve ao fato de que os trabalhos onde vigora esse tipo de contrato são, normalmente, aqueles considerados de menor importância, quase domésticos.

Mesmo tendo em vista que uma grande parte dos processos de terceirização no Brasil – denunciados à exaustão por procuradores, sociólogos, cientistas políticos, economistas, sindicalistas, entre outros – não passa de simples intermediação da força de trabalho com o intuito de reduzir custos, acreditamos que a crítica deve se estender, ao menos na realidade brasileira, a todas as formas de terceirização do trabalho. Isso porque, mesmo naquelas empresas que são subcontratadas por possuírem melhores condições técnicas e/ou operacionais para determinadas etapas de um processo de produção ou de serviço, o que se observa é uma queda geral nas condições salariais e nos direitos dos trabalhadores de empresas terceiras. Conforme visto anteriormente, Pochmann aponta que, no setor privado, os trabalhadores terceirizados recebiam, em 2007, no estado de São Paulo, em média, metade do que recebem os trabalhadores das tomadoras, e a rotatividade dos terceirizados em relação aos não terceirizados apresentava praticamente a mesma proporção. Em termos de remuneração e tomado o conjunto dos estados brasileiros, o trabalhador terceirizado, segundo dados colhidos pelo Cesit (Centro de Estudos Sindicais e Economia do Trabalho), recebem em média 30% a menos que os trabalhadores das empresas tomadoras.

Ou seja, a terceirização é uma importante estratégia do capital de ampliação da exploração da classe trabalhadora. Se a extração de trabalho excedente não foi invenção do capitalismo, as formas de fazê-lo foram bastante aperfeiçoadas no decorrer de sua história.

Como indica Ohno (1997) – o criador do Sistema Toyota de Produção, onde a terceirização é um pilar –, as empresas terceiras têm a função de amortizar as flutuações de demanda. Isso significa que são essas mesmas empresas que primeiro precarizam as condições dos seus trabalhadores e diminuem seus lucros para garantir que os da empresa tomadora não sejam afetados – graças à relação de subordinação na qual estão inseridas. E isso independe de o fato dos contratos de trabalho serem legais ou não; independe dos direitos trabalhistas serem respeitados ou ignorados. É precarização do trabalho dentro da lei. De fato, acreditamos que o elemento da intermediação de força de trabalho como mecanismo de redução de custos é, hoje, inerente à terceirização. E o ônus dessa redução de custos recai com mais força, invariavelmente, sobre os trabalhadores.

Dizer isso não significa, entretanto, deixar de reconhecer a importância que a luta contra a "simples" intermediação da força de trabalho tem na realidade brasileira. O caso da terceirização em várias das refinarias de petróleo no Brasil é bastante ilustrativo da importância desse processo de burla da legislação trabalhista: várias pequenas empresas – chamadas de "gatas" pelos trabalhadores – são abertas e fechadas periodicamente a fim de suprir a demanda de serviços de manutenção, construção civil e montagem industrial das refinarias. Sem nenhuma capacidade técnica especial que justifique sua contratação, na maioria das vezes essas empresas são responsáveis por um quadro devastador de precarização do trabalho. Ou seja, combater as "terceirizações" dessa natureza contribui, ainda que de maneira parcial e limitada, para a melhoria das condições de vida e trabalho de uma parcela não desprezível das classes trabalhadoras.

Segundo Carelli (2002), a terceirização ainda contribui para desestruturar um dos pilares do sistema trabalhista: a identificação das figuras do empregado e do empregador. A indefinição dessas duas figuras jurídicas e da subordinação do empregado em relação ao empregador, provocadas pela terceirização, dificulta a aplicação de outro princípio do Direito do Trabalho: aquele da proteção ao trabalhador, considerado a parte mais fraca na relação. A opacidade na definição das figuras do empregador e do empregado explica outra frente de precarização do trabalho na qual age a terceirização: o seu contrato pode ter várias naturezas diferentes. Ou seja, o contrato de terceirização, na maioria das vezes, não é um contrato trabalhista; deixa de ser um contrato submetido ao princípio em risco da parte mais fraca que apontamos. Isso porque, a relação que antes era entre uma empresa e seus empregados, passa a ser entre duas empresas. Assim, os contratos de terceirização podem ter natureza civil – os mais comuns são a empreitada e a subempreitada, a prestação de serviços e a parceria – ou de natureza comercial (MARTINS, 2005, p. 53).

Analisando o caso francês sob esse prisma dos contratos, Morin (1994) afirma que há uma dicotomia clássica entre contrato de trabalho e contrato de empresa, entre trabalho subordinado e trabalho independente. A separação entre essas duas formas de contrato se afirmou na história de maneira paralela ao desenvolvimento do assalariamento. São duas formas diferentes de mobilização do trabalho. Essa distinção é o centro da terceirização como modo de gestão dos empregos. A terceirização faz prevalecer a figura do trabalho independente, quando o Direito do Trabalho se funda sobre o contrato de trabalho para definir quais são os direitos dos trabalhadores. O resultado disso é que, como o Direito do Trabalho tem uma ação distributiva dos direitos, e como a empresa é o lugar da coletividade do trabalho, quando há duas (ou mais) empresas em questão, há uma espécie de divisão das responsabilidades. Isso torna o Direito do Trabalho mais frágil e, segundo a autora, pouco adaptado às novas formas das empresas. Tendo em vista a semelhança entre o que acontece na França e no Brasil em termos da modificação da natureza dos contratos envolvidos nas terceirizações, é possível afirmar que as mesmas razões apontadas pela autora para a fragilidade do Direito do Trabalho naquele país se aplicam ao caso brasileiro.

Em nossa compreensão, os conflitos que se expressam com vigor no Direito do Trabalho, revelam um impasse no qual se instalou o direito. Se na área de administração a tomada de posição é quase evidente – pois o que realmente interessa é a maximização dos lucros –, em direito, interesses distintos e, por vezes, contraditórios confluem para uma atuação também permeada de contradições. Por isso os argumentos expostos pela bibliografia mais crítica aqui analisada sofrem de uma contradição insolúvel: não há conciliação possível entre a proteção ao trabalho e o caráter reativo do direito. Expliquemos.

Na bibliografia dessa área sobre o tema da terceirização há uma predominância da ideia de que o direito deve, necessariamente, acompanhar as mudanças da sociedade, regulando, *a posteriori*, os processos sociais. Se o direito está sempre nessa condição, haverá uma defasagem permanente entre as novas formas de precarização do trabalho e a capacidade do Direito do Trabalho de exercer seu papel de proteção ao trabalhador. Autores ligados ao Direito Empresarial, por exemplo, resolveram essa contradição, do ponto de vista teórico, retirando do Direito do Trabalho sua importância na estruturação das relações entre patrões e trabalhadores. Ou ainda, tratando-o como uma parte atrasada, defasada do direito.

Façamos, agora, a mesma tentativa de síntese do item anterior. No item que segue, procuraremos, enfim, construir uma definição de terceirização que seja, ao mesmo tempo, coerente com a realidade brasileira e rigorosa como conceito. Em linhas gerais podemos dizer que a terceirização vista pela óptica do direito é:

1) uma forma de subcontratação (há outras);

2) repasse de serviços ou atividades especializadas para empresas que detenham melhores condições técnicas e/ou operacionais para realizá-los;

3) instrumento de gestão que pode ser aplicado às diversas atividades da empresa, mas que deve ser priorizado, como princípio de proteção a ela, nas atividades-meio (mesmo que nenhum autor defina com clareza o que isso venha a ser);

4) atividade desempenhada por terceiros se considerada a relação empresa/trabalhador;

5) forma de gestão administrativa; moderna e positiva, na opinião da maioria dos autores;

6) mecanismo empresarial no qual não cabe interferência do direito, a menos que haja burla da legislação (da trabalhista, na opinião de quase todos, e da civil, na opinião de alguns);

7) relação entre duas empresas cuja natureza do contrato não é trabalhista.

Afinal, o que é terceirização?

Há duas tendências visíveis na bibliografia analisada sobre terceirização no que diz respeito à definição do que ela venha a ser: a redução ou a ampliação do alcance do conceito. Na França dá-se o nome de terceirização (*sous-traitance*) a um processo bem específico: é chamada terceirização apenas a situação em que há uma empresa subcontratada trabalhando dentro da empresa principal; se o trabalho for realizado fora, passa-se a chamar o processo de externalização (*externalisation*). (Essa distinção não é feita no Brasil, normalmente, para distinguir dois processos diferentes, mas apenas para marcar duas formas distintas de terceirização). Naquele país, tem-se uma definição muito clara de todas as formas de trabalho consideradas precárias, o que permite uma delimitação bem precisa e específica do que venha a ser a terceirização.

Embora haja diferenças importantes nas definições dos diversos autores brasileiros nas variadas áreas, de maneira geral, a palavra terceirização tem um significado mais abrangente que o dado pelos franceses. Em nossa compreensão, essa diferença se dá por um motivo fundamental: a terceirização nos parece ter, no Brasil, outro lugar na estrutura do mercado de trabalho, pois, nos últimos vinte anos de nossa história, ela se tornou o mais importante recurso estratégico das empresas para gestão (e redução) dos custos e dos conflitos com a força de trabalho. Assim, para sermos rigorosos com a amplitude da utilização da terceirização e por reconhecer a importância política que ela tem na organização dos trabalhadores, optamos por uma definição abrangente: terceirização é todo processo de contratação de trabalhadores por empresa interposta. Seu objetivo último é a redução de custos com a força de trabalho e/ou a externalização dos conflitos trabalhistas. Ou seja, é a relação onde o trabalho é realizado para uma empresa, mas contratado de maneira imediata por outra. Na realidade brasileira, a terceirização é inseparável da ampliação da exploração do trabalho, da precarização das condições de vida da classe trabalhadora e do esforço contínuo das empresas para enfraquecer as organizações dos trabalhadores. E, certamente, ela não teria a abrangência que tem hoje se não fosse a sua capacidade de reduzir custos, de servir como poderoso instrumento para a recomposição das taxas de lucro. É essa definição ampla que defenderemos ao longo deste item.

Na primeira parte desta definição de terceirização proposta há uma clara opção por privilegiar a relação empregatícia estabelecida por essa forma de gestão da força de trabalho. O fato de a terceirização se dar através de uma empresa privada, de uma empresa estatal ou de uma fundação pública de direito privado, não altera o cerne da definição. Isso se verifica porque, se não há um retorno imediato em lucros – em serviços do Estado, por exemplo –, há uma economia geral de gastos com força de trabalho pelo Estado. Nossa opção por privilegiar as relações de trabalho na definição de terceirização se dá porque é na natureza dos contratos firmados entre as empresas e os trabalhadores que encontramos o que há de mais estável dessas relações. Todo o resto é fluido: a definição de atividade-fim e atividade-meio, a real capacidade técnica das empresas subcontratadas, a noção de parceria, a ideia de que a terceirização garante qualidade. E quando falamos de relação empregatícia não estamos nos referindo ao tipo de contrato que o trabalhador estabelece (temporário ou por tempo indeterminado) nem às condições de remuneração e proteção desse trabalho (presença de mais ou menos direitos trabalhistas, maior ou menor salário). Referimo-nos sim, ao fato de que, entre o trabalhador e a atividade que ele desenvolve para benefício da produção ou do serviço de uma empresa, há outra empresa, cujos recursos provêm da primeira (mesmo que a terceira seja contratada por mais de uma tomadora) e os lucros são auferidos a partir da intermediação da força de trabalho. Nessa relação importa pouco, portanto, se a empresa terceirizada tem ou não maior capacidade técnica que a contratante.

De maneira geral, as definições vistas até então privilegiam o aspecto da organização do trabalho com ênfase na natureza das atividades terceirizadas. Com exceção de alguns autores da área do direito (Carelli, por exemplo), usam-se como suporte fundamental da definição de terceirização os conceitos ambíguos de atividade-fim e atividade-meio, ou seja, o tipo de atividade que é repassada. Quando esse não é o aspecto central da definição, faz-se alusão às relações interempresariais recorrendo-se à noção de parceria e à opção por uma empresa que detenha maior capacidade técnica para executar determinada atividade. Nesse último caso, inclusive, há o agravante da falta de historicidade do processo no Brasil: uma boa parte das empresas terceiras no país foi fundada por antigos trabalhadores das empresas principais, em processos individuais ou coletivos (as cooperativas, por exemplo). Outras tantas surgem meteoricamente por ocasião de editais públicos e desaparecem na mesma velocidade (vide o já citado caso das "gatas" nas refinarias brasileiras). Em outras palavras, uma definição de terceirização não pode basear-se na especialização da terceira. Certamente isso não é o fator determinante à terceirização no Brasil.

Num outro flanco de análise, também nos parece impossível concordar com a afirmação de Martins (2005, p. 25) de que a terceirização se caracteriza apenas quando há uma relação duradoura entre duas empresas, de contrato por tempo indeterminado entre o funcionário da subcontratada e a contratante. Para esse autor, a terceirização não se confunde com a subcontratação; o que as diferiria seria o fato de que na terceirização o contrato seria permanente em picos de aumento de demanda ou de produção, e não ocasional. O contrato duradouro entre uma contratante e uma subcontratada é, na nossa compreensão, apenas um dos tipos de terceirização possível. Talvez ele seja menos precário do ponto de vista do trabalhador, pois tem mais chances de propiciar vínculos trabalhistas mais sólidos (com os direitos que um contrato por tempo indeterminado garante) e de maior organização no local de trabalho. Mas, definir terceirização pela longevidade da relação entre duas empresas seria ignorar uma gama imensa de relações interempresariais que se verificam no contexto brasileiro como, por exemplo, as numerosas subcontratações realizadas pelas refinarias brasileiras para sua ampliação e manutenção.

De acordo com a definição que propomos, subcontratação e terceirização não são sinônimos. Terceirização é uma das formas de subcontratação; há outras, tais como: o repasse de tarefas no trabalho domiciliar, os trabalhadores autônomos etc. O que interessa reter aqui é o que vários autores (MORIN, 2004; CARELLI, 2002; 2003, entre outros) apontaram como externalização da contratação de trabalhadores. Toda vez que uma empresa resolve terceirizar, o que ela faz é transferir para outra os riscos e parte dos custos com a contratação da força de trabalho (os trabalhadores, os terceiros). Isso porque o contrato deixa de ser trabalhista (empresa x trabalhador) e passa a ser comercial ou civil (empresa x empresa). Tal acontece se a empresa subcontratada é ou não especialista na função, se o contrato dela com seus trabalhadores é ou não por tempo indeterminado e se a relação entre contratante e subcontratada é ou não duradoura.

A opção pelo uso da palavra terceirização, ao invés de subcontratação, se dá por vários motivos: a) esse é o termo consagrado no Brasil; b) é sobre ele que se constroem as ações públicas e se organizam trabalhadores e empresários em suas entidades classistas; c) toda a bibliografia sobre o tema está assentada nesse termo; d) último e mais importante, ele expressa com exatidão a ênfase que demos em nossa definição: a condição de terceiro do trabalhador no contratado entre duas empresas.[20]

A gama do que pode ser chamado de terceirização é ampla e variada. Sem querer esgotar todas as relações possíveis entre duas empresas e trabalhadores terceirizados, cremos que uma lista do que é e do que não é terceirização pode clarear a definição dada, pode exemplificá-la e explicá-la. O primeiro passo, nesse sentido, é compreender o que significam os termos acompanhados do sufixo em inglês *sourcing*. Normalmente esses termos são usados por consultorias empresariais e pela literatura da área de administração para classificar e hierarquizar as formas de terceirização.

É comum encontrar nos textos brasileiros o termo "terceirização" como sinônimo do termo em inglês *outsourcing*. Entretanto, segundo Oliveira (1994, p. 28), "a palavra significa a prestação de serviços por terceiros a alguma entidade cuja atividade principal não é aquela". Dessa forma, terceirização de atividades centrais, tal como acontece em várias empresas brasileiras, não poderia ser chamada de *outsourcing*. Há variações da palavra, neologismos trocando-se o prefixo *out*, para qualificar outros processos, tais como *dumbsourcing* (terceirização de serviços que não são finalidade da empresa: limpeza, vigilância etc.); *multisourcing* (o departamento da empresa é terceirizado aos pedaços, para várias subcontratadas); *co-sourcing* (uma forma de parceria na qual a terceirização abrange não apenas a prestação de serviços específicos, mas vai desde a definição de projetos, consultoria e desenvolvimento de sistemas, até a definição de estratégias para o uso da tecnologia da informação); *smartsourcing* (terceirização praticada através da formação de alianças, visando a atuação no mercado com os melhores produtos, aplicada em atividades importantes de negócio) e *global sourcing* (o mais importante deles, fornecimento global, diretamente relacionado com a internacionalização dos

---

[20] As empresas subcontratadas também são chamadas, normalmente, no Brasil, de "terceiras". Aqui, pode-se entender que ela é terceira à relação entre a empresa contratante e seus próprios trabalhadores.

mercados). O *global sourcing* foi bastante facilitado pela diminuição dos custos de importação nos governos neoliberais. O mercado fornecedor da empresa passa a ser, virtualmente, todas as empresas do mundo. Ocorre a especialização dentro de uma mesma empresa: uma se torna fornecedora das outras.

Seguindo nossa definição, as principais formas de terceirização hoje, no Brasil, são:

a) cooperativas de trabalhadores que prestam serviço para uma empresa contratante. Normalmente são ex-trabalhadores demitidos e incentivados a montar uma cooperativa. A cooperativa é contratada pela empresa principal e os seus trabalhadores passam a receber por produção;

b) trabalho temporário quando a contratação de trabalhadores é feita por empresa interposta. Nesse tipo de contrato o trabalhador está vinculado a uma empresa e quem paga seu salário, indiretamente, é outra, mesmo que o contrato de trabalho seja diferente dos chamados "terceirizados estáveis";

c) empresas externas que pertencem a uma rede de fornecedores para uma empresa principal como, por exemplo, os fornecedores de autopeças para as montadoras, principal nicho desse tipo de terceirização. Possivelmente a forma de subcontratação mais organizada, menos precária e que sofre menos pressões contrárias à sua existência. É constituída por empresas de tamanho variado e, no caso das maiores, com participação de capitais multinacionais. Essa é uma forma de terceirização mais difícil de ser caracterizada como tal devido à importância que as empresas de autopeças têm no mercado de trabalho brasileiro. Trata-se, entretanto, de uma cadeia ampla de trabalho subcontratado que converge para o produto final de uma ou mais empresas principais. No caso do setor automotivo, houve um processo posterior de transferência e/ou externalização de setores da produção, mas, em larga escala, ele já nasceu estruturado em redes de subcontratação. Aqui a terceirização em cascata é frequente;

d) empresas externas à(s) contratante(s), subcontratadas para tarefas específicas, tais como as centrais de teleatendimento;

e) empresas de prestação de serviços internos à contratante: limpeza, manutenção, montagem, jardinagem, segurança, logística, recursos humanos etc. Essa é a forma clássica de terceirização, sobre a qual não pairam dúvidas da natureza das relações estabelecidas. São empresas contratadas de maneira exclusiva ou não, permanente ou não para desenvolvimento de atividades dentro da contratante. Esse tipo de terceirização acontece no setor produtivo e no de serviços, na iniciativa privada e nos serviços públicos, e pode estar presente tanto nas atividades consideradas secundárias quanto nas principais;

f) as chamadas Personalidades Jurídicas (PJs): são empreendimentos sem empregados, que passaram a realizar atividades que eram desenvolvidas por trabalhadores assalariados formais. Trata-se de uma forma de terceirização que tem ganhado importância no cenário brasileiro. Embora seja constituída por um trabalhador apenas, há uma empresa interposta (a dele) que faz diminuir sensivelmente os custos com a força de trabalho (a sua própria) e a carga tributária que recai sobre as contratantes.

Mudar as formas de contratação altera significativamente os custos com a força de trabalho no Brasil. Como mostra o gráfico abaixo, contratar um autônomo ou uma cooperativa é bem mais barato que gerar um emprego interno.

Na comparação com o emprego assalariado formal (público ou privado), o peso da cunha fiscal, o contrato PJ (empresa), chega a ser 56,5% inferior e o do autônomo 11,7% inferior. Não foi por outro motivo que a explosão da abertura de novos negócios no Brasil se deu, em grande parte, devido ao surgimento das empresas sem a presença de empregados, modificando significativamente a natureza e composição dos custos de contratação dos trabalhadores. (POCHMANN, 2007, p. 15)

Gráfico 3 – Brasil: diferenciação da cunha fiscal em distintos regimes de contratação não assalariada formal (em %)

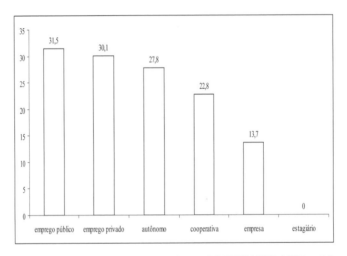

Fonte: POCHMANN, 2007, p. 15.

Quarteirização, terceirização delegada ou terceirização em cascata. Muitos autores dizem que há um processo de quarteirização somente quando existe uma empresa que gerencia os contratos da principal com as subcontratadas. Em nossa opinião, o termo "terceirização em cascata" define melhor o processo e abarca várias possibilidades de subcontratação por empresas já subcontratadas. Tal processo é comum nas redes de subcontratação e, como veremos no item que segue, nos processos de terceirização dentro das refinarias. Se o objetivo da subcontratação é sempre a diminuição dos custos com a força de trabalho, é fácil imaginar as consequências da terceirização em cascata na precarização das condições de utilização e remuneração da força de trabalho.

Conforme já apontado anteriormente, uma das principais características da terceirização, que a torna um poderoso instrumento de redução dos custos com a força de trabalho, é o fato de que os contratos deixam de ter natureza trabalhista e passam a ser civis ou mercantis. As formas de terceirização apontadas acima se enquadram em contratos de uma ou outra natureza. Segundo Martins (2005, pp. 53-54), os principais contratos de natureza civil aplicados aos processos de terceirização são a empreitada e a subempreitada, a prestação de serviços e a parceria. A empreitada – ou locação da obra – distingue-se da locação de serviços pelo fato de na primeira, contratar-se um resultado, e na segunda, uma atividade, embora haja em ambas, a princípio, independência e autonomia na prestação de serviços. Na empreitada o empreiteiro pode ser pessoa física ou jurídica, mas o empregado só pode ser pessoa física (art. 3º da CLT). No contrato de trabalho desse empregado não consta o resultado, mas a atividade; o empreiteiro é autônomo para gerenciar esse trabalho.

Ainda segundo Martins, há a terceirização por contratos mercantis, por exemplo:

a) *engineering*: o objetivo desse tipo de terceirização é a obtenção de uma indústria construída, instalada e em funcionamento;

b) contrato de fornecimento: ambas as partes pactuam a entrega de algum produto, sendo que o contrato cessa no momento dessa entrega;

c) concessão mercantil: onde um fabricante procura terceiros para ajudá-lo na comercialização de seus produtos e na prestação de serviços de assistência técnica;

d) consórcio: pacto para a produção de bens ou serviços;

e) assistência técnica: uma empresa treina outra para o fornecimento de assistência técnica de manutenção e conservação de seus produtos;

f) representação comercial autônoma: o autônomo nunca pode ser pessoa jurídica; ele nunca é subordinado à direção do empregador.

Martins acredita que o *franchising* – que foi traduzido para o português como franquia – é uma forma de se contratar terceiros para a prestação de serviços. Dele faz parte um conjunto de contratos mercantis que não possuem legislação específica. Em tese, o franqueado é independente e autônomo em relação ao franqueador, com pessoal e administração próprios. Na prática, as franqueadoras exercem um grande poder sobre os franqueados, delimitando sua forma de organização e interferindo sobre administração e controle de pessoal. Como para Martins há formas corretas de terceirização e outras condenáveis, ele vê que a grande dificuldade no *franchising* é saber se o contrato não seria, na verdade, um contrato de trabalho; ou seja, é preciso verificar se a franquia é realmente lícita ou se não representa uma forma de mascarar a relação de trabalho. A fixação de preço e estimativa de lucros das mercadorias vendidas, determinadas pela franqueadora, pode evidenciar a ocorrência de um vínculo empregatício. Para Martins (2005, p. 83):

> *O* franchising *tem sido um meio importante de terceirização, principalmente para a privatização de estatais, como ocorreu com os Correios na Inglaterra, com a Japan Airlines, com as concessionárias de Energia Elétrica no Chile e na Tailândia etc. O nosso Correio também vem se utilizando, em algumas localidades, do processo de* franchising *para expandir suas unidades de atendimento, dado que o custo nesses casos tem sido muito menor.*

Segundo Krein (2007, p. 154), na terceirização através de PJs, a relação de trabalho também é pautada por um contrato de natureza mercantil (ou comercial). Os custos da empresa contratante limitam-se ao pagamento e à gestão de um contrato comercial. "Por esse expediente, as empresas economizam em torno de 60%, considerando as contribuições sociais e os direitos trabalhistas (incluindo o salário indireto e deferido)".

No esforço de compreender as formas que a terceirização assume em nosso país, devemos também dizer que tipo de relação entre trabalhador e empresa(s) não é terceirização. Aqui, de maneira ainda mais concreta, o critério de haver ou não uma empresa interposta na relação entre o trabalhador e a contratante é fundamental. Nesse sentido, não constituem casos de terceirização:

a) trabalho domiciliar: se não há uma empresa ou uma cooperativa interposta entre os trabalhadores e a contratante, não há como definir o trabalho domiciliar como terceirização. Pode-se entendê-lo como uma forma de precarização do trabalho bastante acentuada, em especial nos casos de trabalhadores do setor têxtil e de calçados, pagos de acordo com a produção. Mas, não há uma relação de dupla subordinação (ordens e orientações da empresa subcontratada e financeira da contratante) que caracterize a relação de terceirização;

b) trabalhador autônomo: essa é a condição de muitos trabalhadores de domicílio, mas também de vários outros que podem prestar serviços internos às empresas. Pode-se considerá-lo uma forma de assalariamento disfarçado, mas não terceirização. Os rendimentos desse trabalhador podem ser baixos, mas são pagos diretamente pela empresa contratante. A não ser que o trabalhador autônomo preste serviços para uma empresa que é subcontratada de outra, não é possível caracterizá-lo como terceirizado;

c) *joint ventures*: também não é terceirização, pois duas ou mais empresas se envolvem em igualdade de condições, partilhando interesses similares na operação que empreendem. Elas são sócias; uma não é subordinada a outra (OLIVEIRA, 1994, p. 68);

d) não devem ser confundidos com terceirização também os processos de fornecimento de insumos e matérias-primas de uma empresa para outras. Aqui não há contratação de trabalhadores por empresa interposta, mas sim, um processo de produção cuja base de funcionamento é a divisão capitalista do trabalho entre empresas.

Fazer uma classificação dessa natureza não é uma coisa simples, mesmo porque há um hibridismo nas relações entre empresas e trabalhadores que tornam as fronteiras dos contratos de trabalho, por vezes, pouco claras. Por exemplo: caracterizar uma pessoa dona e única trabalhadora na sua própria empresa (PJ) como terceirizada e um autônomo como não terceirizado é quase uma questão puramente formal – o que faz bastante diferença nas consequências legais, mas pouca no que se refere às condições de trabalho. Outro exemplo é o caso do pagamento por peça, onde é comum que uns trabalhadores repassem parte das tarefas para outros. Aqui também há uma relação de intermediação de força de trabalho, embora muito distinta da terceirização mais comum que descrevemos, com a presença de duas empresas. Também não parece ser possível generalizar que, numa condição tão precária, um trabalhador sempre se beneficie do trabalho de outro.

Parece-nos que essa dificuldade de delimitar claramente as relações é o motivo pelo qual na França há um esforço muito maior em mapear o que é o trabalho precário de maneira geral, do que em lutar contra essa ou aquela forma de contratação específica (terceirização, trabalho temporário, contratos subsidiados). Definir qual é o valor do salário e as condições de trabalho minimamente dignas numa determinada formação social e lutar por eles é bem mais simples – e, talvez, eficaz – do que categorizar as relações de trabalho e tomá-las como objeto de ataque.

Parece-nos importante salientar, ainda uma vez mais, o fato de que a terceirização é, no Brasil, um elemento fundamental na definição dos rumos do mercado de trabalho, mas não é o único problema com o qual se deparam os trabalhadores. Aliás, se as relações de terceirização funcionassem com os objetivos e as consequências que a literatura da área de administração diz que funcionam, não haveria, nessa relação de trabalho, problemas maiores que em qualquer outra forma de assalariamento. Infelizmente, o mundo não é tão dourado. A existência de classes sociais distintas permanece. E, enquanto essa existência perdurar, perdurarão também os conflitos de classe.

CAPÍTULO 4▸
Capitalismo, modelos de gestão e assédio moral no trabalho

VALQUÍRIA PADILHA

A tese que pretendo defender aqui é a de que o sofrimento psicossocial dos trabalhadores, que vem ganhando contornos de uma violência simbólica no limite do invisível no cotidiano das organizações atuais, é causado por certas estratégias de gestão que brotam do interesse descontrolado dos empresários e acionistas de obterem ganhos financeiros maiores e mais rápidos. Esse fenômeno contemporâneo que vem ocorrendo nas empresas do mundo todo, o que se convencionou chamar de "assédio moral no trabalho", é consequência direta, dentre outros fatores, de um conjunto de valores e ideias difundidos no mundo organizacional a partir dos anos 1980 e que configura uma cultura organizacional típica do modelo de gestão que nasce na Toyota: o chamado "toyotismo" ou "modelo japonês". Como os outros modelos de produção (o taylorismo e o fordismo), o toyotismo é um modelo de acumulação do capital. O que isso quer dizer?

O trabalho não somente reproduz o capital, mas também produz mais-valia, o que muitos chamam de renda do capital. Quando o capitalista, anualmente, acrescenta ao seu capital uma parte ou toda a sua renda, temos uma acumulação de capital, que crescerá progressivamente. Com a reprodução simples (vender uma mercadoria por um preço maior do que o que foi gasto para a sua produção), o trabalho conserva o capital, com a acumulação da mais-valia, o trabalhador faz o capital crescer.

A mais-valia é um conceito bastante complexo e central na crítica ao capitalismo desenvolvida por Karl Marx, no século XIX. De forma sintética, podemos compreender a mais-valia como uma parte do salário não pago ao trabalhador e apropriado pelo dono da empresa. Isso ocorre porque o capitalista paga menos do que as horas efetivamente trabalhadas (mais-valia absoluta) ou porque obtém maior rendimento com as máquinas em menos tempo (mais-valia relativa). Assim, o operário produz mais mercadorias gerando um valor maior do que lhe foi pago na forma de salário. Isso é mais-valia: um valor excedente produzido pelos operários e não pago pelos capitalistas. Como exemplo da mais-valia absoluta, que se obtém com a extensão da jornada de trabalho, tem-se: um operário trabalha 8 horas por dia produzindo sapatos. Ele consegue produzir 1 par de sapatos por hora, 8 pares por dia. Mas, ao final do dia, ele receberá, em forma de salário, como se tivesse trabalhado 6 horas, ou seja, receberá pela produção de 6 pares de sapatos. Os 2 pares de sapato restantes são a produção excedente que ele entrega de graça ao dono da empresa a título de remuneração do empresário. Assim, o que Marx desvendou quando estudou profundamente o sistema capitalista, foi a forma como o dono da empresa ganha duplamente: primeiro, quando na etapa da produção, expropria a mais-valia do trabalhador e, segundo, quando realiza a venda de sua mercadoria e obtém lucro.[21] O trabalho é, então, a

---

21 Para melhor conhecer o conceito de mais-valia, recomendo que o leitor confira em Karl Marx, *O capital*, Livro I, Volume 1, Parte Terceira (sobre mais-valia absoluta) e Parte Quarta (sobre mais-valia relativa). Ver também de Paulo Sandroni, *O que é mais-valia*. Coleção Primeiros passos, n. 65, 1985.

fonte da riqueza do capitalista.[22] Como ironicamente nos lembrou Marx, "embora calçados sejam úteis à marcha da sociedade e nosso capitalista seja um decidido progressista, não fabrica sapatos por paixão aos sapatos" (MARX, 1989, p. 210). Ele sabe que quando aluga a força de trabalho alheia, paga apenas uma parte do equivalente produzido. Um trabalho excedente não é pago pelo capitalista porque o assalariamento – uma das características das relações de trabalho capitalista – supõe a exploração do trabalhador. O trabalhador trabalha não apenas para suprir as suas necessidades diárias de sobrevivência, mas também para sustentar os capitalistas. Como disse Marx sobre a mais-valia: "consumou-se finalmente o truque; o dinheiro se transformou em capital" (MARX, 1989, p. 219).

É por meio dessas duas fontes de riqueza, o trabalho excedente e a comercialização dos bens produzidos em forma de mercadorias, que tradicionalmente o capitalista acumula capital. Portanto, o interesse dele é de acelerar o máximo possível o ciclo de produção--consumo para que ele possa realizar a acumulação do capital num curto período de tempo. Toda a equipe de diretores, gerentes, gestores e supervisores moverão sua força de trabalho para que o capitalista realize seu desejo de acelerar o ciclo de produção-consumo--mais, produção-mais-consumo e, assim, acumular capital.

Durante todo o século XX os empresários se beneficiaram dos modelos de acumulação de capital que começou com o taylorismo, passou pelo fordismo e culminou no modelo japonês. Todos esses modelos de acumulação são modelos de gestão da força de trabalho, já que, como vimos, é a força de trabalho quem gera a riqueza do capitalista. Portanto, quanto mais essa força de trabalho for disciplinada e controlada, mais ela servirá aos interesses da empresa. Taylor e Ford conseguiram aumentar a produtividade e o consumo, submetendo os corpos dos trabalhadores a um rígido controle por parte dos administradores e engenheiros. Taylor, obcecado pelo

---

[22] Marx (1989, p. 243) afirmou: "a taxa de mais-valia é, por isso, a expressão precisa do grau de exploração da força de trabalho pelo capital ou do trabalhador pelo capitalista".

controle dos gestos, dos movimentos e pela economia de tempo, foi responsável pela separação entre o trabalho de pensar e planejar (cabe aos gerentes e engenheiros) e o trabalho operacional (cabe aos operários). Ford, a partir da implantação da esteira e da linha de montagem, aperfeiçoou o taylorismo e conseguiu fixar o trabalhador no seu posto, assim, fazendo o trabalho chegar até ele, ganhou ainda mais produtividade. Controlou o trabalhador não só no espaço da fábrica, mas nos seus lares, no seu tempo de lazer.[23]

Com a reestruturação produtiva, ocorrida nos anos 1970-1980, na esteira da crise do fordismo e do *Welfare State* (Estado de Bem-Estar Social), o modelo japonês implantado na Toyota do Japão ganha destaque num cenário mundial de hegemonia da lógica da rentabilidade financeira[24] e de ascensão do neoliberalismo. Isso significa: políticas de privatizações, demissões (chamadas de *downsizing*), terceirizações (externalizações), desregulamentação dos direitos trabalhistas, reformas fiscais com redução de impostos sobre fortunas e a lei do Estado mínimo para a população e Estado máximo para o capital. Nesse cenário, o Japão exporta novas formas de gestão: o fim do emprego vitalício, a administração pelo medo, o *Just in Time* (JIT) e o *Kanban* – inspirados no sistema de reposição de mercadorias nas prateleiras de supermercados –, robotização, microeletrônica (a chamada Terceira Revolução Industrial), os CCQ (Círculos de Controle de Qualidade), o salário em duas partes (fixo + flutuante, conforme produção), a polivalência dos trabalhadores (1 trabalhador do modelo japonês

---

[23] Sobre o taylorismo, vale ler TAYLOR, F.W. *Princípios de administração científica*, SP: Atlas, 1980. Ver ainda: RAGO, L.M.; MOREIRA, E.F.P., *O que é taylorismo*, SP: Brasiliense, 1986. Ver também: BRAVERMAN, H. *Trabalho e capital monopolista*, RJ: LTC, 1987. Sobre o fordismo, vale ler: FORD, H. *Minha vida e minha obra*, RJ/SP: Companhia Editora Nacional, 1926. Ver também: GRAMSCI, A. *Americanismo e fordismo*, SP: Hedra, 2008.

[24] Nesse sentido, há nas empresas a política de maximização do valor das ações (*reporting*), em que se deve prestar contas aos acionistas. Como sugere Braga (2007), os gestores estão cada vez mais sendo formados e instados a aumentar rentabilidade de acionistas e prestar contas somente a eles, numa lógica de favorecimento de acionistas em detrimento dos trabalhadores cada vez mais precarizados.

faz o que faziam 5 trabalhadores fordistas), o fim dos sindicatos combativos e o sindicalismo por empresa.[25]

A reestruturação produtiva neoliberal é um novo modelo de administração flexível reforçada pelo discurso de que a economia precisava de um "choque de mercado" e, por isso, milhões de dólares foram transferidos dos Estados para o setor privado (privatizações). As empresas privadas, buscando somente o lucro como finalidade máxima de sua existência, flexibilizam o trabalho e realizam mais uma vez a utopia do capital, pois criam formas de controle da força de trabalho mobilizando-a pela cooperação constrangida e pela administração por metas. Conforme sugere Heloani (2003), o modelo japonês implanta modelos mais sutis de captação da subjetividade dos trabalhadores, conseguindo adesão com menos repressão explícita e mais controle psíquico. A flexibilidade, propagada como forma de aumentar autonomia e controle dos trabalhadores, nada mais é que a soma da degradação do trabalho, a intensificação do ritmo do trabalho, a precarização do estatuto reprodutivo do trabalhador por meio das múltiplas formas contratuais (BRAGA, 2007). Estabeleceu-se, então, uma nova forma de acumulação do capital a partir desse modelo atual de empresa neoliberal reestruturada, flexível com dominância do capital financeiro.[26]

Nas palavras de Braga (2007, pp. 46-47):

> *O objetivo do administrador é criar valor excedente, ou seja, conquistar ganhos sobre as ações da empresa. [...] A ambição atual dos administradores de empresas parece ser a de transformar o trabalho em uma mercadoria tão fluida e refratária a regulações sociais quanto o próprio capital financeiro.*

---

25 Sobre o toyotismo, vale ler HELOANI, R. *Gestão e organização no capitalismo globalizado*, SP: Atlas, 2003 e também HIRATA, H.; ZARIFIAN, P. Força e fragilidade do modelo japonês. *Estudos avançados*, 12 (5), 1991.

26 É nos anos 2000 que se ouve falar pela primeira vez em "governança corporativa" como um novo estilo de administrar empresas a partir da pressão que os investidores financeiros dos acionistas fazem sobre os gestores para maximizar o valor acionarial. A governança corporativa tem o objetivo de recuperar e garantir a confiabilidade em uma determinada empresa para os seus acionistas.

É, então, nesse universo que se pode observar o quanto os gestores da força de trabalho acabam recorrendo as mais perversas estratégias para adquirir o máximo de suas potencialidades de geração de riqueza/capital. O discurso da gestão incita o sucesso fácil, a necessidade de pró-atividade, do ganho imediato e do individualismo em nome da competitividade e da gestão de si mesmo (*self-made man*) – o que atribui o sucesso e o fracasso das carreiras apenas a essa capacidade (ou não) de gerir sua própria vida (EHRENBERG, 2010). Assim, a competição generalizada que se naturaliza no universo organizacional dos dias atuais reforça sentimentos de hostilidade, inveja e indiferença ao outro, gestando uma nova forma de violência psicossocial.

As empresas, mais do que nunca, transformaram-se em campos de guerra; e na guerra vale tudo: sacrifícios e perdas humanas são necessários, já que não há escolha possível que não seja vencer ou morrer. Essa naturalização do princípio de que "na guerra não se pode ter alma" aliada ao incentivo às batalhas por produtividade e ganhos financeiros transformaram as organizações – públicas e privadas – em fábricas de trabalhadores doentes, sofrendo, humilhados, assediados e que, muitas vezes, acabam com suas próprias vidas. Os gestores, comandantes das batalhas e dos batalhões, se veem no interior da secular contradição entre capital e trabalho: de um lado, devem gerar lucro aos acionistas em curto prazo, têm que atender bem aos clientes e melhorar as condições de trabalho. Missão impossível que os forçam a optar sempre pelo lado dos acionistas, seus verdadeiros empregadores – muitas vezes não sem sofrimento para eles próprios.

Os gestores – recursos humanos à frente – têm a missão contraditória de conseguir uma submissão livremente consentida dos trabalhadores que devem mobilizar corpo e mente a serviço da produtividade e dos ganhos financeiros. Ainda que haja políticas de participação nos lucros em algumas empresas, grande parte dos trabalhadores sabe que não há vantagens em sacrificar-se demais para dar mais ganhos ao outro do que a si mesmo e à sua classe. Também mergulhados no paradoxo do cotidiano laboral que fornece prazer e sofrimento, realizações e perdas, dinheiro e carência, os trabalhadores menos "empoderados" das organizações, digamos assim, querem sempre – com mais ou menos consciência e organização política – descobrir modos de resistir à exploração de sua mais-valia. A luta de classes entre capitalistas e trabalhadores assalariados (compradores e vendedores da força de trabalho respectivamente) ganha novos contornos e novas intensidades no final do século XX, mas permanece por toda a história do capitalismo até hoje.

Como bem salientou Araújo (2008), é um engodo discursivo das empresas qualquer referência a relações harmoniosas entre capital e trabalho. A cooperação harmoniosa entre capital e trabalho é uma falácia e só existe na utopia do capital, que deseja trabalhadores tão perfeitos, dedicados, dóceis e produtivos quanto robôs. As empresas afastam-se da realidade percebida e vivida quando falam em "comunidade" ou "família": "aí está o escondimento dos antagonismos entre chefes e subordinados, o escondimento das lutas de poder, dos conflitos" (ARAÚJO, 2008, p. 65).

Estamos descrevendo o universo da gestão que encerrou o século XX e entrou no século XXI. Vale lembrar, como bem salientou Braverman (1987), que *management* deriva da palavra francesa *manège*, que significa a arte de domar os cavalos. Gestão é controle: de recursos materiais, financeiros e humanos. A gestão da força de trabalho é o eixo sobre o qual se ergueram todos os modelos de gestão e de produção desde o nascimento das fábricas até hoje (DECCA, 1988). Nesses modelos, trabalhadores parcelizados tornaram-se agentes de desempenho para a rentabilidade do capital, uns como gestores, outros como subordinados. Humanos tornaram-se recursos administrados pelos que gostam de mandar, de ter empregados sob seus cuidados, sob seu controle. Gestores, muito comumente, ocupam esses cargos porque, com mais ou menos intensidade e envolvimento, aderiram aos projetos narcísicos reforçados pela cultura organizacional sedutora das organizações modernas (FREITAS, 2000). Mas, diferentemente da gestão pela disciplina (típica do padrão taylorista-fordista), agora os trabalhadores são chamados a "agir sobre si mesmo não tendo outro representante a não ser si mesmo" (EHRENBERG, 2010, p. 94).

Seduzidos pelo culto da *performance*, culto do heroísmo (o "atleta corporativo") e pela cultura do *management*, gestores e aspirantes a gestores são levados à defesa do empreendedorismo. Ser bem-sucedido, para os que nasceram depois dos anos 1990, principalmente, é fazer-se a si mesmo, "sua própria história é a única que importa" (EHRENBERG, 2010, p. 53). Nesse sentido, a identidade social/profissional está cada vez mais ancorada na adesão a esses valores empresariais do que na sua origem social e nos grupos dos quais fez/faz parte (esfera pública). Como analisa Ehrenberg (2010, p. 74):

> [...] O outro só funciona como ponto de comparação e de diferenciação, no qual ele é apenas o padrão de medida, à semelhança dos mecanismos em ação na competição esportiva.

O ser ensimesmado é cultuado nesse universo contemporâneo do *management*. É nessa onda que muitos gestores são conduzidos pelas organizações a abrirem suas próprias empresas (tornam-se PJs, Pessoas Jurídicas), rompendo os contratos de trabalho formais para explorar ao máximo seus potenciais individuais (princípio do *outplacement*).

A pressão aumenta para todos esses atores envolvidos nessa nova configuração das organizações. O sofrimento psicossocial expande seus tentáculos e chega tanto aos subalternos quanto aos gestores. Nas palavras de Ehrenberg (2010, p. 139):

> [...] O indivíduo sob perfusão e um aspecto da emprezarização da vida. A obsessão de ganhar, de vencer, de ser alguém e o consumo em massa de medicamentos psicotrópicos estão estreitamente ligados, pois uma nova cultura da conquista é, necessariamente, uma cultura da ansiedade [...].

Esse modelo de organização que, em nome da competitividade do mercado, se assenta na ética dos resultados rápidos, acaba por legitimar uma sociedade em que todos vivem sob pressão, com medo de fracassar, de não estar à altura, de perder seu lugar (FREITAS *et al.*, 2011). Por isso, é mais do que necessário entender a empresa como um "sistema sociopsíquico de dominação fundado sobre um objetivo de transformação da energia psíquica m força de trabalho" (GAULEJAC, 2007, p. 108). Ali, o desejo é solicitado o tempo todo: desejo de sucesso, de dinheiro e de poder, o gosto pelo desafio, a exaltação do ego e da personalidade narcísica, a qual "[...] não cessa de procurar uma imagem valorizada no olhar do outro: ela quer ser invejada ao invés de ser respeitada [...]" (ANSART-DOURLEN, 2005, p. 87). Nesse universo da gestão, a personalidade narcísica dos gestores é supervalorizada, possibilitando um ambiente moralmente doente, pois quando a pessoa tem essa patologia, tende a fazer da sua vida um espetáculo que deve ser constantemente admirado pelos outros (os quais ocupam meramente lugares na plateia). Mas, "quando o outro não reenvia ao sujeito a imagem de um duplo admirado, [...] (suscita) uma raiva narcisista que se torna a origem de um ressentimento durável" (ANSART-DOURLEN, 2005, p. 87). Ressentimentos duráveis em pessoas que estão no comando acabam se deslocando para uma vontade de controle exercido nas relações intersubjetivas. Quando uma organização confere poder aos que assumem essas condições, práticas perversas reinam soberanas e favorecem o que a psiquiatra francesa Marie-France Hirigoyen denominou de "assédio moral no trabalho".

O que é, afinal, assédio moral no trabalho?

Soares (2012, p. 284) conta que já em 1989, o sueco Heinz Leymann escreveu seu primeiro livro tratando do assunto. A tradução em francês desse livro saiu somente em 1996, com o título *Mobbing: a perseguição no trabalho*. Nessa época, palavras em inglês como *harassment* e *psychologocal terror* eram usadas para designar o assédio moral. Leymann preferia usar o termo *mobbing* para a violência psicológica entre adultos e *bullying* quando se tratava de crianças e adolescentes, apesar de que hoje se usa frequentemente o termo *bullying*, na língua inglesa, para se referir ao que conhecemos como assédio moral (SOARES, 2012). Na França, a psiquiatra Marie-France Hirigoyen publica, em 1998, o livro *Assédio moral: a violência perversa no cotidiano*. Segundo Soares (2012, p. 285), o livro se torna um sucesso e é traduzido em 27 idiomas.

Soares (2012, p. 285) ainda ressalta que:

> [...] O assédio moral é um processo multicausal com diferentes abordagens e análises que ora estão focalizadas no indivíduo, ora no contexto ou ainda em ambos, indivíduos e contexto. Não se trata de um viés, mas de métodos e abordagens diferentes. Assim, a abordagem psicológica será mais centrada sobre o indivíduo, enquanto uma abordagem sociológica será mais voltada para as relações sociais e o seu contexto.

Neste capítulo, optamos claramente pelo olhar sociológico que se volta para a organização do trabalho vista de forma mais ampla, assumindo que a personalidade perversa só pode agir contra outras pessoas se a organização for permissiva. Assim, nos interessa não culpar chefias, mas desnudar a pretensa neutralidade das organizações e de seus modelos de gestão adotados. Concordamos que se faz necessário olhar para pessoas, grupos e instituições como agentes entrelaçados no cotidiano de trabalho. O assédio moral no trabalho é apenas um dos inúmeros fenômenos que brotam dessa trama.

Hirigoyen (2003) faz uma relação direta entre a personalidade perversa e o gosto pela humilhação e desestabilização emocional dos outros. Essa perversão moral tem origem em um processo inconsciente de destruição psicológica:

> Constituído de manipulações hostis, evidentes ou ocultas, de um ou de vários indivíduos, sobre um indivíduo determinado, que se torna um verdadeiro saco de pancadas. Por meio de palavras, aparentemente

> *inofensivas, alusões, sugestões ou não ditos, é efetivamente possível desequilibrar uma pessoa, ou até destruí-la, sem que os que a rodeiam intervenham. O agressor – ou os agressores – pode assim enaltecer-se rebaixando os demais, e ainda livrar-se de qualquer conflito interior ou de qualquer sentimento, fazendo recair sobre o outro a responsabilidade do que se sucede de errado: "Não sou eu, é ele o responsável pelo problema!". Sem culpa, sem sofrimento. Trata-se de perversidade no sentido de perversão moral.* (HIRIGOYEN, 2003, p. 11)

O agressor psicológico ou o perverso moral só pode existir diminuindo alguém e consegue sua autoestima e poder rebaixando os outros. Os perversos, diz Hirigoyen (2003), manipulam os outros com naturalidade e acabam até sendo invejados pelos que veem nele uma figura de sucesso. Para ela, a perversidade não é uma psicopatia simplesmente, mas é "uma fria racionalidade, combinada a uma incapacidade de considerar os outros como seres humanos" (HIRIGOYEN, 2003, p. 13). O perverso moral tem um forte desejo de poder. A psiquiatra diz que o assédio moral é uma violência declarada que ataca a identidade da vítima. "É um processo real de destruição moral, que pode levar à doença mental ou ao suicídio" (*Idem*, p. 16).

Hirigoyen (2003, p. 65) define o assédio moral nas empresas como:

> *[...] toda e qualquer conduta abusiva manifestando-se, sobretudo, por comportamentos, palavras, atos, gestos, escritos que possam trazer dano à personalidade, à dignidade ou à integridade física ou psíquica de uma pessoa, pôr em perigo seu emprego ou degradar o ambiente de trabalho.*

E diz mais: "É a repetição dos vexames, das humilhações, sem qualquer esforço no sentido de abrandá-las que torna o fenômeno destruidor" (p. 66). Ela ainda lembra que o assédio moral no trabalho é tão antigo quanto o próprio trabalho, mas apenas no final da década de 1980 é que esse fenômeno começa a ganhar definição e estudos.

Depois de certo tempo, o ciclo do terror psicológico se instala no ambiente de trabalho, sendo que agressor e vítima se relacionam pelo sentimento de raiva do primeiro e o sentimento de medo do segundo (trata-se de um reflexo condicionado agressivo/defensivo). O medo da vítima gera comportamentos confusos que podem fortalecer ainda mais o agressor que faz manobras para transtornar, confundir e levar a vítima ao erro. Conforme salienta Hirigoyen (2003, p. 67), "o conflito, na verdade, degenera porque a empresa se recusa a interferir" e a vítima não se sente protegida pela organização. O agressor encontra espaço frutífero nessas empresas para desenvolverem seu caráter perverso e sua incapacidade de sentir culpa.

Hirigoyen (2003) descreve dois tipos de assédio: um horizontal (entre colegas de trabalho, como casos de sexismo, racismo e competitividade) e outro vertical (entre chefes e subordinados; sendo muito raro, mas não impossível, o chefe ser assediado pelo subordinado). Os casos mais comuns, dos anos 1980 até hoje, são de supervisores e chefes que agridem subordinados, quando "se busca fazer crer aos assalariados que eles têm que estar dispostos a aceitar tudo se quiserem manter o emprego" (HIRIGOYEN, 2003, p. 75). Trata-se de empresas que adotam modelos totalitários de gestão, permitindo que superiores façam armadilhas para os subordinados. Nessas empresas há uma recusa à comunicação e à escuta dos trabalhadores. "No mecanismo da comunicação perversa, o que se busca fazer é impedir o outro de pensar, de compreender, de reagir" (*Idem*, p. 76). Suprimir o diálogo é uma maneira de dizer que o outro e seus problemas não interessam.

Outra manobra comum de assédio moral no trabalho é a desqualificação, como quando se faz brincadeiras perversas e depois se tenta desqualificar o sofrimento gerado com afirmações do tipo: "Ah, que exagero, ninguém morre por causa de uma brincadeirinha!". "A linguagem é pervertida: cada palavra esconde um mal-entendido que se volta contra a vítima escolhida" (*Idem*, p. 78). Isolar a vítima também é uma das manobras. De acordo com Hirigoyen (2003, p. 79): "Pôr em quarentena é algo muito mais gerador de estresse do que sobrecarregar de trabalho, e torna-se rapidamente um processo destruidor".

A mesma autora, em obra mais recente (2011), explica que o assédio moral nasce da discriminação com o diferente. Nas empresas, há muita dificuldade de suportar funcionários atípicos ou diferentes.

> *As atitudes de assédio visam antes de tudo a "queimar" ou se livrar de indivíduos que não estão em sintonia com o sistema. [...] O assédio moral é um dos meios de impor a lógica do grupo.* (HIRIGOYEN, 2011, p. 39)

Além disso, a autora considera que o clima competitivo e de rivalidade que reina nas empresas favorece o sentimento de ciúmes, inveja e o medo de ser demitido. Sobre o medo, ela afirma:

> *Com o fantasma do desemprego, que persiste apesar da retomada do crescimento econômico, e o aumento das pressões psicológicas relacionadas aos novos métodos de gestão, o medo se tornou um componente determinante no trabalho. Fica escondido no fundo da mente de um sem-número de empregados, mesmo que não ousem tocar nesse assunto. É o medo de não estar à altura, desagradar ao chefe, não ser apreciado pelos colegas, da mudança, medo também da crítica ou de cometer um erro profissional que possa causar demissão.* (HIRIGOYEN, 2011, p. 43)

O medo aumenta ainda mais em certas empresas que adotam estratégias de gestão de pessoas que repousam no terrorismo. Nessas empresas:

> *É preciso esconder as próprias fraquezas por temer que o outro as utilize como munição. É necessário atacar antes de ser atacado e, em qualquer caso, considerar o outro como um rival perigoso ou um inimigo em potencial.* (*Idem*, p. 45)

No Brasil, o site www.assediomoral.org apresenta as seguintes definições e caracterizações do assédio moral no trabalho:

> *É a **exposição** dos trabalhadores e trabalhadoras a situações humilhantes e constrangedoras, **repetitivas e prolongadas** durante a jornada de trabalho e no exercício de suas funções, sendo mais comuns em relações hierárquicas autoritárias e assimétricas, em que predominam*

condutas negativas, relações desumanas e aéticas de **longa duração**, de um ou mais chefes dirigida a um ou mais subordinado(s), desestabilizando a relação da vítima com o ambiente de trabalho e a organização, **forçando-o a desistir** do emprego.

Caracteriza-se pela **degradação deliberada das condições de trabalho** em que prevalecem atitudes e condutas negativas dos chefes em relação a seus subordinados, constituindo uma experiência subjetiva que acarreta prejuízos práticos e emocionais para o trabalhador e a organização. A vítima escolhida é isolada do grupo sem explicações, passando a ser hostilizada, ridicularizada, inferiorizada, culpabilizada e desacreditada diante dos pares. Estes, por medo do desemprego e a vergonha de serem também humilhados, associado ao estímulo constante à competitividade, rompem os laços afetivos com a vítima e, frequentemente, reproduzem e reatualizam ações e atos do agressor no ambiente de trabalho, instaurando o *"pacto da tolerância e do silêncio"* no coletivo, enquanto a vítima vai gradativamente se desestabilizando e fragilizando, "perdendo" sua autoestima.[27]

A humilhação repetitiva e de longa duração interfere na vida do trabalhador e trabalhadora de modo direto, comprometendo sua identidade, dignidade e relações afetivas e sociais, ocasionando graves danos à saúde física e mental, que podem evoluir para a incapacidade laborativa, desemprego ou mesmo a morte, constituindo um risco invisível, porém concreto, nas relações e condições de trabalho.[28]

O assédio moral é um conjunto de condutas abusivas e frequentes que ferem a dignidade da pessoa que sofre com humilhação. Também chamado de "terror psicológico" no trabalho, o assédio moral transformou-se num instrumento das empresas visando aumentar a produtividade, o que se acentuou depois da crise mundial do capitalismo em 2008. Numa matéria da *Folha de S. Paulo* de 2009, o entrevistado Roberto Heloani explicou que as consultas ao site www.assediomoral.org.br, do qual é um dos coordenadores, aumentaram mais de 20% desde a crise.

---

[27] Disponível em: <www.assediomoral.org.br>. Acesso em: 17/4/2014. Grifos no original.
[28] *Idem.*

Segundo Heloani, após a crise cresceram as pressões por produtividade nas empresas:

> *Quem está fora do mercado quer entrar e quem está dentro não quer sair. Os gestores são mais pressionados, pressionam os empregados da produção e as situações de assédio vão se alastrando.*[29]

Essa violência psíquica, que tem como base a humilhação, não é simples de ser detectada e combatida num ambiente de trabalho. O assédio moral no trabalho se configura como sendo uma perseguição que repete, por um período prolongado, situações de humilhação, de medo e vergonha, muitas vezes confundindo a(s) vítima(s) sobre quem é culpado por tudo isso. Não se trata de fenômeno visível, mensurável com exatidão, não é como um operário que se acidenta e tem uma mão decepada por uma máquina – lesão e sofrimento que são visíveis. O sofrimento provocado pelo assédio moral é psicológico, subjetivo e vai fragilizando a vítima aos poucos, podendo levar ao pedido de demissão, ao adoecimento físico, à depressão e até ao suicídio. É difícil para médicos e psiquiatras estabelecerem o nexo causal da doença e do sofrimento com um ambiente organizacional doente moralmente.

O assédio moral no trabalho é causado em empresas que adotam políticas de trabalho abusivas, as quais ignoram que trabalhadores são sujeitos de emoção. Nas últimas décadas, o absurdo das metas impossíveis tem sido uma das principais causas da prática de assédio moral no trabalho, muitas vezes confundido com técnicas motivacionais. Isso não pode mais acontecer! Os diretores da área de recursos humanos devem estar bastante preparados para entender o que é assédio moral e não permitir que práticas relacionadas ocorram em nome da motivação ou de qualquer meta que a empresa vise alcançar. A saúde psíquica e moral dos

---

[29] Matéria de Claudia Rolli e Fátima Fernandes intitulada "Casos de assédio moral crescem na crise". Disponível em: <www1.folha.uol.com.br/fsp/dinheiro/fi2303200902.htm>. Acesso em: 5/4/2013.

trabalhadores devem ser garantidas sempre. Em nome do humor e da brincadeira, não se pode naturalizar práticas de humilhação e opressão nas empresas.

Numa matéria da revista *Exame*, de 2011, intitulada "6 casos de motivação que viraram assédio moral", alerta-se para a importância de pensar com muita seriedade as estratégias motivacionais nas empresas. Um ex-diretor do Walmart de Barueri (SP) ganhou na justiça uma indenização de R$ 140 mil por ter sido obrigado a rebolar na abertura e no encerramento de reuniões. A City Lar, no Acre, ultrapassou o limite da punição para quem não cumpre metas. A loja pregava cartazes nas paredes da sala de reuniões com frases como "sou um rasgador de dinheiro", "sou bola murcha" e "não tenho amor aos meus filhos". Na AmBev (a empresa brasileira que mais contabiliza processos por assédio moral no trabalho), são comuns práticas abusivas como obrigar um vendedor que não bateu metas a deitar num caixão durante uma reunião (representando o profissional morto), colocar galinhas e ratos enforcados na sala de reuniões ou deixar vendedores que não batem metas em pé durante as reuniões, dançar na frente dos outros e até usar camisetas com apelidos. No Unibanco, em Porto Alegre, além de chamar trabalhadores que não batem metas de incompetentes e tartarugas, o gerente de uma agência fez um painel pregado na parede onde constava fotos de funcionários que batiam metas na cor verde e os que não batiam metas na cor vermelha. Junto aos seus rostos eram colocadas ofensas. O gerente cobrava resultado da funcionária diante de colegas com expressões como: "Vou comer o teu rabo se não bater a meta", "vou colocar o pau na mesa", "tu é pior do que uma tartaruga, a tartaruga é mais rápida que tu".

Uma empresa engarrafadora da Coca-Cola, no Mato Grosso, fazia a distribuição do "troféu tartaruga" para "homenagear" os trabalhadores com piores rendimentos na semana. Diretores da Samsung, em Piracicaba (SP), foram condenados por levarem a sério demais a necessidade de produzir sempre mais. Os chefes coreanos da unidade tratam funcionários aos gritos e palavrões.[30]

Em abril de 2013, a AmBev de Curitiba perdeu na justiça um processo movido por um vendedor que era obrigado a ver garotas de programa tirar a roupa, a esfregar óleo bronzeador no corpo delas e a assistir filmes pornográficos em reuniões de motivação da equipe de vendas. Quem se mostrava contrariado era alvo de zombarias. Para quem tivesse atingido as metas de vendas, era prometido um vale-programa. Há mais dezenas de processos semelhantes na justiça contra a AmBev no Brasil.[31]

Em abril de 2014, a matéria de capa da *Revista Carta Capital* foi sobre o assédio moral no trabalho e foi intitulada "Quando o trabalho é pesadelo".[32] Os processos por assédio moral multiplicam-se na Justiça. Na Bahia, por exemplo, foi feita apenas uma denúncia em 2011 e 981 em 2010. As metas excessivas submetem trabalhadores a rotinas de xingamentos e constrangimentos pelos superiores. A justiça trabalhista está reconhecendo o "dano existencial" pelo nexo causal da depressão, pressão alta, síndrome do pânico e até suicídios. A matéria cita Valdir Pereira da Silva, um procurador do trabalho que apresentou ação coletiva contra a rede Walmart. Ele afirmou:

> *Com a adoção do sistema de metas, o mundo do trabalho hoje é onde tem mais psicopatas, e as empresas permitem. Para mim esta é uma visão amadorística, porque o maior patrimônio da empresa é o empregado. O lucro não pode estar acima da dignidade da pessoa humana.* (MENEZES, 2014, p. 29)

---

[30] Todos esses casos estão descritos na matéria de Luciana Carvalho. Disponível em <exame.abril.com.br/gestao/noticias/6-casos-de-motivacao-que-viraram-assedio-moral>. Acesso em: 5/4/2013.
[31] Matéria de Rafael Moro Martins intitulada "Me sentia um lixo", diz ex-vendedor obrigado pela AmBev a participar de eventos com prostitutas. Disponível em: <noticias.uol.com.br/cotidiano/ultimas-noticias/2012/09/13/me-sentia-um-lixo-diz-ex-vendedor-obrigado-pela-ambev-a-participar-de-eventos-com-prostitutas.htm>. Acesso em: 5/4/2013.
[32] Matéria de Cynara Menezes. Disponível em: <www.cartacapital.com.br>. Acesso em: 7/5/2014.

Em outubro do ano passado, o Walmart foi condenado a pagar 22,3 milhões de reais de indenização por danos morais coletivos, a maior do país até hoje (a empresa está recorrendo). Em fevereiro de 2014 a rede anunciou o fechamento de 25 lojas no Brasil, e uma das razões que a própria empresa apontou está no "aumento significativo das reivindicações trabalhistas nos últimos anos".

> *Na denúncia, os funcionários narram humilhações, xingamentos constantes, preconceito racial e a imposição de cantar hinos motivacionais e dançar nas reuniões. A rede varejista limitaria até mesmo as saídas ao banheiro.* (MENEZES, 2014, p. 29)

Conforme salientam Soares e Oliveira (2012), frequência e duração são dimensões importantes para avaliar a ocorrência de assédio moral no trabalho, embora as pesquisas sobre o efeito dessas dimensões na saúde dos trabalhadores ainda sejam muito recentes (começaram nos anos 2000). Os autores ainda nos alertam sobre a importância de considerar a intencionalidade do assediador, o que não é tarefa simples, já que nem sempre a pessoa que assedia faz isso conscientemente. Soares e Oliveira (2012, p. 197) mostram as consequências negativas do assédio moral para as organizações e para os indivíduos. Para as organizações: absenteísmo, rotatividade, perdas de produtividade, perdas financeiras por pagamento de multas e indenizações em processos judiciais, imagem pública negativa da empresa. Para os indivíduos: agravos à saúde física e mental, baixa satisfação profissional, um número maior de queixas psicossomáticas como dores de cabeça, dor de estômago, insônia e tontura, um maior nível de sintomas de depressão, de ansiedade, de afetividade negativa. Quanto maior a duração do assédio, maior o risco de depressão.

O suicídio pode ser a consequência mais trágica do assédio moral no trabalho. Recentemente, a Orange-France Telecom, maior operadora de telefonia fixa e celular da França, viveu nova onda de suicídios, contabilizando 10 casos apenas entre janeiro e março de 2014.[33] Um ciclo de suicídios também vem acontecendo nos correios da França (La Poste, empresa 100% pública): um censo de casos de suicídio mostra que, entre janeiro de 2007 e janeiro de 2014, 76 trabalhadores se suicidaram e 56 tentaram suicídio.[34] No Brasil, Barreto (2006), após pesquisa feita com 870 vítimas de assédio moral e opressão no ambiente de trabalho (em 97 empresas diferentes), mostra que 100% dos homens e 16,2% das mulheres já pensaram em se matar e 18,3% desses homens chegaram a tentar suicídio.

No Brasil, em 2013, 66% dos bancários relataram que sofreram assédio moral no trabalho e que situações constrangedoras no trabalho ocorreram pelo menos 1 vez por semana para 80% deles. Em 2009, no Brasil, em média, houve uma tentativa de suicídio por dia no setor bancário, dessas, uma se consumou a cada 20 dias. A pressão por metas é a maior causa de assédio moral, suicídio, adoecimento, depressão e síndrome do pânico entre bancários.[35]

No quadro abaixo, elenco algumas práticas de humilhação que, se repetidas no cotidiano laboral, podem ser consideradas assédio moral:

> ◢ Não transmitir mais as informações úteis para a realização de tarefas;
> ◢ Contestar sistematicamente todas as decisões da pessoa;
> ◢ Criticar seu trabalho de forma injusta ou exagerada;
> ◢ Privá-lo do acesso aos instrumentos de trabalho;
> ◢ Retirar o trabalho que normalmente lhe compete;
> ◢ Dar-lhe permanentemente novas tarefas;
> ◢ Atribuir-lhe proposital e sistematicamente tarefas inferiores ou superiores às suas competências;
> ◢ Pressioná-la para que não faça valer seus direitos (férias, horários, prêmios);

---

33 Disponível em: <ods-entreprises.fr/>. Acesso em: 20/4/2014.
34 Interessante observar que alguns suicídios foram realizados por executivos e chefes da empresa. Disponível em: <ods-entreprises.fr/wp-content/uploads/2014/04/Recensement-La-Poste-suicides-et-TS-site-web.pdf>. Acesso em: 20/4/2014.
35 Fonte: *Jornal Brasil de Fato*, 23 a 29 de janeiro de 2014, p. 9.

- Agir de modo a impedir que obtenha promoção;
- Atribuir à vítima, contra a vontade dela, trabalhos perigosos;
- Atribuir à vítima tarefas incompatíveis com sua saúde;
- Dar-lhe deliberadamente instruções impossíveis de executar;
- Não levar em conta recomendações de ordem médica indicadas pelo médico do trabalho;
- Induzir a pessoa ao erro;
- Utilizam insinuações desdenhosas para qualificá-la;
- Fazem gestos de desprezo diante dela (suspiros, olhares desdenhosos, levantar de ombros);
- É desacreditada diante de colegas, superiores ou subordinados;
- Espalham rumores a seu respeito;
- Atribuem-lhe problemas psicológicos (dizem que é doente mental);
- Zombam de suas deficiências físicas ou de seu aspecto físico; é imitada ou caricaturada;
- Criticam sua vida privada;
- Zombam de sua origem e de sua nacionalidade;
- Implicam com suas crenças religiosas ou convicções políticas;
- Atribuem-lhes tarefas humilhantes;
- Ameaças de violência física;
- Agridem-na fisicamente, mesmo que de leve, é empurrada, fecham-lhe a porta na cara;
- Falam com a pessoa aos gritos;
- Começar sempre reunião amedrontando quanto ao desemprego ou ameaçar constantemente com a demissão;
- Subir em mesa e chamar a todos de incompetentes;
- Repetir a mesma ordem para realizar uma tarefa simples centenas de vezes até desestabilizar emocionalmente o trabalhador ou dar ordens confusas e contraditórias;
- Sobrecarregar de trabalho ou impedir sua continuidade, negando informações;
- Desmoralizar publicamente, afirmando que tudo está errado ou elogiar, mas afirmar que seu trabalho é desnecessário à empresa ou instituição;

⊿ Rir à distância e em pequeno grupo; conversar baixinho, suspirar e executar gestos os direcionando ao trabalhador;

⊿ Desviar da função ou retirar material necessário à execução da tarefa, impedindo o trabalho;

⊿ Exigir que faça horários fora da jornada. Ser trocado/a de turno, sem ter sido avisado/a.

Algumas frases relacionadas à prática de assédio moral no trabalho estão registradas nos relatos disponíveis no *site* www.assediomoral.org.br:

➤ "Você é mesmo difícil... Não consegue aprender as coisas mais simples! Até uma criança faz isso."

➤ "É melhor você desistir! É muito difícil e isso é pra quem tem garra! Não é para gente como você!"

➤ "Não quer trabalhar, fique em casa! Lugar de doente é em casa! Quer ficar folgando... descansando."

➤ "A empresa não é lugar para doente. Aqui você só atrapalha!"

➤ "Se você não quer trabalhar, por que não dá o lugar pra outro?"

➤ "Teu filho vai colocar comida em sua casa? Não pode sair! Escolha: ou trabalho ou toma conta do filho!"

➤ "Você é mole, um frouxo. Se você não tem capacidade para trabalhar, então porque não fica em casa? Vá pra casa lavar roupa!"

➤ "É melhor você pedir demissão. Você está doente, está indo muito a médicos!"

➤ "Para que você foi a médico? Que frescura é essa? Tá com frescura? Se quiser ir pra casa de dia, tem de trabalhar à noite!"

Margarida Barreto, no mesmo *site*, afirma:

> *Os pilares que originam o assédio moral estão na forma de estabelecer valores pelos gestores. [...] No Brasil, 39,5% dos trabalhadores sofrem abuso verbal e sofrem com humilhações como: "Você é burra; Se dependesse de mim, colocaria você para trabalhar no banheiro".*

Em entrevistas feitas por Barreto (2006) com 870 homens e mulheres vítimas de opressão no ambiente profissional revelam como cada gênero reage a essa situação, conforme figura abaixo:

Sintomas	Mulheres	Homens
Crises de choro	100	-
Dores gerneralizadas	80	80
Palpitações, tremores	80	40
Sentimento de inutilidade	72	40
Insônia ou sonolência excessiva	69,6	63,6
Depressão	60	70
Diminuição da libido	60	15
Sede de vingança	50	100
Aumento da pressão arterial	40	51,6
Dor de cabeça	40	33,2
Distúrbios digestivos	40	15
Tonturas	22,3	3,2
Ideia de suicídio	16,2	100
Falta de apetite	13,6	2,1
Falta de ar	10	30
Passa a beber	5	63
Tentativa de suicídio	-	18,3

Então, podemos afirmar que o assédio moral é um problema organizacional, encontra respaldo em questões e aspirações organizacionais e é causado por pessoas que fazem parte da estrutura organizacional. Assim, as organizações são palcos onde a violência psicológica e as humilhações vêm acontecendo (cada vez mais) em muitos países do mundo. Daí, podemos concluir que as organizações podem incentivar ou inibir esse tipo de comportamento. O que está por trás de empresas cuja cultura organizacional não coíbe o assédio moral? Rituais degradantes, metas impossíveis, punições que ridicularizam trabalhadores, situações humilhantes, gestão pelo medo, violência física e psicológica, pressão em cascata pelos níveis hierárquicos: tudo isso, e muito mais, revela uma face sombria das organizações que colocaram o lucro imediato em primeiro lugar, submetendo as relações humanas a uma coisificação mercadológica que cria o contexto favorável, não só ao assédio moral, como a condições degradantes de trabalho (trabalho escravo, trabalho precarizado, terceirizações fraudulentas, rebaixamento de salários, perda de direitos trabalhistas conquistados historicamente).

Um ambiente propício ao assédio moral se dá em empresas sádicas onde a organização do trabalho é improvisada, onde gestores são impotente e/ou negligentes e/ou perversos, onde há ambiguidades nas atribuições e deficiente gestão de conflitos. Organizações deficientes levam à violência moral e ao sofrimento psíquico, humilhações, acúmulo de tarefas, metas de produção absurdas, rigidez no controle do tempo e ao perverso culto ao desempenho em parceria com um modelo de gestão de pressão generalizada. O adoecimento físico e psíquico é consequência quase certa para o conjunto dos trabalhadores que laboram nessas condições. Nesse contexto, o dinheiro e o poder são supervalorizados, levando, em grande parte dos casos, à promoção de chefes perversos que gostam de acirrar rivalidades e permitem deslealdades (vistas como naturais no ambiente competitivo das organizações). A pressão por resultados gera depressão, ansiedade e *burnout* (esgotamento emocional), além de banalizar a violência no ambiente de trabalho. Técnicas de motivação confundem-se com humor de péssimo gosto e sofrimento emocional, evidenciando setores de recursos humanos degradantes e desumanos. Resta perguntar: em nome da competitividade e da ganância por lucros infinitos, até onde se justifica o sofrimento forjado nas organizações?

Não estaria certo Gaulejac (2007, p. 225) quando afirma que "quando o assédio, o estresse, a depressão ou, mais geralmente, o sofrimento psíquico se desenvolvem, é a própria empresa que deve ser questionada?". Ele sugere que se troque nas empresas a gestão de recursos humanos pela "gestão humana dos recursos" (GAULEJAC, 2007, p. 145).

Hirigoyen (2011, p. 187) afirma que:

> [...] Se não existe um perfil psicológico padrão para as vítimas, existem incontestavelmente contextos profissionais em que os procedimentos de assédio moral podem se desenvolver livremente.

Práticas organizacionais perversas constituem-se em "uma autorização implícita às atitudes perversas individuais". O que favorece o assédio, diz a autora:

> É, acima de tudo, o ambiente de trabalho no qual não existem regras internas nem para os comportamentos nem para os métodos; tudo parece permitido, o poder dos chefes não tem limites, assim como o que pedem aos subordinados. (HIRIGOYEN, 2011, p. 188)

Ambientes de trabalho estressantes, onde se tem obrigação de fazer mais do que é pedido, onde não se pode perder tempo para não comprometer a produção, onde os trabalhadores são cobrados, pisados, pressionados, não se tem mais tempo de perceber os outros ao redor como pessoas que têm sentimentos. "No mundo do trabalho, entre o superdesempenho e a doença não existe nada" (*Idem*, p. 191). Senão, o que explicaria, em muitas empresas, por exemplo, o controle excessivo e até mesmo a proibição de os funcionários irem ao banheiro?

Quanto menos humano é o tratamento de humanos na empresa, maior a carência dos trabalhadores, o que pode levá-los a condutas de submissão ou revolta. O submisso deixa de existir como pessoa e passa a ser útil apenas enquanto executa sua atividade prática, como um instrumento, um mero recurso. Quem, na empresa, vai se preocupar em resolver os inúmeros problemas humanos? "Vire-se, não quero saber!", parece ser a resposta mais corriqueira de chefes (despreparados) que são demandados a resolver problemas.

> O desprezo pelo outro é o primeiro passo na direção do assédio moral e da violência. É uma tática inconsciente para manter o domínio e desqualificar as pessoas. (HIRIGOYEN, 2011, p. 203)

Os dirigentes das empresas não podem mais continuar ignorando a pessoa humana e esquecendo sua dignidade, sob pena de aumentarem ainda mais os casos e processos de assédio moral no trabalho.

Hirigoyen (2011) alerta para o fato de que as mesmas patologias que as pessoas possuem, as empresas desenvolvem coletivamente. Existem indivíduos perversos, empresas perversas e procedimentos organizacionais nocivos. Um número cada vez maior de empresas são estruturalmente perversas, tornando "[...] difícil designar nominalmente um agressor. Pode-se falar em um ambiente, de um clima mental indigesto ou tóxico" (HIRIGOYEN, 2011, p. 204). Assim, certas organizações seriam mais propícias ao assédio moral do que outras. A autora afirma:

> *É verdade que a retórica empresarial sobre a rentabilidade que justifica tudo constitui um despotismo organizacional que constrange muito mais do que a autoridade direta. Em compensação, o que aparece claramente é que, se um dirigente ou alguém da direção é perverso, isso provocará comportamentos perversos ao longo de toda a escala. Os relacionamentos perdem as regras e todos os golpes passam a ser permitidos. O sistema se torna então perverso por ele mesmo, uma vez que existe no topo uma total falta de moral. O objetivo da rentabilidade não conduz em si mesmo ao assédio moral, mas são os meios para se chegar a ele que podem fazê-lo. A ambição pelo poder ou pelo sucesso material imediato é um ingrediente indispensável ao assédio.* (HIRIGOYEN, 2011, p. 204)

Considerações finais

O que fazer? Eis a pergunta – tão simples quanto complexa – que os leitores devem estar se fazendo.

Que o trabalho, desde a Revolução Industrial, está submetido à lógica da rentabilidade imediata e, por isso – dentre outras coisas –, é fonte de estresse, sofrimentos, angústias e medos, não há dúvidas. É certo que até antes mesmo da industrialização do mundo já existia associações entre laborar e sofrer. No entanto, o foco deste capítulo não é esse. Interessa aqui fazer um recorte e olhar mais de perto aos modelos de gestão que prevalecem nas organizações, públicas e privadas, pelo menos desde os anos 1980, com predominância do modelo japonês. As soluções não são nada simples e nem tudo o que foi apontado aqui tem solução a curto ou médio prazo. No entanto, elaborar e racionalizar essa realidade é o primeiro passo para se indignar. A indignação é o sentimento que tem que tomar conta de quem quer mudar. Se você não se indigna com o sofrimento das pessoas, não terá interesse em buscar soluções e mudanças. A alteridade, nesse caso, é necessária, em substituição ao egoísmo e ao princípio do "cada um por si".

Futuros gestores devem partir da necessidade de colocar o humano no lugar do lucro, o sofrimento do outro no lugar da rentabilidade. Em nom do rei mercado não se pode mais continuar a proliferar ambientes de trabalho cínicos, insalubres, desumanos. Afinal, até os gestores são ou serão vítimas também. Quem se identificou, ao longo deste capítulo, com os desejos e os valores dos assediadores e dos perversos, rapidamente deve procurar ajuda de um profissional habilitado (psicanalista, psicólogo, psiquiatra) e começar um longo e necessário caminho de autoanálise. Manipuladores sofrem das falhas de autoestima até à megalomania, passando pelo narcisismo doentio, o prazer em destruir pessoas e pela ausência do senso moral, conforme explica Hirigoyen (2014). Quem se identificou com o sofrimento das vítimas de assédio também deve buscar ajuda antes de adoecer. É sempre bom compreender porque nos permitimos ser vítimas e como podemos nos fortalecer psiquicamente para vencer/superar a opressão.

Além das saídas individuais, a saída coletiva é imprescindível.

Combater, coibir, prevenir e eliminar a violência no ambiente de trabalho é uma tarefa que tem múltiplas facetas e deve ser enfrentada por múltiplos fatores, pois a construção de um ambiente de trabalho seguro e saudável deve ser um objetivo a ser perseguido permanentemente por indivíduos, grupos, empresas e instituições. (FREITAS; HELOANI; BARRETO, 2011, p. 13)

A psiquiatra francesa Hirigoyen (2003; 2011; 2014) e os pesquisadores brasileiros Freitas, Heloani e Barreto (2011) oferecem várias pistas para o enfrentamento do assédio moral no trabalho. Vou apresentá-las, sinteticamente, a seguir:

1 Tentativas individuais dentro da própria empresa	A vítima deverá acumular dados, provas, indícios, registrar injúrias, fazer fotocópia de tudo. Preferencialmente, garantir apoio de testemunhas.
	Buscar soluções primeiramente dentro da própria empresa (ir ao setor de RH, procurar o chefe imediato, buscar interlocutores).
	Se o RH não pode ou não quis fazer nada, procure o médico do trabalho.
	É preciso estar em boas condições psicológicas. Consultar um psiquiatra é necessário, já que as vítimas de assédio estão desestabilizadas emocionalmente. A vítima terá que aprender a resistir, pois as provocações dentro da empresa podem continuar.
	Quando a vítima estiver sem saída e sentir que deve pedir demissão, é hora de procurar o sindicato e, com isso, tornar o conflito aberto. O sindicato, por princípio, deve tentar negociar uma saída favorecendo o trabalhador e não a empresa.

2 Recorrer a processo na Justiça	No Brasil ainda não existe lei federal que trata do assédio moral. Mas, há atualmente vários projetos de lei em tramitação.
	O artigo 483 da CLT (Consolidação das Leis do Trabalho) permite enquadrar processos de assédio moral, pautando suas consequências como doença do trabalho.[36]
	Existem jurisprudências que podem ser referências a novas ações, bem como casos comprovados de dano moral coletivo em empresas.
	O assédio sexual pode gerar indenizações por danos materiais e morais. A Lei n. 10.224, de 15 de maio de 2001, introduziu no Código Penal o artigo 216-A criminalizando o assédio sexual nas relações de trabalho e de ascendência.[37]
	O Ministério do Trabalho e Emprego lançou cartilha intitulada "Assédio Moral e Sexual no Trabalho". Confira no *site*: <portal.mte.gov.br/data/files/FF8080812CB90335012CCBE-FB5B92857/CARTILHAASSEDIOMORALESEXUAL-web.pdf>.
	Para entrar na justiça, a vítima deve obter assistência jurídica de seu sindicato ou deve procurar um advogado particular.
	No Brasil é preciso pesquisar leis municipais e estaduais existentes que tratem do assédio moral, principalmente para funcionários públicos.

---

36 "Art. 483 – O empregado poderá considerar rescindido o contrato e pleitear a devida indenização quando: a) forem exigidos serviços superiores às suas forças, defesos por lei, contrários aos bons costumes, ou alheios ao contrato; b) for tratado pelo empregador ou por seus superiores hierárquicos com rigor excessivo; c) correr perigo manifesto de mal considerável; d) não cumprir o empregador as obrigações do contrato; e) praticar o empregador ou seus prepostos, contra ele ou pessoas de sua família, ato lesivo da honra e boa fama; f) o empregador ou seus prepostos ofenderem-no fisicamente, salvo em caso de legítima defesa, própria ou de outrem; g) o empregador reduzir o seu trabalho, sendo este por peça ou tarefa, de forma a afetar sensivelmente a importância dos salários [...]".

37 O Decreto-Lei n. 2.848, de 7 de dezembro de 1940 – Código Penal, passa a vigorar acrescido do seguinte art. 216-A: "Assédio sexual. Constranger alguém com o intuito de obter vantagem ou favorecimento sexual, prevalecendo-se o agente da sua condição de superior hierárquico ou ascendência inerentes ao exercício de emprego, cargo ou função. Pena: detenção de 1 (um) a 2 (dois) anos".

3 Por parte dos gestores	Os quadros superiores de uma organização precisam repensar suas práticas de gestão de forma a encontrar maneiras de priorizar a dignidade do humano. O setor de Recursos Humanos não pode mais usar artifícios aterrorizantes em nome da motivação. Empresas humanas precisam de gestores humanos e éticos. Pessoas perversas narcisistas não podem mais chegar a cargos de chefias e devem ser orientados pela empresa a procurar tratamento.
	As políticas de metas devem ser inteiramente revistas pelas empresas.
	Equipes multidisciplinares devem trabalhar na gestão dos conflitos, criando canais de comunicação autêntica, para que os trabalhadores possam efetivamente - e não apenas de fachada – falar e ser ouvidos.
4. Responsabilidades do Estado	Os governantes e os legisladores devem criar e aprovar lei nacional que coíba o assédio moral nas empresas, assim como toda forma de agressão contra a dignidade no trabalho. Para isso, não devem ser financiados por empresários nem ceder aos seus desejos doentios pelo lucro.
	O Ministério do Trabalho e Emprego (TEM) e o Ministério Público do Trabalho (MPT) devem formular diretrizes, normas e punições claras para fiscalizar e punir empresas e seus assediadores.

Para finalizar este capítulo, gostaria de refletir sobre como o capitalismo é totalitário em todas as suas versões e todos os seus alcances (BERNARDO, 2004; CHOMSKY, 2006). Desde o seu nascimento e durante os últimos 200 anos, o capitalismo conferiu um poder avassalador às empresas e ao mercado, começando um "totalitarismo discricionário" entre patrões e empregados pela lei supostamente justa, neutra e equilibrada da oferta e da procura (BERNARDO, 2004, p. 63). A mesma lei que rege a sociedade de consumo (dos bens) rege a relação entre empresários e empregados (recursos humanos). Os trabalhadores são estrategicamente considerados como custos no balanço financeiro de uma empresa, e custos devem ser reduzidos e controlados. Para conseguir o controle da força de trabalho, as empresas precisam dos gestores, soldados do capital. Como lembra Bernardo (2004, p. 145), desde Henry Ford que as empresas recorrem também a serviços de espionagem e de repressão. "Em 1978 a General Motors tinha 4200 agentes de segurança privados, quando nos Estados Unidos só cinco cidades dispunham de uma força policial superior". Não é novidade então, a notícia recente de que o Banco HSBC foi multado, em primeira instância, em 67 milhões de reais por espionar trabalhadores que estavam com licenças médicas, enviando investigadores disfarçados de entregadores de flores para ver se eles estavam mesmo doentes (MENEZES, 2014, p. 30). Com a microeletrônica e o toyotismo, "a espionagem eletrônica difundiu-se como um instrumento normal de negócios por todo o meio empresarial" (BERNARDO, 2004, p. 151).

O toyotismo, que foi o último modelo de gestão inventado, dos anos 1980 até hoje, continua trazendo um surto de produtividade à custa do controle refinado da força de trabalho, da intensificação do ritmo de trabalho e da submissão psicológica e física dos trabalhadores polivalentes e sobrecarregados (DAL ROSSO, 2008). Num contexto neoliberal, confirma-se o domínio incontrastável das grandes empresas, comprometendo a democracia (CHOMSKY, 2006). O que nos resta?

Ainda parece distante de nós uma sociedade pós-capitalista e pós-neoliberal com empresas pós-toyota: livre, humana e viável. No entanto, não restam dúvidas de que estamos vivendo uma época de convulsões políticas e sociais, que, de certa maneira, colocam em xeque os atuais modelos de política, de democracia e de economia e ameaçam as ideologias da ordem. O que assusta, porque não sabemos o que virá no lugar do que é terrível, mas é o que conhecemos. Martins (2012) afirmou:

> Todos os sistemas recorrem, diante de crises e contestações, a um certo realismo imóvel. Quando aparece o caráter injusto, obsoleto ou eticamente inaceitável das relações sociais vigentes, uma das formas de

tentar preservá-las é alegar que são as únicas reais. A alternativa a elas, argumenta-se, é romântica, ingênua, inviável.

Não podemos mais nos contentar com a defesa de que sempre foi assim e sempre será, de que o ser humano sempre explorou o outro e sempre será assim. De que o mercado é competitivo e, para vencer, tem que ser assim. Defender a exploração e o assédio moral como necessidade ou exigência do sistema é defender o indefensável. É, no mínimo, imoral.

Resistir é o caminho, por mais que doa – e dói.

CAPÍTULO 5▸
Entre fazeres e representações: que motivos eu tenho para trabalhar?[38]

ROSEMEIRE APARECIDA SCOPINHO

Neste capítulo, pretendo abordar o clássico (e difícil) problema da motivação para o trabalho, que tanto e por tanto tempo preocupa gestores e trabalhadores. Engana-se quem pensa que este é um problema só dos gestores porque ele também preocupa aqueles que dependem do seu próprio trabalho para sobreviver, obviamente, resguardadas as devidas particularidades porque, em síntese, o desafio dos gestores é o de elevar a taxa de lucro por meio do uso adequado da força de trabalho e o dos trabalhadores é o de enfrentar a sua jornada, com algum grau de prazer e o mínimo de desgaste possível, e ser devidamente recompensado por isso. Ao contrário do que é mais usual na literatura acadêmica, abordarei o assunto a partir da perspectiva do trabalhador, tentando responder a questão que está posta no subtítulo deste capítulo.

Primeiramente, situo o problema do ponto de vista do pensamento gerencial tratando, sucintamente, de como ele tornou-se

---

[38] Agradeço a José Cláudio Gonçalves e Thainara Granero de Melo pela leitura crítica do texto e pelas sugestões para a revisão.

uma espécie de castigo semelhante ao que Zeus impingiu a Sísifo para os que dele se ocupam porque, por mais que se invente recursos, artimanhas e receitas para resolvê-lo, ele sempre reaparece, sob novas ou velhas roupagens, em razão do crescente e acelerado movimento de transformação do trabalho, especialmente a partir da Segunda Revolução Industrial. Na sequência, valho-me de alguns autores que discutem os efeitos dos mecanismos de controle do trabalho socialmente instituídos que intensificam o processo de degradação do trabalho, o que pode explicar porque o problema da motivação é um tipo de castigo de Sísifo para a gerência. Recorrerei também aos autores que problematizam a eficiência e a eficácia das teorias e práticas gerenciais para controlar o trabalho, tanto as que procuram criar as condições que motivam quanto as que degradam, porque eles levam em conta a capacidade de reação e resistência dos trabalhadores.

Com esse esforço pretendo problematizar e, quem sabe, contribuir para a desconstrução da ideia, tão presente na literatura especializada e no pensamento gerencial, sobre a relação motivação-liderança que, em última instância, coloca na figura do gestor a responsabilidade por animar/motivar/seduzir o(s) grupo(s) de trabalhadores que estão sob o seu comando, como se não houvesse mais nada e nem ninguém entre os polos dessa relação que pudesse dificultar a adesão automática dos trabalhadores às regras de trabalho prescritas.[39] Procurarei mostrar que, com ou sem prescrição gerencial, cotidianamente, os trabalhadores ressignificam a si próprios e ao trabalho que realizam e encontram diferentes tipos de motivos para trabalhar.

E para ilustrar a complexidade do assunto – discuto com base na minha experiência de pesquisa no mundo dos trabalhadores –, algumas situações que denunciam as estratégias criadas por tipos

---

39 Por exemplo, ver os documentários, tais como: "O gerente desorganizado"; "O gerente moderno"; "O gerente minuto". Disponíveis em: <www.youtube.com>, entre outras publicações.

distintos de trabalhadores para, cotidianamente, encontrar motivos para trabalhar. Tratarei de dois casos distintos: os trabalhadores do setor de energia elétrica, que contrariam as normas prescritas para realizarem trabalhos bem-feitos, e os trabalhadores rurais assentados, que não estão sujeitos ao controle gerencial posto que eles sejam pequenos agricultores, associados ou não, e, por isso mesmo, cotidianamente, enfrentam o desafio de permanecer nessa condição.

Pensamento gerencial e motivação para trabalhar

A necessidade de criar formas e fórmulas para incentivar as pessoas a realizarem o seu trabalho dentro dos parâmetros empresariais de alta produtividade e baixo custo tem longa tradição no pensamento gerencial e foi largamente intensificada a partir do século XX com a era da chamada "administração científica do trabalho". Nesse momento, tudo começou com Taylor (1990) que, por forças da sua formação acadêmica na área de engenharia mecânica, origem cultural e percepção das crescentes necessidades sociais de consumo, via no pagamento diferencial a chave para acessar a vontade dos trabalhadores, quando se trata de trabalhar sob o controle do outro, de fazer um trabalho bem-feito e no tempo considerado adequado. Taylor criou um método que fez escola e história ao separar o fazer e o pensar no processo de trabalho humano por meio do controle dos tempos e movimentos, e foi capaz de aumentar a produtividade do trabalho, mas não resolveu o problema da motivação para trabalhar pagando mais a quem mais fazia melhor. Pelo contrário, a aplicação dos princípios e o uso generalizado do seu método, acrescido das inovações introduzidas por Henri Ford (a esteira rolante e o Programa cinco dólares por dia) que configura o modelo de gestão taylorista-fordista, fez agravar o problema derivando em fuga do trabalho, aumento do absenteísmo, fadiga crônica e adoecimento, engajamento na luta sindical, entre outros inconvenientes para a gerência.

Nos anos 1920, Elton Mayo investigou os fatores relacionados à queda de produtividade na *Western Eletric Company* e encontrou correlação direta entre esse problema e os aspectos emocionais do grupo que trabalhava. As evidências obtidas por meio dos seus experimentos com grupos de trabalhadores o tornaram responsável por introduzir no ideário gerencial palavras e conceitos, tais como, "ênfase nas pessoas", "liderança", "dinâmica de grupo", "comunicação", entre outros. Para Mayo (1949), a chave que dá acesso à vontade de trabalhar bem é a convivência harmônica entre trabalhadores e gestores, dada pelo fato de os últimos considerarem os primeiros como seres humanos portadores de necessidades subjetivas; a escuta compreensiva era o instrumento gerencial que poderia dar vazão à necessidade de catarse que acometia os aflitos pelas contrariedades vivenciadas dentro e fora do trabalho e o antídoto contra os males provocados pela insatisfação dos trabalhadores. Depois dos achados de Elton Mayo, as estruturas gerenciais criadas e os agentes especialmente formados e destacados do *staff* empresarial para cumprir esse papel, também não resolveram o problema da motivação que atormenta o mundo gerencial, apenas o tornaram mais complexo, burocrático e especializado.

No ocidente, a partir dessas duas vertentes distintas para lidar com a motivação para o trabalho, proliferou um arsenal de teorias e fórmulas motivacionais que vem enchendo as prateleiras das livrarias e das bibliotecas com coletâneas que são tão rapidamente devoradas quanto substituídas e esquecidas, caracterizando o que, tecnicamente, se chama *modismo gerencial*.

A partir da segunda metade do século passado, o "modelo" de organização do trabalho que nascia no Japão parecia ter encontrado a tão procurada chave. Para enfrentar os efeitos nocivos da especialização taylorista-fordista sobre a motivação dos trabalhadores, a estratégia motivacional do toyotismo parte do princípio do enriquecimento do trabalho. Concretamente, isso significa: distribuir a produção (do que é necessário, na quantidade necessária e no momento necessário) em pequenas equipes dotadas de autonomia para gerenciar um conjunto de tarefas tendo no horizonte uma meta; tornar multifuncionais os trabalhadores da equipe ao possibilitar o rodízio de funções de modo que todos estejam preparados para executar todas as etapas do ciclo produtivo; abrir canais de diálogo para receber dos trabalhadores sugestões e ideias para melhorar a produção; e instituir um sistema de premiação baseado em bonificações financeiras simbólicas e na participação nos lucros. De acordo com o seu principal idealizador Taiichi Ohno, em conjunto, essas medidas poderiam resultar em aumento da qualificação e da capacidade para participar das decisões tomadas no contexto de trabalho, condições que garantiriam o aumento da satisfação, o envolvimento com o trabalho e o compromisso com os objetivos da empresa. A chave para motivar estaria na pretensa sensação que teria o trabalhador de ter resgatado a autonomia, o poder de decisão e de controle sobre o seu trabalho e sistema de remuneração. Essa fórmula manteve a racionalização dos elementos objetivos do processo de trabalho nos moldes taylorista-fordista e, com o apoio da tecnologia do nosso tempo, a racionalidade atingiu também sua dimensão subjetiva. No entanto, já é sabido dos seus limites para resolver o problema da motivação, porque também se pode pecar pelo excesso. Ou seja, combinados, esses mecanismos de "enriquecimento" intensificam o trabalho e podem levar ao desgaste biopsíquico prematuro, adoecimento e morte dos trabalhadores, a exemplo das novas síndromes relacionadas ao trabalho, tais como a síndrome do impostor, síndrome de *bournout, karoshi*, entre outras.

Correndo mundo afora até chegar ao Brasil nos anos 1990, em meio à estagnação e crise que sucedeu o "milagre econômico" e resultou em abertura da economia e na adoção de um modelo de reestruturação produtiva pautado pela substituição do trabalhador pela tecnologia para garantir competitividade, essa concepção só não levou em conta as particularidades culturais da nossa estrutura produtiva em relação ao Japão, especialmente no que se refere à estrutura do mercado de trabalho e às fragilidades da cultura sindical. No contexto do capitalismo brasileiro, multifuncionalidade (ou polivalência) não tem significado aumento da autonomia e do poder de decisão, ao contrário, a melhor tradução poderia ser intensificação do ritmo de trabalho e alienação porque nada pior do que acreditar que se tem autonomia e controle sobre o trabalho quando, na verdade, é justamente isso que se perde ao trabalhar.

Em síntese, desde Taylor até os dias de hoje, quando entram em cena as novas tecnologias de gestão, tais como o regime de trabalho de alto desempenho, o *Kanban* psicológico ou emocional, o gerenciamento *by stress*, a gestão por competência, entre outros modismos, o fato é que as políticas de gestão dos trabalhadores, entendidas aqui como mediadoras de relações sociais complementares e antagônicas (Fleury, 1994), esforçam-se para resgatar o que o trabalhador pode perder quando o sentido do seu trabalho é subtraído e incorporado nas engrenagens e/ou nos circuitos eletrônicos componentes das máquinas do nosso tempo.

Seja qual for o nome que se dê para o que se perde – motivação (MASLOW, 1973; MacGregor, 1979), satisfação (SIEVER, 1990; Coda, 1990), desejo (DEJOURS *et al.*, 1994), envolvimento (LIKER, 2005) –, acontece o que já tem sido amplamente demonstrado: o sujeito distancia-se subjetivamente do trabalho, o que é um problema central para os que organizam e administram a produção porque pode fazer diminuir a produtividade e a qualidade dos produtos e aumentar os custos de produção. Iniciada nos "tempos modernos" da era de Taylor intensifica-se, cada vez mais, a corrida gerencial em busca de uma fórmula organizativa que procure abarcar a dimensão do conhecimento e dos sentimentos dos trabalhadores que possam estar envolvidos na realização do trabalho para que, estando essas dimensões também sob o controle do gestor, o trabalho aconteça tal como foi prescrito para atingir as metas de produtividade, qualidade e redução de custos impostas pelo mercado.

O pensamento social e a motivação para trabalhar

Para alguns críticos do pensamento gerencial, o problema da motivação para trabalhar encontra-se no controle que o trabalhador pode ter ou não sobre o conteúdo do processo de trabalho. Um dos mais contundentes desses críticos foi Harry Bravermann (1987) que, ao analisar a organização do trabalho sob o impacto da administração científica na primeira metade do século XX, mostrou que o problema está, justamente, na quebra da *unidade dialética concepção-execução* que é característica do trabalho humano. Sob a ética capitalista do lucro e da acumulação, são criados os mais refinados mecanismos de controle do trabalho que o tornam degradado e sem sentido. Para Bravermann, a degradação era dada pela desqualificação progressiva do trabalhador que resulta do aprofundamento crescente da divisão do trabalho, possibilitada no contexto por ele analisado pelas inovações tecnológicas que parcelizavam e simplificavam as tarefas e pela apropriação da "ciência do trabalho" pela gerência, em nome da elevação da taxa de lucro.

> *No ser humano, como vimos, o aspecto essencial que torna a capacidade de trabalho superior à do animal é a combinação da execução com a concepção da coisa a ser feita. Mas, à medida que o trabalho se torna um fenômeno social mais que individual, é possível – diferentemente do caso de animais em que o instinto como força motivadora é inseparável da ação – separar concepção e execução. Essa desumanização do processo de trabalho, na qual os trabalhadores ficam reduzidos quase que ao nível do trabalho em sua forma animal, enquanto isento de propósito e não pensável no caso de trabalho auto-organizado e auto-motivado de uma comunidade de produtores, torna-se aguda para a administração do trabalho comprado. Porque se a execução dos trabalhadores é orientada por sua própria concepção, não é possível, como vimos, impor-lhes a eficiência metodológica ou o ritmo de trabalho*

desejado pelo capital. Em consequência, o capitalista aprende desde o início a tirar vantagem desse aspecto da força de trabalho humana e a quebrar a unidade do processo de trabalho. (p. 104)

Se a divisão capitalista do trabalho ao valer-se do princípio de *separação da concepção e execução* – o mais importante dos que foram criados por Taylor – retira do trabalhador o controle sobre o trabalho e sobre si mesmo – que define o trabalho como atividade hominizadora e, portanto, fonte de motivos para trabalhar –, não há artimanha gerencial que possa restituí-lo a não ser que se restabeleça a unidade e devolva o controle, o que seria fazer o caminho inverso.

Simples assim, mas para outros autores a relação é mais complexa. Ainda no campo da Sociologia do Trabalho, Michael Burawoy (1990), por exemplo, argumentou que o controle do capital sobre o trabalho vai além do processo de trabalho e incluiu elementos da esfera política e ideológica que regulam as relações de trabalho e, no chão de fábrica, não produzem somente conflitos e resistências, mas também consentimentos. A Psicopatologia do Trabalho (DEJOURS; ABDOUCHELI; JAYET, 1994) também já demonstrou que, diante dos obstáculos e dos desafios colocados pela organização prescrita do trabalho, o trabalhador não fica passivo, mas desenvolve um tipo de *inteligência astuciosa* que lhe permite criar atalhos e encurtar tempos e movimentos, desenhar um jeito melhor, mais eficiente e eficaz de fazer as coisas para evitar o sofrimento e aumentar o prazer de trabalhar. Os produtos dessa forma de inteligência – *os macetes de ofício* – podem até superar o trabalho prescrito pelos gerentes e resultar em maior produtividade, melhor qualidade e diminuição de custos de produção, embora nem sempre sejam oficialmente reconhecidos por eles e incorporados na prescrição (DEJOURS; ABDOUCHELI, 1994).

De certo modo, o toyotismo também reconhece isso e apropria-se do conhecimento produzido pelo trabalhador no contexto do trabalho ao criar os Círculos de Controle de Qualidade, o alargamento de tarefas, o rodízio do trabalhador nos postos de trabalho. Reconhece que o controle da gerência não é total e a importância do *savoir-faire* dos trabalhadores, por isso mesmo, dele apropria-se por meio desses mecanismos.

Portanto, degradação do trabalho pode não ser apenas simplificação e controle sobre as tarefas, mas também expropriação do saber que é transformado em procedimentos ou regras de trabalho e podem ser utilizadas em detrimento das relações e condições de trabalho. Na literatura, permanece a polêmica sobre ser o toyotismo outro modelo de organização do trabalho ou se ele não passa de um refinamento dos mecanismos de controle instituídos pelo taylorismo-fordismo.[40]

Fugindo da polêmica, Sennett (2009) debate a relação entre o fazer e o pensar no contexto do trabalho, mas não responsabiliza a divisão do trabalho pela quebra da unidade, mesmo que não ignore as condições sociais que se interpõem entre o homem e seu trabalho. O autor defende que a atividade material é mediadora dos sentimentos e do pensamento no trabalho humano, mesmo em condições adversas. Segundo esse autor, é falsa a divisão entre quem pensa e quem faz – artefato cultural do capitalismo – porque "[...] sentimento e pensamento estão contidos no processo do fazer." (p. 17) e o processo de feitura das coisas muito revela a respeito de quem faz. "Materialmente, os seres humanos são hábeis criadores de um lugar para si mesmos no mundo" (p. 24). Então, para esse autor, um trabalho bem-feito, de acordo com as nossas habilidades criadoras, é o que nos deixa motivados para trabalhar sempre, mais e melhor.

Sennett (2009) chama de *artífice* aquele trabalhador que se dedica à arte pela arte, está engajado em uma atividade prática, mas não necessariamente faz dela um meio para alcançar um fim. Ele desenvolve a sua habilidade artesanal em alto grau e recebe recompensas emocionais por isso, tais como o vínculo com a realidade tangível e o

---

40 A esse respeito, ver a coletânea organizada por Hirata (1993).

orgulho de seu trabalho. "*Habilidade artesanal* designa um impulso humano básico e permanente, o desejo pelo trabalho bem-feito por si mesmo" (p. 19), que vai além da habilidade manual, mas está centrada na coisa produzida em si mesma. O artífice encontra e resolve problemas, contorna os desafios que se interpõem no processo de trabalhar sustentando um diálogo entre a mão, a cabeça e os materiais utilizados que não pode ser auferido e mapeado por instrumentais (do tipo cronômetro ou teste de inteligência) porque se trata de um conhecimento tácito, que nem sempre pode ser transformado em palavras. A intimidade com os materiais utilizados desenvolve uma espécie de consciência material.

Como criador de si mesmo, o artífice realiza-se por meio de um trabalho bem-feito, que tanto é o seu instrumento de criação quanto o que garante a sua habilidade. A motivação para fazer bem-feito é mais importante do que o talento, quando se trata de desenvolver habilidades artesanais, e duas condições são importantes: o aprendizado lento (diálogo consigo mesmo e com os materiais – o estudo) e o hábito (repetição). É assim que o fazer e o pensar andam juntos e são impulsionados pelo desejo de fazer bem-feito. Para isso, o ritmo da rotina do artífice deve ser livre (como num jogo ou brincadeira infantil) e é preciso que haja tempo para estudar e organizar a repetição e o treino, de modo que o seu conteúdo seja progressivamente modificado. São marcas distintivas do trabalho artesanal a capacidade de tolerar a desorganização e a incerteza, e também o grande envolvimento em atividades repetitivas que fazem aprimorar a técnica "[...] a experiência de estudar a própria prática e modulá-la de dentro para fora" (p. 49).

Sennett deixa claro que, embora a figura do artesão medieval seja o protótipo do artífice, este não é um tipo de trabalhador que só existiu em um passado longínquo e é possível encontrá-lo nos tempos atuais, independentemente do tipo de trabalho ou de gestão, porque se trata de uma característica subjetivamente desenvolvida. Ou seja, o artífice não é produto de um determinado modelo de gestão e é possível ser artífice em qualquer tempo histórico, à revelia dos modelos de gestão, desde que as condições acima mencionadas estejam presentes. "Com certeza é possível se virar na vida sem dedicação. O artífice representa uma condição humana especial: a do *engajamento*" (p. 30, grifos do autor).

Embora se valha de muitos exemplos para discutir as relações entre o fazer e o pensar: o carpinteiro ameaçado por uma fábrica de móveis vizinha, a técnica de laboratório que poderia transferir a solução do problema encontrado para o chefe, o maestro que excedeu o tempo de uso da sala de ensaio, o trabalhador do sistema operacional Linux que o aperfeiçoa voluntariamente. Sennett (2009) tem sido criticado por deixar de lado os contextos sociais e institucionais que se colocam entre o trabalho e os trabalhadores nos tempos atuais.

Do conjunto rico de teses e argumentos apresentados por Sennett, a questão que importa para este capítulo é diferenciar o trabalhador artífice do trabalhador do "tipo bovino" de Taylor, ou do trabalhador do tipo "chimpanzé" ou o "bando de idiotas" de Braverman: o artífice somente se autorrealiza se tiver tempos e movimentos livres para articular práticas concretas e ideias, testando e repetindo técnicas até que o produto material dessa articulação possa satisfazer o seu próprio padrão de excelência. E, no meu entendimento, se "o artífice representa uma condição humana especial", esses diferentes tipos de trabalhadores podem conviver em um mesmo contexto de trabalho.

Cabe, então, retomar a questão inicial: "Que motivos eu tenho para trabalhar?". Se eles, não necessariamente, são gerados no contexto do processo e organização do trabalho, de onde viriam? Até que ponto as nossas habilidosas criações podem sobreviver sob o controle de outros?

Qual é a receita? Cada caso pode ser um caso

As questões suscitadas acima somente podem pretender respostas ou reflexões no contexto da análise de casos específicos o que, a propósito, é uma espécie de "regra de ouro" no campo dos estudos do trabalho.

Começo trazendo alguns elementos para analisar o caso dos eletricistas de manutenção – de uma importante empresa de energia elétrica brasileira –, que enfrentaram na última década o processo de privatização da empresa. Os impactos desse processo foram sentidos, principalmente, na diminuição do número de trabalhadores (de aproximadamente 11.000 para 2.800), via Programa de Demissão Voluntária ou não, que repercutiu drasticamente nas rotinas de trabalho e na sensível diminuição dos espaços para a participação dos representantes dos trabalhadores nos processos decisórios dos conselhos gestores da, então, empresa estatal. O trabalho do eletricista de manutenção é especializado e, dada à natureza insalubre e perigosa da atividade, é rigidamente prescrito, quanto aos meios e instrumentos utilizados e ao tipo e sequência de atividades a serem realizadas pelo operador, e deve ser executado respeitando as normas técnicas previstas pela legislação e pelos manuais operacionais da empresa. O ideal é que se faça o trabalho em dupla: um executa e o outro observa o respeito às normas de execução.

A privatização diminuiu o número de trabalhadores e os espaços de participação deles no controle do trabalho, mas não flexibilizou as regras e os procedimentos de execução. Pelo contrário, eles tornaram-se mais rigorosos ainda para garantir a produtividade e a qualidade do serviço oferecido com diminuição dos custos de produção, especialmente com a contratação de trabalhadores. O modelo de gestão dos trabalhadores eletricitários – que se configurou na pós-privatização – era um combinado de princípios tayloristas-fordistas com as mais diversas técnicas em uso nos tempos atuais (*downsizing*, gestão por competência, implantação de programas de qualidade total, entre outras), como tem sido comum encontrar no cenário empresarial.

Estudando os impactos da privatização para os trabalhadores (SCOPINHO, 2002), tive a oportunidade de observar e de ouvir relatos de trabalhadores que compravam material com os seus próprios recursos para poderem fazer bem o seu trabalho.

> *No começo da privatização foi um tumulto e começou a faltar tudo. Tem muita coisa que antes pegava no almoxarifado e hoje a própria equipe, quando precisa, tem que comprar na praça para poder fazer um serviço bem-feito e seguro.* (Eletricista de manutenção)

Por quê? Que motivos eles tinham para fazer isso, uma vez que é prerrogativa do empregador oferecer os meios de trabalho e o usual é deixar de fazer o serviço quando faltam esses itens? Porque isso era sinônimo de segurança. Manter-se vivo é, realmente, um bom motivo para fazer um trabalho bem-feito e de acordo com as normas operacionais, mesmo que não sejam dadas as condições para isso.

E como se constrói esse tipo de motivação nessa categoria de trabalhadores? Com treinamento técnico e operacional, e também com acúmulo de experiência adquirida por tempo de trabalho. Dada à natureza perigosa das atividades, a formação dos operadores e trabalhadores do setor de manutenção das redes de energia elétrica – a chamada *linha viva* – era sinônimo de segurança para os trabalhadores, para as instalações e para a população em geral. Isso levava as empresas a investirem em programas de treinamento, até porque essa é uma obrigação legal prevista na Norma Regulamentadora do Trabalho – NR10.[41]

Obrigações legais à parte, havia consenso entre os trabalhadores que a principal ferramenta de trabalho era a própria experiência, o conhecimento dos "macetes de ofício" (DEJOURS; ABDOUCHELI,

---

[41] Portaria GM 3214, de 8/6/1978, dispõe sobre medidas de controle e prevenção da saúde e segurança dos que, direta ou indiretamente, desempenham atividades em instalações elétricas ou serviços de eletricidade. Disponível em <portal.mte.gov.br/legislacao/normas--regulamentadoras-1.htm>. Acesso em: 28/4/2014.

1994), que permitiam detectar as causas dos defeitos nos equipamentos com mais agilidade e precisão, e executar o serviço da maneira mais segura para si, para os seus companheiros de trabalho e para a população, em geral. Tanto isso é verdade que a maior ocorrência de acidentes era entre os trabalhadores mais jovens e com menos tempo de serviço. A importância do treinamento formal e teórico era reconhecida, mas era opinião unânime que uma boa formação para trabalhar com eficiência e segurança só se completa depois de, pelo menos, cinco anos de trabalho contínuo. A atividade requer um amplo repertório de conhecimentos técnicos e, acima de tudo, a aquisição dos "macetes" importantes para garantir a segurança do trabalho que os treinamentos formais, apesar de contribuírem, por si só não garantem.

Os trabalhadores das equipes de manutenção ao ingressarem na empresa somente estavam prontos para operar o sistema com segurança após receberem treinamentos do tipo básico, de formação e de desenvolvimento. Iniciavam como auxiliares, passavam pelos treinamentos e conforme adquiriam experiência ocupavam postos de trabalho que exigiam maior qualificação e experiência prática. Os treinamentos tinham sequência ao longo da carreira na forma de cursos de reciclagem e de atualização. Eles precisavam de tempo para se formar, ou seja, através da prática orientada desenvolviam um conjunto de habilidades e atitudes que compõem o perfil requerido pela atividade: ter capacidade de análise e diagnóstico das circunstâncias em que ocorreu o defeito no equipamento para poder atuar diretamente na parte avariada sem prejuízo das demais e garantindo a própria segurança, a dos outros trabalhadores e a da população.

Em resumo, a consciência do risco e das medidas de controle e de prevenção é a ferramenta mais importante de que dispõe esse tipo de trabalhador. Os treinamentos eram especialmente importantes porque, além de fortalecer a existência de uma cultura realmente preventiva no que se refere à saúde e segurança, estavam também relacionados à qualificação do trabalhador para o desempenho seguro das atividades.

No entanto, os trabalhadores chamavam a atenção para o fato de que, depois da privatização, os novos equipamentos estavam sendo introduzidos sem que houvesse treinamentos específicos. Os equipamentos raramente apresentavam defeitos e, quando acontecia, o conserto, geralmente, não era de reparo, mas de substituição da peça ou de partes dela. Os treinamentos formais eram cada vez mais raros e eles confessaram que também não conseguiam se organizar entre si para trocar informações: ou porque o ritmo de trabalho se intensificou e já não sobrava tempo disponível para isso; ou porque a empresa era muito burocrática e rígida nas suas normas de treinamento e punia as iniciativas; ou porque faltava capacidade de mobilização e organização entre os próprios trabalhadores "[...] os equipamentos novos são dois ou três que dominam. O resto, ninguém sabe ainda como é que é".

Nas empresas privatizadas os treinamentos foram intensificados, mas parece que esse fato estava diretamente relacionado à implantação dos programas que visavam a obtenção dos certificados de qualidade conferidos pela ISO 9002, que passou a ser prioridade depois da privatização.

A obtenção da certificação não alterou, substancialmente, a rotina do trabalho porque todos os procedimentos já eram regidos por normas: "[...] é um dos itens da norma: faz o que está escrito e escreve o que faz [...]" e algumas mudanças positivas foram apontadas como, por exemplo, a melhoria dos serviços de rotina porque os equipamentos foram identificados e alguns documentos estavam mais acessíveis e podiam ser mais facilmente localizados. No entanto, a rotina ficou mais burocrática porque todos os procedimentos deveriam ser realizados de acordo com normas que não podiam ser modificadas.

A relação treinamento-segurança tinha significados distintos para a empresa e para os trabalhadores. Do ponto de vista das empresas privatizadas, as novas tecnologias, introduzidas na base técnica (materiais e/ou instrumental de trabalho) ou na gestão organizacional e do trabalho (programas de qualidade total e outros), requeriam a qualificação/adaptação dos trabalhadores ao processo produtivo "modernizado", ou seja, a construção de um determinado perfil de trabalhador que maximizasse o investimento feito.

Do ponto de vista dos trabalhadores, o fundamental era a capacidade de atendimento das crescentes demandas de manutenção da rede elétrica com segurança máxima. É essa representação da relação treinamento-segurança que fazia com que os trabalhadores, na ausência de materiais adequados e na impossibilidade de improviso, comprassem o necessário com recursos próprios para fazer um trabalho bem-feito e seguro. Não fosse essa representação, construída ao longo de muitas horas de treinamento associada à experiência em serviço adquirida na convivência com o grupo de trabalho, de onde partiria a motivação para comprar o material necessário para trabalhar bem, mesmo correndo o risco de ser penalizado por ter infringido a norma prescrita?

Não é à toa que os trabalhadores ressentiam a expropriação do saber (artesanalmente) acumulado ao longo da carreira dada pelo processo de implantação das normas para a obtenção do certificado de qualidade ISO 9002, saber que este que era vital para garantir o trabalho bem-feito e, portanto, seguro. O ressentimento surgia da percepção de que a certificação era um procedimento "para inglês ver", uma forma de intensificar o ritmo do trabalho e, mais do que uma preocupação com a segurança e a qualidade do processo, era um modo de apropriação do conhecimento dos trabalhadores porque "[...] quando privatizar eles já sabem o procedimento e qualquer um que não tem qualificação pode fazer". Já não havia mais espaço para o trabalho real, o que poderia afetar o modo de fazer orientado pela questão central de fazer bem-feito e com segurança.

O caso dos trabalhadores rurais assentados é bem distinto, não apenas porque esses trabalhadores encontravam-se em uma realidade de vida e trabalho rural bem diferente daquela vivenciada na cidade pelos eletricitários, mas, sobretudo, porque nos assentamentos rurais a livre iniciativa de organização está, teoricamente, garantida.

A partir de uma perspectiva metodológica inspirada na etnografia, acompanhei o processo organizativo de um assentamento rural de reforma agrária localizado na região de Ribeirão Preto-SP durante nove anos, cuja ocupação foi organizada pelo MST (Movimento dos Trabalhadores Rurais Sem Terra) e estava sob a responsabilidade legal do Incra – Instituto Nacional de Colonização e Reforma Agrária. Nesse ínterim, em diferentes momentos, pude registrar as expectativas, as representações e as motivações dos trabalhadores para realizar o trabalho, observando os princípios da cooperação e da agroecologia (SCOPINHO, 2012).

Mesmo sendo originários de diferentes regiões do país, suas trajetórias sociais e de trabalho estavam marcadas pela migração e pelo assalariamento precário, no campo ou na cidade. A ocupação de uma antiga fazenda de produção de cana-de-açúcar foi motivada mais pela necessidade de enraizar em algum lugar e ter a subsistência garantida do que pela consciência política da importância da luta pela terra. Esta foi sendo forjada (ou não) ao longo do processo de ocupação por meio da militância no MST.

Duas condições foram fundamentais para garantir a concessão do uso da terra aos trabalhadores: o associativismo e a produção agroecológica, impostas no projeto de assentamento do tipo PDS (Projeto de Desenvolvimento Sustentável) e legalmente garantidas por meio da formalização de um TAC (Termo de Ajustamento de Conduta).

Antes da formalização do assentamento, as expectativas relacionadas a organizar a economia e a vida sob os princípios da cooperação e da agroecologia, de criar estruturas organizativas para viabilizar a vida comunitária e contribuir no desenvolvimento de valores coletivistas e cívicos voltados para a proteção da vida e do meio ambiente eram marcantes. Os trechos de depoimentos abaixo transcritos são reveladores desse sentimento, porque fazem

Capítulo 5 ▸ Rosemeire Aparecida Scopinho

uma clara referência à totalidade da vida humana, ao que devia ser valorizado e ao que devia ser mudado na organização da vida societária. Chama a atenção o fato de a riqueza ser pensada não como capacidade de consumo, mas como possibilidade de aprendizado, convivência com os vizinhos e a família.

> [...] nós queremos fazer uma coisa bonita. Não assim melhor, mas agradável, para todo mundo chegar e gostar, não é? E dizer: – Ah! Olha (o assentamento) como é que está, eu nem esperava que fosse ser assim.

> [...] a gente pensa em produzir porque a gente tem bastante fome. O que vamos produzir? Uma delas é cultura. Alguém vai ter que dar aula. Ele vai se afundar lá na terra e deixar as nossas crianças sem estudar, os demais companheiros que não sabem ler? Por exemplo, a música, enfim... é o planejamento: quem encaixa no quê. Porque está tudo precisando... quiabo, postes, motoristas, estudar.

> [...] riqueza... depende do ponto de vista. No meu caso, riqueza para mim é bem-estar social. Dinheiro não quer dizer... estrutura não quer dizer... faz parte, mas isso para mim não é riqueza. A grande riqueza é o bem de todos, não só a minha família, o meu núcleo, até o país, o mundo. Isso é que é para mim a grande riqueza e acho que a gente tem que pensar grande mesmo, ser rico mesmo. Sem fome... fome não é só de alimento. Isso que o ser humano precisa. Até o canto dos pássaros, tudo é isso. Nós temos que lutar por isso, não simplesmente por um pedacinho de terra, um pezinho de mandioca. E para isso tem que ter unidade. A companheirada tem que estar junto. Veio até agora junto e tem que continuar mais junto ainda. Para quê? Para eliminar esse afundamento aí de enxada com cavalo atrás e não sei mais o que (referência à base técnica tradicional da pequena agricultura). Introduzir máquinas para a companheirada produzir melhor, para sobrar tempo para jogar truco, rezar, tomar banho no córrego, enfim... Para perceber que os pássaros cantam, as folhas balançam para a gente... Esse é o meu ponto de vista. Tem que pensar no todo e criar a possibilidade de ser feliz mesmo. Só assim que a gente vai conseguir, não é?

O problema é que os recursos econômicos necessários para viabilizar o acordo da ocupação definitiva chegaram aos pedaços ou tarde demais, ou mesmo caíram nas mãos erradas; muitos recursos ainda não chegaram e pode até ser que nunca cheguem. Em decorrência da crônica falta de recursos materiais, agravada pelo período de cinco anos de acampamento que os descapitalizou ainda mais, e do desencontro das políticas públicas voltadas para a organização da produção e da vida comunitária nos assentamentos rurais, os trabalhadores assentados padeciam com a falta de crédito para adquirir sementes e insumos, e de infraestrutura mínima (água, estradas, maquinários) para produzir regularmente. Eles mantinham-se combinando várias estratégias de sobrevivência: ora trabalhavam na agricultura, ora assalariavam-se nas cidades do entorno.

Os recursos de ordem subjetiva, cada qual foi tratando de encontrar os seus: capacitação para produzir de modo não convencional, criação de canais informais para comercializar o excedente da produção de subsistência, maneiras improvisadas de resolver o problema da fome e da moradia, de lidar com a necessidade de educar e escolarizar os filhos e de cuidar da saúde dos familiares, entre outros.

O destaque vai para uma trabalhadora assentada, nordestina, que havia migrado com a família por 11 vezes em apenas um ano, além de muitas outras migrações anteriores e posteriores a esse ano mais crítico, cuja crença religiosa a fazia permanecer em território tão incerto.

> *Ele (o esposo) tem hemorroidas, não pode fazer esforço. Pela misericórdia de Deus eu com a minha fé e com a fé dele fiz uma oração para ele e, graças a Deus, sumiu o caroço. A primeira vez que (ela experimentou a realização de algo pela fé). [...] A minha filha teve um vermelhão no pé, eu olhei e não tinha furão, nem vermelhão nem nada. A menina não podia ir para a escola, o pé vermelho, a professora ficava com dó e levava ela para a escola. Peguei uns votos e disse: do jeito que entrou tem que sair. Eu olhei assim e disse assim: olha, satanás... você botou, agora vai sair em nome de Jesus! E abriu um buraquinho não sei onde no pé e fez xiiiii... puf! Explodiu! Abriu um buraquinho no pé e saiu, saiu. Eu coloquei açúcar para estancar o sangue, pronto! Ficou bonzinho, nem ficou cicatriz. Para a glória de Deus, saiu! Eu coloquei um pouquinho de*

> açúcar para estancar. Ela foi para a escolinha, normalzinha. E o nome do Senhor foi glorificado! A sabedoria vem da luz de Deus. Ele estuda. O ser humano é perseguido 24 horas por tudo quanto é maligno. Enfermidade... Deus deixou os médicos na Terra, a sabedoria vem da luz de Deus. Outra vez apareceu três tumores nela: um aqui, um no seio, na barriga. Tumor mesmo, caroço. Eu fui orando, pedindo a Deus, e foi ficando aquele caroço em cima do seio... Explodiu! Ficou limpinho, nem sinal fica. Deus quando faz essas maravilhas fica tão bem-feito! [...] Essa minha perna, não sei se foi raiva de mim, veio aquela coisa ruim e foi indo. Para falar a verdade foram 39 tumores nas duas pernas e doía, doía... Eu espremia e saía outro. E aí veio um atrás do outro, ia nascendo, nascendo. O Dr. falou assim: vou passar uma Bezentacil para você, vou passar uns comprimidinhos para você tomar. Passou três cartelas. Eu cheguei em casa, eu sempre deixo o rádio ligado, aí eu peguei as três cartelas de remédio e falei assim: é desaforo! A gente não tem que gastar com remédio coisa nenhuma! Eu peguei as três cartelas e falei: não vou tomar, é desaforo! Eu não admito que isso aqui fique na minha perna, sai, sai capeta! Sumiu! Não tomei um comprimido, eu fiz questão, não tomei. Com umas duas semanas foi secando, secando e em três semanas cicatrizou. O mistério de tudo isso? Se eu não tivesse pedido a Deus, tinha entrado no meu corpo todo.

Da mesma forma, a assentada valia-se da fé para lidar com as pragas da lavoura. A imposição de regras para realizar, para produzir de modo agroecológico dada pelo projeto de assentamento e pelo TAC, a falta de assistência técnica adequada para lidar com os problemas desse modo de produzir, a presença das pragas que afetava a produção a faziam apelar para a fé, até porque as orações acalmavam, aliviavam a ansiedade gerada pela impossibilidade de solucionar os problemas cotidianos por outros meios:

> [...] é proibido usar veneno, tipo Rand Up, nenhum. Aqui, se chegar um besouro e você tem que dizer: meu Deus, me protege! E Deus manda uma chuva para lavar tudo. Existe aquela praga e é por isso que usa veneno. Muitos usam venenos porque as pragas são tantas, mas aqui onde estamos não pode. Teve um tempo que vinha um negócio que roía o milho, mas o pai divino é bom, não é? Aí levou tudo. [...] eles (os

técnicos) andam explicando: o tipo de bicho, as qualidades dos bichos, das coisas. Usa agroecologia, vai fazer o quê? Conheci aqui tudo aqui é agro... Vai fazer o quê? Não pode... (usar produtos químicos). É muito difícil manter a roça sem ter uma quimicazinha no meio.

O relato evidencia que não se trata de ter a religião como espaço de sociabilidade e de construção de formas de apoio social, mas como ferramenta para exorcizar o "demônio da doença" e manter-se na luta pela sobrevivência, na ausência de outros recursos. As práticas de saúde observadas nesse assentamento não eram excludentes entre si, mas eram utilizadas na medida da disponibilidade e do tipo de problema a ser resolvido e, naquele contexto, as orações e as plantas medicinais tinham eficácia para enfrentar a escassez de recursos técnicos, a insuficiência, a desarticulação e a fragmentação das políticas sociais. Além disso, significavam também o resgate de conhecimentos tradicionais e ainda a expressão de uma concepção de saúde centrada em valores que enfatizavam, especialmente, uma relação responsável e conservacionista com a natureza, o coletivismo, a solidariedade e o apoio social como componentes fundamentais da saúde e da vida.

Mas por que eles permaneciam neste lugar tão inóspito? Não apenas porque não havia alternativa, mas, sobretudo, porque ali eles tinham mais do que sempre tiveram até então, especialmente:

1) alimentação mais farta e saudável oriunda da produção de subsistência;

2) existência de trabalho considerado prazeroso, pois lidar com a terra não é apenas garantia do sustento, mas também a liberdade para decidir sobre quando e como trabalhar, podendo até evitar o contato com certos tipos de riscos. A saúde melhorou em razão da mudança no modo de trabalhar e viver, que envolveu movimentos do corpo, convivência social e despreocupação. Junto com a liberdade de movimentos do corpo,

que já não ficava preso ao sedentarismo de determinados postos de trabalho, estava a liberdade para fazer a própria norma, a do corpo e a da mente;

3) a possibilidade de ter endereço fixo e não precisar migrar constantemente em busca de trabalho, de conviver em um lugar onde havia respeito, companheirismo e ajuda mútua. As pessoas sentiam-se protegidas contra a violência vivenciada nas periferias urbanas, de onde saíram para ocupar a fazenda, oferecida por uma espécie de rede de proteção social interna que contribuía no cuidado com as crianças, os idosos e os portadores de necessidades especiais.

Em síntese, o que há de comum em ambos os casos analisados, quando se trata de pensar os motivos que nos levam a manter projetos de vida e trabalho, mesmo em condições adversas, é a forma como eles foram buscados fora das estruturas formais que, por definição, teriam a responsabilidade de ofertar: os eletricitários encontravam motivos para trabalhar bem, não na prescrição gerencial, mas na própria representação construída sobre a periculosidade e a responsabilidade social do seu trabalho; a trabalhadora rural assentada, premida pelas exigências do projeto de assentamento, mas sem poder contar com apoio institucional para cumpri-las, podia contar com a fé para continuar lutando para ter o seu lugar no mundo.

Considerações Finais

Complexa e polêmica, só é possível finalizar a discussão proposta neste capítulo apontando para a inexistência de relações diretas e binárias entre trabalho, gestão e motivação. E há ainda outras dimensões que aqui não foram abordadas, como, por exemplo, a força da sociedade de consumo contemporânea que nos leva e prende cada vez mais ao trabalho, em razão das crescentes demandas materiais que introduzimos no nosso dia a dia. Trabalhamos cada vez mais intensamente e extensamente para sustentar um determinado padrão de consumo.[42]

Pode-se pensar, a partir do que foi colocado neste capítulo, que no cotidiano de qualquer trabalho há um jogo de forças que às vezes, simultaneamente, motivam e desmotivam, forças essas que estão relacionadas à trajetória de vida e à subjetividade dos trabalhadores, à natureza do trabalho em si e ao contexto social de existência do trabalho e dos trabalhadores. As peças desse jogo estão dispostas como em um caleidoscópio de formas aleatórias, que é manipulado por várias mãos, cuja formação das figuras nem sempre está sob o controle dos seus vários jogadores. A pluraridade não permite a transposição de fórmulas e modelos motivacionais de uma situação para outra, que possam garantir o mesmo grau de adesão e envolvimento dos trabalhadores a um determinado projeto de trabalho.

---

[42] A esse respeito, ver Borsói (2005) que ao analisar os impactos do processo de industrialização recente do Ceará, no modo de vida dos trabalhadores de pequenas cidades com elevados índices de desemprego, mostrou que um forte motivo para aderir ao processo de disciplinamento imposto pela gestão empresarial era a possibilidade de ter salário regular, conta bancária, acesso a talão de cheques e, consequentemente, crédito na praça.

CAPÍTULO 6
Direitos demais aos trabalhadores no Brasil?

Jorge Luiz Souto Maior

Introdução

São recorrentes em nossa história as afirmações, expressas por certa intelectualidade, com difusão na grande mídia, de que os trabalhadores no Brasil possuem direitos demais e que a legislação trabalhista, sendo muito rígida e custosa, inviabiliza o desenvolvimento econômico do país. Os argumentos são tão caricatos que fazem lembrar o célebre personagem, "Odorico Paraguçu" (*O Bem-Amado*, de Dias Gomes). A Odorico, é como se dissessem: "A lei trabalhista atravanca o progresso do país". Mas, os argumentos, "talqualmente" o próprio personagem, são alegorias, com a diferença de que o personagem se vale de uma hipérbole para criticar a realidade, enquanto que os ditos intelectuais procuram, de fato, um argumento retórico para inverter a realidade e atingir o objetivo não revelado da redução de direitos dos trabalhadores.

Mesmo quando se fala, eufemisticamente, da necessidade de atualização das leis trabalhistas, o que se pretende é "desmoralizar" os direitos dos trabalhadores, autorizando, de certo modo, o seu descumprimento. Não se tem o menor cuidado sequer de apontar o dispositivo legal, especificamente, que estaria em descompasso, e mesmo que isso se faça não se apresenta em que medida real a supressão de um direito possa auxiliar no desenvolvimento econômico.

Às críticas que se fazem de forma genérica ao Direito do Trabalho, cabe indagação semelhante à que o personagem, encarnando Mozart, faz ao Rei da Áustria, no filme de Millos Forman, *Amadeus*. Na cena em questão, Mozart acabara de apresentar a sua ópera pela primeira vez em Viena. Ao final, um delírio do público. O rei, então, sobe ao palco para tecer os seus comentários sobre a obra de Mozart: silêncio geral. O rei se vê, no entanto, pressionado pelos músicos da corte, que lhe voltam o olhar ostensivamente, sendo que alguns tinham sido contrários à apresentação da ópera. O rei, então, para, pensa, fica um pouco engasgado, e para não desagradar seus músicos e se manter como crítico conhecedor e amante da música, após tecer alguns elogios à opera, observa que a obra tinha "notas demais". Mozart surpreso, mas insolente, pergunta: "Eminência, quais?".

As críticas generalizadas feitas à CLT (Consolidação da Leis do Trabalho), por quem sequer a tenha lido algum dia, sem compreender a sua história e sua funcionalidade, fazem lembrar a postura do rei da Áustria frente à obra de Mozart. Não que a CLT possa se equiparar a uma sinfonia de Mozart. Longe disso. Mas, as críticas precisam ter fundamento concreto e não se manifestarem para o agrado de uma opinião pública forjada pela desinformação.

A retórica do custo do trabalho

Como já observava Pochmann (1997):

> *Aqueles que defendem a redução dos encargos sociais e a flexibilidade dos contratos de trabalho precisam deixar claro, antes de mais nada, o que desejam: 1) reduzir salário (13° salário, FGTS, 1/3 de férias); 2) retirar direitos sociais (aposentadoria, férias e feriados); ou 3) inviabilizar o financiamento das políticas públicas (educação, saúde e formação profissional). Ao mesmo tempo precisam informar: 1) como garantir a livre negociação coletiva num país com um mercado de trabalho abundante em mão de obra, sem organização dos trabalhadores por local de trabalho e permanência de relações autoritárias de trabalho, com alta taxa de demissão dos empregados; e 2) como viabilizar os fundos de financiamento das políticas públicas sem comprometer ainda mais a grave situação nacional.*

É interessante verificar que as garantias trabalhistas ou decorrentes do trabalho, no Brasil, só têm sido postas em risco quando ligadas a grupos politicamente fragilizados. No Brasil, os deputados federais têm aposentadoria especial, férias e recessos durante o ano, além de outros "direitos", como moradia, transporte, sem contar a elevada remuneração. Os juízes federais, igualmente, têm duas férias ao ano, além de recesso. Deputados votam pela precarização das relações de emprego e juízes acolhem a constitucionalidade de tais leis, mas ambos são ardorosos defensores do princípio constitucional do direito adquirido quando se cogita da redução de seus direitos, que embora não se chamem direitos trabalhistas, são direitos que decorrem do trabalho que exercem. A questão é que todos prezam a valorização do seu trabalho, mas o trabalho dos outros pode não possuir tanto valor assim.

Lembre-se, a propósito, que nos anos 1990, quando a flexibilização das leis do trabalho caminhou a passos largos, houve o aumento de 77% das mortes no trabalho, no período de 1994 a 1996, e o crescimento de 128% nas doenças ocupacionais, no mesmo período (OLIVEIRA, 1998).

Quando se ataca o Direito do Trabalho sob o argumento de que seria ele o responsável pelo encarecimento da mão de obra, inviabilizando atividades empresariais, duas objeções emergem: uma, de ordem moral, outra, de natureza econômica. Moralmente, a alegação é hedionda, já que levada a cabo o seu fundamento é o de que, se ainda houvesse a escravidão, o sucesso dos investimentos empresariais estaria garantido. Desmerece-se, assim, a pessoa humana do trabalhador e a importância que seu trabalho possui para a atividade empresarial. Além disso, é falaciosa, tendo à vista a realidade histórica em que se podem verificar vários casos em que, apesar do regime de escravidão, as atividades empresariais – industriais e na agricultura, principalmente – não obtiveram êxito, levando seu empreendedor à bancarrota. Sob o ponto de vista econômico, a argumentação, além disso, é completamente falsa, já que o custo da mão de obra – na realidade brasileira – representa muito pouco em relação ao investimento total da empresa.

A alegação, portanto, corresponde à lógica perversa do capital, que não tendo de onde extrair lucro, o visualiza na redução do custo da mão de obra. Lógica sem lógica no contexto geral, já que são esses mesmos trabalhadores os consumidores e sem consumo não há escoamento da produção, que, efetivamente, poderia se reverter em lucro para o empreendedor.[43] Além disso, o custo da mão de obra, no Brasil, mesmo integrado de todos os encargos sociais, é baixíssimo se comparado com outros países.

Os encargos sociais constituem outro tema que tem suscitado caloroso debate, a começar pela própria definição da expressão "encargos sociais". Conforme observa Nascimento (1998, p. 231): "Para alguns, remuneração do repouso semanal é salário; para outros é encargo social".

---

43. Destaca-se a reportagem do jornal *O Estado de São Paulo*, de 14/6/1998, que o "Desemprego prejudica lucros das empresas" (p. B-5).

Na visão de Pochmann (1997, p. 2), o tema em questão não tem sido abordado de forma correta, pois se tem considerado encargo social parcelas que efetivamente não se constituem encargo social. Com efeito, explica esse economista, encargo social é o "ônus contributivo do empregador direcionado ao financiamento das políticas públicas", e, dessa forma, não podem integrar tal cálculo o percentual pago a título de custo salarial, como férias, feriados, décimo terceiro salário, FGTS e verbas rescisórias. Nesses termos, os encargos sociais, INSS, seguro-acidente, salário-educação, Incra, Sesi/Sesc, Senai/Senac e Sebrae representariam, na verdade, 20,7% do custo total do trabalho, já acrescido das parcelas anteriormente referidas.[44] Percentual este que seria equivalente ao do que é aplicado nos países mais desenvolvidos, sem se considerar, é claro, que o custo salarial da mão de obra nesses países é muitas vezes superior ao do Brasil, conforme aludido acima.

Uma diferenciação entre salário e encargo social, adotando-se a causa de tais institutos, é bem esclarecedora. Conforme pontua Nascimento (1998, p. 231), nos encargos sociais, a causa:

> *É o atendimento de programas previdenciários, assistenciais ou educacionais do Estado ou de formação profissional prestada por órgãos do Estado ou das categorias econômicas e profissionais; nos salários, a causa principal é a contraprestação do trabalho na relação de emprego, a disponibilidade do trabalhador para ter a sua força de trabalho utilizada pelo credor dos seus serviços quando necessário, os períodos de afastamento remunerados por força de norma jurídica ou outras causas que o ordenamento jurídico apontar.*

Portanto, não se podem considerar encargos sociais direitos conquistados à custa de muita luta, como férias, 13º salário e repouso semanal remunerado, "[...] a menos que se pretenda revogar a Lei Áurea, o que ainda não entrou na agenda das reformas (ROSSI, 1996, p. 2)."

---

44. Arnaldo Süssekind considera que os encargos sociais representam 55,71% do custo total da mão de obra e o economista José Pastore fixa esse percentual em 101,99%.

Frise-se que alguns dos encargos apontados só são custeados pelo empregador aparentemente. As despesas com o vale-transporte e a alimentação, esta última quando efetuada nos termos do Programa de Alimentação do Trabalhador (PAT), são dedutíveis do lucro tributável para fins do Imposto sobre a renda dos empregadores, pessoas jurídicas. Vide, respectivamente, as leis n. 7.418, de 16 de dezembro de 1985 (art. 3°) e n. 6.321, de 14 de abril de 1976 (art. 1°), sendo que se observar, ainda, que quanto às despesas com alimentação, autoriza-se a dedução do dobro do valor das despesas efetuadas. O salário-família e o salário-maternidade são benefícios previdenciários. O empregador paga ao empregado tais parcelas, mas o valor correspondente é descontado das contribuições que deve ao INSS. Auxílio-doença, nos primeiros 15 dias, licença-paternidade, as ausências justificadas (art. 473, da CLT) e mesmo o DSR (Descanso Semanal Remunerado) e os feriados, não geram custos adicionais para o empregador.

O 13° salário, as férias (com o adicional de 1/3), o aviso-prévio e o FGTS (incluindo a multa de 40%) são direitos dos trabalhadores que existem com regulamentação igual ou distinta, na maioria dos países do mundo. Adicional de horas extras, adicional de insalubridade, adicional de periculosidade, adicional de transferência e adicional noturno são compensações pelo trabalho prestado em condições adversas à saúde do empregador. Não representam um custo do trabalho, mas uma forma de inibir que um trabalho em tais condições seja realizado.

Restam, portanto, como custo do trabalho: a contribuição previdenciária, incluindo o seguro contra acidente do trabalho, o salário-educação e as contribuições para o Incra, o Sesi/Sesc, o Senai/Senac e o Sebae. O PIS, que também é um custo social – para as pessoas jurídicas –, não incide sobre a folha de pagamento, não tendo, por isso, relação com o custo do trabalho, embora sua destinação seja o FAT (Fundo de Amparo ao Trabalhador), para custeio do seguro-desemprego (Lei n. 8.019/1990). Convém ainda destacar que as contribuições para o Sesi/Sesc, o Senai/Senac e o Sebrae "financiam atividades sociais de órgãos desenvolvidos e administrados por entidades patronais" (SANTOS, 1996, p. 230).

A contribuição para o INSS é essencial para a cobertura do seguro social. As contribuições adicionais, por risco de acidente do trabalho, destinam-se ao custeio dos benefícios por acidente do trabalho, que têm valor superior aos benefícios comuns. Nesse sentido, é natural que as empresas que oferecem mais riscos de acidente tenham contribuição diferenciada.

Desviar esses encargos sociais da relação de emprego pressupõe duas medidas que preservem a ética do Direito do Trabalho: identificar quais regras referem-se, efetivamente, a custo social e implementar uma nova fonte de custeio para essa despesa – pois que se destina a custear seguros sociais, que não podem ser descartados. Afinal, conforme observa Adam Przeworski (1995, pp. 9-10): "Há alguns anos tornou-se consenso que o gasto social é investimento". Ele não acredita ser possível que "em um país como o Brasil, um dos mais desiguais do planeta, alguém ache que esse tipo de gasto, cuja ausência é sentida e sofrida cotidianamente, passe a ser encarado como desperdício". E conclui que:

> *Só me ocorre que as pessoas tenham o receio de que esse dinheiro, uma vez posto na mão do governo, acabe sumindo antes de chegar ao seu destino. Mas aí é um problema de corrupção, e não de que o gasto, em si, não seja válido.*

Não é possível abandonar os aspectos da inserção social do trabalhador e daquele que não consegue emprego. Além disso, como diz Pochmann (1997, p. 2):

> *Os países que mais avançaram na flexibilidade dos contratos e na diminuição dos custos do trabalho não se tornaram exemplos de economias com menor desemprego e mais homogeneidade do mercado de trabalho.*

Assim, os encargos trabalhistas no Brasil, que incidem sobre a remuneração do empregado, excluindo-se o FGTS, são os seguintes: INSS (20%); seguro-acidentes (de 1% a 3%); Incra (0,2%); salário-educação (2,5%); Sesi ou Sesc (1,5%); Senai ou Senac (1,0%) e Sebrae (0,6%).

Quanto ao FGTS, ainda que se o considere custo do trabalho, deve-se recordar que sua instituição, na ditadura militar, se deu como forma de autorizar o direito potestativo de resilição unilateral do contrato de trabalho por ato do empregador.

O legado neoliberal

Apesar de doze anos de um governo trabalhista ainda sofremos as consequências da década neoliberal, instituída, no Brasil, nos anos 1990, na qual se partiu de forma aberta e sem medos contra a legislação trabalhista, ainda que com a utilização do eufemismo da "flexibilização", apoiada na retórica de se constituir reflexo inexorável da globalização.

Essa situação nos conduziu a um nivelamento por baixo, sob os argumentos por demais conhecidos de que "o Estado do Bem-Estar Social avançou demais"; que "a disparidade social é inevitável"; que "não há como manter a política do bem-estar social"; que "a crise econômica inevitável, exige sacrifícios de todos" etc.

Mas, ao contrário do que se costuma argumentar, os direitos trabalhistas no Brasil, que se preservam em vários outros países, de forma mais ou menos abrangente, são muito simples e diretos: salário mínimo; limitação da jornada (adicional de hora extra); adicional noturno; férias anuais (feriados); 13º salário; regras de proteção ao salário; proteção contra alterações contratuais por ato exclusivo do empregador (art. 468, da CLT); descanso semanal remunerado; verbas indenizatórias para a dispensa injusta; aviso prévio; estabilidades provisórias no emprego, em casos excepcionais e socialmente justificáveis; Fundo de Garantia por Tempo de

Serviço (FGTS); proteção do trabalho da criança, do adolescente e da mulher; normas de segurança e higiene do trabalho; direito de greve e seguro social contra contingências sociais.

E mais, a legislação trabalhista brasileira já é extremamente flexível, sobretudo quando permite a dispensa imotivada de trabalhadores, o que, ademais, deve ser combatido, mesmo sob o prisma restrito dos interesses econômicos, como já reconhecia o próprio ex--ministro do governo FHC (Fernando Henrique Cardoso), Edward J. Amadeo, doutor em economia pela Universidade de Harvard, quando afirmou que:

> *A legislação que regula os processos de demissão sem justa causa e desligamentos voluntários no Brasil induz a uma enorme rotatividade e flexibilidade do mercado de trabalho. Portanto, enganam-se redondamente ou não conhecem os dados os que creem que o mercado de trabalho no Brasil não é flexível. Ao contrário, é flexível demais e pelas razões erradas. O importante não é eliminar a legislação, pretendendo com isso aumentar a flexibilidade. Mas alterá-la para reduzir a flexibilidade bastarda.* (AMADEO, 1994, p. 2)

Complementando a ideia já manifestada anos antes, no sentido de que "seria recomendável aumentar o custo de demissão sem justa causa para as empresas e utilizar os recursos assim gerados para financiar o programa de retreinamento e realocação" (AMADEO, 1992, p. 2).

Ora, como há muito já se reconhecia, a:

> *Mobilidade da mão de obra, que é uma das condições essenciais para promover a política econômica de pleno emprego, não se constitui, como efeito, em uma antinomia com o imperativo social da estabilidade do emprego.* (YAMAGUCHI, 1965, p. 66)

A estabilidade, ademais, é a forma fundamental de se conseguir atingir a real democratização da empresa, realçando-se a importância dessa instituição no desenvolvimento do modelo capitalista. O ideal, como salienta Catharino, é a integração entre o capital e o trabalho nos desígnios da empresa, sendo a estabilidade do emprego o mínimo que o Estado Democrático de Direito Social pode conferir aos trabalhadores. Em suas palavras:

> *Em amplo sentido, a denúncia é um instrumento técnico a serviço da liberdade individual. Destruindo uma relação jurídica contratual, prejudica a segurança originada do contrato e por aquela mantida. A despedida libera o empregador; a demissão, o empregado. Entretanto, as duas espécies de denúncia não são equiparáveis sob o ponto de vista dos seus reais efeitos, e, portanto, devem ser desigualmente reguladas [...].*
>
> *Se assim não for feito, o dogmatismo contratual, já superado, cederá lugar a uma forma mais grave e mais pura de individualismo. Sim, porque a despedida meramente arbitrária, socialmente condenável, prejudica a efetividade da humana liberdade.*
>
> *A demissão favorece a liberdade do empregado, sempre pessoa natural. A despedida arbitrária, ou mesmo a discricionária, serve à licenciosidade econômica do empregador, quase sempre pessoa jurídica. Ora, como a personalidade jurídica é uma ficção instrumental, um expediente técnico, não se lhe deve reconhecer substância que não possui.*
>
> *Além disso, não deve ser esquecida a oportuna e precisa observação de Commons: "Se uma grande empresa com uns dez mil dependentes perde um trabalhador, perde um décimo milésimo de sua força de trabalho, o trabalhador perde 100% do seu emprego".*
>
> *A liberdade do empregador "despersonalizado" é secundária, confrontada com a do empregado, e continuará sendo de modo acentuado até quando, democratizada e institucionalizada a empresa, o seu poder seja unificado, isto é, quando vier a ser constituído e exercido pela dupla capital-trabalho, de tal maneira que a relação de emprego sofra estrutural transformação. Até lá, e enquanto o homem não conseguir domar a economia, a despedida deve ser limitada a contento em favor da pessoa do empregado e, por consequência, da sociedade democrática.*
>
> *A estabilidade é, no plano das relações singulares de trabalho, o mais característico instituto do Direito do Trabalho. Se, por um lado, não limita nem de leve a demissão, por outro, favorece à segurança econômica do empregado. Em suma, a estabilidade facilita a liberdade real.*

> *Claro que o problema do desemprego, risco social típico, não pode nem deve ser resolvido pela estabilidade que apenas atua como fator auxiliar. Apesar de ser a mais aguda forma de limitação à despedida, a estabilidade é um "instituto incompleto", segundo EGON FELIX GOTTSCHALK. [...] Menos incompleto, contudo, do que o aviso-prévio e a "indenização", mais que insuficientes como o desemprego.* (CATHARINO, 1965, pp. 64-65, grifos no original)

Na mesma linha de raciocínio, expressa-se Torres:

> *La estabilidad en el empleo crea una seguridad de trabajo y produce, como natural consecuencia, esa satisfacción que debe mediar para que los sujetos a un salario tengan la sensación de estar lo suficientemente defendidos como para considerarse económicamente libres, primordial conquista que debe proceder, por ello, a otras de carácter secundario. El trabajador que sufre un leve accidente en su trabajo, no imputable a él, y es despedido por el patrono para evitarse el pago de los jornales de aquél durante el tiempo de curación; la mujer obrera que, en estado de gravidez, pierde su empleo; el empleado que es despedido sin causa en época de crisis, para ser sustituido por otro que, a falta de méritos, cuenta con mayor influencia con los directores de la empresa o se aviene a ganar menos, quizá con arreglos clandestinos; quienes a falta de leyes son sancionados con el cese en su trabajo, integran el ejército de los que declaran la lucha social sin paliativos y proclaman la rebeldía de clases.* (TORRES, 1992, pp. 894-895)

Como se pode ver, portanto, não tem qualquer sentido o ataque que se costuma fazer ao Direito do Trabalho, quando ao fato de ser rígido e intervir na eficiência da produção nacional. Frise-se, ademais, que a legislação trabalhista nacional foi instituída, em sua quase totalidade, nas décadas de 1940, 1950 e 1960, e não se constituiu óbice ao *boom* econômico vivenciado no Brasil até o início da década de 1970.[45] Conforme observa Siqueira Neto, falar em desregulamentação

---

[45] "O período compreendido entre o segundo pós-guerra e o início da década de 1970 nos países industrializados de mais projeção representa a Era de Ouro do capitalismo. Mediante a combinação de crescimento econômico e pleno emprego, sustentada por diversificadas políticas decorrentes da intervenção estatal ou da contratação coletiva sobre as relações de trabalho, obtiveram-se elevados níveis de produtividade e efetiva

ou flexibilização pressupõe, necessariamente, que se esteja diante de um ordenamento inflexível, que não é o caso do Brasil, absolutamente. Desse modo, a onda da flexibilização somente pode ser entendida como um dos efeitos perversos do avanço do capital, que sem a pressão do Bloco Comunista pode apresentar-se sem as máscaras do Estado-Providência, apoiando-se, para tanto, no poder da ideologia neoliberal.

Conforme observa Barbagelata:

> *Sob nova formulação e sob o patrocínio de ilustres economistas, os empresários, sem entrar nos detalhes ou na fundamentação da doutrina neoliberal, se convenceram de que têm respaldo mais sólido que o pouco que lhes proporcionavam teses tidas, desde há muito tempo, como superadas. Daí se sentirem fortemente motivados a sustentar suas posições diante de governos e das organizações operárias com renovado vigor.* (BARBAGELATA, 1996, p. 139)

Assim, da mesma forma como já havia ocorrido no período da Revolução Industrial:

> *Cresce nos empresários a convicção de que, ao sustentar seus pontos de vista, já não estão procurando ressaltar posições que só a eles interessam, mas propondo que se acolham as soluções que a ciência econômica aconselha e que produzirão benefícios para toda a sociedade.* (Idem, pp. 139-140)

Essa ideia liberal retornou tão forte que motivou até mesmo uma mudança de postura do empresariado, sendo o fundamento ideológico da teoria da flexibilização das relações de trabalho. Apoiados nas ideias do neoliberalismo, os empresários e suas organizações saíram da defensiva frente às reivindicações da classe operária e passaram à ofensiva. Por isso:

---

distribuição de renda. Referido período foi perfeitamente sintetizado por Eric Hobsbawm como anos de extraordinário crescimento econômico e transformação social, que provavelmente mudaram de maneira mais profunda a sociedade humana que qualquer outro período de brevidade comparável". (José Francisco Siqueira Neto, Desregulamentação ou Regulamentação? *Trabalho & processo*, São Paulo: Saraiva, 1995, pp. 44-45).

> *É fácil atualmente constatar que os empresários e suas organizações já não se limitam a regatear e a tratar de minimizar o alcance dos dispositivos favoráveis aos trabalhadores, mas eles próprios agitam plataformas de reivindicações onde não se trata simplesmente de pôr freio às reformas, mas o que se postula é voltar atrás, flexibilizando ou mesmo suprimindo as garantias contidas na legislação trabalhista. (Idem, p. 140)*

Sob a perspectiva de países em desenvolvimento, como o Brasil, a questão da flexibilização do Direito do Trabalho apareceu como fator de favorecimento da competição no mundo globalizado, mas, concretamente, não gerou, como visto historicamente, qualquer desenvolvimento, tendo servido apenas para o processo de acúmulo do capital. Isso porque a grande empresa, racionalizando sua produção, reduz o número de empregos protegidos pela legislação trabalhista. Essa mão de obra passa a se voltar para a pequena e média empresa e mesmo para o mercado informal, onde o trabalho não é protegido. Vale pensar que empregos precarizados e de curta duração, em verdade, equivalem a desemprego.

Acrescente-se a visão de Gorender, quanto ao fato de que a mudança de curso da política (do intervencionismo de Keynes para a doutrina monetarista-liberal de Friedman, em outras palavras, o neoliberalismo) não trouxe:

> *a reversão da queda das taxas de crescimento da produção e da produtividade. Pelo contrário, a queda das taxas acentuou-se e é possível que o fenômeno se deva, ao menos em parte, ao desvio de proporção considerável do capital líquido para operações financeiras especulativas, de âmbito mundial.* (GORENDER, 1995, p. 95)

Adite-se, ainda, a advertência de Barbagelata (1996, p. 117), no sentido de que:

> *A flexibilização dos salários, assim como as restrições à estabilidade no emprego, desestimulam o trabalhador e reduzem sua produtividade, como fazem cessar também a motivação para a formação profissional.*

A noção econômica que embasa a ideia de flexibilização, além disso, não possui uma lógica assim tão lógica. Em termos mais precisos, a solução econômica, baseada na redução de garantias sociais, acaba por pregar o absurdo que: "a pobreza do trabalhador seria essencial para o desenvolvimento" (DIMENSTEIN *apud*. COSTA e SILVA, 1996, p. 10).

Em suma, podia ficar aqui explicando à exaustão, o quanto a retração de direitos trabalhistas contraria o próprio projeto de sociedade baseado no modo de produção capitalista, mas isso significaria cair na armadilha do desvio da realidade, pois o problema, de fato, é outro e se localiza exatamente na ausência de um projeto de sociedade capitalista com fundamento do Estado Democrático de Direito Social.

É equívoco, portanto, falar da importância da legislação trabalhista, de modo a evitar sua retirada em uma realidade histórica na qual essa legislação, concretamente, jamais foi aplicada. Nosso desafio é muito maior. Consiste primeiro na superação da desvalorização do trabalho na sociedade brasileira, que tem raízes bem mais profundas e, segundo, na formulação de uma racionalidade que possa, enfim, favorecer a compreensão da relevância dos direitos trabalhistas, para que sejam finalmente aplicados e assim submeter, em concreto, o modelo de sociedade capitalista ao teste do compromisso assumido com a construção da justiça social.

Desvalorização cultural do trabalho e os ataques históricos à legislação trabalhista

O desprezo ao valor do trabalho tem origem, no Brasil, com os quase 400 anos de escravidão, sendo que a resistência à abolição se deu pelos argumentos de que haveria a ruína da economia e de que os "proprietários" seriam conduzidos à falência. O convívio com a escravidão gerou repercussões culturais quanto à desvalorização do trabalho e, por consequência, do trabalhador, sobretudo com relação àquele que executava trabalho manual, sendo alvo, também, de posições racistas e machistas.

Quando os primeiros passos na direção da abolição da escravatura começaram a ser dados no Brasil, com o projeto da Lei do Ventre Livre, os opositores à mudança diziam abertamente que o escravo era uma "propriedade tão legítima como outra qualquer" e que, portanto, não poderia ser violada (ARARIPE, Alencar). Segundo relato de Emília Viotti da Costa, esse "pensador" dizia:

> *Não nos devemos levar só pelos sentimentos de filantropia em favor dos escravos quando arruinamos as nossas próprias famílias e prejudicamos o Estado. [...] Que prurido de liberdade é esse, pois temos vivido com a escravidão por mais de três séculos e não podemos suportá-la mais alguns anos?* (ARARIPE apud. COSTA, 1998, p. 419)

Já naquela época, tentou-se formar o convencimento de que a abolição representaria a falência da economia nacional, mas, percebendo-se que o argumento não era sustentável, tendo à vista a grande inserção do trabalho imigrante nas lavouras, passou-se a defender a necessidade do recebimento de uma indenização pela perda da "propriedade", qual seja, os escravos. Esses sentimentos repercutem na formação da República, que vislumbra a teoria liberal apenas no limite da preservação dos interesses da classe política e econômica dominante, formada, sobretudo, por ex-senhores de escravos. De 1989 a 1919, imperam as concepções de um liberalismo-conservador-escravista, que conduzem os trabalhadores à sua própria sorte.

Dos anos 1920 à ditadura militar

A assinatura, pelo Brasil, do Tratado de Versalhes, em 1919, impõe que se ponha em discussão a conveniência da adoção de uma legislação trabalhista no Brasil, sendo que o período é coincidente com o aumento da consciência dos trabalhadores em torno de sua organização política. A década de 1920 será marcada, então, pela resistência explícita ao advento de uma legislação trabalhista no Brasil, assim como à atuação dos sindicatos – o que já era bastante intenso – e do Partido Comunista. Nesse período, o argumento utilizado é o de que as classes sociais estão em harmonia, não havendo necessidade da criação de direitos aos trabalhadores, afinal, não há sequer insatisfação da parte dos trabalhadores. Além disso, corre-se o risco de torná-los indolentes e insubordinados.

Em 1925, o governo republicano publicou o Decreto n. 4.982, de 24 de dezembro, que instituiu o direito de férias aos empregados e operários. Essa iniciativa foi, concretamente, um marco da mudança da postura do Estado frente à questão trabalhista, que teria ocorrido, portanto, antes do governo de Getúlio Vargas. A então denominada "lei de férias" estabelecia, no artigo 2º, que competiria ao Poder Executivo editar uma regulamentação para que o direito fosse exigível. Alguns autores consideram que tal regulamentação não foi feita e que, em virtude disso, a lei em questão não foi aplicada, sobretudo "na indústria, por pressão dos industriais" (BORIS, 2002, p. 170). Não foi bem assim. De fato, a "lei" foi regulamentada em outubro de 1926 e a sua não aplicação, em concreto, que é uma verdade, deveu-se a uma resistência expressamente assumida pelos industriais.

Essa "lei", como adverte Vargas (2004), inaugurou nos empresários um temor de que direitos trabalhistas pudessem ser efetivamente aplicados em âmbito nacional, constituindo mesmo um indicativo de que uma mudança na postura do Estado, ainda liberal, frente à questão do trabalho, estava se anunciando, ainda mais quando se fixou o permissivo da participação de representantes dos trabalhadores, ao lado de representantes dos empregadores, nas reuniões que se realizaram no Conselho Nacional do Trabalho, órgão responsável pela elaboração da regulamentação da lei. Percebendo os indicativos dessa mudança, passava a ser relevante, aos olhos dos industriais, apresentar firme resistência à lei de férias. Os empregadores, assim, se organizaram e se prepararam para as reuniões no Conselho Nacional do Trabalho.

Várias foram as formas utilizadas para atacar a "lei de férias", expressas em manifestações individuais e mesmo em documentos elaborados pelas associações de empregadores. Em um desses documentos, segundo relata Vianna (1999), foram apresentados argumentos que se iniciavam com uma epígrafe citando manifestação de Henry Ford, no sentido de que "não podereis fazer maior mal a um homem do que permitir que folgue nas horas de trabalho". Na visão dos empresários a lei era perigosa não apenas pelos aspectos comuns da argumentação econômica de que geraria custos adicionais para a produção, impondo uma interferência indevida no mercado produtivo, mas porque "abriria para o trabalhador a perspectiva de reivindicações sociais crescentes" (VIANNA, 1999, p. 111), entendidas estas, não as de natureza econômica, mas de natureza revolucionária.

Assim, "a lei de férias seria imprópria e desnecessária". Conforme expresso no documento, segundo narração de Vianna (1999, p. 113):

> *Em oposição ao desgaste intelectual, o trabalho manual solicita apenas "atos habituais e puramente animais da vida vegetativa". Dentro de certos limites, não exigiria tempo livre para recuperação. Citando-se Ford, para dizer que "quem pensa com acerto sabe que o trabalho vale pela salvação da raça – moral, física e socialmente". A recorrência a Ford não se limita a um argumento de autoridade. Está, ao contrário, incorporada consistentemente à concepção do mundo dos dirigentes classistas da burguesia industrial de São Paulo.*

Resta clara em tal documento a argumentação de que os lazeres, os ócios, representam um perigo iminente para o homem habituado ao trabalho e que nos lazeres ele encontra seduções extremamente perigosas, se não tiver suficiente elevação moral para dominar os instintos subalternos que dormem em todo ser humano.

> *Que fará um trabalhador braçal durante quinze dias de ócio? Ele não tem o culto do lar, como ocorre nos países de climas inóspitos e com*

> *padrão de vida elevado. Para o nosso proletário, para o geral do nosso povo, o lar é um acampamento – sem conforto e sem doçura. O lar não pode prendê-lo e ele procurará matar as suas longas horas de inação nas ruas. A rua provoca com frequência o desabrochar de vícios latentes e não vamos insistir nos perigos que ela representa para o trabalhador inativo, inculto, presa fácil dos instintos subalternos que sempre dormem na alma humana, mas que o trabalho jamais desperta. Não nos alongaremos sobre a influência da rua na alma das crenças que mourejam nas indústrias e nos cifraremos a dizer que as férias operárias virão quebrar o equilíbrio de toda uma classe social da nação, mercê de uma floração de vícios, e talvez, de crimes que essa mesma classe não conhece no presente.* (NOGUEIRA, 1935, p. 70)

Por ocasião da regulamentação do trabalho do "menor", que tem início com a edição do Decreto n. 5.083, de 1º de dezembro de 1926, que proibia o emprego de menores de 14 anos, limitava em 6 horas a jornada para os menores de 18 anos, com a concessão de uma hora de intervalo e vedava o trabalho destes no horário noturno, novamente os industriais apresentaram forte oposição. Conforme relata Vianna (1999, p. 117), para os representantes de associações patronais de São Paulo, "A implementação da lei seria inviável por questões de ritmo e da ordenação do trabalho industrial". Em tal documento, partia-se do argumento técnico de que:

> *[...] tudo está calculado do simples para o complexo. Uma secção vai servindo à outra, de modo que a matéria-prima bruta vai aos poucos sofrendo transformações sucessivas até que se ultimam todas as operações. Qualquer parada em uma secção repercute na secção que se lhe segue ou na que a precede, tornando assim o organismo fabril um todo único.* (VIANNA, 1999, p. 117)

Assim, não poderia haver divergência entre a jornada dos adultos e a dos menores, pois isso prejudicaria o andamento técnico da produção.[46]

---

46 Fato interessante é relatado por Vianna (1999), que serve a diversas análises, foi o da multa aplicada a uma indústria têxtil na cidade de São Paulo, por ter se utilizado de

Como decorrência da crise de 1929, a legislação trabalhista, no contexto do projeto de uma produção capitalista, é criada no governo Vargas. Um dos argumentos utilizados para tentar destruir a eficácia da legislação foi o de que ela "não corresponderia a um movimento de baixo, oriundo da movimentação operária [...], mas do Estado" (VIANNA, 1999, p. 112). O interessante é que essa construção retórica de que a legislação trabalhista teria sido uma outorga do Estado foi desenvolvida por teóricos da Revolução de 1930, como Oliveira Viana,[47] para atrair méritos para a classe política então no poder, dando ênfase à versão de que com a nova ordem a questão social deixava de ser um "caso de política". Paradoxalmente, a mesma noção da outorga, desenvolvida como propaganda getulista, foi utilizada, décadas mais tarde – e ainda hoje –, pela própria classe dominante industrial, para atacar a legislação trabalhista, procurando vincular essa interferência ao caráter fascista do governo Vargas. E mesmo os trabalhadores, influenciados pelas teorias anarquistas, vendo a legislação trabalhista como uma forma de roubar-lhe a consciência revolucionária, assumiram a leitura da outorga em seu sentido negativo, fragilizando a sua identidade com a legislação trabalhista.

Importa compreender que a ampliação da legislação trabalhista a partir de 1930 ligou-se ao projeto de implementação do modelo de capitalismo industrial, sendo que este é dependente de uma classe

---

menores de 14 anos durante a vigência do decreto mencionado. Na defesa que apresentou à justiça, a empresa trouxe como testemunhas quatro dos maiores industriais da época: José Erminio de Moraes, Fábio de Silva Prado, Nicolau Schiesser e Carlos Whately, os quais, de forma uníssona, insistiram no argumento de que: "Nas fábricas de São Paulo não é possível observar-se o disposto no Código de Menores com relação ao tempo do trabalho diário dos menores. Nessas fábricas, o trabalho é distribuído por secções de modo que o trabalho dos maiores fica dependendo do trabalho dos menores, de tal modo que um não pode prescindir do outro" (VIANNA, 1999, p. 116). Só se esqueceram de dizer que a força de trabalho dos menores na indústria têxtil, dado o seu baixo custo, representava 60% do total da mão de obra empregada.
47 Segundo Vianna (1999, p. 361 – nota de rodapé n. 1), "Foi Oliveira Viana quem propôs e consagrou a tese, sustentando que a legislação do trabalho teria resultado de 'outorga generosa' dos dirigentes políticos e não de uma conquista realizada pelas classes trabalhadoras".

operária que se submeta ao trabalho fabril e essa submissão muito mais facilmente se atinge por meio das contraprestações fornecidas pela legislação, que, ao mesmo tempo, serve ao propósito de organizar o processo produtivo, criando a previsibilidade de condutas do trabalhador na medida em que seus direitos são exigíveis quando atendidos os requisitos fáticos do trabalho contínuo.

O advento de direitos aos trabalhadores não supera a lógica da supremacia do empregador sobre o empregado, que busca seu fundamento no direito de propriedade, tendo a legislação reafirmado esse poder, fazendo integrar ao rol de obrigações do empregado as previsões dos já existentes regulamentos de empresa.

Como explicado por Paranhos (2007, pp. 16-17):

> *Em síntese, a disciplinarização do trabalho, entendida no seu sentido mais amplo – desde a definição de regras claras para regerem o regime fabril até a articulação da legislação sindical à legislação trabalhista e previdenciária –, era a palavra de ordem. Expressava, à perfeição, uma das preocupações dominantes do governo Vargas já no imediato pós-1930, cujo fim era o controle político das classes trabalhadoras. Sem isso, como era admitido oficialmente, emergiram graves problemas para a preservação da "ordem social" e para o "progresso econômico" do Brasil. Na verdade, embora os governantes não concordassem que os pratos da balança da intervenção estatal no mercado de trabalho pendiam mais para um lado disciplinar, o fator trabalho era "um pensamento pelo capital". Sua contrapartida, porém, incluía, como requisito imprescindível, não só a "concessão" de direitos como a integração – em posição subordinada – das classes trabalhadoras urbanas às estruturas do poder estatal.*

A partir de 1930, várias foram as leis trabalhistas publicadas, culminando, em 1943, com a CLT. Mas, o advento dessa legislação estava ligado, precisamente, à intenção de organização dos fatores de produção para desenvolvimento do modelo capitalista, sendo que no aspecto do trabalho seria importante o seu disciplinamento, que se daria pela contrapartida de direitos, mas não direitos que fossem efetivamente aplicados.

Tanto isso é uma verdade que, em maio de 1932, no auge da edição da nova legislação, foi editado o Decreto n. 21.396, instituindo as Comissões Mistas de Conciliação, no âmbito do Ministério do Trabalho, Indústria e Comércio com o fim específico de difundir a ideia de conciliação para a solução dos conflitos coletivos entre empregados e empregadores, ao mesmo tempo em que limitava a criação dessa instituição aos municípios ou localidades onde existissem sindicatos ou associações profissionais de empregadores ou empregados organizados de acordo com a legislação vigente, ou seja, atrelados ao Estado, prevendo o recurso à arbitragem, caso as partes não chegassem a um acordo ou a avocação para o próprio Ministério, para solução do conflito, se uma das partes, ou as duas, não aceitassem a instituição da arbitragem. Na mesma linha de priorizar a conciliação, o Decreto n. 22.132, de 25 de novembro de 1932, cria as Juntas de Conciliação e Julgamento, também no âmbito do Ministério do Trabalho, Indústria e Comércio, para a solução de conflitos individuais, limitando o acesso aos empregados vinculados aos sindicatos reconhecidos pelo Estado.

A intenção da nova legislação é clara: atrair os trabalhadores ao projeto nacionalista, mas sem afrontar os empresários, ao mesmo tempo em que se utiliza a legislação como forma de ataque ao comunismo e, de forma mais direta, aos operários estrangeiros. Atendidos esses pressupostos, os industriais, que antes atacavam a legislação trabalhista, alteram sua postura e passam a admitir a relevância da legislação trabalhista, com ressalvas, é claro. De todo modo, compreendem o quanto ela pode ser importante para levar adiante o projeto de industrialização, ainda mais porque, ao contrário do período anterior, o Estado, por meio do Ministério do Trabalho, propõe-se a permitir que o industriais, por meio de suas associações, opinassem acerca dos projetos de lei, "e sempre que possível insistirá em obter soluções consensuais" (VIANNA, 1999, p. 216).

A Fiesp chega mesmo a reconhecer que a legislação consiste "num cometimento útil e imprescindível ao atual estágio da civilização brasileira, que custa a crer, já não fosse objeto de preocupação dos nossos estadistas" (*Idem*, p. 219), chegando mesmo a destacar "o calor e o ingente esforço" implementado pelo Ministro do Trabalho para criar a legislação trabalhista, "cuja finalidade é dar amparo aos trabalhadores" (*Idem*, p. 219), ainda que mantendo algumas divergências quanto ao alcance das medidas.

Essa mudança de postura, no entanto, é mais estratégica do que real. De plano, embora concordassem com a importância da legislação, argumentavam que não teriam condições de arcar com os custos decorrentes de sua aplicação e, por isso, solicitaram, expressamente, a prorrogação "tanto extensa quanto possível" de sua entrada em vigor, o que somente foi superado em 1932. Isso se deu, no entanto, mediante um novo acordo entre o governo e os industriais, que implicou na ineficácia concreta da legislação.

Interessavam-se, verdadeiramente, na parte da legislação que mantinha os sindicatos sob forte controle. De fato, o regime corporativo encontrou solidariedade no seio industrial. Aceitam a legislação "sob a condição de que os sindicatos não invadam a arena social" e, assim, rejeitam o instituto da negociação coletiva, que, segundo os empresários, poderia submetê-los a serem explorados pela "classe operária organizada sindicalmente" (VIANNA, 1999, p. 221). A negociação coletiva, portanto, não teve vida real, mesmo que regulada, por decreto desde 1931, tendo sido referida na Constituição de 1934 e referendada na Carta de 1937.

Curioso é que, tempos depois, na década de 1970/1980, o ataque à legislação trabalhista vai se valer da crítica ao corporativismo, utilizando o argumento que, originariamente, foi trazido na propaganda varguista, de ter a legislação se constituído uma dádiva do Estado. Ou seja, a resistência à legislação trabalhista se põe, então, pelo argumento da origem corporativa, de índole fascista da legislação, resumindo-a a CLT, criada em 1943, durante o Estado Novo, vendo na CLT "uma cópia da *Carta del Lavoro*".

Segundo Mattos (2002, p. 40):

> *O nível de agitação operária naqueles anos de 1934 a 1935 pode ser medido pela criação, em 1934, de uma Frente Única Sindical (FUS), liderada pelos comunistas, que em maio do ano seguinte realizará um congresso sindical nacional, que criará a Confederação Sindical Unitária do Brasil (CSUB).*

Esse avanço da luta sindical, no entanto, assustou o meio empresarial e isso possibilitou novo ataque aos sindicatos, passando-se, inclusive, por cima da ordem constitucional. Conforme relata Mattos (2002, p. 40):

> *Sob o pretexto de reprimir o levante da ANL, conhecido como "Intentona Comunista", o governo acionou uma Lei de Segurança Nacional, que instalou o estado de exceção, ao criar mecanismos e tribunais especiais para os presos políticos. As lideranças sindicais mais combativas estavam entre os principais alvos dessa legislação e seu afastamento dos sindicatos, pela cassação de direitos, prisão, ou eliminação física, foi a principal garantia da desmobilização subsequente do movimento sindical.*

A Carta de 1934 avança na proteção jurídica trabalhista e chega a estabelecer a liberdade sindical, dando ensejo a um movimento de repressão, com total apoio da classe empresarial, que se inicia logo em abril de 1935, com a Lei de Segurança Nacional, e se estenderá pelo golpe de 1937 e a instituição do Estado Novo até 1945. Em 1937, com o mesmo argumento da luta contra o comunismo, instaura-se o Estado Novo, com bases fascistas. Do ponto de vista das relações de trabalho, é editada, em 1939, a Lei Orgânica da Sindicalização Profissional, com o objetivo claro de controlar a atividade sindical, conforme constava até mesmo da exposição de motivos da lei: com a instituição desse registro, toda a vida das associações profissionais passará a gravitar em torno do Ministério do Trabalho: nele nascerão, com ele crescerão; ao lado dele se desenvolverão; nele se extinguirão.

É bom lembrar, conforme ressalta Mattos (2003, p. 79), que as greves estiveram entre as principais preocupações policiais do Estado brasileiro desde a instalação, em 1920, da Inspetoria de Investigação e Segurança Pública, que tinha, dentre outras, a atribuição de:

> *Zelar pela existência política e segurança interna da República [...], desenvolver a máxima vigilância contra quaisquer manifestações ou modalidade de anarquismo violento e agir com solicitude para os fins da medida de expulsão de estrangeiros do país.*

Já no Código Penal de 1890 havia a previsão de pena de prisão de um a três meses para quem causasse ou provocasse "a cessação do trabalho, para impor aos operários ou patrões aumento ou diminuição de serviço ou salário" (art. 206), dispositivo que acabou sendo suprimido pelo Decreto n. 1.162, de 12 de dezembro de 1980, após campanha movida pelo Partido Operário. Em 1922, foi criada a 4ª Delegacia Auxiliar com uma seção específica para tratar da ordem social e segurança pública, para onde iam presos os que se envolvessem com "agitação operária" e de onde saíam expulsos do país os estrangeiros. A Lei n. 38, de 4 de abril de 1935, declarava a greve um delito, quando realizada no funcionalismo público e nos serviços inadiáveis. Na Constituição de 1937, a greve foi declarada como recurso antissocial nocivo ao trabalho e ao capital, e incompatível com os superiores interesses da produção nacional. O Decreto-Lei n. 431, de 18 de maio de 1938, considerava crime tanto a promoção da greve quanto a simples participação no movimento grevista. No Decreto-Lei n. 1.237, de 2 de maio de 1939, eram fixadas as sanções que eram de suspensão, despedida e prisão. No Código Penal de 1940, a greve, novamente, foi tratada como crime. Como aparelho repressivo, em 1944, foi criado o Departamento Federal de Segurança Pública, ao qual se integrava a Divisão de Polícia Política e Social (DPS), o qual, em última análise, era responsável pela repressão às greves e à atuação sindical.

É interessante notar que, em 1945, o Brasil torna-se signatário da Declaração de Princípios Sociais da América, instituída pela Conferência Interamericana sobre problemas da guerra e da paz, em Chapultepec, México, e tal documento garante aos trabalhadores o direito de greve, que foi, inclusive, integrado ao rol de direitos trabalhistas na Constituição de 1946. Ocorre que o Decreto n. 9.070, de 13 de março de 1946, criou várias barreiras ao exercício do direito de greve, proibindo-a em extensa lista de "atividades fundamentais", "essenciais à defesa nacional". Além disso, mantinha-se em funcionamento a DPS, que continuou exercendo vigilância e repressão aos movimentos operários. Conforme relata Mattos (2003, p. 83):

> *Nos arquivos da repressão, os ofícios trocados entre investigadores e inspetores, e entre eles e seus superiores, bem como os recortes de jornais diários e os relatórios de investigação, vêm sempre acompanhados do carimbo "setor trabalhista", ou apenas "trabalhista".*

No período do governo Dutra, de 1946 a 1950:

> *Um dos instrumentos básicos de controle sobre os sindicatos foi a exigência do atestado de ideologia, documento expedido pela polícia política atestando a ficha limpa naquele órgão, para qualquer candidato a cargo de direção nos sindicatos.* (MATTOS, 2003, pp. 83-84)

Se, por um lado, os governos, historicamente analisados, mantiveram-se alinhados no aspecto da eficiência para repressão ao movimento sindical, por outro, estiveram juntos no aspecto da ineficiência quanto à fiscalização do cumprimento da legislação trabalhista, exceção feita ao curto período de 8 (oito) meses, em que Goulart assume o cargo de Ministro do Trabalho, a partir de junho de 1953. Lembre-se que foi apenas em 1944, no governo Vargas, que se criaram, pelo Decreto-lei n. 6.479, de 9 de maio, no quadro do Ministério do Trabalho, Indústria e Comércio, as carreiras de inspetor do trabalho, engenheiro do trabalho e médico do trabalho, sendo que somente em

29 de maio de 1956, por meio do Decreto n. 24, foi que o Brasil ratificou a Convenção n. 81, da OIT, de 11/7/1947, que fixa a necessidade da criação de um serviço governamental de Inspeção do Trabalho, dando especiais poderes aos inspetores para ingressarem a qualquer horário do dia ou da noite nos locais de trabalho, com a finalidade de assegurar o cumprimento da legislação social nas indústrias.

O fato é que essa despreocupação com a eficácia da legislação trabalhista seguiu o curso da história brasileira, podendo ser atestada na forma da organização da Inspeção do Trabalho. Para se ter uma ideia, a Delegacia Regional do Trabalho de São Paulo somente foi criada em 1952, sendo que as pessoas atuantes eram voluntárias, sobretudo estudantes da Faculdade de Direito do Largo de São Francisco (USP). Em 1955, para a fiscalização em todo o Estado de São Paulo, havia 2 médicos do trabalho e um engenheiro do trabalho.

Verdade que na época em que João Goulart foi Ministro do Trabalho (junho de 1953 a fevereiro de 1954) e depois Presidente da República (7 de setembro de 1961 a 1º de abril de 1964), o diálogo com os sindicatos se intensificou, projetando-se uma política de efetivação da legislação trabalhista. Mas, pode-se dizer que esse foi um dos grandes fundamentos para que setores conservadores da sociedade brasileira se opusessem fortemente a Goulart. De fato, o golpe de 64 foi diretamente ligado à questão trabalhista, sendo certo que a força política dos trabalhadores, apesar de todos os ataques sofridos e toda forma de cooptação engendrada, era, à época, atuante e crescente. As mobilizações dos trabalhadores em defesa da legislação trabalhista, a partir de 1945, era, em certo sentido, a luta imediata a ser implementada.

É bem verdade que o sentimento de que a legislação trabalhista poderia alimentar a lógica reivindicatória dos trabalhadores, incentivando-os a uma atuação política, já tinha se manifestado no estágio embrionário da legislação trabalhista no Brasil. Como dito no Manifesto, apresentado em junho de 1927 pelos dirigentes das grandes associações da classe industrial de São Paulo, ao Conselho Nacional do Trabalho:

> *Hoje, são as férias operárias impostas ao patrão por força de uma lei; amanhã, será a participação nos lucros (e isso já foi ventilado no seio do parlamento brasileiro) e depois, novas etapas que, todas elas, visarão a conquista de favores materiais e morais para o proletariado em detrimento do patronato.*
>
> *O patronato será compelido a se rebelar contra um estado de coisas cada vez mais premente e de dissídios mais ou menos graves que hoje não existem...* (NOGUEIRA, 1935, p. 61)

Nogueira, secretário-geral da Federação das Indústrias do Estado de São Paulo e do Sindicato Patronal das Indústrias Têxteis do Estado de São Paulo, recobrando a ideia, deixou claro que:

> *Às greves resolvidas com vantagem para o operariado, em vez de acalmá-lo, levam-no a impor novas reivindicações cada vez mais inaceitáveis e impertinentes. Os seus chefes, levados pela miragem dos sucessos, é patenteado entre nós e singularmente facilitado pela representação das classes trabalhistas no Parlamento Nacional.*
>
> *Arrastado o sindicalismo para as lutas de classe, tornadas tais lutas uma parte importantíssima, senão a única finalidade dos programmas sindicais, toda a sociedade humana vai sendo abalada em seus fundamentos [...].*
>
> *O movimento sindicalista teve, afinal, como derradeiras etapas, illuminadas por vezes com clarões de tragédia, o socialismo vermelho e o comunismo.* (NOGUEIRA, 1935, p. 30)

Mas naquele instante havia meramente um argumento retórico de resistência para que a lei não viesse e se efetivasse, acreditando-se mesmo que ela não viria, e agora, em 1953, a legislação e as experiências de greves e mobilizações dos trabalhadores já eram uma realidade. Então, vincular a legislação ao anticomunismo conferia o caráter repressivo necessário para conter a onda de efetivação da legislação trabalhista, iniciada com a presença de João Goulart como Ministro do Trabalho. Fato é que o anticomunismo passa a ser assim, também, antitrabalhismo, inaugurando-se uma postura que não seria apenas a de atacar, em abstrato a legislação, mas também de implementar uma luta concreta tanto contra a aplicação da lei quanto para impor derrotas aos trabalhadores, para que estes não se aproximassem, pela satisfação da ação coletiva, das práticas de maiores e renovadas reivindicações.

Em concreto, no entanto, as instituições ainda estavam impregnadas da lógica antissindical, acoplada à lógica anticomunista, e a rejeição às greves dos trabalhadores era baseada no propósito de inibir a ação comunista, como se vê do teor do Ofício emitido ao DPS pelo presidente do Tribunal Superior do Trabalho, TST, Manoel Caldeira Netto, em 12 de dezembro de 1952, tratando da greve dos tecelões do Rio de Janeiro:

> Sr. Chefe de Polícia,
>
> Tenho a honra de solicitar a V. Exa. que se digne de mandar fornecer a esta Presidência, pelo Departamento competente e com possível urgência, as seguintes informações:
>
> a) *convicções ideológicas e ação subversiva de todos os membros da Diretoria do Sindicato dos Trabalhadores na Indústria de Fiação e Tecelagem do Rio de Janeiro, cujos nomes constam da relação inclusa;*
>
> b) Idem, idem *de todos os membros do Sindicato dos mestres e Contramestres de Fiação e Tecelagem do Rio de Janeiro;*
>
> c) Idem, idem *dos elementos de choque designados para a preparação e deflagração da atual greve dos tecelões, cujos nomes constam da relação enviada pelo Sr. Ministro do Trabalho a este Tribunal Superior.*
>
> Reiterando os protestos de elevada consideração e elevada estima, subscrevo-me.
>
> Manoel Caldeira Netto
> Presidente
>
> (BADARÓ, 2003, p. 131)

Fato é que a aversão à legislação trabalhista, que se inicia no Brasil, na década de 1920, sob o argumento de que as classes sociais estavam em harmonia, não havendo necessidade da criação de direitos aos trabalhadores, vez que não havia insatisfação de sua parte, encontrava, agora, o argumento de que instigava o comunismo. Defender direitos trabalhistas era defender o comunismo. Para atacar o comunismo era importante suprimir greves, conter os avanços da legislação trabalhista e, se possível, impor retrocessos aos direitos dos trabalhadores.

A postura de João Goulart no Ministério do Trabalho, abolindo o atestado ideológico e abrindo as portas para dialogar com os trabalhadores, no momento em que trabalhistas e comunistas já estavam juntos em defesa da legislação trabalhista, atraía forte resistência dos industriais e da classe dominante. Do ponto de vista dos interesses dos empresariais e políticos comprometidos com o *status quo*, as aversões à postura de Goulart não eram infundadas, mas não pelo aspecto de ser ele próprio adepto do comunismo ou coisa que o valha e sim porque o movimento sindical sabia muito bem o que representava a abertura democrática que lhe estava sendo dada. Como explica Ferreira:

> *Na gestão de Goulart no Ministério do Trabalho, as escolhas dos líderes e dirigentes sindicais foram no sentido de mobilizar as bases, intensificar o ritmo das reivindicações, lutar por maior autonomia, e também estreitar as relações com o Estado através dos órgãos da Previdência Social e das Delegacias Regionais do Trabalho, incluindo, nessa última opção, as práticas do clientelismo, fisiologismo e empreguismo. Não há motivo para vitimizar o movimento sindical, transformando os trabalhadores em seres ingênuos, sem percepção crítica, sempre manipulados e disponíveis para a cooptação do Estado.* (FERREIRA, 2011, p. 92)

Não quer isso dizer, no entanto, que estava em gestação concreta uma revolução comunista no Brasil. Longe disso. O concreto é que pela primeira vez os trabalhadores podiam atuar como classe política, levando adiante suas reivindicações, superando preconceitos e medos, para o fim de fazer valer na realidade os direitos inscritos nas leis, o que, por si, já era, obviamente, uma grande mudança: a atuação de Goulart no ministério chocou amplos setores conservadores na sociedade brasileira – civis e militares. Afinal, um homem nascido entre as elites sociais do país, rico empresário rural e exercendo um cargo ministerial estava recebendo, em seu próprio gabinete, trabalhadores, sindicalistas e pessoas comuns – a maioria de origem social humilde. Muitas vezes, o preconceito de classe se confundia com o da cor da pele, uma vez que vários daqueles indivíduos eram negros. Goulart fugia completamente aos padrões e aos costumes dominantes, longamente aceitos e partilhados. Motivos, portanto, não faltavam para os rancores e os ódios que as elites do país passaram a dedicar ao ministro do trabalho.

As manifestações da elite foram quase uma convocação para que os militares interferissem no cenário político e estes logo atenderam. Em 20 de fevereiro de 1954, a imprensa divulgava o Manifesto dos Coronéis, firmado por 82 oficiais do exército, coronéis e tenentes-coronéis, ligados à ala conservadora do Exército no Rio de Janeiro. No Manifesto os signatários, que chamavam a atenção a respeito da "deterioração das condições materiais e morais" e da ampliação do "perigoso ambiente de intranquilidade", posicionaram-se, claramente, contra a proposta, já anunciada por João Goulart, de duplicar o salário mínimo. Dizia o Manifesto: "A elevação do salário mínimo a nível que, nos grandes centros do país, quase atingirá os vencimentos máximos de um graduado, resultará, por certo, se não corrigido de alguma forma, em aberrante subversão de todos os valores profissionais" (FERREIRA, 2011, p. 114). Dois dias depois, Goulart era obrigado a deixar o Ministério do Trabalho, deixando, no entanto, o recado, expresso a um jornalista do jornal *Última hora*: "Deixarei o Ministério do Trabalho. Mas os trabalhadores podem ficar tranquilos, porque prosseguirei na luta ao lado deles, mudando apenas de trincheira. Agora, terei muito mais liberdade de ação" (FERREIRA, 2011, p. 117).

Anos depois, quando Jânio Quadros renuncia, abrindo-se a possibilidade de Jango (que era vice) assumir a Presidência, os militares se opõem, recusando dar posse a Goulart. A resistência à Goulart, dada a sua experiência como Ministro do Trabalho, era tão grande que quando o marechal Lott defendeu a legalidade, no sentido da posse de Goulart, acabou preso e alguns jornais que se manifestaram nesse sentido foram censurados e fechados. Ministros militares chegaram a pedir o *impeachment* de Goulart, o que foi rejeitado pelo Congresso, em 31/8/1961. Quando assumiu a Presidência da República, de 7 de setembro de 1961 a 1º de abril de 1964, João Goulart promoveu relevantes avanços aos direitos dos trabalhadores por intermédio de legislação específica, notadamente a de levar direitos trabalhistas às relações de trabalho rural, por intermédio do Estatuto do Trabalhador Rural, de 1963, tendo, ainda, criado o 13º salário. Além disso, estabeleceu o monopólio estatal sobre a importação do petróleo, o controle sobre remessa de lucros para o exterior, assinou decretos de desapropriação de terras para fins de reforma agrária e propôs uma reforma eleitoral que previa o direito de voto para os analfabetos.

Foi por isso que, apoiados pelos governadores de Minas (Magalhães Pinto), São Paulo (Adhemar de Barros) e da Guanabara (Carlos Lacerda), e mesmo pela população "Marcha da Família com Deus pela Liberdade", teve início o golpe. Diante do avanço das tropas militares, iniciado em 31 de março de 1964, em direção ao Rio de Janeiro, sede do governo, Jango, em 1º de abril, abandona a Presidência e o cargo é declarado vago pelo presidente da Câmara, Ranieri Mazzili. No mesmo dia 1º, uma Junta Militar assume o poder. No dia 11 de abril, o Congresso elegeu para presidente o marechal Castelo Branco. O ponto central do governo militar foi o de conter o "comunismo" e da forma como essa questão foi tratada no Brasil, a estratégia seria impor derrotas e sofrimento aos trabalhadores.

Em concreto, o que se viu em praticamente todo o período de 21 anos da ditadura foi uma diminuição de direitos trabalhistas, acompanhada de violenta repressão aos sindicatos, favorecendo ao processo de acumulação de riquezas, sobretudo na perspectiva dos interesses de empresas multinacionais.

A intenção dos militares de rever a legislação trabalhista e de conter o movimento operário sindical é facilmente verificável pela adoção, logo dois meses da efetivação do golpe, da Lei n. 4.330, de 1º de junho de 1964, que veio para limitar o direito de greve ao ponto de torná-la quase impossível de ser realizada, além de proibir expressamente a greve do funcionário público.

Do ponto de vista das alterações promovidas fora do âmbito da CLT, na época da ditadura militar, destaca-se a Lei n. 4.749, de 13 de agosto de 1965, que atendeu o reclamo de redução de direitos trabalhistas, fixando um parcelamento para o pagamento do 13º salário, que fora criado em 1962, durante o governo de João Goulart. O Decreto n. 57.155, de 3 de novembro do mesmo ano, estabeleceu a fórmula válida até hoje: 1ª metade entre fevereiro e novembro e a 2ª metade até o dia 20 de dezembro.

Em 23 de dezembro de 1965 foi publicada a Lei n. 4.923, pela qual, a pretexto de estabelecer medidas contra o desemprego, trouxe novas fórmulas para redução de direitos trabalhistas, atingindo diretamente os salários, possibilitando a sua redução mesmo sem autorização dos trabalhadores ou de seus sindicatos.

No ano de 1966, modificações mais contundentes são impostas à CLT – e à legislação trabalhista em geral – que começam a ser efetivadas pelo governo militar. Destacam-se as alterações introduzidas, pelo Decreto-Lei n. 3 de 27/1/1966, nos artigos 472, §§ 3º a 5º; 482, parágrafo único e 582, *in verbis*:

> Art. 472
> *§3º – Ocorrendo motivo relevante de interesse para a segurança nacional, poderá a autoridade competente solicitar o afastamento do empregado do serviço ou do local de trabalho, sem que se configure a suspensão do contrato de trabalho;*

> *§4° – O afastamento a que se refere o parágrafo anterior será solicitado pela autoridade competente diretamente ao empregador, em representação fundamentada, com audiência da Procuradora Regional do Trabalho, que providenciará desde logo a instalação do competente inquérito administrativo;*
>
> *§5° – Durante os primeiros 90 (noventa) dias desse afastamento, o empregado continuará percebendo sua remuneração.*
>
> *Art. 482*
> *Parágrafo único – Constitui igualmente justa causa para dispensa de empregado, a prática, devidamente comprovada em inquérito administrativo, de atos atentatórios à segurança nacional.*
>
> *Art. 528 – Ocorrendo dissídio ou circunstâncias que perturbem o funcionamento de entidade sindical ou motivos relevantes de segurança nacional, o Ministro do Trabalho e Previdência Social poderá nela intervir, por intermédio de Delegado ou de Junta Interventora, com atribuições para administrá-la e executar ou propor as medidas necessárias para normalizar-lhe o funcionamento.*

Chama a atenção o fato de que ao introduzir a hipótese de afastamento do empregado por motivo de segurança nacional na CLT, o Decreto 3, em seu artigo 11, define o que seria atentatório à segurança nacional:

> *Art. 11 – Será considerado atentatório à segurança nacional, afora outros casos definidos em lei:*
>
> *a) instigar, preparar, dirigir ou ajudar a paralisação de serviços públicos concedidos ou não, ou de abastecimento;*
>
> *b) instigar, publicamente ou não, desobediência coletiva ao cumprimento de lei de ordem pública.*

Em março de 1969, o Decreto-Lei n. 507, incluiu no artigo 530, o inciso VII, impossibilitando de serem eleitos para cargo diretivo de sindicato os que tivessem "má conduta, devidamente comprovada". A Lei n. 6.200, de 16 de abril de 1969, alterou o artigo 514, mas de modo a reforçar a lógica de intervenção do Estado na atividade sindical e de lhe atribuir uma função puramente assistencial. Acresceu-se ao referido artigo, que tratava dos "deveres" do sindicato, a letra "d", com o seguinte teor:

> d) sempre que possível, e de acordo com as suas possibilidades, manter no seu quadro de pessoal, em convênio com entidades assistenciais ou por conta própria, um assistente social com as atribuições específicas de promover a cooperação operacional na empresa e a integração profissional na Classe.

Mas, o destaque mesmo deve ser dado, novamente, à falta de preocupação com a eficácia da legislação trabalhista. Em 1965, chega-se a publicar o Decreto n. 55.841, de 15 de março, tratando de inspeção da legislação do trabalho, mas o seu advento foi fruto de um descuido rapidamente corrigido. Ocorre que à época era Ministro do Trabalho o advogado Arnaldo Lopes Süssekind, intrinsecamente ligado à questão trabalhista, tendo sido inclusive um dos elaboradores da CLT. O que se está dizendo é que a perspectiva de Süssekind não era a mesma dos militares, tanto que logo depois da instituição da RIT (Regulamentação da Inspeção do Trabalho), em dezembro de 1965, Süssekind foi destituído do cargo, sendo substituído por Walter Peracchi Barcelos, militar e deputado federal, que, em 1964, participou das articulações que culminaram no golpe.

A publicação do Regulamento, que previa a instituição de uma comissão sindical para colaboração na fiscalização do cumprimento da legislação trabalhista (art. 23) preconizava, expressamente, que:

> *O Agente da Inspeção do Trabalho, munido de credencial a que se refere o artigo anterior, tem o direito de ingressar, livremente, sem aviso prévio e em qualquer hora, em todos os locais de trabalho sujeitos à sua fiscalização, na ocorrência da prestação de serviços regulados pela legislação do trabalho. (art. 14)*

Não se integrava de forma precisa à própria razão de ser do golpe de 1964.

Em 1966, a Lei n. 5.107/1966, que teve vigência a partir de fevereiro de 1967, criou o FGTS e, em concreto, eliminou a estabilidade decenal, valendo lembrar que as montadoras de automóvel, atraídas para o Brasil no governo de Juscelino, estavam prestes a completar 10 (dez) anos no cenário produtivo nacional. Destacam-se, ainda, no período em questão, os seguintes preceitos normativos, que representaram grandes perdas aos trabalhadores: Lei n. 6.019, de 3 de janeiro de 1974 (cria o trabalho temporário); Lei n. 6.494, de 7 de dezembro de 1977 (estágio); Lei n. 7.102, de 20 de junho de 1983 (vigilante).

Com o término formal da ditadura, os sofrimentos dos trabalhadores não cessaram.

O movimento trabalhista, com a baixa dos militantes de esquerda, ressurge no final da década de 1970. Em 1979 ocorreram, segundo o Ministério do Trabalho, 429 greves. Uma greve desencadeada no início de 1979, organizada pelo Sindicato dos Metalúrgicos de São Bernardo e Diadema, que tinha como presidente, Luís Inácio da Silva (o Lula), gerou, em março daquele ano, uma assembleia da qual participaram cerca de 60 mil trabalhadores, que, em razão do número, foram conduzidos ao Estádio Vila Euclides, em São Bernardo. O movimento dos trabalhadores na região do ABC chama a atenção da sociedade, como revela reportagem publicada no jornal *Folha de S. Paulo*, em 24 de março de 1979, com o título, "ABC Reage à Intervenção", pois, afinal, era um movimento social que, pela primeira vez, estava enfrentando, de forma organizada, as estruturas do Estado totalitário e havia no seio da sociedade o desejo do fim da ditadura.

O movimento sindical perde força no início dos anos 1980, mas a partir de 1983 o número de greves volta a crescer consideravelmente, atingindo níveis inéditos na história do país. As greves não apenas aumentam como diversificam seu modo de atuação, destacando-se os movimentos de caráter nacional, que conferem uma elevação da conotação política das demandas dos trabalhadores. A mobilização é decorrência da grave recessão econômica, que tem início em 1983. Conforme esclarecem Koshiba e Pereira (2003, p. 571), em razão da recessão e do desemprego, em abril de 1983, "O desespero tomou conta da grande massa desempregada: em São Paulo e no Rio, centenas de estabelecimentos comerciais foram saqueados, numa explosão popular incontrolável". Relatam também que "Em 1984, uma greve de quatro dias mobilizou boias-frias em Guariba, Bebedouro e Sertãozinho, no interior de São Paulo: cerca de 150 mil boias-frias cruzaram os braços, exigindo melhores salários" (KOSHIBA; PEREIRA, 2003, p. 571).

Como a reivindicação dos trabalhadores, feita de forma organizada por meio de greves, expunha, abertamente, as falácias do modelo econômico e as repressões do Estado, produziu-se como efeito que o movimento dos trabalhadores foi posto "no centro do debate político nacional" (MATTOS, 2002, p. 82). De tais movimentos, que cresceram diante da repressão, adveio notável ressurgimento do espírito democrático que não se limitou à realidade do ABC ou mesmo dos metalúrgicos. Desse modo, a reivindicação dos trabalhadores se encaixa, perfeitamente, nos desejos de toda a nação, gerando uma grande união entre os trabalhadores e as demais classes sociais do país. Há, por assim dizer, a formação de uma solidariedade que transborda o limite da classe trabalhadora.

A causa dos trabalhadores, que se identifica aos anseios da sociedade com relação à liberdade de expressão, reprimida desde 1964, passa a ser retratada na música, no teatro e no cinema, ampliando a vinculação de artistas e intelectuais com a questão. As organizações dos trabalhadores, já integradas ao Partido dos Trabalhadores, fundado em 1980, e à Central Única dos Trabalhadores (CUT), criada em 1983, participam, então, ativamente das campanhas pela Anistia Ampla, Geral e Irrestrita, iniciada em 1978, com a formação dos Comitês Brasileiros de Anistia (CBAs), que tem como precursor o primeiro Congresso realizado, em 1978, no Tuca (Teatro da PUC-SP), e das Diretas-Já, a partir de 1983.

A relevância do movimento trabalhista no contexto sociopolítico da época é atestada pelo fato de que fora, exatamente, o recém-formado Partido dos Trabalhadores (PT) que organizou, em 27 de novembro de 1983, o primeiro grande comício em defesa da eleição direta para Presidente da República.

No campo, as tensões sociais também eram intensas e até mesmo violentas, sobretudo na região limítrofe entre Maranhão, Pará e Tocantins, conhecida como Bico do Papagaio. Foram assassinados, em maio de 1986, o padre Josimo Morais Tavares, coordenador da Pastoral da Terra e, em dezembro de 1988, o líder sindical e ecologista, Chico Mendes.

Dentro desse contexto, resumidamente apresentado, instalou-se, a partir de 1º de fevereiro de 1987, a Assembleia Nacional Constituinte (ANC). Ao longo dos trabalhos, a Assembleia Constituinte esteve aberta a propostas de emendas populares. Para tanto, bastaria que as sugestões fossem encaminhadas por intermédio de associações civis e subscritas por, no mínimo, 30 mil assinaturas que atestassem o apoio popular à proposta. Até o encerramento dos trabalhos, a Assembleia Constituinte recebeu mais de 120 propostas de emendas constitucionais nas mais diversas áreas, reunindo cerca de 12 milhões de assinaturas.

A ANC, sob a Presidência de Ulysses Guimarães, foi posta diante de grandes desafios, sendo certo que os trabalhadores se apresentavam como classe social em evidência, cujos interesses não podiam ser desconsiderados. Não havia, portanto, quem se opusesse a ampliar as garantias dos trabalhadores. A única resistência se dava em termos de até quanto essas garantias deviam ser ampliadas. Nesse sentido, aliás, foi que se ativou o grupo político denominado "centrão", apoiado por empresários e proprietários rurais (estes representados pela UDR – União Democrática Ruralista, organização ultraconservadora liderada por Ronaldo Caiado).

O resultado, de todo modo, foi a construção de uma Constituição que avançou bastante em valores sociais, mesmo que em alguns aspectos pudesse ter avançado muito mais. A valorização social do trabalho é inegável. Mas, ainda que a Constituição de 1988 tenha avançado bastante na proteção dos trabalhadores, dada a conjuntura política favorável, em 1989, o mundo entra de vez na onda neoliberal que atinge o Brasil de forma intensa na década de 1990.

O Brasil neoliberal nos anos 1980

Os direitos trabalhistas passam a ser vistos como custos e mais ainda como privilégios injustificáveis, ainda mais diante dos "novos paradigmas da produção" que apontavam para o "fim dos empregos". Assim, os trabalhadores, que ostentam ou defendem esses direitos, são vistos como os culpados pelas crises econômicas. A Constituição passa a ser alvo de reformulações, sendo apontada como desvio indevido do natural curso da história...

Ou seja, em um país onde os trabalhadores tinham, como visto, sofrido todas as violências possíveis de exploração e repressão, tendo passado, inclusive, por 21 anos de ditadura, cuja motivação foi, em primeiro plano, diminuir os direitos trabalhistas, sendo que sua mobilização foi o que permitiu ao país sair do regime ditatorial, tiveram que sofrer, na década de 1990, com a acusação de serem privilegiados e culpados pelo insucesso econômico do país, um país marcado pela corrupção e pela subserviência com relação ao capitalismo internacional.

O período até 2001 foi muito duro para os trabalhadores, representando novas perdas, destacando-se a Lei n. 8.949, de 9/12/1994, que desvirtuou o instituto da cooperativa para o fim de permitir a criação de cooperativas de trabalho, que, na prática, funcionaram para inserir trabalhadores no modo de produção capitalista sem o retorno mínimo dos direitos constitucionalmente assegurados aos trabalhadores; a Medida Provisória n. 1.053, de 30 de junho de 1995, que criou o Plano Real, pelo qual se proibiram os reajustes salariais com base em índice inflacionário e a realização de negociação coletiva, como forma de reajustar salários com base e índices de preços; a Lei n. 9.504/1997, que afastou o vínculo de emprego na prestação de serviços em campanhas eleitorais; a Lei n. 9.601/1998, que criou o "contrato provisório", pelo qual passou a ser possível a formação de um vínculo por prazo determinado sem vinculação a qualquer motivo específico, a não ser o fato de estar previsto em um instrumento coletivo desde que destinado ao aumento do número de empregados da empresa, com a contrapartida econômica da redução do FGTS de 8 para 2%; a Lei n. 9.601/1998, que regulou o "banco de horas", permitindo, em síntese, o trabalho em horas extras sem o pagamento correspondente, mediante compensação de horas dentro do período de cento e vinte dias, que logo depois passou a ser de 12 (doze) meses; a Lei n. 9.608/1998, que rechaçou o vínculo de emprego para o trabalho voluntário, entendido como tal

> a atividade não remunerada, prestada por pessoa física a entidade pública de qualquer natureza, ou a instituição privada de fins não lucrativos, que tenha objetivos cívicos, culturais, educacionais, científicos, recreativos ou de assistência social, inclusive mutualidade.

A Medida Provisória n. 1.952-18, de 9 de dezembro de 1999, que instituiu o contrato a tempo parcial, até vinte e cinco horas semanais, com salário por hora proporcional à jornada; a Lei n. 10.101/2000, que regulou a participação nos lucros e nos resultados, recusando a natureza salarial do montante pago e previu a formação de mediação e arbitragem de ofertas finais, para a solução dos conflitos decorrentes; a Lei n. 10.243/2001, que, alterando o art. 458, da CLT, afastou a natureza salarial de diversas parcelas recebidas pelo trabalho em contraprestação pelo trabalho prestado.

Para se ter uma ideia do alcance das pretensões neoliberais com relação aos direitos trabalhistas, em 1994 tem início o projeto de reforma do Judiciário que, simplesmente, extinguia a Justiça do Trabalho, sendo que em paralelo preconizava-se, nos próprios meios jurídicos trabalhistas, o fim do Direito do Trabalho. Na Faculdade de Direito da Universidade de São Paulo, de onde muitas teorias de sustentação a essa pretensão saíra, a década de 1990 termina com a apresentação de um projeto de reforma que extinguia o Departamento de Direito do Trabalho.

Verdade que ao final, em 2004, em razão da forte resistência oferecida pela Anamatra (Associação Nacional dos Magistrados Trabalhistas), ANPT (Associação Nacional dos Procuradores do Trabalho) e Abrat (Associação Brasileira dos Advogados Trabalhistas), a Justiça não somente não foi extinta como ainda saiu fortalecida com a ampliação de sua competência para, por exemplo, julgar as questões decorrentes de acidentes do trabalho, mas o fato em si foi significativo dos ataques desferidos aos direitos trabalhistas no período em questão.

Já no apagar das luzes do governo FHC, mais precisamente no dia 5/10/2001, foi enviado, pelo próprio Executivo, ao Congresso Nacional o Projeto de Lei n. 5.483, que alterava o artigo 618 da CLT – As empresas e instituições que não estiverem incluídas no enquadramento sindical a que se refere o art. 577 desta Consolidação poderão celebrar Acordos Coletivos de Trabalho com os Sindicatos representativos dos empregados, nos termos deste Título –, para que passasse a ter o seguinte teor:

> *As condições de trabalho ajustadas mediante convenção ou acordo coletivo prevalecem sobre o disposto em lei, desde que não contrariem a Constituição Federal e as normas de segurança e saúde do trabalho.*

O projeto entrou com regime de urgência e tramitou a passos largos, tendo sido levado à plenária no dia 26/11/2001 e posto em discussão nos dias 27 e 28/11/2001, até que, em 04/12/2001, foi aprovado e enviado, no dia 6 de dezembro, ao Senado Federal. Em março de 2002, ele deveria ter sido votado, mas negociações para a aprovação da CPMF fizeram com que o regime de urgência fosse cancelado e depois novos ajustes e a proximidade com a eleição mantiveram o projeto sem tramitação.

A partir de 2003, com o governo do Partido dos Trabalhadores (PT) no poder, inaugura-se um novo período que, efetivamente, freia a linha de redução dos direitos trabalhistas, mas não impõe, ao menos na perspectiva legislativa, uma direção em sentido contrário. É importante consignar essa ressalva, pois os direitos trabalhistas não se constroem apenas na perspectiva da política estatal e o que se vê na doutrina e jurisprudência trabalhistas de 2002 em diante foi, de fato, uma grande guinada.

Conforme tive oportunidade de manifestar, em texto publicado em dezembro de 2002, "Direito do Trabalho: a reviravolta de 2002 e a esperança de 2003", "o ano de 2002 foi efetivamente um marco do trabalhismo no Brasil" (SOUTO MAIOR, 2002, *Site Carta Maior*). Como dito à época:

> O Direito do Trabalho iniciou o ano ameaçado pela discussão em torno da reforma do artigo 618, da CLT, não exatamente pelo fato de se buscar a alteração do teor do citado artigo, mas pelos argumentos que sustentavam a reforma e que consistiam, em suma, um ataque ideológico ao conteúdo protetivo do Direito do Trabalho. Aliás, a ideia do afastamento do Estado das relações de trabalho já vinha sendo implementada há alguns anos (vide, como exemplo, a Lei n. 9.958/2000 das comissões de conciliação prévia) e com a tentativa de alteração do artigo 618 apenas alcançava o seu ápice.
>
> No entanto, dois fatos de extrema relevância provocaram, decisivamente, uma reviravolta nessa tendência: o primeiro, a publicação, em 11 de janeiro de 2002, da Lei n. 10.406, que trouxe nova roupagem, de cunho social, para o Código Civil; e a expectativa de inédita eleição, pelo voto popular, de um candidato de um partido de esquerda, que se concretizou, de forma inconteste e retumbante em 27 de outubro.
>
> O novo Código Civil ainda não entrou em vigor, terá vigência em janeiro de 2003, mas seu conteúdo social tem sido por demais destacado por diversos autores e isso, evidentemente, abalou a tendência neoliberal (antissocial) que vinha influenciando o Direito do Trabalho.

No que se refere à eleição do candidato de esquerda, Luís Inácio Lula da Silva, a sua influência sobre o Direito do Trabalho é da mesma ordem, pois significa uma quebra da hegemonia, ideia de que as ações de natureza social só tem lugar dentro dos limites econômicos. A ideia de uma justiça social, antes marginalizada e "ultrapassada", passa a ser a ideia-base do poder constituído e só isso representa muito em termos de recuperação da força retórica da natureza social do Direito do Trabalho e de seus princípios fundamentais, em favor da proteção da dignidade humana. O paradigma da salvaguarda da viabilidade econômica, deixando de lado qualquer discussão em torno das consequências sociais e em especial das péssimas condições de trabalho e da má distribuição de renda, cede lugar ao paradigma da busca efetiva da proteção da dignidade humana, que impulsiona, inclusive, a discussão inovadora em prol da formação de um Pacto Social.

As inovações legislativas no Direito do Trabalho, que se avolumavam a cada ano, todas atendendo aos reclamos da teoria da flexibilização, simplesmente, em 2002, cessam por completo. Nenhuma lei é editada nesse sentido e as iniciativas reformadoras do Direito do Trabalho tomam outro rumo. A lei voltada ao direito material do trabalho, editada em 2002, digna de destaque, é a de n. 10.421, de 15 de abril, pela qual se estendeu à mão adotiva os direitos à licença-maternidade (art. 392-A, da CLT) e ao salário-maternidade (art. 71-A, da Lei n. 8213/1991).

Aliás, essa alteração do paradigma do Direito do Trabalho começa a se concretizar, efetivamente, quando em abril de 2002, tomam posse os novos dirigentes do TST: Ministros Francisco Fausto (presidente), Vantuil Abdala (vice-presidente) e Ronaldo Lopes Leal (Corregedor-Geral da Justiça do Trabalho).

Já em seu discurso de posse, em 10 de abril de 2002, o presidente ministro Fausto defendeu a ideia de que "A legislação trabalhista não pode ser objeto de mudanças fundadas em interesses momentâneos, circunstanciais. O Direito do Trabalho corresponde a um sistema e a uma conquista, não só do Brasil, mas de todo o mundo. Qualquer mudança não pode ser objeto de mera portaria ou resolução, tem de ser precedida de um profundo debate técnico". E destacou: "Esse posicionamento nada tem de paternalista. Trata-se de uma visão tutelar do tema, ou seja, a importância de salvaguardar os direitos trabalhistas, que não foram criados pelo Judiciário, mas pela legislação que consagrou uma conquista universal. Direitos como o repouso semanal remunerado, licença para tratamento de saúde, dentre inúmeros outros, são comuns à humanidade como um todo".

Essa nova postura do TST, aliada aos dois fatos antes mencionados, frente à reforma de todo o sistema jurídico trabalhista, que era discutida de forma disfarçada no contexto da alteração de um único artigo da CLT, o 618, e frente às comissões de conciliação prévia, acabou provocando uma sensível mudança no encaminhamento dessas duas questões. No que tange à alteração do artigo 618, da CLT, o projeto de lei sequer voltou a ser discutido no Congresso Nacional. E, com relação às comissões de conciliação prévia, o Governo, que era o principal patrocinador[48] da ideia, reconhecendo as falhas de sua criação, acabou editando uma Portaria Ministerial, buscando inibir os abusos cometidos nas comissões.

Merecido destaque, no que se refere à luta contra um irrefletido desmanche da legislação trabalhista, seja dado, igualmente, à ação conjunta da Anamatra (Associação Nacional dos Magistrados Trabalhistas), ANPT (Associação Nacional dos Procuradores do Trabalho) e Abrat (Associação Brasileira dos Advogados Trabalhistas), encabeçada por seus presidentes, respectivamente, Dr. Hugo Cavalcanti Melo Filho, Dra. Regina Butrus e Dr. Luís Carlos Moro e ANPT, que, na companhia de "militantes" juízes, procuradores e advogados, praticamente "invadiram" o Congresso Nacional para esclarecer aos congressistas o que aquelas ideias representavam. De todo modo, o apoio advindo da nova cúpula do Poder Judiciário trabalhista foi decisivo para o sucesso do movimento, que resultou, como já dito, na retirada de pauta da votação do projeto de alteração do artigo 618.

A participação dessas entidades, juntamente com o Tribunal Superior do Trabalho, o Ministério do Trabalho e Emprego, o Ministério Público do Trabalho, centrais sindicais (CUT, CGT, SDS e Força Sindical) e confederações patronais (CNI, CNC, CNT, CNF e CNA), foi,

---

48 E não se fala em patrocínio em sentido figurado, pois o Governo Federal gastou enorme quantia em campanha publicitária, que circulou na televisão e em jornais de todo o país, para formar o convencimento popular da necessidade de desregular o Direito do Trabalho. Isso motivou, aliás, uma iniciativa digna de aplausos, dos Presidentes da Anamatra e Abrat, respectivamente, Hugo Cavalcanti Melo Filho e Luís Carlos Moro, no sentido de moverem ação popular em face do Governo Federal, pleiteando a restituição aos cofres públicos do dinheiro gasto, abusivamente, em tal campanha.

igualmente, importante para a assinatura de termo de cooperação com a finalidade de aprimorar e fiscalizar o funcionamento das Comissões de Conciliação Prévia, do qual resultou, como já dito, na elaboração de uma Portaria Ministerial, a de n. 264, de 5 de junho de 2002.

Por essa Portaria estabeleceu-se um sistema de fiscalização sobre a constituição e atuação das comissões de conciliação prévia, buscando impedir o desrespeito às questões de ordem pública que envolvem as relações de trabalho, em especial o FGTS e as contribuições sociais, assim como o respeito ao prazo para pagamento das verbas rescisórias, requerendo a aplicação da multa prevista no parágrafo 8º, do artigo 477, da CLT, para que as comissões não fossem utilizadas como órgãos homologadores de verbas rescisórias pagas, com efeito de liberar o empregador de demais débitos trabalhistas.

Mas, essa Portaria, por não ter criado nenhuma pena para as comissões que cometem abusos, continuou sendo alvo de crítica do Ministro Fausto, que, mantendo a preocupação com a efetivação dos direitos trabalhistas, destacou, durante a solenidade de assinatura do termo de cooperação, que "Infelizmente a forma de atuação das comissões de conciliação foi deturpada, e o órgão transformado numa máquina de extorquir dinheiro do trabalhador. Se, após a edição da portaria, as comissões continuarem a funcionar de forma irregular, a melhor solução me parece ser a de fechá-las".

Outro importante ato praticado pelo TST, que alterou significativamente a postura do Judiciário trabalhista frente aos créditos trabalhistas que ela mesma constitui, foi o acordo firmado, em 30 de maio, com o Banco Central (BACEN-JUD), pelo qual se conferiu aos juízes do trabalho a possibilidade de efetuarem penhora *online*.

Por esse sistema informatizado, com ligação direta das Varas com o Banco Central, os juízes de primeiro grau (ato indelegável) podem encaminhar, por correio eletrônico, pedido de informações ao Banco Central sobre a existência de quantia específica (determinada pelo valor da execução) em contas-correntes do executado, determinando, desde já, o bloqueio da referida quantia.

A polêmica em torno da medida foi afastada com o simples reconhecimento de que a penhora em questão, embora tenha esse nome moderno de penhora *online*, nada mais é que penhora em dinheiro, e que o bloqueio pelo juiz de quantia na conta-corrente do executado não representa nenhum tipo de quebra de sigilo bancário, na media em que o juiz não tem acesso aos lançamentos da conta; apenas toma ciência de que na conta existe uma quantia equivalente àquela do crédito trabalhista e determina o seu bloqueio. Como explica o vice-presidente do TST, Dr. Vantuil Abdala, "o convênio não permite a quebra de sigilo bancário de nenhum usuário do sistema financeiro, nem mesmo das partes em litígio. Conforme observado anteriormente, as ordens judiciais dirigidas às entidades bancárias restringir-se-ão aos valores necessários à satisfação dos débitos da empresa executada, sendo vedado aos magistrados incursionar nas contas bancárias para obter informações que não importem para o desfecho da execução, pois, nesse caso, estar-se-ia violando os incisos X e XII do art. 5º da Constituição Federal, que asseguram o direito à intimidade e à vida privada, bem como a inviolabilidade do sigilo de dados".

Essa nova preocupação da cúpula do Judiciário trabalhista com a efetivação das execuções foi, aliás, consagrada em emocionado pronunciamento do Corregedor-geral da Justiça do Trabalho, Dr. Ronaldo Lopes Leal, no XVIII Encontro Anual de Magistrados do Trabalho da 2ª Região, organizado pela Amatra II, nos dias 17 a 19 de outubro de 2002, no Guarujá/SP. Falando a juízes, o corregedor, expressamente, solicitou a todos que fossem mais audaciosos na fase de execução, para que os créditos trabalhistas, declarados judicialmente, fossem concretamente satisfeitos, cumprindo-se, assim, a tão almejada realização de justiça.

No mês de agosto, o TST iniciou uma defesa pública da necessidade de implementação de ações para eliminar o trabalho escravo no Brasil. Disse o Ministro Fausto: "É preciso também cadeia para essa gente, sem habeas-corpus e sem redução de pena; é preciso que essa prática seja considerada crime de lesa-humanidade".

A bem da verdade, uma reação contra o trabalho escravo no Brasil teve início quando a OIT solicitou ao Brasil que tomasse providências concretas a respeito, e a própria manifestação da OIT foi impulsionada por um ofício que lhe fora expedido pela Comissão Nacional de Direitos Sociais, órgão ligado ao Conselho Federal da Ordem dos Advogados do Brasil, após minucioso, importante e belíssimo parecer elaborado em 12 de novembro de 2001, pelo relator do processo que fora instaurado (CNDS n. 13/2001), o Dr. Luís Carlos Moro.

A partir da participação da OIT e do TST, várias medidas foram tomadas nesse sentido, desde a criação de uma Vara itinerante no Pará, até o envio de uma PEC (Projeto de Emenda à Constituição), de autoria do Senador Ademir Andrade (PSB-PA), ao Congresso Nacional, prevendo a possibilidade de expropriação, para reforma agrária, das terras onde for identificada a utilização de trabalho escravo.

Nesta luta contra o trabalho escravo, destaca-se recente sentença proferida pelo juiz Jorge Vieira, da Vara do Trabalho de Parauapebas (PA). Pela primeira vez, um fazendeiro foi condenado, em ação civil pública, a pagar uma indenização (valor R$ 60.000,00) por utilização de trabalho escravo.

Como se vê, essa redescoberta da vocação social e humana do Direito do Trabalho, ainda que impulsionada por razões de ordem política, dada a expectativa da eleição do candidato Lula, que acabou se concretizando, provocou uma virada de página nas discussões em torno da própria função do Direito do Trabalho, que já tem provocado até mesmo algumas mudanças na jurisprudência trabalhista.

É verdade que nem tudo são flores, visto que o mesmo TST, que muito contribuiu para essa reviravolta, defende a introdução da súmula vinculante em nosso ordenamento jurídico, um instituto que, a pretexto de trazer maior rapidez aos julgamentos e auxiliar na segurança jurídica, interfere, negativamente, na livre atuação dos juízes e na construção democrática do direito; e os assessores do novo presidente andam propondo por aí, embora não oficialmente, uma redução sensível dos artigos da CLT (coisa de 5 artigos), sem qualquer base lógica ou científica, para a proposição.

De qualquer modo, a situação em que se encontra o Direito do Trabalho ao final do ano 2002 é extremamente empolgante para todos que são umbilicalmente ligados ao direito social, renovando-se, assim, a esperança de que em 2003 outros velhos problemas das relações de trabalho no Brasil, a começar pelo mais grave, que é o da instabilidade no emprego, sejam enfrentados e solucionados, bastando para isso, quero crer, que se mantenham acesas as chamas da vontade e da indignação.

Essa reviravolta foi ainda mais importante, pois acabou sendo responsável, também, pela retração de várias iniciativas flexibilizadoras que acabaram vindo no próprio governo Lula, sobretudo porque se instaura um momento de grande apatia no meio sindical, por se acreditar que os trabalhadores estavam no poder.

Ainda que no início do ano de 2003 se tivesse tido a aparência de que novos tempos adviriam, pois um dos primeiros atos políticos do governo Lula foi o de enviar a Mensagem n. 132, em 9 de abril, solicitando ao Congresso Nacional a retirada do projeto que visava alterar o art. 618, da CLT, o Projeto de Lei n. 134/2001, que tramitava no Senado Federal (Projeto de Lei n. 5.483/2001, na Câmara dos Deputados), o que se viu na sequência foi o presidente Lula defendendo publicamente a flexibilização das leis trabalhistas e, pior, dizendo a operários que realizavam uma manifestação em fábrica do ABC, que eles eram privilegiados por já terem emprego, tentando com isso dissuadi-los da reivindicação que faziam, vez que, já sendo privilegiados, pretender melhores salários seria um ato egoísta.

Por sua vez, o então Ministério do Trabalho, na mesma linha, inaugurou, em fevereiro de 2004, um movimento de "faxina" da CLT, aludindo-se, portanto, ao fato de que a CLT teria várias disposições que seriam verdadeiros lixos.

O que se verificou foi a criação de um Conselho para pôr em discussão a legislação social. Só de ter feito isso, o governo permitiu que a legislação trabalhista fosse alvo de discussão, tratando mesmo de sua pertinência na atualidade.

Na correlação de forças políticas, diante de uma pressão econômica internacional, perante um país endividado, e diante da lógica fatalística da globalização, sem uma oposição ideológica em nível mundial, claro, o resultado dessa discussão não poderia ser, como de fato não foi, favorável aos trabalhadores. Assim, veio a taxação dos inativos e o aumento do tempo de serviço para a aposentadoria (adotando-se o requisito do tempo de contribuição); revigorou-se, pelo projeto de reforma sindical posto em discussão pelo governo, a ideia do negociado sobre o legislado, entendendo-se que tal efeito poderia ser produzido desde que implementada a reforma sindical; difundiu-se pelo Ministério do Trabalho um ataque ideológico à CLT, sustentando-se abertamente que a CLT precisava passar por uma "faxina", como se os direitos dos trabalhadores fossem lixo; foi aprovada a lei do "primeiro emprego"; e entraram em vigor, em 2003, a Lei n. 10.820, que passou a permitir desconto no salário para obtenção de financiamento bancário, e a Lei n. 11.101, em 2005, da recuperação judicial, que retirou do crédito trabalhista (superior a 150 salários mínimos) o caráter privilegiado com relação a outros créditos e buscou eliminar a sucessão trabalhista.

Em março de 2007, chegou a ser aprovado o Projeto de Lei Complementar que criava a Super Receita e trazia em seu bojo a Emenda aditiva n. 3, de autoria do Senador Ney Suassuna, pela qual se retirava o poder de fiscalização dos fiscais do trabalho. Por pressão social, jurídica e sindical, sobretudo da Central Única dos Trabalhadores (CUT), o presidente Lula, em 16 de março de 2007, vetou a lei.

Mas, a situação para os trabalhadores não foi tranquila no período. Em 06 de setembro de 2007, o deputado Cândido Vacarezza, do PT de São Paulo, apresentou projeto de lei para modificação total da CLT, que flexibilizava vários direitos, regrados legalmente, e ainda recuperava a estratégia do negociado sobre o legislado. O projeto não foi adiante somente em razão de forte resistência do meio jurídico.

Não se verifica, pois, uma autêntica mudança de concepção em torno da legislação trabalhista, favorecendo a difusão de novos ataques aos direitos dos trabalhadores.

Em 2008, sob o pretexto da crise mundial, cujos efeitos não se faziam sentir no Brasil, por diversos motivos, o presidente da Vale do Rio Doce encabeçou um movimento de reivindicação pública em torno da flexibilização das leis trabalhistas do país, como forma de combater os efeitos da crise financeira. Segundo o executivo, o país estaria vivendo uma situação de exceção e, para lidar com ela, é preciso tomar medidas de exceção, afirmou:

> *Eu tenho conversado com o presidente Lula no sentido de flexibilizar um pouco as leis trabalhistas. Seria algo temporário, para ajudar a ganhar tempo enquanto essa fase difícil não passa.*[49]

Sua manifestação, acompanhada ao ato de demitir 1.300 empregados, deflagrou um movimento nacional, claramente organizado, sem apego a reais situações de crise, no qual várias grandes empresas começaram a anunciar dispensas coletivas de trabalhadores, para fins de criarem um clima de pânico e, em seguida, pressionar sindicatos a cederem quanto à diminuição de direitos trabalhistas, visando alcançar a eternamente pretendida redução de custo do trabalho, e buscar junto ao governo a concessão de benefícios fiscais.

Para azar ou sorte desses senhores, rapidamente mostrou-se o quanto era falaciosa e oportunista a reivindicação, pois logo na sequência, em fevereiro de 2009, já se registrou o aumento do nível de emprego formal, sobretudo nos setores de serviços; construção

---

49   Presidente da Vale quer flexibilização das leis trabalhistas. *Estadão*, 15/12/2008. Disponível em: <www.estadao.com.br/noticias/economia,presidente-da-vale-sugere-flexibilizacao-de-leis-trabalhistas,294107,0.htm>. Acesso em: 22/4/2014.

civil; agricultura e administração pública.⁵⁰ A própria Companhia Vale do Rio Doce, que iniciou o irresponsável movimento pela retração dos direitos sociais justamente em época de crise, se viu obrigada a informar que, no quarto trimestre de 2008, registrou um lucro líquido de R$ 10,449 bilhões, o que representou um aumento de 136,8% em relação ao mesmo período do ano anterior, quando a empresa obteve um lucro líquido de R$ 4,411 bilhões. A Bovespa acumulou alta de 11% no mês de março de 2009.⁵¹ A venda de automóveis sofreu um aumento de 11%.⁵² As vendas do comércio varejista subiram 1,4% em janeiro com relação a dezembro do ano anterior, segundo noticiou o IBGE. Nos 12 meses anteriores a janeiro de 2009, as vendas do varejo nacional acumularam alta de 8,7%. A Embraer, que havia dispensado 4.200 empregados em 2008 foi acusada de ter fornecido bônus de 50 milhões a 12 diretores e de ter efetuado a contratação de 200 empregados terceirizados.

Coube à comunidade jurídica resistir. Em fevereiro de 2009 foi publicado o Manifesto Contra Oportunismos e em Defesa do Direito Social,⁵³ assinado por cerca de 300 profissionais da área do Direito do Trabalho, destacando a falácia da reivindicação.

Mas, em meados de 2012, um anteprojeto de lei gestado no Sindicato dos Metalúrgicos do ABC, filiado à CUT, propondo a institucionalização de um Acordo Coletivo Especial (ACE), foi enviado ao governo para que fosse apresentado pelo Executivo ao Congresso Nacional. O projeto, em certo sentido, revigorou a tentativa do governo de Fernando Henrique Cardoso de implementar o negociado sobre o legislado que, no jogo livre das forças e no contexto do desemprego estrutural, favorece aos interesses empresariais.

---

50 <www1.folha.uol.com.br/folha/dinheiro/ult91u536582.shtml>.
51 Reportagem da *Folha de S. Paulo*, p. B-3, de 24/3/2009.
52 Notícia da rádio CBN:
<cbn.globoradio.globo.com/editorias/economia/2009/03/13/COM-ALTA-DE-11-VENDA-DE-VEICULOS-PUXA-EXPANSAO-DO-COMERCIO-EM-JANEIRO.htm>.
53 Disponível em: <www.conjur.com.br/2009-jan-29/advogados-juizes-assinam-carta--flexibilizacao-trabalhista>.

Coincidência ou não, no mesmo ano de 2012 a Confederação Nacional da Indústria (CNI) apresenta um *paper* intitulado, "101 propostas para modernização trabalhista", com o objetivo explícito de reduzir os "altos custos" do emprego formal, vistos como um dos mais graves entraves ao aumento da competitividade das empresas brasileiras. Em certo sentido, esse documento retrata o avanço doutrinário e jurisprudencial vivenciado pelo Direito do Trabalho desde 2002, pois que a par de continuar fazendo críticas à "vetusta CLT", põe-se ao ataque das posições assumidas pelo Tribunal Superior do Trabalho nos últimos anos, acusando-as de "irracionais".

Em 2013, quando a CLT completou 70 (setenta) anos, foi a oportunidade que se esperava para, novamente, expor ataques aos direitos trabalhistas, recuperando os mesmos argumentos já expressos na década de 1990. Na época, em 1993, a CLT completava 50 anos e o argumento utilizado foi o de que era desatualizada. Como se sustentou: "Convenhamos: a CLT e a Justiça do Trabalho têm mais de 50 anos. Elas foram criadas para um mundo fechado e para uma economia protegida contra as agressões do processo competitivo" (PASTORE, 1997, p. 93).

É interessante perceber que a mesma linha de argumentação pode ser encontrada em artigo de Hélio de Miranda Guimarães, publicado em 1957, que traz o título: "Morre o Direito do Trabalho?". No artigo, explicita-se que o capital cansou de suportar os custos decorrentes do "inchaço da legislação trabalhista" e que, diante da revolução tecnológica, estaria em vias de trocar o trabalhador pelo *robot*, gerando o fim do Direito do Trabalho, por culpa dele mesmo.[54] Aliás, no mesmo ano de 1957, o professor Pinto Antunes, em aula inaugural dos cursos jurídicos da Faculdade de Direito da USP, já preconizava o desaparecimento do Direito do Trabalho, sendo que na ocasião a CLT tinha apenas 14 (quatorze) anos e assim o argumento da idade da legislação não aparece, mas os ataques já tinham o mesmo conteúdo (jornal *O Estado de São Paulo*, abril de 1957).

---

54 *Revista LTr*, edição n. 237, maio de 1957.

Na década de 1990, o ataque à CLT foi apresentado sob ares de pretensa análise científica, partindo do pressuposto de que o emprego ia acabar, sendo que os teóricos neoliberais já tinham elementos, inclusive, para afirmar quando isso ia ocorrer:

> *Já há sinais disso. O mundo do futuro está nascendo completamente diferente do atual. Tudo indica que, daqui a uns dez anos, a grande maioria das pessoas trabalhará não mais em empregos fixos, mas como autônomos, em projetos que têm começo, meio e fim.* (PASTORE, 1997, p. 23)

Pastore (1997, p. 21) afirmou também:

> *E como ficarão as licenças, férias e aposentadoria? Já nas primeiras décadas do próximo milênio, isso vai virar peça de museu porque, no novo mundo do trabalho, desaparecerá a relação de subordinação entre empregadores e empregados. Isso ocorrendo, desaparecerá quem conceda licenças, férias e aposentadoria.*

Na onda das previsões, e sem se importar muito com a coerência de se colocar em defesa de um modelo assumido, nas entrelinhas, como inviável para a sociedade, já que benéfico apenas para alguns poucos, apresentando um cenário apocalíptico,[55] chegou-se mesmo ao ponto do grotesco paralelo:

> *Para você que é jovem e gosta de estudar, está aí um "kit de sobrevivência" para enfrentar o desemprego estrutural. Ouça bem os sons do futuro. Eles já estão anunciando: trabalhadores do mundo, eduquem-se! Leis do mundo, flexibilizem-se.* (PASTORE, 1997, p. 25)

---

55 "Quem sobreviverá nesse novo mundo? Terão mais chances os que puderem continuar acompanhando o ritmo da revolução tecnológico-organizacional? Os que forem educados e não meramente adestrados. O novo mundo vai exigir capacidade de criar e transferir conhecimentos de um campo para outro. Será um tempo para quem souber se comunicar, trabalhar em grupo, aprender várias atividades etc. Será a era da polivalência; da multifuncionalidade; das famílias de profissões" (PASTORE, José. "O futuro do emprego". Artigo publicado no *Jornal da tarde*, em 20/12/1995. Em: PASTORE, José. *A agonia do emprego*. São Paulo: LTr, 1997, p. 25).

É interessante verificar, a propósito, que a obra que impulsionou a divulgação da ideia de que o emprego vai acabar, *O fim dos empregos*, de Jeremy Kifikin, é de 1996, e de lá para cá nenhuma alteração substancial se verificou no mundo do trabalho, no aspecto da sua submissão ao capital, muito pelo contrário.[56] Quando se fala que o emprego não existe mais, mesmo sem a intenção de fazê-lo, ou se está aniquilando, banindo do mapa, por uma canetada, várias pessoas, ou se está tentando dizer que um verdadeiro empregado não é empregado, isso é, tentando corroborar uma fraude à legislação trabalhista. Aliás, essa fórmula concreta pela qual algumas empresas, no Brasil – sobretudo as de capital estrangeiro –, fogem da aplicação da legislação trabalhista, que se explica historicamente, como demonstrado, e que representa, portanto, tanto o cometimento de uma ilegalidade como o reflexo de uma cultura com resquícios escravagistas, acaba surgindo no argumento dos intelectuais orgânicos da burguesia com o sofisma de ser o efeito natural da impropriedade da lei.

Assim, não são os empregadores que estão errados ao praticarem o ato ilícito, o erro está na lei ao lhe obrigarem a respeitar padrões mínimos de exploração do trabalho (e do trabalhador).

A ilegalidade ainda é apontada com o eufemismo da "informalidade", com relação à qual, inclusive, os capitalistas não têm nenhuma relação. Avaliam a questão apenas – e somente nesse aspecto – sob a perspectiva exclusiva dos trabalhadores, como se estes existissem sem correlação com o capital, para, então, fazerem menção aos trabalhadores que "estão" na informalidade,

---

56 Segundo o Portal Brasil, edição de 20/3/2013, o mercado de trabalho brasileiro gerou em fevereiro 123.446 novos postos formais de trabalho, um aumento de 0,31% em relação ao estoque do mês anterior. Esse crescimento é resultado da geração de 1.777.411 admissões contra 1.650.965 desligamentos ocorridos no mês, sendo que no acumulado do ano o emprego cresceu 0,43%. Ou seja, um acréscimo de 170.612 novos postos de trabalho. Nos últimos 12 meses esse patamar alcançou 1.116.340 novas vagas: uma expansão de 2,89% no número de empregos celetistas no país. Disponível em: <www.brasil.gov.br/noticias/arquivos/2013/03/20/mercado-de-trabalho-gerou-mais-de-100-mil-empregos-em-fevereiro>. Acesso em: 11/6/2013.

sendo que, inclusive, teriam sido conduzidos a essa situação pelos rigores da própria lei, apontando, sem o menor escrúpulo, que a saída para essa situação dos trabalhadores é que seus direitos sejam eliminados. E vão além: dizem que a lei gera conflitos e que o fato de existirem muitas reclamações trabalhistas é a prova de que a lei está errada!

Vejam, a propósito, os argumentos expressos pelo economista Hélio Zylberstajn, que foram expressos em Congresso organizado pelo Tribunal Regional do Trabalho da 15ª Região,[57] realizado em Campinas, em 2013. Segundo sua visão:

> *Em que pese a melhora verificada nas últimas duas décadas, quando o nível de empregos formais no Brasil subiu pelo menos 10 pontos percentuais, ao menos metade do mercado de trabalho brasileiro ainda é composto por trabalhadores que atuam na informalidade.* (ZYLBERSTAJN, 2013)

E prossegue:

> *Apesar da CLT, ainda existe muita informalidade no mercado de trabalho brasileiro, que se caracteriza pela alta rotatividade da mão de obra. Ainda hoje, no Brasil, um terço dos trabalhadores não completa um ano no emprego. [...] Além disso, a CLT induz o litígio, forma pouco eficiente de manifestação do conflito. Anualmente são ajuizadas na Justiça do Trabalho brasileira cerca de dois milhões de reclamações.*

> *Também desconhecendo a história e até desconsiderando a posição assumida pelos próprios industriais por ocasião do advento da legislação trabalhista no Brasil na década de 1930, o economista sugere que a CLT teria imposto um sistema que impedia a negociação "entre patrões e empregados e muita intervenção por parte do Estado (que detém a exclusividade na produção de regras e na solução de controvérsias), com estruturas de representação (sindicatos) controladas e cooptadas".*

---

[57] Disponível em: <www.portaldaindustria.com.br/cni/imprensa/2012/12/1,8640/cni--propoe-101-medidas-para-modernizar-relacoes-trabalhistas-incluindo-fim-de-norma--criada-para-ferroviarios-nos-anos-30.html>. Acesso em: 2/4/2014.

Concluiu, como não podia deixar de ser, que havia sido um dos expoentes do neoliberalismo na década de 1990 – e já que fora conferida oportunidade de voz em um momento em que, novamente, o governo do PT pôs em questão os direitos trabalhistas – defendendo a aprovação do ACE (Acordo Coletivo Especial), sob o argumento, inclusive, de que, afinal, são os próprios trabalhadores que assim desejam:

> *No modelo proposto pelo ACE, a negociação é direta entre as partes, no próprio local de trabalho. Com essa proposta, os metalúrgicos do ABC querem produzir regras, inovar, porém esses atalhos são vistos com desconfiança. Em alguns círculos, são combatidos explicitamente, inclusive.*
>
> *[...] Mas eles merecem uma oportunidade. Afinal, são voluntários, partem dos próprios trabalhadores e não vão revogar nada, nenhum direito.* (Idem)

De fato, Zylberstajn apenas reproduziu a argumentação construída na década de 1990 e que, desde então, tenta se manter em todas as oportunidades que aparecem. A propósito da discussão da Emenda 3, acima referida, reportagem do jornal *O Estado de São Paulo*, publicada na edição de 12 de fevereiro de 2007, fazia a chamada na primeira página: "O Brasil é campeão em ações trabalhistas". Os "especialistas" em relações de trabalho ouvidos (o ex-ministro Pazzianoto e o economista José Pastore) reforçaram a ideia de que existem muitas ações na Justiça do Trabalho por culpa da legislação, que instiga conflitos e causa desestímulo às contratações por parte das empresas.

Mal o ano de 2014 se inicia e o presidente da Federação Fecomercio SP (Federação do Comércio de Bens, Serviços e Turismo do Estado de São Paulo), Abram Szajman, em artigo intitulado, "A derrota do país na área trabalhista", publicado no jornal *Folha de S. Paulo*, consegue, em poucas palavras, explicitar tudo que se está tentando explicar ao longo desse longo texto. Szajman deixa claro o seu espanto com um projeto do Governo Federal, o "eSocial", que planejaria centralizar informações sobre o cumprimento da legislação social que até então se mantinha disperso. Diz o autor que "Por meio do eSocial, as empresas serão obrigadas a encaminhar para o governo, em tempo real, imensa quantidade de dados trabalhistas e previdenciários", o que atingiria, pois,

> *todos os detalhes da contratação, descontratação e administração do dia a dia do pessoal empregado, terão de ser comunicados por meio de registros eletrônicos padronizados, incluindo exames admissionais, contrato de trabalho, salário, benefícios, bônus, horas extras, férias, abono de férias, licenças, adicionais de insalubridade, periculosidade, penosidade, acidentes ou doenças profissionais, afastamentos, contratação de serviços terceirizados, exames demissionais, enfim, tudo o que acontece durante o contrato de trabalho.* (SZAJMAN, 2014, p. A-3)

Com isso, reclama:

> *As empresas serão rigorosamente monitoradas o tempo todo, e o governo elevará enormemente sua capacidade de fiscalizar, autuar e arrecadar. Se vai devolver à sociedade o que arrecada na forma de bons serviços públicos, é questão em aberto.*

Haveria, pois, um absurdo do governo em tomar as questões atinentes às relações do trabalho "como se fossem relações tributárias", ou seja, para terem efetiva validade.

E prossegue, argumentando que as relações tributárias

> *são frias e absolutamente objetivas. Por força de lei, as empresas têm a obrigação de pagar impostos e recolher contribuições. Elas o fazem na data certa ou são multadas pelo atraso. São transações impessoais.*

Já as de trabalho:

> *São relações humanas baseadas em grande dose de confiança entre empregados e empregadores, que fazem pequenos ajustes ao longo do contrato de trabalho. É o caso de horas extras para atender situações excepcionais, compensadas em outra oportunidade mediante entendimento*

> *cordial, ou quando o empregado volta ao trabalho dias antes ou depois do término das férias, mediante compensações acertadas na base pessoal.* (SZAJMAN, 2014, p. A-3)

Ou seja, o que explicita o autor é que o empresário deve cumprir a lei tributária, mas no que tange à lei trabalhista está livre para descumpri-la, aliás, como sempre esteve, sendo totalmente impróprio que venha agora o governo tentar "penalizar todo e qualquer desvio das normas regulamentadoras, mesmo quando acertado livremente de comum acordo entre empregador e empregado".

E complementa com a pérola retórica, desprovida de qualquer amparo fático: "Assim, o Brasil se tornará o país mais rígido do mundo na aplicação das leis trabalhistas, pois o novo sistema não admitirá nenhum tipo de ajuste entre as partes", leia-se, descumprimento da lei por parte do empregador, feito de forma consentida pelo empregado.

Ao se buscar a aplicação efetiva da lei trabalhista, o governo estaria quebrando o clima "harmonioso e cooperativo" existente entre empregador e empregado, fincando-se a harmonia no pressuposto necessário do desrespeito aos direitos trabalhistas, o que se justifica para se atingir "a produtividade do trabalho". A efetividade no cumprimento da lei trabalhista seria, enfim,

> *a vitória dos que cultivam a rigidez trabalhista e a derrota de um país que para competir e vencer precisa criar um bom ambiente de negócios, atrair capitais, investir na capacitação das pessoas e ter altos níveis de produtividade.* (SZAJMAN, 2014, p. A-3)

A rejeição ao projeto seria necessária, em suma, para que "a dimensão humana das relações de trabalho seja também contemplada".

Da leitura do texto em questão, é possível encontrar todos os elementos históricos da violência da classe dominante com relação aos trabalhadores, por meio da postura dissimulada, esperta, típica de uma malandragem que se institucionalizou no Brasil desde os anos 1930.

A situação atual

Essa, resumidamente, é a dura história da classe trabalhadora no Brasil, sendo que muito pior foi a que se passou no âmbito rural. Lembre-se que os direitos trabalhistas, de forma mais ampla, foram somente previstos a partir de 1963, por obra de Goulart, atingindo o ponto de igualdade com os trabalhadores urbanos apenas com a Constituição de 1988, ou seja, há 26 anos. E, mesmo existindo a lei, não quer dizer que fosse aplicada.

A atuação dos fiscais do trabalho no âmbito rural somente se inicia em 1994, com a edição da Instrução Normativa (IN n. 24, de 24/3), possibilitando, a partir de 1995, também por pressão internacional, o começo da luta contra o trabalho escravo. Essa presença do Estado no trabalho rural, no entanto, não foi muito bem recebida nas estruturais arcaicas do poder no setor rural e motivou, em 28 de janeiro de 2004, o assassinato de três auditores fiscais e de um motorista, servidor do Ministério do Trabalho, em Unaí/MG, o que, por efeito inverso do pretendido, acabou impulsionando uma mudança de postura das instituições brasileiras frente à questão do trabalho rural, tendo sido, inclusive, fixada a data de 28 de janeiro como o "Dia Nacional de Combate ao Trabalho Escravo". Vale reparar, de todo modo, que estamos falando de fato ocorrido em 2004, ou seja, há 10 anos e a abolição da escravatura se deu, legalmente, há 126 anos.

Some-se a tudo a imposição de uma postura "conciliadora" à Justiça do Trabalho, que contribuiu bastante para que a prática do descumprimento reiterado da legislação trabalhista – caracterizado, por exemplo, pelo não pagamento de horas extras, pela ausência de recolhimento de FGTS, pelo não pagamento de verbas rescisórias etc. – ter se consagrado como uma atitude normal, a tal ponto de ter provocado, na década de 1980, uma reação indignada de um historiador estrangeiro, John D. French:

> *Para um historiador do trabalho acostumado com os Estados Unidos, uma primeira leitura da CLT decididamente produz uma reação curiosa. Fica-se imediatamente atônito diante da extraordinária liberalidade com a qual a CLT estabelece direitos e garantias para os trabalhadores urbanos e suas organizações. Se o mundo do trabalho de fato funcionasse de acordo com a CLT, o Brasil seria o melhor lugar do mundo para se trabalhar. E se metade da CLT fosse mesmo cumprida, o Brasil ainda seria um dos lugares mais decentes e razoavelmente humanos para aqueles que trabalham em todo o mundo.*
>
> *[...]*
>
> *Além disso, a história não era muito mais promissora para aqueles trabalhadores que, de boa-fé, levavam suas queixas aos tribunais do trabalho. Ineficiência administrativa, tribunais superlotados e uma tendência para a "conciliação" frequentemente produziam o que pode ser denominado de "justiça com desconto". Mesmo quando ganhava um caso legal, por exemplo, um trabalhador brasileiro era forçado a um acordo com seus patrões, obtendo um valor muito menor do que o inscrito em seus direitos legais, caso contrário teria que enfrentar atrasos intermináveis devidos aos apelos da empresa.* (FRENCH, 2009, pp. 15 e 19)

Essa postura, é importante reconhecer, tem se alterado bastante desde o final da década de 1990 como reflexo também da postura em defesa do Direito do Trabalho adotada pelas associações dos profissionais da área, notadamente a Anamatra (Associação Nacional dos Magistrados da Justiça do Trabalho), da Abrat (Associação Brasileira dos Advogados Trabalhistas) e da ANPT (Associação Nacional dos Procuradores do Trabalho), sendo relevante pôr em destaque a entrada em cena do Ministério Público do Trabalho (MPT), que passou a se utilizar, com bastante intensidade, dos mecanismos jurídicos fornecidos pela Constituição de 1988 e pela lei da ação civil pública, dentre outros, na luta contra as fraudes trabalhistas e o trabalho em condições análogas a de escravo.

Paradigmáticas da guinada do Judiciário trabalhista foram as decisões proferidas na Justiça do Trabalho em 2009, quando entidades empresariais, sob o pretexto da crise, preconizavam a efetivação de dispensas coletivas de empregados, em um movimento massificado, como forma de pressionar os sindicatos a aceitarem negociações que representassem redução de direitos. Essa alteração da posição assumida pela Justiça do Trabalho foi sentida no meio empresarial, tanto que, imediatamente, provocou uma reação que se manifestou no editorial do jornal *Estadão*, "Ativismo dos TRTs pode agravar efeitos sociais", pelo qual se punha ao ataque das referidas decisões, sob o argumento de que

> *decisões como essa podem produzir efeitos sociais diametralmente opostos aos esperados pela magistratura. Isso porque, ao impedir os empregadores de dispensar pessoal para se adequar à realidade do mercado, as liminares "protetoras" podem comprometer economicamente as empresas, eliminando todos os empregos que elas oferecem.* (jornal O Estado de São Paulo, edição de 8 de abril de 2009)

Na visão do mesmo editorial:

> *As demissões da Embraer, por exemplo, decorreram da redução de 30% na demanda de aviões no mundo inteiro. No caso da Usiminas, que tem cerca de 30 mil funcionários e é a maior produtora de aços planos do Brasil, a empresa vinha sendo modernizada tecnologicamente por seus novos controladores, a Votorantim e a Camargo Corrêa, a um custo de R$ 25 milhões, e foi afetada por cancelamento de encomendas, queda nas exportações e oscilações das encomendas das indústrias automobilísticas e de eletrodomésticos, que consomem 23% de sua produção.*

Em suma, o que se preconizava era que cabia à classe trabalhadora assumir os prejuízos decorrentes do risco da atividade econômica e não às empresas e, ademais, os prejuízos não precisariam sequer ser demonstrado, bastando que fossem alegados ou presumidos, como se deu no caso da Embraer, ou que tivesse sido construído historicamente por negócios mal feitos e descapitalização em benefício do enriquecimento de sócios, diretores e acionistas majoritários.

Conclusão

Toda essa história demonstra que a classe trabalhadora, ao longo da história do Brasil, sofreu intensamente. De fato, foram poucos os momentos em que os trabalhadores tiveram uma conjuntura política, econômica e cultural que lhes fosse favorável: até 1888 (escravidão); de 1889 a 1919 (liberalismo-conservador-escravista); de 1920 a 1929 (caso de polícia); de 1930 a 1933 (cooptação, legislação ineficaz, destruição dos sindicatos não oficiais); ano de 1934 (esperança diante da CF e seu potencial democrático – criação da FNL); de 1935 a 1942 (repressão do Estado Novo, já iniciada em 1935 com a Lei de Segurança Nacional); de 1942 a 1945 (esperança com a criação do PTB, o queremismo e o trabalhismo); de 1946 a 1950 (forte repressão); de 1951 a 1952 (esperança com as mobilizações e a atuação política, apesar do cenário econômico desfavorável); ano de 1953 (esperança com a nomeação de Jango ao Ministério do Trabalho); ano de 1954 (perplexidade diante do suicídio de Vargas); de 1955 a 1961 (em suspense); de 1961 a 1963 (nova esperança com o governo de Goulart); de 1964 a 1967 (arrocho salarial e redução de direitos); de 1968 a 1978 (forte repressão); de 1979 a 1983 (sindicalismo de resultados, mobilizações e criação do PT e da CUT); de 1983 a 1988 (forte recessão econômica – perdas salariais); de 1989 a 2001 (perdas com o neoliberalismo); ano de 2002 (certa esperança com a suspensão do PL que alterava o art. 618 da CLT); de 2003 a 2013 (imobilismo diante de novas perdas de direitos); a partir de junho de 2014.

Ao longo de 514 anos de história, o trabalho no Brasil foi desvalorizado e as normas de proteção ao trabalho (e do trabalhador) não foram aplicadas a contento. Só para se ter uma noção do tamanho do problema, refletido em números, no que se refere às questões trabalhistas especificamente, em cinco anos, de 2006 a 2011, a Justiça do Trabalho, reconhecendo violações de direitos, devolveu mais de 56 bilhões aos reclamantes – trabalhadores em sua grande maioria.

> *Só em 2011, foram quase 15 bilhões – ou 90% de todo o repasse feito pelo governo federal no ano passado no Programa Bolsa Família, que atende a 13 milhões de famílias em todo o país.*[58]

O quadro, apesar de tudo, não é desolador, porque o Direito do Trabalho e as instituições voltadas à sua construção e aplicação não apenas se mantiveram vivos como, em verdade, viram crescer bastante a sua relevância no cenário jurídico e político nacional desde o final da década de 1990, com intensificação maior a partir de 2002.

A própria realização do presente livro, com o conteúdo trazido nos diversos textos, é prova contundente disso.

---

58 "Anuário traça perfil da Justiça do Trabalho", Em: <www.tst.jus.br/web/guest/noticias/-/asset_publisher/89Dk/content/id/2275708>. Acesso em: 23/11/2014.

CAPÍTULO 7▸

10 questões polêmicas sobre a Redução da Jornada de Trabalho (RJT)

Cássio da Silva Calvete

Introdução

Hoje, como no passado, a Redução da Jornada de Trabalho (RJT) está envolta em polêmica. Entre as classes sociais e entre os pesquisadores, não existe consenso sobre se há vantagens para a economia do país e para as empresas na redução da jornada legal, bem como se ela tem capacidade de gerar novos postos de trabalho. Essa polêmica adquire feições particulares quando ambientada no Brasil. Esse capítulo irá discorrer sobre dez questões que recorrentemente se apresentam quando da discussão desse tema, são elas:

1. Como é definida a extensão da jornada de trabalho?

2. A RJT sem diminuição salarial tem capacidade de gerar novos postos de trabalho e exercer um efeito multiplicador no crescimento econômico?

3. Existe um *trade-off* entre emprego e salário?

4. Por que o movimento sindical de países em desenvolvimento iria priorizar a campanha pela RJT com os salários sendo tão baixos e a ameaça de desemprego constante?

5. Quais as dificuldades adicionais no Brasil para implantar a RJT e são elas capazes de tornar sem efeito prático a adoção dessa política pública com o fim de gerar novos postos de trabalho?

6. Levando em consideração as três dimensões do tempo de trabalho no Brasil, como podemos caracterizá-lo?

7. Quais os impactos sociais da Redução da Jornada de Trabalho?

8. Por que os representantes empresariais são contrários à RJT?

9. A RJT diminui a competitividade internacional do país que a executa?

10. A jornada de trabalho vem aumentando ou diminuindo no mundo?

Questão 1 – Como é definida a extensão da jornada de trabalho?

A jornada de trabalho é uma expressão utilizada para se referir à extensão do tempo de trabalho. Porém, nessa forma genérica, não fica explicitado como é a sua composição e nem mesmo exatamente a que se está referindo. A jornada de trabalho pode, e deve, ser melhor caracterizada para revelar todos os detalhes, possibilidades e particularidades que se manifestam no dia a dia.

Qual o significado do termo? Como é composta? Quais são as caracterizações e diversificações? Quais as motivações que interferem na sua extensão? Como é a relação entre as partes que a compõem? São todas perguntas que se colocam quando se quer entender melhor a proposição da RJT.

Ao longo deste capítulo vai se utilizar a expressão Redução da Jornada de Trabalho. Essa expressão combina uma medida de grandeza - jornada - e uma categoria - trabalho -, que precisam ser melhor definidas, para que ela possa ser bem entendida. Quando, por exemplo, se verifica mais atentamente o papel exercido pelas horas extras, essas definições se fazem mais necessárias, pois a realização das horas extras pode se caracterizar como um expediente esporádico de enfrentamento de adversidades pontuais ou, como quando utilizadas sistematicamente, como uma extensão e, portanto, parte da jornada de trabalho. Nesse último caso, passa, indubitavelmente, a ser objeto central de interesse.

As expressões "Redução da Jornada de Trabalho" e, mais sinteticamente, "jornada de trabalho" atualmente são expressões típicas da língua portuguesa. A origem etimológica da palavra "jornada" é a palavra *die* (dia) do latim, o mesmo vale para a palavra italiana *giornata*, a francesa *journeé*, a espanhola *jornada* e a inglesa *jorney*. Em todas as línguas acima, a palavra jornada carrega a ideia de tempo de forma genérica e não diretamente a ideia de tempo de trabalho. A palavra jornada, que é derivada da palavra *die*, inicialmente se referia ao trabalho que era realizado durante um dia. Nas sociedades agrícolas e mesmo nas cidades antes da invenção da energia elétrica, o trabalho ocorria do nascer ao pôr do sol. Com a invenção da luz elétrica, esses limites puderam ser ultrapassados, e, por outro lado, com a organização social, esses limites puderam ser restringidos. Assim, a palavra jornada descolou-se da sua raiz etimológica. A língua portuguesa continuou permitindo a associação com o tempo de trabalho diário, porém passou a aceitar a associação com os tempos semanal, mensal e anual. Nas demais línguas, a palavra jornada deixou de ser naturalmente associada ao trabalho, cedendo lugar às expressões "horário de trabalho" e "tempo de trabalho" (DAL ROSSO, 1996).

A categoria "trabalho" é central na obra e no pensamento de diversos autores, como Marx, Arendt, Durkheim e Weber, e nem sempre eles a utilizam da mesma forma. Marx (1987) trabalhou como categorias principais o trabalho abstrato, que incorporava valor de troca às mercadorias, e o trabalho concreto, que incorporava valor de uso. Arendt (2003), por sua vez, utilizou as dimensões de labor e trabalho: o labor como sendo a atividade necessária para manutenção das atividades vitais; e o trabalho como a atividade responsável pela criação de artificialismos. Ambas são atividades da condição humana. É importante não confundir a classificação de Arendt com a classificação de Marx para trabalho necessário e excedente, pois são fundamentalmente distintas. Weber, por sua vez, explora a organização racional do trabalho livre e a valorização da ética do trabalho, formada em grande parte pela influência do protestantismo calvinista, que se configurou como um dos pilares do sistema capitalista. Durkheim estudou os impactos da divisão social do trabalho na sociabilidade.

Aqui interessa o estudo do trabalho heterônomo. Esse é o trabalho realizado sob o controle de outra pessoa e cujo resultado será apropriado em parte por essa outra pessoa, diferentemente do trabalho autônomo que é realizado para a subsistência ou, ainda, para a acumulação pessoal de riqueza onde, portanto, a extensão da jornada de trabalho é determinada pela necessidade e/ou pela vontade do próprio trabalhador. No trabalho heterônomo, ou trabalho alienado da espécie para Marx, no sistema capitalista, o empresário compra a força de trabalho de outro, do trabalhador, por um determinado período de tempo e, assim, passa a controlar o uso da força de trabalho e a apropriar-se dos frutos advindos dela. Esse "determinado período" é objeto de forte disputa entre as classes sociais e, do confronto do poder de barganha de cada classe, resultará a sua extensão.

Portanto, a expressão "Redução da Jornada de Trabalho" refere-se à redução do tempo de trabalho, seja diário, mensal, anual ou ao longo da vida. A partir da década de 1980, nos países desenvolvidos, e na década de 1990, nos países em desenvolvimento, a reestruturação produtiva, as novas tecnologias e as novas ou renovadas formas de flexibilização da utilização do tempo de trabalho, trouxeram dificuldades adicionais à luta pela RJT ou, de outra forma, da redução do tempo de trabalho. O trabalho aos domingos e feriados, o "banco de horas", a terceirização, o trabalho temporário, o tempo parcial, o trabalho em turnos de revezamento, o trabalho noturno, a prestação de serviço como autônomo, estágio e trabalho a domicílio são todas novas e/ou renovadas formas de distribuição do tempo de trabalho que tornaram a discussão da RJT mais complexa. Cada vez é mais tênue a linha que divide tempo de trabalho e de não trabalho, como também vem se tornando tênue a linha que divide espaço de trabalho e de não trabalho (HARVEY, 1992; SENNETT, 2000). A isso se soma o aumento da utilização das horas extras e a sua utilização rotineira como mais um fator a ser considerado na complexidade dessa equação.

Composição da jornada efetiva de trabalho

A extensão da jornada de trabalho é balizada por dois parâmetros, segundo Marx (1987): de um lado, a extensão mínima que é determinada pela extensão do tempo de trabalho necessário mais uma pequena fração; e, de outro, a extensão máxima que é limitada pelas condições físicas do trabalhador e por questões morais. Segundo os ensinamentos de Marx, a jornada de trabalho é o tempo em que o trabalhador põe a sua força de trabalho à disposição do capitalista, recebendo em troca, uma remuneração; e ela é composta de duas frações: trabalho necessário e trabalho excedente.

O trabalho necessário é aquela parte da jornada que corresponde ao tempo onde o trabalhador vai produzir valor equivalente ao necessário para sua sobrevivência e reprodução social. A força de trabalho como uma mercadoria recebe em valor monetário o equivalente a sua produção (sobrevivência) e reprodução (procriação). Portanto, o limite mínimo da jornada de trabalho no capitalismo é dado pelo tempo de trabalho necessário mais uma fração, por menor que seja, que justifique ao capitalista a compra da força de trabalho.

O trabalho excedente é a fração da força de trabalho que não é remunerada pelo capitalista ao trabalhador e é a que gera a mais-valia e que justifica ao capitalista a compra da força de trabalho. É a extração da mais-valia na esfera produtiva que possibilita ao capitalista a acumulação de capital. É somente na esfera da produção e com a existência de trabalho excedente que é criado valor, e, portanto, é possível a acumulação do capital, que é o objetivo do capitalista. Portanto, quanto maior o tempo de trabalho excedente, maior a mais-valia e maior a acumulação de capital. O limite à duração do trabalho excedente é dado pelas condições físicas do trabalhador e por questões morais. Durante as 24 horas do dia, para que o trabalhador sobreviva, é necessário que ele durma, se alimente, descanse, faça as necessidades fisiológicas etc., e, para tanto, precisa de um determinado período de tempo. Por isso, fala-se em limitação física. No limite, de natureza moral ou social, são acrescidas as necessidades sociais do indivíduo, e, para tanto, a sociedade estipula o tempo adequado.

Tanto o tempo de trabalho necessário quanto o tempo de trabalho excedente são grandezas que variam conforme o estado das artes e as convenções sociais; portanto, grandezas que variam ao longo da história. O tempo de trabalho necessário varia conforme o custo de produção, o custo de vida e os avanços tecnológicos que aumentam a produtividade do trabalho. O tempo de trabalho excedente varia conforme a organização social, o poder de barganha da classe trabalhadora, o poder de barganha dos capitalistas e a posição do Estado.

É evidente que, para o capitalista, quanto maior for o tempo de trabalho excedente, maior será a acumulação de capital, e o alongamento desse tempo pode ser feito através da diminuição do tempo de trabalho necessário ou pelo aumento da jornada de trabalho; das duas formas o resultado é o aumento da mais-valia: na primeira forma, conhecida por mais-valia relativa; e na segunda, por mais-valia absoluta. Ao trabalhador não interessa a execução do trabalho excedente, visto que já obteve o suficiente para a sua sobrevivência e reprodução com o trabalho necessário, e que todo o valor que for produzido a mais ficará para o capitalista. Assim, está colocada a disputa pela extensão da jornada de trabalho no intervalo que vai de um limite mínimo expresso no trabalho necessário mais uma pequena fração até o limite máximo dado pelas naturezas física e social. A extensão precisa será definida, dentro desse intervalo, conforme a força dos trabalhadores e dos capitalistas.

Utilizando as categorias marxistas, tem-se que a jornada de trabalho é composta por uma fração de trabalho necessário e por outra fração de trabalho excedente. Portanto, a extensão da jornada de trabalho é composta pela extensão de trabalho necessário mais a extensão do trabalho excedente, soma que conforma a extensão da jornada efetiva de trabalho.

Para o estudo dos impactos da RJT no mercado de trabalho, o que tem que ser levado em consideração é a extensão da jornada efetiva e não unicamente a extensão da jornada normal de trabalho.[59] A jornada efetiva de trabalho é a soma da jornada normal mais as horas extras efetuadas. Garofalo e Vinci (2000) alertam que a jornada de trabalho não é uma entidade homogênea, mas é

---

59 Garofalo e Vinci (2000) utilizam as expressões de "horas normais" (*normal hours*) ou "padrão" (*standard*), Hunt (1999) utiliza a expressão *standard*, a OECD (1998) também utiliza a expressão de "horas normais", Fracalanza (2001) utiliza as expressões "jornada legal" e "jornada normal", e a Constituição brasileira (1998) utiliza a expressão de "jornada normal".

composta por duas frações distintas, horas normais e horas extras, e é como tal que deve ser considerada. Os autores destacam que a literatura, até o momento, pouco explorou esse aspecto crucial nos estudos da jornada de trabalho. A jornada semanal normal de trabalho é aquela que é definida por lei, convenção ou acordo coletivo como sendo o limite máximo de trabalho a ser efetuado tendo como contrapartida o salário contratado, e, a partir desse limite, o trabalhador fará jus a receber pagamento adicional a título de horas extras.[60] O estabelecimento de um limite máximo não determina que a jornada seja fixa nesse limite; ela pode ser flexível para baixo. O que a legislação garante é um patamar mínimo de civilidade que garanta boas condições de trabalho.

É importante destacar-se que as leis, convenções e acordos que normatizam a extensão das horas normais e os limites das horas extras, têm por princípio e objetivo estabelecer regras para que a extensão da jornada efetiva de trabalho se conforme dentro de padrões aceitos e estabelecidos pela sociedade. Haja vista que, em muitos países, a utilização de horas extras somente é permitida diante de autorizações especiais, que são concedidas mediante razões plausíveis e, de fato, extraordinárias. A literatura de língua espanhola utiliza correntemente a expressão de horas extraordinárias da mesma forma que a Constituição brasileira, deixando claro o caráter não ordinário, fora do comum, excepcional, raro, singular (FERREIRA, 1986) que deveria configurar a sua execução. Também na língua inglesa, a expressão *overtime* deixa claro o caráter de excepcionalidade que deveria acompanhar a realização das horas extras. Apesar dessa intenção, sabe-se que nem sempre

---

[60] "A duração semanal legal do trabalho não estabelece a amplitude máxima da duração do trabalho, mas apenas o patamar a partir do qual cada hora adicional de trabalho é contada como uma hora extra" (FRACALANZA, 2001, p. 153). "The tool of choice in Europe for the reduction of working hours is a reduction in the standard workweek: that is, a reduction in the number of hours beyond which an overtime premium must be paid" (HUNT, 1999, p. 117). "While regulations on working hours are often extremely complex, they generally contain the following elements: normal hours of work, beyond which overtime premia become payable" (OECD, 1998, p. 167).

a utilização das horas extras respeita os propósitos de leis, convenções e acordos.

Pode-se encontrar, na literatura em língua inglesa, a utilização de nomenclaturas diferenciadas para distinguir três tipos de horas adicionais: *overtime* (além do tempo) para se referir às horas extras executadas por trabalhadores de tempo integral; *extra hours* (horas extras) para se referir às horas extras realizadas por trabalhadores em tempo parcial até o limite da extensão da jornada integral; e *extended hours* (horas estendidas), àquelas não pagas. E se poderia acrescentar um novo tipo às horas adicionais – horas moduláveis[61] –, que seriam aquelas previstas pela modulação, onde o tempo trabalhado além do tempo normal do dia ou da semana pode vir a ser compensado com a dispensa de período equivalente ou superior em outro dia.

Portanto, a jornada normal de trabalho pode ou não ser igual à jornada efetiva de trabalho. Igualmente, a redução da jornada normal de trabalho também pode ou não levar à redução da jornada efetiva de trabalho. A redução da jornada normal de trabalho pode levar os empresários a utilizarem mais horas extras ao invés de contratarem novos trabalhadores. A duração da jornada efetiva de trabalho sofre influência de diversos fatores, e é da relação desses fatores que se configura a extensão da jornada. São eles: a) a lei, convenção ou acordo coletivo que estipulam a extensão máxima da jornada normal de trabalho a partir de onde começarão a ser pagas as horas extras; b) a existência ou não de limitações para horas extras diárias, semanais, mensais e/ou anuais; c) limitação da jornada efetiva; d) adicional estipulado para pagamento das horas extras; e e) o custo fixo da mão de obra. Além desses cinco fatores, mais recentemente, a jornada efetiva de trabalho também é muito influenciada pela gestão do tempo de trabalho e, particularmente, pela modulação da jornada de trabalho.

---

61 Expressão proposta pelo autor.

A jornada normal de trabalho é, tradicionalmente e se mantém até hoje, fixada em termos diários e semanais. A grande maioria dos países desenvolvidos e em desenvolvimento têm leis ou estatutos que fixam um limite máximo diário e semanal para as horas normais e para as horas efetivas. Porém, é muito frequente que as partes, através de convenções ou de acordos coletivos, estabeleçam novos limites, em patamares inferiores (EIRO, 2004).

Questão 2 – A RJT sem diminuição salarial tem capacidade de gerar novos postos de trabalho e exercer um efeito multiplicador no crescimento econômico?

Essa questão é colocada principalmente pelos economistas. Aqueles que seguem as tradições clássica e neoclássica e os teóricos da microeconomia entendem que a RJT legal elevaria os custos de produção e levaria ao aumento do desemprego, enquanto os que se baseiam nos ensinamentos de Kalecki e autores pós-keynesianos, como Amitava Dutt, Lance Taylor e Robert Rowthorn, defendem que a elevação da massa salarial derivada da RJT elevaria a demanda agregada e traria como consequência o crescimento do nível de emprego. Na base desse pensamento está que em período de crescimento econômico e expectativas otimistas, ocorrendo a RJT sem diminuição salarial, seria necessário aumentar o número de trabalhadores contratados para continuar com a mesma quantidade de horas trabalhadas para assim manter a produção no mesmo patamar. Esse aumento de trabalhadores contratados geraria aumento da demanda agregada.

Apesar da semelhança entre as obras de Keynes e Kalecki, elas se diferenciam, em boa parte, pela ênfase dada por Kalecki à influência política na dinâmica econômica e pela atenção à luta de classes, fruto da formação marxista do autor. A ausência de uma teoria sobre a demanda efetiva e o pressuposto do equilíbrio pelos clássicos uniram Kalecki e Keynes e forneceram-lhes o diferencial e o realismo que faltavam aos clássicos para uma melhor interpretação do sistema econômico.

Na utilização dos princípios kaleckianos e da sua Teoria do Emprego, resgatam-se tópicos importantes, abandonados pela teoria macroeconômica neoclássica, ou seja, ao invés da visão de equilíbrio estático, predomínio da poupança e prevalência da oferta, valorizados pelos neoclássicos no intuito de construírem uma teoria que justifique políticas neoliberais, são colocados em evidência o princípio da demanda efetiva, a importância do investimento, da dinâmica econômica e da distribuição de renda, que, na visão de Kalecki, explicam os mecanismos que influenciam o nível de emprego (POSSAS, 2001). Para Kalecki, o crescimento econômico é determinado sempre pelo lado da demanda. Para ele, que percebia a economia capitalista intrinsecamente cíclica e, portanto, sem equilíbrios de curto ou longo prazos para onde a economia deveria tender, as firmas produzem conforme as pressões da demanda; logo, o ajuste entre investimento e poupança que ocorre *ex post* é realizado pelas variações no grau de utilização da capacidade instalada, tendo presente que a economia capitalista atua, normalmente, com capacidade ociosa.

Kalecki, ao longo da sua obra, sempre relacionou o emprego à demanda efetiva, à distribuição de renda e à luta de classes. Nos artigos que tratam mais diretamente da questão do emprego (KALECKI, 1977a, 1977b, 1980), fica explícita a importância da luta de classes e do papel dos sindicatos na elevação salarial e na consequente melhoria na distribuição de renda.

Contrariamente aos clássicos e aos neoclássicos, Kalecki, sustentado no princípio da demanda efetiva, demonstra que o aumento salarial leva ao crescimento econômico e à elevação do nível de emprego. O crescimento econômico, por sua vez, faz aumentar o volume de lucro, porém a taxas menores que a massa salarial; logo, o resultado final será a melhoria na distribuição de renda. Conforme Dutt (1984), após construção de modelo inspirado na economia indiana, em economias de países em desenvolvimento existe uma correlação positiva entre distribuição de renda e crescimento econômico, justamente o oposto da ideia proposta pelos modelos de crescimento de Cambridge, que sugerem que grandes taxas de crescimento requerem grandes desigualdades. Porém, para que essa proposição de Cambridge seja verdadeira, é necessário que a economia esteja operando a plena capacidade, situação que é pouco frequente em países em desenvolvimento.

Na sua formulação do princípio da demanda efetiva, Kalecki coloca claramente a relação de causalidade gasto → renda, bem como de investimento → poupança. Nos gastos, inclui investimentos, consumo dos capitalistas, consumo dos trabalhadores, gastos do governo e exportação. Com a diferenciação do consumo dos capitalistas e dos trabalhadores, e supondo comportamentos distintos (os capitalistas poupam parte da renda, e os trabalhadores gastam toda), a teoria admite a influência da distribuição da renda no total dos gastos e, consequentemente, na geração da renda e do emprego. A elevação salarial leva ao aumento imediato do consumo dos trabalhadores, enquanto o volume dos investimentos e do consumo dos capitalistas se mantém constante, no curto prazo, em virtude de ser determinado por decisões tomadas em períodos anteriores ao aumento salarial. Nesse momento, o aumento do consumo dos trabalhadores eleva o lucro do Departamento III no mesmo montante da diminuição dos lucros dos Departamentos I e II e, portanto, mantém no mesmo montante o volume do lucro total. Dessa forma, o investimento e o consumo dos capitalistas não se alterarão no curto prazo e, como a tomada de decisão do novo patamar se baseia na experiência corrente, então, também não se alterarão no período imediatamente subsequente. No entanto, no médio e no longo prazo, o aumento da produção levará ao aumento do volume de lucro a taxas menores que o aumento inicial das taxas salariais, em decorrência da diminuição do *mark-up*, consequentemente melhorando a distribuição de renda (KALECKI, 1977b).

É importante frisar que, para Kalecki, diferentemente dos clássicos e da Lei de Say,[62] o aumento dos salários não acarretaria diminuição dos lucros (KALECKI, 1977b), apenas diminuiria a participação relativa dos capitalistas na distribuição funcional da renda. Portanto, o aumento salarial leva ao aumento da demanda agregada, do crescimento econômico e do nível de emprego, enquanto os investimentos e o consumo dos capitalistas se mantêm constantes no curto prazo e se elevam no longo prazo. Para tanto, a principal precondição é que exista capacidade ociosa na economia.

Kalecki (1980) destaca três possibilidades para atingir e manter o pleno emprego: a) gastos governamentais em investimentos públicos ou subsídios para o consumo; b) estímulo ao investimento privado; e c) redistribuição da renda das classes de mais alta renda para as de mais baixa. De imediato, ele aponta o estímulo aos investimentos privados como meio insatisfatório e concentra sua atenção aos outros dois métodos. Porém, o que é mais importante para o presente texto é ressaltar que os métodos indicados pelo autor para atingir e manter o pleno emprego são todos voltados para o aumento da demanda efetiva.

Mais especificamente, tratar-se-á da distribuição de renda das classes de mais alta renda para as de mais baixa como forma de elevar a demanda efetiva, visto que as pessoas com mais baixa renda têm maior propensão a consumir. Enfaticamente, Kalecki (1977b, p. 99) afirma que "[...] um aumento salarial, refletindo um aumento do poder de barganha sindical, leva – contrariamente aos princípios da economia clássica – a um acréscimo do emprego". Também reforçando o vetor do crescimento econômico, tem-se que a propensão a importar a partir da renda dos lucros tende a ser mais elevada que a propensão a importar a partir da renda dos salários (DUTT, 2001).

Além das conquistas salariais, o autor cita outra via de mexer na distribuição de renda, que é a política fiscal, e abre outras

---

[62] Proposta pelo economista francês Jean-Baptiste Say, coloca que a oferta cria sua própria demanda. Dessa forma, a produção de um bem estaria gerando as condições para a sua demanda, assim a economia capitalista seria autorregulável se mantendo em permanente equilíbrio e dispensando a intervenção estatal na economia.

possibilidades: "Deve-se notar que é possível imaginar outras formas de luta de classes, além da reivindicação salarial, que afetariam a distribuição da renda nacional de modo mais direto" (KALECKI, 1977b, p. 100). A RJT é uma das possibilidades que, com certeza, Kalecki admitiria.

Os pós-keynesianos, na sua busca por resgatarem, na obra de Keynes, o seu caráter original e revolucionário, ressaltam o papel da incerteza, das expectativas e da moeda na produção e, sobretudo, o princípio da demanda efetiva. Segundo os pós-keynesianos, contrariando clássicos e neoclássicos, a rigidez dos salários não é responsável pela existência de desemprego, e, para eles, a queda do salário nominal iria agravar o problema do desemprego e não solucioná-lo. A interpretação pós-keynesiana da obra de Keynes enfatiza o princípio da demanda efetiva, enquanto os outros intérpretes de Keynes (neoclássicos, velhos keynesianos e novos keynesianos) se apoiam na teoria do valor marginalista.

Nessa busca pela ideia original de Keynes, os pós-keynesianos aproximam a sua teoria da teoria kaleckiana. Lima (2001, p. 129) afirma que, para os autores pós-keynesianos Amitava Dutt e Robert Rowthorn, associados à tradição de Kalecki e Steindl, "[...] normalmente prevalece uma relação positiva entre participação dos salários na renda (ou salário real) e as taxas de lucro e de crescimento da economia". É bem verdade que os pós-keynesianos, em sua maioria, dão ênfase ao papel do investimento na determinação da demanda agregada e ressaltam a importância das expectativas positivas para que o investimento se concretize. Porém, partindo de duas assertivas válidas para os pós-keynesianos – a queda do salário nominal deve agravar o problema do desemprego, e a concretização dos investimentos depende das expectativas –, pode-se deduzir que, para eles, a RJT, quando efetuada em períodos de crescimento econômico, onde as expectativas são otimistas, seria capaz de atuar no sentido de elevar o consumo dos trabalhadores e a demanda agregada. A única ressalva que poderia ser feita nessa relação RJT →

aumento do consumo → aumento do emprego ocorreria no caso de a RJT ser implantada de forma a alterar completamente as expectativas dos empresários, levando à redução dos investimentos e revertendo o ciclo econômico.

Apesar de a situação sugerida pelo pensamento kaleckiano ser de que o emprego é capaz de puxar o crescimento econômico, o que este texto aponta é a possibilidade de um crescimento econômico rico em emprego, em razão da RJT. É levado em consideração que a RJT atuaria no sentido de redistribuir renda, incrementando, assim, o crescimento econômico.

A discussão no Brasil

Belluzo (2003), ao analisar a economia brasileira do começo da década, afirmou que a RJT aumentaria o emprego e promoveria uma redistribuição favorável de renda, e, mesmo numa situação de baixo crescimento, em torno de 2%, essa distribuição favoreceria a demanda e aumentaria a possibilidade das empresas de uma ocupação maior da capacidade instalada. O autor sugere que a RJT teria que ser pactuada entre o setor privado e o governo, de forma a focalizar o crédito público nos setores intensivos em mão de obra, e aponta a construção civil e a infraestrutura como os setores que deveriam ser privilegiados. O governo, ao privilegiar esses dois setores, manteria uma demanda por investimentos sem pressionar demasiadamente o balanço de pagamentos e atuaria no sentido de cobrir duas demandas (habitacional e de infraestrutura), mantendo a demanda agregada e uma composição de crescimento mais favorável ao emprego.

A relação direta e causal de distribuição de renda e crescimento econômico novamente vem sendo objeto de muitos estudos. Novas teorias buscam explicar essa relação causal, enquanto estudos empíricos a comprovam (BÉNABOU, 1996). No Brasil, vários trabalhos foram feitos no sentido de demonstrar que uma melhor distribuição de renda teria levado ao crescimento do valor adicionado bruto e do emprego em anos passados (GRIJÓ, 2005; SANT'ANNA, 2003; TAUILE;YOUNG, 1991).

A RJT é uma reivindicação do movimento sindical que constantemente reaparece ao longo do tempo e em cada período histórico e em cada nação ela adquire contorno muito particular. Indubitavelmente, a problemática apresenta semelhanças, porém as condições econômicas, políticas e sociais jamais se repetem no mesmo país, em períodos distintos e tampouco em países diferentes. Contudo, o estudo de experiências passadas é importante instrumento na predição de possibilidades na futura adoção de políticas semelhantes. No caso brasileiro tivemos a experiência propiciada pela Constituição de 1988 que reduziu a jornada normal de trabalho de 48 horas semanais para 44 e os estudos dessa experiência são reveladores.

O Brasil, em 1988, através da nova Constituição Federal, reduziu a jornada de trabalho legal de 48 para 44 horas semanais, porém, ao mesmo tempo, alterou outros direitos trabalhistas, como o adicional de horas extras, o Fundo de Garantia por Tempo de Serviço (FGTS), as Licenças Paternidade e Maternidade, dificultando, assim, a avaliação exclusiva do impacto da RJT no mercado de trabalho. No entanto, em estudo econométrico, Gonzaga, Menezes e Camargo (2003) mensuraram o efeito líquido desses impactos, nos doze meses seguintes à mudança constitucional, com foco nos efeitos observados no que eles chamaram de "grupo afetado" com as alterações na jornada de trabalho (trabalhadores com jornada entre 45 e 48 horas semanais) e tendo como grupo-controle aqueles trabalhadores que já tinham constando em seus contratos jornadas entre 40 e 44 horas semanais. Os resultados do exercício para os trabalhadores afetados mostraram queda da jornada efetiva de trabalho para 60,4% dos trabalhadores, aumento do salário real horário, não alteração da probabilidade de ficar desempregado, diminuição da probabilidade de ficar sem emprego (sair da população economicamente ativa e ficar desempregado), e, por fim, o grupo atingido teve menor probabilidade do que o grupo-controle de passar para um emprego sem carteira assinada nos 12 meses posteriores. De forma geral, os resultados apresentaram efeitos positivos sobre o emprego, diminuindo o tempo de trabalho, aumentando o salário-hora e a estabilidade no emprego.

Dal Rosso (1998), ao analisar o caso brasileiro quando da RJT de 48 horas para 44, quantificou o efeito na criação de novos postos de trabalho. A redução de 8,33% da jornada de trabalho legal resultou na criação de, aproximadamente, apenas 0,7% de novos postos de trabalho. Segundo o autor, essa diferença de 7,63% explica-se pelas estratégias adotadas pelas empresas para contrabalançar a redução da jornada legal. A principal delas foi o aumento da utilização de horas extras, que saltou de 24,4% dos assalariados fazendo horas extras nos seis meses anteriores à promulgação da Constituição para 41,2% nos seis meses posteriores.

O autor conclui que é possível, mesmo que dentro de um só país, a adoção de políticas de RJT para obter a abertura de novos postos de trabalho. Porém, salienta a necessidade do planejamento dos efeitos sobre todos os setores afetados pela mudança e o controle de diversas variáveis econômicas e sociais, principalmente a utilização das horas extras, a intensificação e a densidade do trabalho.

Os resultados da RJT em 1988, verificados pelos estudos de Dal Rosso (1998), Gonzaga, Menezes e Camargo (2003), foram positivos para o mercado de trabalho brasileiro. Talvez não com o impacto esperado pelos defensores da medida, mas, sem dúvida, contrariando a previsão dos opositores. É legítimo supor que as causas do baixo impacto positivo da RJT se devam, em parte, ao fato de a sua implantação ter ocorrido em um ano com altas taxas de inflação e de recessão econômica – a taxa real da variação anual do Produto Interno Bruto (PIB) e a do PIB *per capita* foram, respectivamente, (-) 0,1% e (-) 1,9% –, em parte, devido ao fato de que em torno da metade dos trabalhadores já estarem contratados por jornada igual ou inferior a 44 horas semanais, mesmo antes da promulgação da medida e, em parte, pela forma como ela foi implantada, sem propor ou induzir a negociação no local de trabalho e sem contar com uma fiscalização eficiente dos órgãos responsáveis. Provavelmente, os resultados seriam mais significativos se a RJT tivesse sido adotada tendo preocupação em observar esses aspectos e, a partir dessa observação, definir o melhor momento e a melhor forma para sua implantação.

Diante dessas análises, é possível supor que os resultados seriam ainda melhores caso a RJT tivesse sido adotada em período de crescimento econômico e de produtividade, e levando em consideração aspectos como compensação pelas horas extras, intensificação do trabalho e fiscalização. As análises positivas reforçam a argumentação sindical junto aos trabalhadores de sua base de que a RJT não só diminuiria o tempo de trabalho como aumentaria a estabilidade no emprego e o salário horário. Os resultados positivos de 1988, apesar da adoção em período adverso, indicam que a RJT pode ser uma política importante para compor um amplo programa de melhoria da distribuição de renda e crescimento econômico.

Questão 3 — Existe um *trade-off* entre emprego e salário?

A existência de um *trade-off* entre emprego e salário mediado pela jornada constitui-se na terceira questão. Essa discussão ganhou força no Brasil à luz da experiência de 1988, quando o percentual de trabalhadores que passou a fazer horas extras foi um dos fatores que impediu a geração de um número maior de postos de trabalho. Contudo, analisando os dados da Pesquisa de Emprego e Desemprego (PED) para a Região Metropolitana de São Paulo das horas semanais trabalhadas pelos assalariados, esse *trade-off* não se confirma. Comparando-se os dados até 1988 com os dos anos posteriores (Tabela 1), observa-se a redução da jornada média após 1988. Cabe lembrar que o maior percentual daqueles que trabalham uma jornada acima da legal, no período 1989-2013 com relação ao período 1985-1988, em parte deve-se ao uso de parâmetros diferentes em termos reais (44 e 48 horas respectivamente). Ao reduzir a jornada legal (parâmetro para medir as horas extras), o percentual de assalariados que trabalham acima da jornada legal, considerando-se a jornada vigente, tende a aumentar.

Tabela 1 – Horas semanais trabalhadas pelos assalariados no trabalho principal e taxa de desemprego total. Região Metropolitana de São Paulo – 1985-2013.

Anos	Taxa de desemprego total	Média (horas)	% dos que trabalham mais que a jornada legal [1]
1985	12,2	46	26,1
1986	9,6	45	26,4
1987	9,2	45	25,8
1988	9,7	45	27,2
1989	8,7	44	42,7
1990	10,3	43	36,1
1991	11,7	43	38,5
1992	15,2	42	38,2
1993	14,6	42	38,4
1994	14,2	43	39,2
1995	13,2	43	41,4
1996	15,1	43	41,4
1997	16,0	43	42,1
1998	18,2	43	40,6
1999	19,3	43	42,4
2000	17,6	44	44,6
2001	17,6	43	43,2
2002	19,0	44	44,2
2003	19,9	44	44,0
2004	18,7	43	42,8
2005	16,9	43	40,6
2006	15,8	43	39,0
2007	14,8	43	37,4

2008	13,4	43	37,8
2009	13,8	42	36,1
2010	11,9	42	33,9
2011	10,5	42	33,1
2012	10,9	42	30,4
2013	19,4	42	29,9

Fonte: PED – Convênio Dieese/Seade, MTE/FAT.
Nota: inclusive os assalariados que não trabalharam na semana.[1]
A partir de novembro de 1988, a jornada legal considerada passa de 48 para 44 horas semanais.

Outro fator que cria o aparente *trade-off* é a dupla contagem de mais emprego e mais salário como aumento de custo causado pela RJT. O aumento salarial é apenas do salário-hora, não representando aumento do montante pago, enquanto o aumento do emprego, sim, reflete o aumento do custo pela RJT para a empresa. Por sua vez, quando o *trade-off* visualizado é entre emprego e remuneração, ele é sugerido pela execução e pelo pagamento das horas extras. De fato, a execução das horas extras impede a redução da jornada efetiva de trabalho; logo, não havendo redução da jornada efetiva, não é criada necessidade para geração de novos postos de trabalho. Portanto, o problema colocado quando da realização de horas extras não é de *trade-off* entre emprego e remuneração, mas, sim, da relação entre redução da jornada legal *versus* redução da jornada efetiva. A redução do parâmetro que define a partir de que momento as horas trabalhadas começam a ser remuneradas como horas extras tende a elevar o percentual de trabalhadores que passariam a fazer horas extras e, consequentemente, a sua remuneração no curto prazo e o número de horas extras realizadas.

Caso haja algum tipo de restrição à realização de horas extras, mesmo assim, provavelmente, o número de trabalhadores que passariam a realizá-las iria aumentar, e o reflexo seria sentido na redução da jornada efetiva média. Porém, dependendo do nível da restrição às horas extras, talvez nem o montante da remuneração daqueles que têm jornadas mais longas seria afetado, pois o parâmetro de definição das horas extras terá diminuído. É importante ter presente que, mesmo que a RJT seja integralmente compensada pelo aumento da realização de horas extras, não gerando postos de trabalho diretamente, resta, ainda, o efeito renda, que seria responsável pela geração indireta de postos de trabalho.

Aparentemente contraditório, mas que na verdade aponta para uma relação causal, nos anos 1990, quando a taxa de desemprego aumentava, crescia também o número de trabalhadores que realizavam horas extras e nos anos 2000 quando a taxa de desemprego diminui o montante de trabalhadores que realizam horas extras também diminui. O círculo vicioso dos anos 1990 funcionou da seguinte forma: quando a taxa de desemprego aumentava → diminuía o poder de barganha dos trabalhadores → diminuíam os salários → aumentava o número de trabalhadores que realizavam horas extras → aumentava o desemprego.

Questão 4 – Por que o movimento sindical de países em desenvolvimento iria priorizar a campanha pela RJT com os salários sendo tão baixos e a ameaça de desemprego constante?

A quarta questão se refere à oportunidade de o movimento sindical direcionar esforços e recursos para reivindicação da RJT em países com baixos salários e grande insegurança no mercado de trabalho. Todavia, o movimento sindical vislumbra na campanha pela RJT uma boa oportunidade para unificar a classe trabalhadora em torno de uma luta em que sua conquista beneficiaria amplos setores. Para Bihr (1999), a RJT deve ser vista principalmente como uma motivação capaz de unificar a classe trabalhadora. Na reconstrução dos sindicatos e na criação de novas práticas sindicais, deve-se buscar a reconciliação com os princípios do sindicalismo revolucionário, deixando de lado os ideais do sindicalismo social democrata. Uma das orientações a serem seguidas é a das ações interprofissionais, buscando a superação da divisão das categorias profissionais.

A luta pela RJT cumpriria essa função. A busca de uma nova orientação para as forças produtivas e de uma sociabilidade alternativa deve ser conquistada através da luta no trabalho e fora dele. A conquista da RJT acompanhada do aumento dos postos de trabalho tem a capacidade de motivar amplos setores constituintes da classe trabalhadora e também de servir de ponte entre os interesses imediatos e a conquista dos objetivos de longo prazo.

Para Bosch (1996, p. 34), o movimento de RJT levado pelos sindicatos alemães nos anos 1980 foi um sucesso, em parte, "[...] porque os sindicatos estavam unidos, o que permitiu unificar interesses diferenciados de trabalhadores em torno de um objetivo comum e de atuar com perspectivas de longo prazo". A Confederação Francesa Democrática de Trabalho (1996), no seu 43º congresso em 1995, aprovou nas resoluções a luta pela RJT como eixo prioritário de ação. Essa escolha decorreu, em boa medida, da avaliação de que ela constrói uma ligação entre as aspirações individuais, os interesses coletivos e a solidariedade com os demais assalariados (trabalhadores noturnos, sazonais, aos domingos e por empreitada), desempregados e excluídos. A confederação acredita que assim assume sua função de contestadora social e sua responsabilidade propositiva em defesa de todos os trabalhadores.

A avaliação do movimento sindical brasileiro não é diferente. A Central Única dos Trabalhadores, nas resoluções da reunião da direção nacional em setembro de 2005, definiu como uma das ações prioritárias para 2006 a continuidade da campanha pela RJT. Justifica essa escolha por entender que a RJT criaria mais e melhores empregos, melhoraria a distribuição de renda, melhoraria a qualidade de vida, ajudaria na inclusão da população excluída, valorizaria o trabalho, democratizaria as relações de trabalho com ampliação de direitos e sensibilizaria a sociedade, o congresso e o governo para o problema do desemprego. Assim, propôs como parceiros nessa campanha as demais centrais sindicais (que integraram o comando da campanha pela RJT), os movimentos sociais e demais entidades da sociedade civil.

A Cartilha da Campanha pela RJT, elaborada pela CUT e mais cinco Centrais Sindicais e pelo DIEESE (2004, p. 21), afirma que a RJT:

> [...] é uma bandeira de luta que mobiliza toda a sociedade unificando trabalhadores em tempo integral, parcial ou temporário, desempregados, jovens, homens e mulheres, empregados com contrato e sem contrato de trabalho, enfim, toda classe trabalhadora.

As centrais sindicais brasileiras percebem que a RJT atinge, de algum modo, todos os trabalhadores, desde os com mais poder de barganha e organizados em grandes sindicatos, passando pelos trabalhadores organizados em pequenos sindicatos até os desempregados que não têm representação.

Questão 5 – Quais as dificuldades adicionais no Brasil para implantar a RJT e são elas capazes de tornar sem efeito prático a adoção dessa política pública com o fim de gerar novos postos de trabalho?

A quinta questão enfoca as dificuldades enfrentadas para a implantação e para o alcance das metas de geração de postos de trabalho. Ela avalia se os benefícios macroeconômicos, os efeitos positivos do estabelecimento da RJT em 1988 e a oportunidade de unificação da classe trabalhadora são fatores suficientemente importantes para que a RJT supere os obstáculos para sua implantação no Brasil e, também, para que sua introdução origine novos postos de trabalho de forma significativa. As maiores dificuldades a serem enfrentadas são: a) a resistência do setor empresarial; b) a fragilidade do movimento sindical; c) o tamanho do setor informal; d) a heterogeneidade da economia nacional; e) os baixos salários; f) a diversidade de situações ocupacionais e a elevada desigualdade nos rendimentos do trabalho; e g) a precariedade da fiscalização do trabalho. Esses são os principais fatores que se constituem em obstáculos à adoção da política pública de RJT no Brasil.

A primeira e maior dificuldade para a implantação da RJT é a resistência do setor empresarial à mudança, tema esse que será discorrido a seguir na questão 8. A segunda dificuldade é dada pela fragilidade atual do movimento sindical, derivada da existência de desemprego, das altas taxas de informalidade, da heterogeneidade da classe trabalhadora e do crescimento dos valores do individualismo e do consumismo, que solapam os valores sobre os quais se sustenta a solidariedade sindical. Historicamente, foram os trabalhadores organizados que, através da sua mobilização, conquistaram a RJT em acordos e contratos coletivos ou na legislação. A fragilidade atual do movimento sindical coloca-se como um grande empecilho na viabilização da RJT. Dificuldade essa que pode ser amenizada com a unificação das ações das centrais sindicais.

A terceira dificuldade manifesta-se no elevado número de trabalhadores que se encontram no setor informal da economia adicionado daqueles que, mesmo estando no setor formal, não têm registro em carteira. O grande número de trabalhadores que têm a sua relação de trabalho à revelia da lei, com boa parte dos seus direitos desrespeitados, provavelmente não seria beneficiado pela RJT legal no curto prazo. Além disso, a facilidade de se operar na informalidade, devido à falta de fiscalização, pode levar algumas empresas a optarem por atuar na informalidade, tendo em vista a elevação dos custos e a melhoria dos direitos dos trabalhadores.

A quarta dificuldade apresentada pela economia nacional verifica-se na sua heterogeneidade. As regiões Norte e Nordeste, com um setor informal mais significativo, empresas com tecnologias menos avançadas, menor produtividade, fiscalização estatal e sindical menos eficientes e empresas e economia com menor capacidade de absorver aumento de custos, provavelmente verificarão maior resistência do setor empresarial à medida e resultados distintos dos verificados em regiões mais desenvolvidas como a Sul e a Sudeste.

Os baixos salários verificados no país constituem-se na quinta dificuldade. Os baixos salários induzem os trabalhadores a vislumbrarem, na realização de horas extras, a forma mais fácil e rápida de elevarem sua remuneração. Essa prática individualista substitui a luta coletiva por aumento salarial, e a execução de horas extras impede a queda da jornada efetiva e a geração de novos postos de trabalho. A elevação da remuneração via aumento da jornada, no longo prazo, permite que os empresários paguem salários menores, o que leva a busca por mais horas extras, permitindo o pagamento de salários mais baixos e, assim sucessivamente, levando à realização de jornadas extremamente longas, que trazem prejuízo à saúde e impedem a geração de novos postos de trabalho.

A sexta dificuldade refere-se à diversidade das jornadas segundo situações ocupacionais e à elevada desigualdade nos rendimentos do trabalho. Constitui-se em obstáculo, porque torna ainda mais complexo o debate sobre a RJT legal, mais difícil de estimar os resultados, mais difícil a fiscalização e difusos os interesses. Portanto, um elemento adicional a ser considerado na complexa questão da RJT.

Por fim, a precariedade da fiscalização estatal, sindical e social constitui-se na sétima dificuldade para que a RJT legal gere um número mais significativo de postos de trabalho. As dificuldades apontadas revelam a complexidade do assunto e indicam que o tema não pode ser tratado superficialmente. Porém, nada que não possa ser superado com políticas específicas.

Questão 6 – Levando em consideração as três dimensões do tempo de trabalho no Brasil, como podemos caracterizá-lo?

Considerando as três dimensões (duração, distribuição e intensidade), pode-se caracterizar o tempo de trabalho no Brasil como um tempo extenso, flexível e intenso. Com relação à **duração** um importante argumento relaciona-se ao fato de a extensão da jornada efetivamente trabalhada no Brasil ser uma das maiores no mundo, conforme pode ser observado nas informações da Tabela 2 (apresentada na questão 10). Esse fato é explicado pela alta jornada normal de trabalho (44 horas semanais) somado à falta de limitação semanal, mensal ou anual para a realização de horas extras, tornando, assim, sua extensão uma das mais altas no mundo. Há uma limitação da jornada máxima diária de 10 horas, porém, não há qualquer penalização para o empregador que ultrapassar esse limite. As horas extras podem ser cumpridas, também, aos sábados, domingos e feriados, com carga diária de 10 horas. Em diversos países, como Argentina, Uruguai, Alemanha, França, para citar alguns, há limitação para a realização de horas extras. Nesses países, fixa-se como máximo de horas extras admitidas por ano entre 200 e 280 horas, o que representa em torno de 4 horas extras por semana. Posicionamento quanto a essa questão foi também tomado pela União Europeia que, por meio da Directiva 93/104/CE, deliberou que a duração máxima da jornada de trabalho semanal para os países membros é de 48 horas semanais incluindo as horas extras. Muito diferente do Brasil, onde a jornada normal é de 44 horas, mais horas extras, que não sofrem nenhuma limitação.

No que se refere à **distribuição,** deve-se notar que houve, nos últimos anos, mais particularmente nos anos 1990, um aumento da flexibilização do tempo de trabalho. Aos meios tradicionais de flexibilização do tempo – hora extra, trabalho em turno, trabalho noturno, férias coletivas – somaram-se novas formas, como a jornada em tempo parcial, o banco de horas e o trabalho aos domingos. No caso do banco de horas existe ainda, como consequência, a perda do controle por parte do trabalhador do seu tempo de trabalho e do seu tempo livre. Isso porque, na maior parte dos casos, é o empregador quem define, sem consulta e com pouca antecedência, o momento em que o empregado irá trabalhar a mais ou a menos, desorganizando, assim, o seu cotidiano.

A terceira dimensão com relação ao tempo de trabalho refere-se à **intensidade**. Além de extenso, o tempo de trabalho total está cada vez mais intenso em função das diversas inovações técnico-organizacionais implementadas pelas empresas como, por exemplo, a polivalência, o *just in time*, a concorrência entre os grupos de trabalho, as metas de produção e a redução das pausas. Para essa intensificação em muito têm contribuído a implantação do banco de horas, pois, em momentos de pico, os trabalhadores são chamados a trabalhar de forma intensa. Em função desse aumento do processo da intensificação da jornada de trabalho, aprofundado desde os anos 1990, um grande número de trabalhadores têm contraído várias doenças ocupacionais, como por exemplo, o estresse, a depressão e lesão por esforços repetitivos, entre outras.

Questão 7 – Quais os impactos sociais da Redução da Jornada de Trabalho

Num contexto de crescente demanda por mão de obra qualificada, a redução da jornada de trabalho, sem redução dos salários, poderia contribuir positivamente para esse desafio, na medida em que sobrariam mais horas para o trabalhador frequentar cursos de qualificação. Para as mulheres, que ainda na grande maioria, além da jornada de trabalho na empresa/organização, cumprem uma segunda jornada no lar, cuidando da casa e dos filhos, a redução também traria grandes benefícios, inclusive permitindo que dediquem um tempo à qualificação, reduzindo assim o diferencial entre gênero. A Redução da Jornada de Trabalho também tornará possível, ao trabalhador, dedicar mais tempo para o convívio familiar, o estudo, o lazer e o descanso.

Esses fatores desencadeados pela Redução da Jornada de Trabalho sem redução de salários poderiam criar um círculo virtuoso na economia, combinando a ampliação do emprego, o aumento do consumo, a elevação dos níveis da produtividade do trabalho, a melhoria da competitividade do setor produtivo, a redução dos acidentes e doenças do trabalho, a maior qualificação do trabalhador, a elevação da arrecadação tributária, enfim, um maior crescimento econômico com melhoria da distribuição de renda e qualidade de vida.

Questão 8 – Por que os representantes empresariais são contrários a RJT?

A resistência do setor empresarial à RJT se manifesta historicamente. Apesar dos benefícios macroeconômicos da medida, a oposição ocorre em virtude da ideologia liberal e da visão fragmentada da economia (microeconômica) dos representantes dos empresários. A ideologia liberal manifesta-se na oposição à intervenção do Estado nas relações no mercado de trabalho; quanto menor a intervenção do Estado, maior o poder discricionário dos empresários e maior o poder político dos mesmos. Especificamente no caso da RJT, ela interfere diminuindo o controle empresarial sobre o tempo de trabalho e na distribuição dos ganhos de produtividade em favor dos trabalhadores. A visão fragmentada da economia faz com que os empresários percebam na RJT apenas o primeiro impacto de aumento de custos para sua firma, sem perceberem o impacto indireto derivado do aumento da demanda agregada e, particularmente, o aumento da demanda pelos seus produtos. Na experiência francesa, do final do anos 1990 e início dos anos 2000, quando a jornada de trabalho legal passou de 39 horas semanais para 35, onde houve forte resistência do setor empresarial no início da implantação da RJT, observou-se aumento do lucro das empresas no decorrer do processo (COUTROT, 2000).

Questão 9 – A RJT diminui a competitividade internacional do país que a executa?

Os empresários defendem que a Redução da Jornada de Trabalho irá tirar competitividade da indústria nacional por acarretar em aumento de custo para a mesma. Em países desenvolvidos, é muito utilizado outro argumento contrário à RJT, que é o do risco da transferência de plantas industriais inteiras para países onde o custo da mão de obra é menor. Porém esse argumento não faz sentido para o caso brasileiro. Nos países com os quais o Brasil mantém relações comerciais, em regra geral, o custo da mão de obra é superior. Quando analisado mais atentamente o discurso empresarial da transferência de plantas, na maior parte dos casos funciona mais como ameaça e menos como uma prática efetiva. A análise dos Investimentos Diretos no Estrangeiro de países desenvolvidos como EUA e Alemanha demonstra que os investimentos do capital produtivo se direcionam prioritariamente para países desenvolvidos que têm alto nível de competitividade, mão de obra qualificada, forte mercado interno, boa infraestrutura e também altos salários.

Em dois índices internacionais que medem a competitividade dos países, o Brasil ocupa posições constrangedoras, que, com certeza, não melhoraria com maior redução dos salários. Para o *International Institute for Managemet Development*, da Suíça, que publica o *World Competitiveness Yearbook*, e mede a competitividade de 60 países, o Brasil ocupou a 51ª posição no ano de 2013 (IMD, 2014). Todos os 10 primeiros países posicionados no *ranking* têm salários melhores que os brasileiros. Para o índice de competitividade de crescimento divulgado pelo Fórum Econômico Mundial, o Brasil ocupava a 56ª posição entre 148 países pesquisados no ano de 2013. Novamente, os 10 primeiros países do *ranking* têm salários superiores aos do Brasil. Em nenhum desses índices o baixo salário é considerado quesito positivo para a competitividade, e, portanto, o aumento salarial não levaria à perda da competitividade segundo os critérios utilizados por essas instituições. Cabe questionar, aos que entendem que o aumento salarial levaria a perda de competitividade, qual o critério de competitividade que utilizam e baseados em que fatos sustentam essa posição.

Portanto, a RJT e o seu respectivo aumento de custos não vão trazer prejuízos significativos à competitividade brasileira, pelo simples motivo de que o diferencial na competitividade dos países não se encontra no custo da mão de obra. Caso assim o fosse, os países desenvolvidos seriam menos competitivos por terem o custo da mão de obra mais elevado, e o Brasil, que apresenta jornada de trabalho superior a dos países desenvolvidos e salários inferiores, já ocuparia os primeiros lugares em termos de competitividade. O que torna um país competitivo são as vantagens sistêmicas que ele oferece: o sistema financeiro voltado ao financiamento de capital de giro e de longo prazo e com taxas de juros acessíveis, redes de institutos de pesquisa e universidades dirigidas ao desenvolvimento tecnológico, população com altas taxas de escolaridade, mão de obra qualificada, infraestrutura desenvolvida etc.

O caso francês é exemplar para refutar essa visão empresarial

É importante apresentar os impactos econômicos da medida para a França, a partir de algumas questões apontadas por críticos da Redução da Jornada de Trabalho na França: 1) a medida não gerou mais emprego; 2) a RJT aumentou o custo da hora de trabalho e elevou o custo unitário do trabalho, teve como consequência a perda de competitividade internacional da economia francesa.

Com relação à questão da geração ou não de empregos na França, a afirmação de que a medida não gerou empregos desconhece um estudo realizado pelo Ministério do Trabalho francês que indicou a geração de 412.000 postos de trabalho em função da política de Redução da Jornada de Trabalho (*Ministère de L'Emploi et de la Solidarité*. Bilan et sondages, 2002).

Para refletir sobre os argumentos de que a Redução da Jornada de Trabalho teria elevado o custo da hora de trabalho e o custo unitário do trabalho, e assim diminuído a competitividade do país, é preciso considerar os dados do relatório da OIT "Principais Indicadores do Mercado de Trabalho".[63] O estudo não referenda a hipótese de perda da competitividade internacional da França em função do aumento do custo do trabalho. Em 1995, o custo unitário do trabalho nesse país equivalia a 112% do custo verificado nos EUA (na condição de país líder da economia mundial, os EUA servem de referência para a comparação de desempenho dos demais países), percentual que caiu para 104%, 10 anos depois, em 2005. No mesmo período, outros países da Europa, que não reduziram a jornada legal de trabalho, fizeram crescer essa proporção, como foi o caso do Reino Unido, que passou de 80% para 109%, da Irlanda, que foi de 80% para 96% e da Espanha, de 74% para 75%.

O argumento de perda de competitividade da França também não é confirmado, segundo a pesquisa, na comparação entre os países, quando o critério é o valor agregado por hora trabalhada. O trabalhador da Noruega detinha a liderança (US$ 37,99),

---

63 O relatório "Principais Indicadores do Mercado de Trabalho" que a Organização Internacional do Trabalho (OIT) divulga, contêm uma ampla base de dados de diversos países, com 20 indicadores-chaves do mercado de trabalho a partir de 1980, entre eles os dados sobre a produtividade, custo unitário do trabalho e análise das principais tendências desses indicadores em todo o mundo <kilm.ilo.org/KILMnetBeta/default2.asp>.

seguido pelos Estados Unidos (US$ 35,63), e muito próximo deste vinha a França com US$ 35,08 de valor agregado por hora de trabalho. Na França a taxa média anual de crescimento da produtividade do trabalho no conjunto da economia, entre 1980 e 2005, foi de 1,5%, superior às obtidas no período pela Alemanha (1,4%), Canadá (1,0%), Espanha (1,2%) e Itália (1,1%). Para o mesmo período, a produtividade do trabalho na indústria de transformação também apresentou um razoável desempenho na França, com taxa média de crescimento de 3,5% entre 1980 e 2005, contra 2,8% da Alemanha, 2% na Espanha, 2% na Itália, 0,8% no Canadá e 3,4% na Índia.

Ainda, de acordo com o estudo da OIT, em 2005 cada pessoa ocupada na economia francesa gerou um Produto Interno Bruto (PIB) de US$ 53.948 dólares anuais, o terceiro melhor resultado em um total de 19 países desenvolvidos, atrás apenas dos EUA (US$ 62.992) e Irlanda (US$ 55.179). Os dados da OIT no relatório, que tratam da evolução dos indicadores entre 1980 e 2005, referem-se a um período que, em parte, coincide com o mesmo em que ocorreu a Redução da Jornada de Trabalho na França, entre 1982 e 2000. Portanto, o crescimento da produtividade na França vem superando a de inúmeros países que não realizaram reduções em sua jornada legal de trabalho, incluída a Alemanha, reconhecida como um modelo de crescimento na União Europeia (UE), e que obteve no mesmo período média anual de crescimento da produtividade de 1,4%.

Ainda que não se possa inferir categoricamente que a redução da jornada tenha levado a um aumento da produtividade do trabalho na França, menos indicada ainda é qualquer associação entre a redução da jornada ocorrida no país e uma suposta queda de produtividade. A produtividade do trabalho, como se sabe, é fundamental para elevar o padrão de vida da sociedade, mas serve também como um excelente indicador de monitoramento da eficácia das políticas direcionadas para a melhoria do funcionamento do mercado de trabalho.

Portanto, pode-se afirmar que nas últimas décadas a França, por um lado, apresentou elevação da produtividade do trabalho e, por outro, o custo unitário do trabalho[64] na sua economia cresceu menos que o dos EUA, mesmo tendo realizado uma Redução da Jornada de Trabalho legal. Os indicadores disponíveis, portanto, não sustentam a tese de que o custo unitário do trabalho na França teria crescido acima da produtividade, afetando assim a competitividade dos produtos franceses.

Finalmente, pode-se concluir, no caso francês, que em função do elevado número de setores que não quiseram a ajuda governamental, fica explícito que o motivo da resistência à redução da jornada não está vinculada unicamente a possíveis aumentos de custo. Relaciona-se sim, com um conflito muito maior entre trabalho e capital, onde este deve tornar claro, permanentemente, seu poder e sua posição contrária à conquista de direitos pelos trabalhadores, bem como sua oposição à intervenção do Estado nessa relação quando são propostas leis que beneficiem os trabalhadores.

Questão 10 – A jornada de trabalho vem aumentando ou diminuindo no mundo?

A duração da jornada de trabalho teve, em geral, uma trajetória muito semelhante em todos os países capitalistas. No princípio do modo de produção capitalista e no decorrer do capitalismo concorrencial, onde havia poucas regulações estatais e onde a forma mais utilizada para exploração do trabalhador era a extensão da jornada de trabalho (mais-valia absoluta), a quantidade de horas diárias trabalhadas e os dias trabalhados tenderam a se estender até o limite da capacidade humana. A partir daí, a classe trabalhadora foi se organizando e conquistando melhorias nas condições de trabalho e redução do tempo de trabalho. Em meados do século

---

64 A OIT define o custo unitário do trabalho como o custo total do trabalho de valor adicionado bruto. Neste cálculo, além do salário bruto do trabalhador, entram também os demais custos do trabalho pagos pelo empregador, como a seguridade social.

XIX, teve início a inflexão da curva do tempo de trabalho. A partir de então, a queda das horas anuais trabalhadas foi se reduzindo contínua e constantemente.

A luta pela redução do tempo de trabalho ao longo da vida permite várias frentes de batalha, onde a redução da jornada diária ou semanal de trabalho, o aumento de feriados, o aumento de dias de férias, a antecipação da aposentadoria e a redução da idade de ingresso no mundo do trabalho são as principais e mais significativas. Porém, elas não param por aí, pode-se citar a licença por acidente de trabalho, saúde, maternidade, paternidade, gala, nojo etc. Em todas as frentes, a classe trabalhadora obteve conquistas a partir de meados do século XIX e no correr no século XX. A obrigatoriedade da educação primária para as crianças e a conquista da aposentadoria para os mais idosos encurtaram o período de vida dedicada ao trabalho (BLYTON, 1992; CETTE & TADDÉI, 1997a; HART, 1987; HUNT, 1998).

Essas conquistas evoluíram de forma significativa, em quase todas as partes do mundo capitalista, até o final da década de 1970. A partir dos anos 1980, elas desaceleraram, e já há, atualmente, em alguns locais, um novo aumento da jornada efetiva de trabalho. Porém, *grosso modo*, pode-se dizer que o quadro geral do tempo de trabalho continua apresentando reduções mesmo que de forma mais branda. No entanto, deve-se ter cuidado ao analisar tais dados, porque o fenômeno das duas últimas décadas pode estar fazendo menos referência à redução da jornada como uma conquista da classe trabalhadora e mais a uma dualização da jornada de trabalho, onde alguns trabalham em tempo integral e mais extensamente, enquanto outros trabalham em tempo parcial e de forma precarizada.

Marchand (1992) e a OECD (1998) alertam para a dificuldade em se comparar as horas trabalhadas em diferentes países. Marchand também faz referência à diversificação das jornadas de trabalho dentro de um mesmo país; ela tornaria pouco ilustrativo o dado da média da jornada de trabalho. Diferentemente de anos passados, quando a forma de organização do processo de produção exigia uma jornada de trabalho relativamente homogênea no tempo de duração e mesmo no período de execução, atualmente a jornada de trabalho é m ais diversificada entre os setores, as companhias e até mesmo entre os trabalhadores de uma mesma empresa. O fenômeno do crescimento do tempo parcial, o serviço levado para casa, o banco de horas, o turno de revezamento, os trabalhos aos domingos e feriados e o crescimento do trabalho autônomo tornaram mais complexa a medição da jornada de trabalho (CETTE & TADDÉI, 1997a; DELEIRE, BHATTACHARYA & MACURDY 2002; HUNT, 1998; OWEN, 1988).

Um estudo realizado por *Bundesversiningung der Deutschen Arbeitgeberverbände* (*apud* HUNT, 1998) para 17 países da União Europeia, Estados Unidos e Japão, procura tornar comparáveis os dados sobre jornada de trabalho padrão entre os diversos países e, para tanto, isola os dados apenas dos trabalhadores *blue collars* em tempo integral nas manufaturas; também encontra RJT no período de 1984-1995 para todos os países, com exceção da Suécia, onde não encontra alteração nenhuma. A OECD[65] destaca a contribuição significativa do crescimento da participação do trabalho em tempo parcial na diminuição da jornada de trabalho média, porém ressalta que a jornada de trabalho dos trabalhadores em jornada integral também tem apresentado diminuição e que contribui com o mesmo peso na diminuição da jornada média.

No entanto, esses alertas não invalidam a observação da evolução dos dados para a verificação da tendência da jornada de trabalho conforme pode-se ver na tabela a seguir.

---

65 "On the unweighted average for the fifteen countries shown, the average year-on-year decline of around three hours may be ascribed roughly equally to a decline in the working hours of full-time workers and to an increase in the proportion of part-time workers" (OECD, 1998, p. 157).

Tabela 2 – Horas de trabalho anual por trabalhador nos países da OCDE e Brasil nos anos de 2000 e 2012.

País	Horas de trabalho anual por trabalhador 2000	2012	Variação %
Alemanha	1471	1397	(-) 5,03
Austrália	1776	1728	(-) 2,70
Áustria	1842	1699	(-) 7,76
Bélgica	1545	1574	1,88
Canadá	1777	1710	(-) 3,77
Chile	2263	2029	(-) 10,34
Coreia do Sul[1]	2512	2090	(-) 16,80
Dinamarca	1581	1546	(-) 2,21
Eslovênia	1710	1640	(-) 4,09
Espanha	1731	1686	(-) 2,60
Estônia	1987	1889	(-) 4,93
EUA	1836	1790	(-) 2,51
Finlândia	1751	1672	(-) 4,51
França	1523	1479	(-) 2,89
Grécia	2130	2034	(-) 4,51
Holanda	1435	1381	(-) 3,76
Hungria	2033	1889	(-) 7,08
Irlanda	1719	1529	(-) 11,05
Israel	2017	1910	(-) 5,30
Islândia	1885	1706	(-) 9,50
Itália	1861	1752	(-) 5,86
Japão	1821	1745	(-) 4,17
Luxemburgo	1683	1609	(-) 4,40
México	2311	2226	(-) 3,68
Nova Zelândia	1828	1739	(-) 4,87
Noruega	1455	1420	(-) 2,41
Polônia	1988	1929	(-) 2,97
Portugal	1791	1691	(-) 5,58

República Eslovaca	1816	1785	(-) 1,71
República Tcheca	1904	1800	(-) 5,46
Suécia	1642	1621	(-) 1,28
Suíça	1688	1636	(-) 3,08
Turquia	1937	1855	(-) 4,23
Reino Unido	1700	1654	(-) 2,71
Rússia[2]	1982	1982	0,0
Países da OCDE	1844	1766	(-) 4,23
Brasil[3]	2006	1944	(-) 3,09

Fonte: OCDE e IBGE para o Brasil
(cálculo anual a partir da jornada semanal média obtida na PME).

[1] Para Coreia do Sul e Suíça os dados da terceira coluna são referentes ao ano de 2011.

[2] A Rússia está em processo de adesão à OCDE.

[3] Para o Brasil o dado da segunda coluna é referente ao ano de 2002.

Em nível internacional, cabe destacar a Convenção n. 1 da Organização Internacional do Trabalho (OIT), de 29 de outubro de 1919, que estipulou a jornada de oito horas diárias e 48 semanais para o setor industrial e que atualmente conta com 52 países signatários (OIT, 2004). Mais recentemente, a União Europeia, por meio do Conselho da União Europeia, reunido em 23 de novembro de 1993, deliberou, através da diretiva 93/104/CE, a duração máxima do trabalho semanal, incluindo horas extras, em 48 horas para todos os trabalhadores, diretiva que passou a vigorar a partir de 23 de novembro de 1996 (Conselho da União Europeia, 2004).

É importante também que se observe mais detalhadamente o movimento recente de alguns países no que se relaciona ao tempo de trabalho. Com o objetivo de reduzir a jornada de trabalho para melhorar as condições de vida dos seus trabalhadores, distribuir renda e ou para se aproximar da jornada mais usual nos países desenvolvidos, nos últimos anos, alguns países reduziram, via legislação, a jornada normal de trabalho. África do Sul, Chile, China, Coreia do Sul, Japão, Portugal e França são exemplos dessa redução.

A redução, na África do Sul, ocorreu no final da década de 1990, quando a jornada passou de 46 para 45 horas semanais aos trabalhadores de um modo geral. Essa mudança, porém, significou uma diminuição de três horas semanais para os mineradores e trabalhadores da agricultura que tinham, anteriormente, jornada semanal de 48 horas.

Na China, com a reforma nas leis trabalhistas em 1994, a jornada de trabalho padrão foi diminuída de 48 para 44 horas semanais. Além dessa redução, e em conformidade com a convenção pela semana de 40 horas da Organização Internacional do Trabalho, o governo chinês determinou a adoção progressiva em dois anos para atingir a jornada de trabalho de 40 horas semanais. Segundo a publicação sobre leis trabalhistas na China, *Asian Labour Update*, em 2003, e a publicação da OIT *Working conditions laws*, 2006 e 2007, a jornada legal na China é de 40 horas semanais.

A jornada de trabalho também passou por diversas reduções na Coreia do Sul. Em 1989, foi reduzida de 48 para 44 horas semanais. Depois, em 2003, houve a reforma da legislação trabalhista que passou a ser implementada no ano seguinte e reduziu a jornada para 40 horas semanais.

O caso do Japão serve para ilustrar a forte relação entre jornada efetiva de trabalho e horas extras. Entre os países desenvolvidos, o Japão tinha a mais longa jornada de trabalho anual, que em 1960 chegava a 2.426 horas. A partir daquele ano, começou um processo pela redução da jornada que ficou caracterizado por três fases: a primeira, que foi de 1960 a 1975, apresentou uma forte queda, porém ainda mantendo o Japão como o país desenvolvido de mais alta jornada de trabalho; a segunda, de 1975 a 1987, período de estabilidade; e a terceira, a partir de 1988, de nova queda. Em 1987, foi adotado um novo código do trabalho, que deu novo impulso à redução, e, na sequência, em 1991, o Conselho do Trabalho publicou um manual versando sobre férias e horas extras.

Ao longo desse processo, as principais medidas foram de redução da jornada normal de trabalho, regulação e aumento dos dias de férias, aumento do adicional de horas extras e limitação para execução das mesmas. Como resultado, durante toda a década de 1990, o Japão experimentou, de fato, uma forte redução da jornada efetiva de trabalho. A política adotada ficou caracterizada pela preocupação com a redução da jornada normal de trabalho em sintonia com a redução das horas extras. Quanto à jornada legal, atualmente no Japão ela é de 40 horas semanais.

Em Portugal, a jornada de trabalho é balizada pela Convenção n. 1 da Organização Internacional do Trabalho, de 29 de outubro de 1919, que estipulou a jornada de oito horas diárias e 48 semanais para o setor industrial e mais recentemente pela diretiva 93/104/CE do Conselho da União Europeia. Já como reflexo dessa diretiva, em dezembro de 1996, houve a redução da jornada de 42 horas semanais para 40 horas para trabalhadores em escritório.

No Chile, a jornada de trabalho, que desde 1924 era de 48 horas semanais, foi reduzida para 45 horas sem redução salarial em 1º de janeiro de 2005. O limite diário de 10 horas não foi alterado, nem a distribuição da semana de trabalho em no máximo seis e no mínimo cinco dias. Ao mesmo tempo mudou a lei que regulamenta a hora extraordinária reforçando o uso para atender apenas necessidades temporárias.

Finalmente, no Brasil, a última Redução da Jornada de Trabalho já ocorreu há mais de 20 anos, quando, na Constituição Federal de 1988, foi reduzida de 48 para 44 horas. Segundo Dal Rosso (1998), no único estudo realizado no Brasil sobre os impactos na geração de empregos com a Redução da Jornada de Trabalho em 1988, como já visto anteriormente, apontou que a RJT resultou na criação de novos postos de trabalho.

CAPÍTULO 8▸

O desejo de mandar

Fernando Braga Costa

A cidade de São Paulo é generosa na oferta de colégios cujos frequentadores são meninos e meninas das classes dominantes. Mesmo na zona leste do município – conhecida por muitos cidadãos como a menos nobre – existem aquelas instituições de ensino destacadas pela seleção socioeconômica de seus pupilos.

Eu cresci em uma região paulistana cujo metro quadrado é um dos mais valorizados do Brasil. Era aluno colegial de uma escola cara. Na verdade, bem cara. Toda atmosfera escolar estava pautada por dois vetores: ingresso vestibular em uma universidade prestigiada e projetar-se profissionalmente a fim de obter remuneração polpuda.

Obviamente, essas circunstâncias vinham acompanhadas de uma série de elementos constituintes de interesses de classe. Manter o padrão financeiro desfrutado até aquele instante pela esmagadora maioria dos colegas, ostentar um diploma em carreira concorrida – direito, medicina ou engenharia – sentindo-se à vontade nessas áreas ou não, narrar em detalhe a última farra de compras na cidade de Miami (EUA), discorrer acerca dos bens materiais da família de origem.

O ambiente psicossocial era pouco politizado e as discussões a respeito das eleições diretas (conquista recente àquela altura) faziam clara referência à polarização: ricos x pobres. A disputa entre Fernando Collor de Mello e Luiz Ignácio Lula da Silva, em 1989, pela cadeira presidencial, ainda rendia comentários temperados pelo preconceito e pelo escárnio. Que "ousadia" era aquela: um torneiro mecânico "baderneiro" que se considerava em condições de presidir a federação?

Esse era o clima institucional.

A despeito de toda soberba dos muitos vestibulandos que frequentavam a escola, o local era bastante simplório, em especial se comparado aos seus grandes concorrentes diretos: Santo Américo, Porto Seguro, Miguel de Cervantes, Dante Alighiere. Não possuíamos um ginásio de esportes. Longe disso: as aulas de educação física – unanimente celebradas como oásis cravados na aridez do deserto – tinham como palco uma pequena e acanhada quadra poliesportiva, espremida entre o muro dos fundos e algumas salas de aula, e outra improvisada (e reversível) em meio ao pátio e corredores externos. Havia apenas um laboratório de química, tão miúdo que a turma em geral era dividida em pequenos grupos. A cantina lembrava um *trailer*: três funcionários lá dentro, que se esbarravam o tempo todo, tentando dar conta de dezenas de adolescentes famintos e aglomerados do lado de fora. As duas pequenas aberturas ao público, que mais lembravam duas janelas, eram nitidamente insuficientes para dar vazão aos poucos, mas saborosos salgados. A biblioteca era bem organizada, mas pouco frequentada. Bem miudinha também, acabava por servir mais aos alunos suspensos do que a alguém interessado em alguma leitura extracurricular. De qualquer modo, o espaço físico acanhado que em nada lembrava outro concorrente com instalações nababescas, o Santa Cruz, contrastava com a megalomania opressora dos "futuros comandantes do país".

Certo dia, a diretora-proprietária lecionava sua disciplina: História do Brasil. Lembro bem daquela aula por duas razões. A primeira delas é que a professora lamentava o "desastre" de ter havido uma colonização portuguesa em nosso país. E dizia: "Melhor teria sido se os holandeses tivessem vencido a disputa. Maurício de Nassau era um grande visionário". Em momento algum a responsável por nos formar conhecedores de nossa própria história fez refletir acerca de que poderia, na verdade, não ter havido colonização alguma! Isto é, a presença conhecida e notória de habitantes índios nessas terras, pouco lhe sensibilizava. Esses seres humanos não contariam como responsáveis por seus próprios destinos? A segunda razão que torna inesquecível aquela aula nos importa mais de perto e, penso eu, comunica-se diretamente com a centralidade das preocupações deste livro.

Pois bem.

Havia um único aluno mulato naquele 1°B. Rigorosamente falando: mulato claro, pele parda, traços fisionômicos miscigenados, cabelos bem escuros e bem encaracolados. Ostentava uma barriga timidamente saliente – o que lhe rendia brincadeiras diversas – em um corpo brevilíneo que não ultrapassava 1,65m de altura. Tinha um olhar vívido, em sintonia com sua inquietude e espírito crítico. Arriscava-se na bateria de algumas bandas de rock da escola e, gozador, sempre que podia debochava de minha beatlemania: "Nem minha avó escuta isso! Coisa de velho, Braga...". Sua presença em sala de aula era marcante e querida pelos mais próximos. Seus comentários em geral eram agudos e bem argumentados, muitas vezes promovendo constrangimento em alguns professores menos articulados. Ele era ácido nas piadas com os mais tímidos, aparentemente beneficiando-se de sua intrepidez a fim de se sobressair frente aos demais na frente das garotas. As cenas faziam-nas rir, mas não as empolgava a ponto de o jovem ter algum êxito amoroso. De qualquer modo, Dudu* estava longe de ser um adolescente "invisível".

Naquele dia, Hilda* entrou em sala de aula com uma postura claramente mal-humorada. Não que fosse de seu costume ser simpática e sorridente. Ranzinza quase sempre, no alto de seus 1,85m corpulentos, impunha temor enquanto discorria sobre as capitanias hereditárias ou celebrava as benfeitorias de Irineu Evangelista de Souza, o Barão de Mauá, um de seus personagens favoritos. Olhos verdes e atentos como patrulhas incansáveis, dissertava com exuberante memória tudo aquilo que lhe parecia essencial. Os cinquenta minutos reservados a cada disciplina – e cumpridos rigorosamente por seus subalternos – aparentemente não faziam sentido para a professora que, com frequência, estendia-se livremente sem matemática que respeitasse o tempo dos outros docentes.

Que o leitor me perdoe a provável superextensão em detalhes da descrição do perfil daquele aluno e dessa professora. É que não poderia negligenciar a densidade da cena – curta e pontiaguda – e parte da atmosfera que a compunha. Estava tudo ali, disponível aos olhos e aos demais sentidos de todos os presentes. Captar o centro nevrálgico do que ali acontecia demandava apenas e tão somente um pouco de atenção e alguma ingenuidade.

Dudu estava sentado um pouco à minha frente, à direita. Não parecia mais agitado que o de costume. Eventualmente um pouco disperso, e nada mais. De repente, algo lhe tirou a atenção da aula. Por breves segundos ele inclinou o corpo na direção de um colega que, aparentemente, o chamara. Foi o suficiente: Hilda pôs-lhe os olhos em fogo. Ainda que de maneira muito rápida o estudante tivesse retomado a compostura, ela o interpelou com uma indagação:

– Senhor Eduardo Boaventura, o que pretende como profissão?

Ele ainda hesitou, dada a inadequação contextual da pergunta naquele exato instante. Mas prosseguiu:

– Eu quero ser médico, professora.

Note bem o leitor que, a partir do momento em que a professora interrompe o fluxo de sua aula e estabelece abruptamente um diálogo com Dudu, todas as atenções dos quase quarenta colegiais concentram-se de modo hegemônico naquela dupla. Eu fiquei tenso. Diria até que me apavorei, apenas por imaginar algo que pudesse expor moralmente o colega. É provável que boa parte da turma compartilhasse dessa espécie de ansiedade, dado o temperamento da diretora combinado à sua necessidade de reafirmar subserviência à hierarquia.

Presumo que ela tenha formulado a réplica antes mesmo de ter preparado a pergunta ao Dudu. A resposta da docente veio cortante. Ainda que tivesse direito à tréplica, o garoto por si só não seria capaz de reverter o efeito de rebaixamento psicológico a que estaria submetido. E caso ousasse projetar qualquer fala sinto que seria nova e agudamente humilhado.

Ela disse:

– Médico??? Pois com esse tipo de comportamento o máximo que irá conseguir é ser açougueiro!

Alguns poucos colegas riram debochados, sem nenhum sentimento de empatia por Dudu. Outros balbuciaram algo para si mesmos, talvez consternados. A esmagadora maioria silenciou friamente, como que em uma espécie de plena concordância. Nenhum questionamento ecoou.

Tudo foi retomado por Hilda, sem reflexão ou constrangimento. Dudu parecia engolido pela própria vergonha e pela evidente impotência diante do crime psicológico.

Tive vontade de defender a classe profissional dos açougueiros, agredida gratuitamente e sem razoabilidade. Mas nada fiz. Tive vontade também de falar algo em nome do colega, o que em alguma medida seria falar também em nome de cada aluno, todos possivelmente sujeitos a tal brutalidade. Mas nada fiz. Tive vontade – e essa certamente irrealizável – de conduzir o tempo ao passado e reprogramar a cena.

Nada absorvi do que durante mais longos minutos durou aquela maldita aula. Toda verborragia comum à Hilda, que em geral trazia adrenalina às veias, foi incapaz de me ejetar daquele estado letárgico. Eu pensava apenas nos açougueiros, que nem me eram assim tão familiares, e no Dudu. O que estaria ele sentindo e pensando? Por que não reagiu? O que teria se passado caso reagisse? Optou conscientemente por não reagir?

A frieza da turma, percebo agora, também merece reflexão. O que dizer acerca dessa paralisia? Concordavam com a professora acerca das tais expectativas de comportamentos distintos para estas ou aquelas profissões? E se não concordavam, por que não estiveram encorajados a se manifestar? Perceberam o constrangimento do colega? Sentiram-se também humilhados?

Dudu não foi mais o mesmo. Parecia bem mais tenso que o de costume. Minha impressão sobre isso se confirmava quando era possível prestar atenção à sua inquietude como que reprimida, quase o levando a uma espécie de curto-circuito. Posso estar exagerando. Mas o fato é que jamais o tinha visto daquela maneira: de olhos baixos, a rabiscar qualquer bobagem na própria borracha. Também passou a ser menos participativo nas aulas. Ele parecia amordaçado desde então. Carregou isso para outras disciplinas. Levou isso durante semanas.

Ao final do terceiro ano colegial, Dudu já havia se mudado de escola. Não que os fatos estivessem diretamente ligados como relação de causa e consequência. Todavia, impossível desconsiderar que ocorrências dessa natureza compõem um pano de fundo coerente e sistemático. É como se circunstâncias como aquelas – mais ou menos corriqueiras – de tão óbvias quanto à sua significação não despertassem mais qualquer estranhamento.

Fatos que explicam cruamente o *modus operandi* de determinada cultura, uma dinâmica intersubjetiva, a especificidade de certos comportamentos, individuais ou grupais. Haveria como que uma expectativa inconsciente (ou latente) de que o desenho da cena, o enredo, o desfecho, fosse aquele mesmo. Ninguém parecia surpreso com a ideia de que açougueiros e médicos devem assumir posturas diferentes a partir de suas profissões. Talvez mais: a ideia é que determinados comportamentos conduzem naturalmente o sujeito a algumas ocupações profissionais.

Tais constatações levam-me a evocar *A interpretação das culturas*, do etnógrafo Clifford Geertz (1989). Ali, aprendemos que cultura, como conceito, constitui-se como fenômeno essencialmente semiótico. O homem é compreendido como um animal amarrado a teias de significados que ele mesmo teceu. Analisar e interpretar uma cultura não deveria, portanto, aproximar-nos de uma ciência experimental em busca de leis, mas de uma ciência interpretativa à procura de significados. Ao construir expressões sociais enigmáticas na sua superfície, estaríamos, sempre, em busca de explicações.

Dessa forma, o empenho intelectual justificado neste capítulo representa o desejo de estar alinhado à Fenomenologia (inclusive freudiana e marxista) como escola de pensamento, e o risco de propormos uma descrição densa daquilo que observamos, testemunhamos ou protagonizamos.

Em suas argumentações, Geertz cita Gilbert Ryle (1989, p. 14):

> *Vamos considerar, diz ele, dois garotos piscando rapidamente o olho direito. Num deles, esse é um tique involuntário, no outro é uma piscadela conspiratória a um amigo. Como movimentos, os dois são idênticos; observando os dois sozinhos, como se fosse uma câmara, numa observação fenomenalista, ninguém poderia dizer qual delas seria um tique nervoso, uma piscadela ou, na verdade, se ambas eram piscadelas ou tiques nervosos. No entanto, embora não retratável, a diferença entre um tique nervoso e uma piscadela é grande, como bem sabe aquele que teve a infelicidade de ver o primeiro tomado pela segunda. O piscador está se comunicando e, de fato, comunicando de uma forma precisa, e especial: 1) deliberadamente; 2) a alguém em particular; 3) transmitindo uma mensagem particular; 4) de acordo com o código socialmente estabelecido; e 5) sem o conhecimento dos demais companheiros. Conforme salienta Ryle, o piscador executou duas ações, contrair a pálpebra e piscar enquanto o que tem um tique nervoso apenas executou uma – contraiu a pálpebra. Contrair as pálpebras de propósito, quando existe um código público no qual agir assim significa um sinal conspiratório, é piscar. É tudo que há a respeito: uma partícula de comportamento, um sinal de cultura e – voilá! – um gesto.*

Cultura é hábito. Não existem, portanto, culturas superiores ou inferiores, mais avançadas ou mais atrasadas. Existem, isso certamente, culturas diferentes. É o que faz variar rituais religiosos e gastronômicos, costumes sexuais e educacionais, práticas sociais e artísticas.

"A maior parte do que precisamos para compreender um acontecimento particular, um ritual, um costume, uma ideia, ou o que quer que seja", vai dizer Geertz (1989, p. 16) mais adiante, "já está insinuado como informação de fundo antes da coisa em si mesma ser examinada diretamente". Realizar uma análise consistente baseia-se, portanto, em atinar e escolher entre as estruturas de significação e determinar sua base social e sua importância. Isso porque a cultura, compreendida como documento de atuação, é sobretudo pública, assim como uma piscadela burlesca. "Embora uma ideação, não existe na cabeça de alguém; embora não física, não é uma entidade oculta". Decorre disso que a indagação a ser feita é qual é a sua importância: o que é transmitido com a sua realidade, sendo ela um deboche ou um orgulho, um escárnio ou um protocolo, uma ironia ou uma ira.

Ainda com Geertz, a cultura configura-se como coisa pública porque seu significado o é. Não é possível piscar (ou caricaturar a piscadela) sem conhecer o que é assumido como uma piscadela ou como contrair, fisicamente, suas pálpebras. Não obstante, extrair de tais verdades a noção de que atinar como piscar é piscar é demonstrar uma confusão tão profunda como, assumindo as descrições superficiais por densas, identificar as piscadelas com contrações de pálpebras. Desta forma, seriam três as características da descrição etnográfica:

> *Ela é interpretativa; o que ela interpreta é o fluxo do discurso social e a interpretação envolvida consiste em tentar salvar o dito num tal discurso da sua possibilidade de extinguir-se e fixá-lo em formas pesquisáveis.* (GEERTZ, 1989, p. 17)

O episódio no qual Dudu foi declarado inapto em conduta para ostentar a batina de médico não revela novidade. Faz parte de pensamento e discurso hegemônicos representantes de uma lógica nefasta a formar e informar nossa compreensão de mundo. Compreensão esta, na verdade, que em momento algum se constitui como entendimento livre e ingênuo das realidades que vão se apresentando à consciência. Trata-se, na mais otimista das hipóteses, de uma reprodução maciça de visão hostil e segregadora, espécie de classificação e interpretação dos comportamentos humanos segundo condições profissionais e, por consequência, conforme condições socioeconômicas.

Da mesma forma como a ciência química classifica elementos segundo sua volatilidade, da mesma maneira como a ciência biológica classifica animais em grupos vertebrados e invertebrados, do mesmo modo como a matemática classifica equações de primeiro e de segundo grau, em algum nível nos acostumamos também a classificar pessoas. Não que, segundo alguns aspectos, seja imprecisa ou fantasiosa certa concepção acerca de "tipos psicológicos". E, mesmo assim, qualquer afirmação nesse sentido demanda sempre atenção apurada e demorada, atinando com cuidado acerca de dinâmicas não necessariamente invariáveis de pessoa a pessoa.

Nas disciplinas do Departamento de Saúde Coletiva na Faculdade de Medicina onde lecionei durante anos, dado o ineditismo do tema para aqueles estudantes, foi necessário que eu lançasse mão de uma imagem a fim de que compreendessem as origens e a função psicológica do preconceito e do estereótipo.

Em geral, eu iniciava solicitando a todos que imaginassem uma criança pequenina, de no máximo dois anos de idade e que estivesse aprendendo a nomear objetos, animais e pessoas. E prosseguia dizendo que muitos de nós aprendemos a chamar "au-au" os cachorros, "miau" os gatos e assim sucessivamente. Ocorre que o repertório linguístico deste ser em início de desenvolvimento é insuficiente para distinguir boa parte do que não lhe escapa à visão. Não raramente, "au-au" serve para apontar cachorros, gatos, cavalos, vacas etc., enfim, todo e qualquer ser vivo quadrúpede que a criança encontre.

Obviamente ela está errada, afinal de contas cachorros, gatos, cavalos e vacas são claramente diferentes entre si. Não obstante, consideradas todas as suas reais distinções, ainda assim seria possível agrupar cachorros, gatos, cavalos e vacas segundo determinados aspectos. Este "certo-errado" representa a evidência de que, variando os critérios e a acuidade da visão, variam também os resultados desse processo de captura e interpretação de imagens. Isto é, nossa subjetividade e inteligência dispõem de instrumentos de mensuração dos aspectos do real que vão se ajustando conforme determinada maturação. Maturação esta que é desejável, necessária e esperada, mas que não chega em curto espaço de tempo e sem esforço.

Digamos, portanto, que as crianças que nomeiam cachorros, gatos, cavalos e vacas, todas sem exceção como "au-au", exprimem sua visão preconceituosa do mundo, uma vez que não distinguem esses animais segundo aspectos bem específicos determinantes de sua natureza. Todavia, essa concepção imatura e estereotipada da realidade vem a ser uma preparação para a verdade, instante que antecede uma compreensão mais precisa segundo a qual cachorros, gatos, cavalos e vacas possuem coisas em comum, porém não são idênticos. Foi com a professora Ecléa Bosi e seu magnífico "entre a opinião e o estereótipo" que aprendi a respeito disso. Segundo ela, o preconceito é um momento que antecede a verdade, está somente acessível mediante demorado e determinado esforço.

Segundo Sigmund Freud (1987), desde que nascemos experienciamos uma espécie de drama central com respeito aos nossos conflitos, dos mais banais aos mais complexos. De alguma forma, estaríamos diante da luta eterna entre duas forças opostas: o princípio do prazer *versus* o princípio da realidade. Satisfazer nossos desejos é viver sob o império do prazer. Considerar o fato de que nem sempre isso é possível nos arremessa na realidade incontestável de que algumas muitas frustrações nos serão impostas ao longo da vida.

Não se trata de uma simples equação matemática. Ainda assim, não seria arriscado afirmar que o nível de maturidade de alguém é diretamente proporcional à sua capacidade de se manter como ser desejante, muito embora reconheça e compreenda plenamente o fato de que desejar nem sempre implica ser atendido.

Um adulto imaturo não admite experiência tão democrática em sua vida. Vai recorrer a instrumentos de controle e dominação. Acaba por agir como um bebê que não pode ser frustrado, mas com pelo menos um agravante: dispõe de recursos dos mais variados a fim de justificar "racionalmente" sua intolerância e suas exigências.

A hegemonia capitalista produziu circunstâncias nas quais lugares sociais específicos cristalizaram-se. Esses lugares convencionam as ações esperadas para seus atores; em geral, a partir dessas posições uns ordenam e outros executam. A investigação aturada desses desdobramentos históricos, exigindo, inclusive, documentos e pesquisa dialética é fundamental, mas, na consciência que temos sobre a realidade, pode estar ausente. A inteligibilidade sobre o mundo produz-se como invertida e lacunar. Invertida: ao apagar tais processos, não pode considerar a realidade efetiva como condição a partir da qual a consciência é construída; dessa maneira, passa a conceber de modo abstrato e arbitrário a realidade, o sentido das coisas todas e do mundo. Lacunar: negligencia processos históricos de longa duração através dos quais a realidade foi assim engendrada.

A divisão entre sujeitos que servem e sujeitos que são servidos parece implicar a existência de dois mundos humanos diferentes. Tal separação – representada em circunstâncias socioeconômicas que a sustentam materialmente – tem origem em processo de milhares de anos e que produziu a cisão – ilusória – entre trabalho braçal e trabalho intelectual.

Entre a concreção da realidade e as interpretações daí derivadas, existem processos complexos. Nesse trajeto entre a percepção e o pensamento – e entre a ação e o pensamento – aparentemente algo se perdeu. Pensando com Karl Marx (1993), o campo estaria aberto para aquilo que se conceituou como ideologia: instrumento de dominação de classe no qual ideias autonomizadas, desligadas de qualquer efetivo recurso à história, ocultam as divisões sociais, a exploração e a opressão. A ideologia possui o poder de transformar ideias particulares da classe dominante em ideias universalmente aceitas e difundidas.

A divisão social do trabalho funda a aparente autonomia do trabalho do pensamento sobre o trabalho braçal. Tal autonomia, que é só aparente, vem apresentar-se à consciência humana como autonomia dos produtores do trabalho intelectual, que, por sua vez, apresenta-se falsamente como movimento autônomo dos produtos deste trabalho: as ideias.

Segundo Marx (1993, p. 18), consciência configura-se como a consciência informada pelo mundo: consciência ingênua informada por aparências, consciência crítica informada por história, informada pela complexidade e gênese dessas aparências. Um ser humano raciocina o mundo a partir de seus vínculos efetivos nesse mesmo mundo. Em regime de ideologia, passa-se a imaginar que o homem possui uma consciência autônoma face à realidade; portanto, o pensamento dispondo o que quiser sobre as ações humanas e não mais as ações, de todos e de cada um, despertando e incrementando as ideias a respeito de mundo. É como se as ideias controlassem extrinsecamente – e de cima – a realidade concreta da práxis humana.

A ideologia constitui-se, então, como abstração e inversão da realidade: estrutura-se no campo do aparecer social, ou seja, no modo como os movimentos histórico-sociais apresentam-se imediatamente à consciência humana. A base real da ideologia, sendo o aparecer social, não ultrapassa a aparência. Ultrapassá-la depende da investigação da realidade concreta, a realidade como resultado temporal e sobredeterminado de muitas condições e contradições ocultas, a realidade concreta enquanto condição *sine qua non* de engendramento de ideias plausíveis e reveladoras.

A ideologia é fundamental às classes dominantes. Através dela, a evidência da dominação e exploração não pode ser compreendida como violência; sendo assim, a dominação e a exploração podem assumir legitimidade. A circunstância de o trabalhador não recusar a separação de funções, a vil remuneração, as tarefas humilhantes e degradantes, deve-se, sobretudo, à nefasta informação da ideologia; informações que ocultam verdadeiras razões históricas e forjam motivos apaziguadores através dos quais uma classe inteira de seres humanos está a alimentar e sustentar servilmente outra.

A ideologia constitui-se como força sócio-histórica que instala um modo de compreender a realidade do mundo que se constitui, na verdade, como dispositivo para não pensá-la. Para processar-se com tamanha magnitude, a ideologia, fenômeno histórico-cultural característico das sociedades burguesas, alcança e reúne motivações e processos também psicológicos.

Pensando ombro a ombro com a psicanálise, o conceito de racionalização parece promissor ao que desejamos avaliar. Uma experiência de intensa densidade afetiva, cujas motivações reais desconhece, eventualmente arremessa um indivíduo na necessidade de criar artifícios defensivos – explicações lógicas ou que se adequam à moral de seu grupo – a fim de ocultar satisfações e interesses mais ou menos inconscientes satisfeitos pela experiência em questão. A racionalização impossibilita a percepção profunda dos fatos e sua interpretação mais precisa. Limita a consciência a estruturar-se em um nível de operação o mais superficial possível.

Em ambos os processos, racionalização e ideologia – ou, melhor, nesse processo misto, a racionalização ideológica –, o impacto de uma experiência, de uma realidade efetiva – interna e intersubjetiva – parece amortecido. A racionalização ideológica abranda a força do que, sem freios e livre, seria uma angústia. A racionalização ideológica pode adormecer nosso ímpeto por buscar as entranhas de um fato social e psicossocial. O processo fundamenta-se como abafador e afrouxador de tensão.

A energia psíquica aí empregada é de grande monta, interferindo certamente na economia de nossas trocas simbólicas, na economia de nossos encontros e desencontros com o outro. Racionalizações ideológicas abrandam, abafam, tornam frouxa a realidade e experiência do antagonismo de classes. A luz que esclareceria desencontros humanos esmorece. Um encontro é desviado de seu curso natural para a encenação de um desencontro vivido com neutralidade ou indiferença, com soberba ou humilhação.

O desejo de mandar é uma construção psíquica e social. Nessas circunstâncias, muita violência e verdade amortecidas contam como ingredientes que impedem a compreensão desse mórbido desejo como signo de uma luta social, uma luta de classes. Dessa forma, o autoritarismo não aparece como sintoma social, cristalização histórica de um desencontro, mas pode apresentar-se à consciência como fato natural.

Certa vez, fui morar em uma casa que havia sido reformada durante meses. Naquele período de quase um ano, por conta da obra em andamento, a residência esteve totalmente desocupada. Era eu o primeiro locatário a ocupar o imóvel. Por essa razão, durante alguns dias convivi com o cheiro forte de tinta, alguns interruptores de luz que ainda não funcionavam e, de toda a parte hidráulica declarada como nova, uma maldita torneira da qual não saía água por mais que eu tivesse intensificado minhas orações. Fosse em um dos banheiros não teria me tirado o prumo: qualquer improviso resolveria a trama. Caso estivesse falando de uma torneira externa, não haveria tanta contrariedade em manter o quintal limpo apenas com vassoura e pá. A questão era: onde lavar a louça, uma vez que justamente na pia da cozinha não havia água? Abri e fechei todos os registros, de dentro e de fora. Conferi o relógio marcador. Avaliei a qualidade e a instalação da torneira. Procurei por algum vazamento ou sinal de umidade na parede. Nada solucionava o enigma. Não havia diagnóstico que eu alcançasse.

Naquela época, eu mantinha atividades variadas: havia ingressado no doutorado, lecionava em uma universidade particular e realizava atendimentos clínicos em dois consultórios distintos. A vida repleta de compromissos orientou-me a procurar a Graça. Durante mais de dez anos era ela a mulher que auxiliava minha mãe nas tarefas domésticas mais ingratas. Migrou de Canindé, no interior agreste do estado do Ceará, ainda adolescente. Sem formação escolar que a impulsionasse, dividia-se (ou multiplicava-se) em três residências diferentes para que, como faxineira diarista, pudesse estabelecer alguma condição estável em sua vida material. História mais do que comum na metrópole paulista.

Graça era uma pessoa quieta e tímida. Em geral, falava apenas e tão somente quando indagada, e de preferência a respeito do trabalho que desempenhava. Era pontual e metódica, seguindo o mesmo ritual dia após dia: sequência de cômodos a serem limpos, objetos movimentados, banheiros lavados, enfim. Aos poucos, e bem aos poucos mesmo, as famílias foram tomando parte uma da outra. Graça tornou-se mais íntima e participativa, ainda que discretamente. Quando solicitei sua ajuda semanal, era essa a situação: alguma intimidade respeitosa entre a gente, muitos anos de convivência, casa reformada e uma torneira teimosa.

No dia combinado, Graça apareceu logo cedo no portão. Informei-lhe acerca de tudo que me parecia imprescindível: o que havia de comida na geladeira (para que ela se servisse quando tivesse fome), o lugar onde havia disposto o material de limpeza, a condição da casa e... a maldita torneira que me atormentava havia dias:

– Graça, é o seguinte... Quando precisar lavar algo de cozinha, infelizmente teremos que fazer uso do tanque de lavar roupas lá na área de serviço. Vou procurar um encanador ainda hoje, porque estou há mais de dez dias nessa situação. A torneira da pia não funciona. Ela me ouviu atentamente e nada disse. Na sequência, informei-lhe que iria ao mercado e até cheguei a perguntar se considerava algo a comprar. Ela confirmou que o necessário já estava ali. Saí e voltei uma hora depois. Ao estacionar o carro na garagem, logo comecei a descarregar as compras todas. Terminada a primeira fase do processo, levei tudo à cozinha. Para meu grande estranhamento, dada sua rotina planejada de chegar ao tal cômodo apenas no final do expediente, lá estava Graça. Demorei a atinar o que de fato era estranho e surpreendente: da torneira antes seca, uma cachoeira descia abundantemente.

— Graça, enquanto eu estive no mercado algum encanador passou por aqui? A resposta dela foi negativa e não passou despercebido um leve sorriso de satisfação ao perceber minha surpresa.

— Você disse que a casa estava fechada, não disse? E que teve reforma... Então. Como foi muito tempo sem usar esse encanamento, acumulou sujeira demais no cano todo. Quando você abriu a torneira pela primeira vez, tudo desceu junto e tampou a saída d'água. Está vendo que o bico da torneira é pequeno e estreito? Ficou tudo aqui nessa pontinha. Aí eu desrosquei esse filtro, essa ponteirinha aqui, bati na pia e pronto. Rosqueei de volta. Não precisava de encanador nenhum.

Junto ao alívio veio o constrangimento. Tal desconforto, penso eu, deveu-se a duas razões. A primeira delas é que um "quase--doutor" da USP foi incapaz de arriscar-se em um raciocínio aparentemente simples, bastante lógico, fundamentado apenas e tão somente em dados concretos de realidade e algum nível de abstração. A semianalfabeta esteve mais livre que eu. A partir dessa liberdade articulou-se de modo inteligente. Ela foi rápida, agiu com precisão, tornou solúvel em alguns minutos algo que durante dias me atormentou. A segunda razão que me desconcertou tem a ver com a presunção rasa de que Graça não teria condições, ela própria, de me auxiliar. Não me dispus a pensar com ela. Não lhe perguntei sobre o assunto. Sequer abri espaço para que ela se manifestasse. Nesse momento, ainda que não tenha afirmado em palavras tal descrédito, ficou patente minha idiotia.

Em muitos encontros acadêmicos faço esse relato. Já compartilhei esse drama com desembargadores e engenheiros, médicos e fisioterapeutas, psicólogos e economistas, universitários das mais variadas áreas, em muitos estados da federação. Costumo adiar a solução derradeira. Faço silêncio. Às vezes provoco algum suspense, apostando que alguém se manifestará encontrando antes da faxineira-diarista o que ela, perspicaz, ofereceu-me alegre e gratuitamente. Jamais fui surpreendido.

A formação técnica nos cega? Exercícios de método, estudos teóricos nos ensurdecem? O certo é que emudecemos, grande parte das vezes em que deveríamos estar abertos e atentos ao franco e livre diálogo, com quem quer que seja, doutor ou analfabeto, criança ou velho, mulher ou homem. Todos perdemos, quando acreditamos, automaticamente e sem reflexão, que existem saberes determinados – adequados e restritos – a alguns sujeitos específicos.

A privatização do saber, a segmentação dos conhecimentos e sua distribuição entre especialistas, faz conduzir cada um de nós por uma trilha estreita e de mão única. Assumimos, a partir de então, visão e comportamento de quem não está autorizado nem deve pretender se aventurar em território alheio, como se houvesse propriedade sobre cada esfera dos conhecimentos acumulados pela humanidade.

Em uma sociedade fundada sobre a hegemonia capitalista, tudo tende a se tornar mercadoria, inclusive a produção de cultura formal. Certos saberes, como não é segredo para ninguém, estão em uma escala mais valorizada e, por consequência, são mais visados e cobiçados. A escolha da maioria dos jovens por ingressar em determinadas carreiras deixou de contar – prevalentemente – com a expressão de desejos vocacionais genuínos. De alguma forma, estão orientados por buscar uma graduação que teoricamente lhes garanta acesso mais generoso aos bens de consumo disponíveis. Fácil perceber, em uma universidade, como qualquer outro curso não conta com o mesmo prestígio que um curso de Direito, por exemplo. Cursar determinada carreira também é – simbolicamente – ostentar uma mercadoria.

Decorre dessas circunstâncias, a meu ver, uma justificativa racional para a sustentabilidade ideológica do regime meritocrático.

Se para alcançar uma vaga universitária (tanto mais quanto maior for a concorrência pela carreira pretendida) o estudante precisou se dedicar extremamente – abdicando de horas de lazer e descanso, diminuindo sua presença em eventos sociais, radicalizando sua concentração em livros e apostilas –, isso faz parecer e vem se apresentar à consciência como "elevado pagamento de uma mercadoria", a saber, a tal vaga em carreira concorrida. Não me parece que a partir daí seu caminho interpretativo da realidade sofra modificações profundas. Ele tenderá a justificar as relações patronais – quanto mais verticalizadas, melhor – e, bem cedo, tratará de perpetuá-las.

Quando me deparo com essa preocupante realidade lembro-me de minha experiência etnográfica entre sujeitos que trabalhavam como garis na USP, na cidade de São Paulo (COSTA, 2004). Estive desde a iniciação científica até a conclusão de meu doutorado envolvido com eles, trabalhando ombro a ombro, utilizando o mesmo uniforme, seguindo as mesmas ordens, varrendo as mesmas ruas. Foram dez anos intercalando sala de aula, caneta e cadernos com sacos de lixo, pás e vassouras. Claro que na posição de pesquisador, minha condição socioeconômica e a deles jamais foram idênticas. Não obstante, impossível recusar as evidentes e profundas transformações pelas quais passei.

Na experiência de convivência com os varredores, o olhar do pesquisador se liberou, considerou novidade, cresceu. Experiência, ao mesmo tempo, dolorosa e feliz. Impossível desconsiderar o estado alterado para o qual passei, modificando e incrementando percepções e interpretações. Os garis abriram meus olhos. Minha consciência alargou-se. Minha visão ganhou acuidade. Meus ouvidos também. Meus sentidos todos se alteraram um a um. Passei a sofrer por coisas pelas quais não sofria. Pano de fundo tornou-se figura. O drama da luta de classes, compreendido equivocadamente como natural, contaminando os fluídos que vitalizam nossos vínculos com os outros, transformando nossa visão em cegueira, escancarou-se. A estrutura dos meus raciocínios tornou-se insólita: minha compreensão das realidades do mundo passou a demandar outros alicerces. Quando atino acerca da metamorfose, nunca concluída, sempre em processo, noto outro alcance em minha comunicação com objetos e pessoas.

Percebo que comecei a reparar em tudo diferentemente, inclusive em coisas das quais às vezes nos servimos e que nomeamos tão naturalmente. Desde então, percebo objetos e certos nomes de objetos como quem atina para relações de poder cristalizadas e admitidas sem inquietude: causa desconforto alguém referir-se como sendo "criado-mudo", aquele móvel da cabeceira de cama que serve para apoio de coisas. No jogo de xadrez, o peão é a menor peça e em maior quantidade. A única que é quase sem poder. Trata-se daquela que executa a função mais rasa e, no tabuleiro, está mais exposta ao ataque do antagonista do que todas as outras. Seus movimentos são os mais limitados e previsíveis. Aparece perifericamente, no enredo da disputa. Arrisco dizer que está ali para não aparecer, mas para dar visibilidade e proteção ao rei e à rainha. Em geral, o peão é o primeiro a ser sacrificado. Não consigo mais jogar xadrez sem apreço pelos peões: é apreço pelos peões de obra com quem fui trabalhar, é apreço por Nilce, Tião, Moisés, Chico, Ciço, Brás, Joãozinho, Severino, a "peãozada" toda.

Quem sabe o caminho não seja esse? Quem sabe o ingresso na universidade não deveria estar obrigatoriamente atrelado ao desempenho de alguma função braçal vinculada à manutenção e à limpeza do *campus*? Não estaríamos, a partir de então, reconstruindo referências e concepções? Não estaríamos otimizando saberes? Não seria essa a função e o propósito fundador da universidade?

CAPÍTULO 9 ▸
A liderança diante dos sofrimentos dos outros

Angelo Soares

A única coisa necessária para o triunfo do mal é que os homens de bem não façam nada.
Edmund Burke

Se queres ser cego, sê-lo-ás.
José Saramago

A partir de meus resultados de pesquisa sobre problemas de saúde mental, violências no trabalho, assédio moral no Québec (Canadá) com diferentes grupos ocupacionais ou até mesmo a partir das estatísticas conservadoras da Comissão de Saúde e Segurança no Trabalho (CSST) ou da Comissão de Normas do Trabalho (CNT) podemos constatar que nas organizações contemporâneas tratam-se de problemas enormes de uma amplitude que não cessa de aumentar. Tratam-se de problemas graves, tanto do ponto de vista individual, quanto organizacional com custos econômico e social extremamente elevados.

Assim, a leitura do extraordinário livro de Susan Sontag, *Diante da dor dos outros*, nos levou a questionarmos sobre como gestores e líderes reagem diante dos sofrimentos de seus subordinados. Como a liderança pode ser exercida diante dos sofrimentos de seus subordinados? A partir de nossas experiências e de resultados de pesquisa, tentaremos responder ou apontar hipóteses para pensarmos essas questões.

Num primeiro exemplo, no setor da saúde do Québec, observamos uma grande distância entre a administração e seus empregados. Numa reunião do Conselho de Administração (CA), em que eu estava presente, o Diretor Geral (DG) do estabelecimento fez comentários com desprezo em relação aos seus subordinados. Nessa reunião do CA estavam presentes os três presidentes dos sindicatos do estabelecimento e um grande número de trabalhadoras e trabalhadores que vieram participar da reunião, para exprimir seus sofrimentos, face às condições e a organização do trabalho. A sala estava lotada e também estavam presentes todos os gestores do estabelecimento. No momento em que o DG emitiu suas proposições com desdém aos sofrimentos ali exprimidos pelos subordinados, algumas pessoas saíram intempestivamente da sala, com raiva, batendo a porta. Quando observamos tal comportamento vindo de um DG, constatamos que ele desconhece seu papel enquanto símbolo, da pessoa que dá o exemplo e realiza o cerimonial na organização, assim como seu papel de líder que deve promover uma atmosfera de trabalho de modo a permitir que seus subordinados possam se motivar e se desenvolver (MINTZBERG, 2004).

Se o DG tivesse consciência desses papéis que fazem parte de seu trabalho, nunca teria proferido proposições depreciativas. Primeiro, porque ele está diante de todos os gestores da organização e, falando dessa maneira, ele dá o sinal verde para que esse tipo de proposição se torne aceitável na organização e possa assim ser proferida e partilhada por todos os gestores. Além disso, o DG estava sentado diante de vários de seus empregados. Como podemos pensar em mobilizar, a aumentar o engajamento e a eficácia organizacionais se o dirigente no topo da hierarquia os trata com desprezo? O reconhecimento não estava na agenda do DG e isso se reflete nos resultados de uma pesquisa que efetuamos, indicando que 40% dos empregados apontavam a falta de reconhecimento no trabalho (SOARES, 2010).

Certamente, trata-se apenas de um exemplo, mas acreditamos que é importante exatamente em virtude dos papéis de líder e símbolo no trabalho de gestão. Como indica Mintzberg (2004, p. 69):

> *O mais simples e mais fundamental dos papéis do gestor é o de ser um símbolo. Por causa da autoridade formal que nele é investido, o gestor é um símbolo, é ele que impõe as obrigações.*

A partir desse evento, os presidentes dos três sindicatos participam de todas as reuniões do CA, sempre com o objetivo de tornar públicos os sofrimentos vividos e sentidos por seus membros. Infelizmente, as reuniões do CA se parecem com o conselho de administração descrito por Gaulejac (2005, p. 171) onde:

> *A decisão é tomada [...] em alguns minutos. Sem que nenhuma discussão aprofundada seja realizada sobre as consequências financeiras, sociais e humanas dessa decisão. As violências inofensivas são as violências nas quais a fonte é obscurecida por um sistema opaco.*

Efetivamente, a transparência não está presente nem mesmo nos documentos do *web site* da organização, que não mencionam a participação dos sindicatos, dos trabalhadores. Dessa maneira, os sofrimentos dos trabalhadores dessa organização permanecem invisíveis, obscurecidos por um sistema muito opaco.

Nessa empresa, podemos constatar que a organização do trabalho e o modelo de gestão são inapropriados e fonte de sofrimentos para os empregados que apresentavam sintomas de estresse elevado (40%); de (*burnout*) esgotamento profissional (24%) e todas as variáveis organizacionais estudadas estavam deficientes: 40% indicavam sobrecarga de trabalho; 41% não conseguiam ter tempo para almoçar; 40% não tinham um controle sobre o trabalho a executar; 65% indicavam a presença de injustiças organizacionais; 31% uma fraca coesão do grupo; 52% viviam uma forte incoerência entre valores pessoais e organizacionais; e 24% dos empregados tinham sido vítimas, ativas ou passivas, de assédio moral no trabalho, onde os gestores são às vezes coniventes e às vezes os agentes do assédio moral (SOARES, 2010).

Como explicar uma administração tão desumana dos recursos? O que fazer? Como os gestores podem tolerar tantos sofrimentos como problemas de saúde mental e assédio moral? Como pode o empregador não perceber a violência, os sofrimentos? Tal retrato organizacional não pode passar despercebido. Seguramente, existem repercussões organizacionais provenientes desse quadro sombrio: absenteísmo, rotatividade do pessoal (*turn-over*), licenças médicas etc. Tal nível de sofrimentos é visível. É necessário, assim, compreender por que essa tolerância dos sofrimentos existe.

Estaríamos hoje, nas organizações, agindo como os telespectadores que ao olhar as imagens de sofrimentos e dor (de guerra, de genocídios, de desastres naturais) vão simplesmente mudar de canal para evitar ver os sofrimentos das pessoas com quem nós trabalhamos? Acreditamos que gestores e líderes deveriam se sentir interpelados a pensar sobre o que significa olhar, viver, trabalhar nessas realidades organizacionais embebidas de sofrimentos e dor. Como essas realidades organizacionais podem impactar nossa capacidade de assimilar, de se indignar, de aprender e de examinar as racionalizações que nos são dadas como justificativa para essa cegueira organizacional?

Como compreender essa cegueira organizacional? Vamos avançar algumas hipóteses que acreditamos ser possíveis, parafraseando Bauman (2007), sem ter o objetivo ou a pretensão de oferecer respostas definitivas.

(In)competências

Nossa primeira hipótese está associada à questão das (in)competências em gestão. De fato, poderíamos pensar que essa cegueira organizacional tem suas raízes numa falta de competências para fazer a gestão. Muitas vezes as pessoas possuem uma formação profissional ou técnica (por exemplo, médicos, psicólogos, engenheiros) sem necessariamente ter competências em gestão de recursos humanos. Assim, podem constatar os sofrimentos na organização, mas tal como o telespectador que vai mudar de canal para evitar ver os sofrimentos na televisão, fecham os olhos porque têm consciência, e às vezes nem mesmo têm essa consciência, de que não têm as competências necessárias para intervir nessa realidade organizacional e ao menos minimizar os sofrimentos.

Geralmente, a racionalização utilizada será a individualização do problema (por exemplo, é um conflito de personalidade) para justificar o *laissez-faire*. Acreditam que se intervirem sem ter as competências necessárias correm o risco de colocar em evidência suas incompetências na resolução dos problemas que estão na fonte dos sofrimentos. Assim, "fecham os olhos para aquilo que não compreendem. E tratam de salvar a sua pele" (NOIVILLE, 2009, p. 37).

Sendo assim, pelo menos um dos desafios importantes, relativo à liderança, está ausente, pois os líderes não conseguem produzir uma mudança organizacional positiva na organização (KELLERMAN, 2004). Hoje, nas organizações, uma pessoa que tem liderança é aquela que é capaz de ajudar o outro a compreender o sentido dos eventos, fixar objetivos que sejam coerentes com a razão de ser da organização e tomar decisões morais. Estamos assim, também, diante de uma ausência de liderança.

Liderança ruim

Uma segunda hipótese para compreendermos essa cegueira organizacional, face aos sofrimentos, está relacionada à liderança. Certamente, podem nos faltar as competências associadas à liderança, mas devemos considerar também a possibilidade de uma liderança ruim ou destrutiva.

Kellerman (2004) nos explica a liderança ruim. Os modelos de liderança estão sempre calcados no bom líder: o que devemos fazer, ser ou desenvolver para ser um bom líder. Entretanto, como podemos reconhecer uma liderança ruim se só aprendemos as características do bom? Isso seria o equivalente, em uma escola de medicina, a ensinar somente o que é a saúde, sem jamais expor os futuros médicos ao que são as doenças e seus sintomas. Assim, a partir de dados empíricos, Kellerman (2004) nos propõe um modelo para compreender a liderança ruim composto de duas categorias: a ineficácia e a falta de ética. Nesse modelo, um líder pode ser muito eficaz sem ser ético. A autora nos propõe uma tipologia com sete categorias de liderança ruim.

A liderança pode ser:

   a) *incompetente*: onde faltam, ao líder, vontade ou competência (ou ambas) para sustentar uma ação eficaz. Com respeito a pelo menos um dos desafios importantes para liderança, o líder não consegue produzir mudanças organizacionais positivas;

   b) *rígida*: onde o líder é rígido e inflexível. Embora possa ser competente, o líder é incapaz ou recusa a adaptação às novas ideias, informações ou as mudanças que ocorrem com o tempo;

   c) *excessiva*: onde falta autocontrole ao líder que é incapaz, assim, de intervir eficazmente;

d) *insensível*: onde o líder ignora ou não considera as necessidades, os desejos, as reinvindicações, ou as queixas de seus subordinados e dos membros do grupo. O líder é insensível e desagradável;

e) *corrupta*: onde o líder mente, rouba ou trapaceia, colocando seus próprios interesses antes dos interesses organizacionais e públicos;

f) *limitada*: sendo aquele que minimiza ou não considera a saúde e o bem-estar dos outros;

g) *nociva*: onde o líder comete atrocidades, utilizando a dor (física, psicológica ou ambas) como um instrumento de poder.

Traços individuais

Outra hipótese para explicar essa cegueira organizacional diante dos sofrimentos, frequentemente, é associada a características individuais que impedem a sensibilização face aos sofrimentos dos outros e que às vezes seriam até a fonte desses sofrimentos. Hirigoyen (1998) nos propõe a tese do narcisismo perverso, onde o indivíduo obtém certo prazer ao infligir ou a observar os sofrimentos dos outros. Segundo Racamier (1986), o narcisismo perverso seria uma tendência ativa do sujeito a alimentar seu próprio narcisismo em detrimento ao do outro. Sua função seria dupla: assegurar sua própria imunidade em presença de conflitos e de se valorizar através de ataques ao eu do outro e retirando prazer das derrotas do outro. O perverso narcísico vê e trata o outro como um objeto, repulsando toda a identificação possível com o outro e assim nunca manifesta reconhecimento ou gratidão.

Outra característica frequentemente associada a essa letargia, face aos sofrimentos, é a psicopatia. Um comportamento antissocial caracterizado pela agressividade, impulsividade e a uma falta de empatia, de remorsos e de humanidade nos seus comportamentos. Cleckley (1941) nos propõe uma lista de características dos psicopatas dentre as quais encontramos: possuir um charme superficial e uma grande inteligência; não ser digno de confiança, uma pessoa com a qual não se pode contar; ser hipócrita; não ter remorsos, nem vergonha; ser incapaz de aprender a partir de suas experiências; ser incapaz de introspecção e de responder adequadamente nas suas relações interpessoais; ser egocêntrico e incapaz de amar, dentre outras características.

Finalmente, outro conceito utilizado para descrever indivíduos insensíveis aos sofrimentos dos outros é o de alexitimia ou a incapacidade de expressar as emoções através de palavras. Segundo Corcos e Pirlot (2011), quatro dimensões clínicas estão associadas à alexitimia: a) a inabilidade para identificar e expressar verbalmente suas emoções e seus sentimentos; b) limitação da vida imaginária; c) pensamentos pragmáticos, se exprimindo de maneira muito descritiva e abordando, sobretudo, os aspectos triviais sem grandes elaborações; e 4) ter recurso à ação a fim de evitar os conflitos ou exprimir as emoções.

Essa pista de explicação da cegueira organizacional, face aos sofrimentos, nos causa um triplo desconforto. Primeiramente, em virtude do caráter individualizante dessa explicação que culpabiliza o indivíduo sem considerar, por exemplo, o contexto organizacional. Em seguida, se pensamos em termos históricos, como podemos compreender e justificar uma recrudescência desses tipos de personalidade nas organizações contemporâneas? Finalmente, como podemos compreender que os processos de recrutamento e seleção do pessoal sejam tão inaptos a reconhecer e impedir que esses tipos de personalidades integrem as organizações?

A negação

Nossa quarta hipótese para compreender a cegueira organizacional diante dos sofrimentos seria a utilização de um mecanismo de defesa: a negação. Em face de uma realidade organizacional repleta de sofrimentos, parafraseando Dejours (1987), essa atitude de desprezo pelos sofrimentos não pode ser tomada ao pé da letra. O desprezo, a inconsciência, essa cegueira organizacional, seriam apenas uma fachada que pode desmanchar-se e deixar emergir uma ansiedade imprevista e dramática. Duas características dessa fachada seriam: primeira, a pseudoinconsciência dos sofrimentos, resultante de um mecanismo de defesa importante: a negação; segunda, o caráter coletivo, pois esse sistema defensivo e partilhado por todos nas organizações, não somente os gestores e líderes, mas também pelos colegas de trabalho. "A eficácia simbólica da estratégia defensiva somente é assegurada pela participação de todos" (DEJOURS, 1987, p. 71). Ninguém gosta de ser lembrado do que tão penosamente procura não ver.

Acreditamos, assim, que as atitudes de negação e de desprezo pelo sofrimento constroem uma realidade organizacional repleta de sofrimentos onde vemos, sabemos e ao mesmo tempo não vemos e não sabemos, tal como nos mostra Tedlow (2012). A negação pode representar um fator de proteção aos gestores e líderes, mas sob um ponto de vista organizacional, não podemos esquecer, isso se traduz sempre por crises ou catástrofes. A negação se torna, assim, um grande obstáculo ao qual a gestão deve enfrentar (TEDLOW, 2012).

Tedlow (2012) apresenta oito pontos para enfrentar a negação; dentre esses pontos, quatro nos parecem importantes diante dos sofrimentos. Primeiro, é necessário reconhecer as questões difíceis e examiná-las para compreender o que se faz bem e o que não se faz bem. Por exemplo, quando comparamos os diferentes departamentos que compõem a organização existem aqueles que apresentam menores índices de sofrimentos, por exemplo, onde não existe assédio moral. Esse é um bom ponto de partida para compreender como a gestão é feita nesses departamentos. Como o trabalho é organizado? E assim podemos pensar, adaptar, transpor ou utilizar como um ponto de partida a fim de melhorar outros departamentos onde os sofrimentos são mais presentes.

Em seguida, é necessário estar consciente da existência da negação, caso contrário não podemos vencê-la. Se os motoristas são conscientes da existência de ângulos mortos no retrovisor de um carro, podem tomar as medidas necessárias para evitá-los. Para os gestores e líderes a negação é equivalente, quanto mais estamos conscientes da negação, mais temos a possibilidade de não sucumbir a ela (TEDLOW, 2012).

Também é muito importante não matar o mensageiro, pois se a organização enfrenta críticas ou notícias ruins, rejeitar ou atacar a pessoa que critica, aumenta sobremaneira a vulnerabilidade ao problema ou a uma crise, nos explica Tedlow (2010), analisando diferentes exemplos históricos. Para se proteger sistematicamente contra a negação é necessário não só permitir, mas também incitar seus empregados, gestores e lideres ou as "Cassandras organizacionais", a exercitar o pensamento crítico e apresentar pontos de vista contrários aos das soluções propostas. Nas organizações existe o mau hábito de procurar silenciar as vozes dissonantes, acusando-as de falta de lealdade para com a organização, disciplinando-as e muitas vezes demitindo-as.

O cinismo

Nossa quinta hipótese visando explicar essa cegueira organizacional diante dos sofrimentos é o desenvolvimento de um cinismo nas organizações contemporâneas. O cinismo é uma atitude negativa intrinsecamente associada à despersonalização e caracterizada pela desconfiança, pelo menosprezo para com o outro ou contra seus valores e argumentos. O cinismo também pode ser visto como sendo uma atitude de desapego, de distanciamento dos valores organizacionais.

Kunda (1992) analisa o cinismo como uma forma de distanciamento cognitivo que se exprime através de proposições que ridicularizam e insinuam que a vida real é diferente do que diz a filosofia de gestão ou da retórica da cultura organizacional.

Casey (1995) propõe o cinismo como uma estratégia de resistência que protege o indivíduo contra o comprometimento organizacional e sua invasão na esfera privada das escolhas individuais e da autodeterminação, o que permitiria a ilusão de certa distância que regula sua relação com a organização. A partir de Kunda (1992) e Casey (1995) podemos considerar o cinismo como sendo uma estratégia utilizada pelos gestores e líderes para se proteger não somente contra o controle organizacional, mas também contra os sofrimentos que vivem, testemunham e/ou infligem.

Fleming e Spicer (2003) analisam o cinismo como sendo atitudes, gestos de distanciamento dos valores organizacionais que paradoxalmente vão reforçar o comprometimento organizacional do indivíduo, reproduzindo as práticas cotidianas, muitas vezes, produtoras de sofrimentos. Dessa maneira, o cinismo, visto como uma forma de se desidentificar, é uma estratégia de resistência contraproducente, pois impede a construção e a utilização de formas mais eficazes de resistência, de prevenção ou de eliminação dos sofrimentos. Além disso, mantém e reforça as relações de poder na organização. O indivíduo cínico é consciente dos efeitos de sua (in)ação, mas age como se não soubesse (KARFAKIS e KOKKINIDIS, 2011).

Sloterditj (1987) define o cinismo como sendo uma "falsa consciência ilustrada" e afirma que um cinismo difuso invadiu inúmeras organizações onde certa amargura chique dá o tom para as suas atividades. Nos cínicos, o aparato psíquico se tornou suficientemente elástico para incorporar todas as atividades duvidosas como um fator de sobrevivência. O indivíduo cínico sabe o que está fazendo, mas faz porque é forçado pelas circunstâncias, "isso deve ser feito, se eu não fizer, outros farão", e talvez ainda façam de uma maneira com mais sofrimentos. "Nesse novo cinismo integrado tem-se o sentimento de ser uma vítima e de estar fazendo sacrifícios" (SLOTERDITJ, 1987, p. 5).

Finalmente, o cinismo também pode ser compreendido como uma consequência de um esgotamento profissional (*burnout*), a despersonalização. De acordo com Maslasch e Leiter (1997), o cinismo pode aparecer quando existe uma incongruência entre os valores pessoais, os valores éticos e as demandas feitas pela organização. O cinismo seria a dimensão oposta ao engajamento organizacional. Sendo assim, o desengajamento não é só com relação ao trabalho, mas também com relação às pessoas com as quais trabalhamos.

Há uma desumanização com relação aos outros, pois a despersonalização comporta o desenvolvimento de atitudes impessoais, indiferentes, cínicas, com relação às pessoas que o administrador ou o líder seja responsável. Ao não se sentir mais interessado pelo trabalho, ele/ela constrói uma barreira isolando seus subordinados e "a despersonalização pode se manifestar de maneiras ainda mais duras através de atitudes e comportamentos de rejeição, de estigmatização e de maus tratos" (TRUCHOT, 2004, p. 13).

Indiferença

Nossa sexta hipótese: diante dos sofrimentos de seus subordinados, os gestores e líderes podem simplesmente ser indiferentes. A indiferença é:

> *Uma atitude, um comportamento impassível, imperturbável, desinteressado, desdenhoso, de desprezo, mas também egoísta, incrédulo, cético, [...] (que) diante do que poderia nos afetar, nos perturbar, só uma posição possível, uma só palavra de ordem: o distanciamento.* (LAUFER, 2001, p. 10)

Não mais sentir, nem ver, nem pensar, nem falar ou falar sem engajamento. A questão da indiferença nos coloca diante da alteridade, da nossa relação com o outro.

Ficar indiferente diante dos sofrimentos engendra mais sofrimentos... Assim, como podemos ficar indiferentes diante dos sofrimentos em nossas organizações? Essa questão, de uma escolha de ser ou de enfrentar os sofrimentos, é uma questão moral.

A moral se refere, acima de tudo, ao compromisso com o outro ao longo do tempo. Para Bauman (2011, p. 20), "a moral é a questão humana fundamental porque somos sempre e inevitavelmente confrontados em nossas vidas com outras pessoas". Na gestão, somos confrontados sempre com o humano. As decisões tomadas por gestores e líderes sempre têm um impacto na vida das pessoas dentro e fora das organizações. A gestão não precisa desumanizar o outro, mesmo em contextos social, econômico ou organizacional difíceis. Para ser uma gestão moral, não se deve e nem se pode desumanizar o outro. Parafraseando Bauman, podemos dizer que a gestão só tem sentido na medida em que ela possa ajudar a humanidade na vida, onde a dignidade humana seja respeitada. São as escolhas humanas da gestão que fazem toda a diferença entre vidas humanas ou desumanas.

A gestão imoral despreza as trabalhadoras e os trabalhadores: seja através do não reconhecimento dos sofrimentos, seja através da banalização, da indiferença diante desses sofrimentos, ou ainda quando fecha os olhos e "muda de canal" para evitar as medidas de intervenção e prevenção dos sofrimentos na organização. A gestão é imoral quando insiste em implementar uma organização de trabalho e modelos de gestão centrados somente em aspectos quantitativos e estatísticas que buscam eliminar as (inter) subjetividades do trabalho, tentando muitas vezes medir o que é imensurável. O resultado de uma gestão imoral é o desprezo, a desconsideração e o não reconhecimento dos sofrimentos nas organizações. Há uma desumanização e, como nos adverte Janina Bauman:

> *A coisa mais cruel da crueldade é que ela desumaniza suas vítimas antes de destruí-las [...] o esforço mais árduo é permanecer humano em condições desumanas.* (2011, p. 20)

Esse não reconhecimento da humanidade do outro é uma forma de violência e fonte de sofrimentos.

A desumanização, os sofrimentos são visíveis e mensuráveis, mas como a organização do trabalho, os modelos de gestão permanecem invisíveis e bem escondidos por um discurso ideológico que vende a luta contra o desperdício, pela flexibilidade, pela eficiência, a saída mais fácil sempre é a individualização do problema.

Acreditamos que não se trata, na grande maioria das vezes, de uma questão individual (por exemplo, um tipo de personalidade), mas especialmente uma combinação de todas as hipóteses que apresentamos aqui, um reflexo de escolhas de modelos de gestão, de organizações do trabalho que valorizam certas atitudes e comportamentos. Por exemplo, nessa "guerra econômica" se faz necessário ser duro, não demonstrar empatia, ser pragmático etc. Assim, para ser contratado, valorizado, promovido é necessário se comportar como um perverso narcísico, um psicopata. Certamente, isso incluirá certo custo emocional, perda do sentido do trabalho, falta de coerência entre valores pessoais e organizacionais, certo nível de estresse e de problemas de saúde mental para quem age dessa maneira.

Acreditamos que, tanto os gestores como os líderes, deveriam se sentir interpelados e refletir sobre qual é o sentido e o que significa uma realidade organizacional repleta de sofrimentos. Como essa realidade influencia nossa capacidade de assimilar, tomar decisões, de intervir e de prevenir os sofrimentos nas organizações contemporâneas. Torna-se importante examinar, criticar e questionar as banalizações, as negações, as racionalizações, os "evitamentos" fornecidos como justificativas a essa cegueira organizacional face aos sofrimentos. Como no romance de Saramago, devemos nos questionar sobre "por que foi que cegamos", para que talvez, um dia, cheguemos a conhecer a razão. Senão, corremos o risco de continuarmos a estar "cegos que veem, cegos que, vendo, não veem".

CAPÍTULO 10
A sociologia e o mal-estar na formação de administradores

VALQUÍRIA PADILHA

THIAGO MARTINS JORGE

[...] o tempo na universidade é uma oportunidade para questionar o mundo.

Holloway

A formação dos administradores em tempos neoliberais

O início do estudo acadêmico da administração remete ao final do século XIX. Em sua essência, como já indica o próprio termo da administração (*management*) – que vem do francês *manège* (a arte de controlar o cavalo) –, administrar remete à necessidade de controle da força de trabalho nas grandes empresas que emergiam nesse período (BRAVERMAN, 1987; ANDRADE, 2011). Do seu surgimento à atualidade, o pensamento administrativo passou por várias fases – do taylorismo-fordismo ao modelo japonês, passando pela Escola de Relações Humanas, pelos modelos de cogestão na Europa etc. (MOTTA; VASCONCELOS, 2008; NOGUEIRA, 2007; GURGEL, 2003).

Bateman e Snell (1998, p. 15) afirmam que:

> *Administração é o processo de trabalho com pessoas e recursos, que visa cumprir metas de uma organização. Os bons administradores fazem isso tanto com eficácia quanto com eficiência.*

Para eles, eficácia significa cumprir as metas da organização, enquanto eficiência refere-se ao menor uso possível de dinheiro, tempo, materiais e recursos. Avançando um pouco mais, esses autores identificam as quatro principais atividades dos administradores: planejar, organizar, liderar e controlar.

> *O planejamento é a análise de uma situação, a determinação das metas que serão buscadas e a decisão antecipada quanto às ações necessárias para alcançar as metas. Organização é a reunião dos recursos necessários para completar o trabalho e a coordenação de funcionários e tarefas para máximo sucesso. Liderança é a motivação de pessoas e o estímulo de alto desempenho. Controle é a monitoração do progresso da organização ou da unidade de trabalho em direção às metas e ao empreendimento de ações corretivas se forem necessárias.* (BATEMAN; SNELL, 1998, p. 27)

Além disso, eles fazem uma divisão quanto às diferentes tarefas assumidas pelos administradores conforme o nível hierárquico em que atuam nas organizações. Os administradores estratégicos, que estão no topo da pirâmide hierárquica, "devem se concentrar nas questões de longo prazo e enfatizar a sobrevivência, crescimento e eficácia geral de uma organização" (BATEMAN; SNELL, 1998, p. 18). Os autores destacam que a principal preocupação dos gestores é a realização das metas organizacionais, utilizando os recursos e os trabalhadores como meios, garantindo, assim, a obtenção de lucros e a sobrevivência da organização. Eles acrescentam ainda que, "como os negócios são uma arena competitiva, você precisa entregar valor aos clientes de formas superiores às de seus concorrentes" (BATEMAN; SNELL, 1998, p. 26). Portanto, a sobrevivência e a lucratividade das organizações dependem da superação de seus concorrentes.

Sendo assim, os administradores são formados basicamente para aumentarem os lucros dos empresários, utilizando os recursos disponíveis (força de trabalho, matéria-prima, natureza, equipamentos) de forma eficiente. Entretanto, para entendermos abrangentemente os elementos que permeiam a formação dos gestores e sobre os quais ocorrem as batalhas organizacionais, seria necessário estudar com mais dedicação a função de cada uma das principais áreas funcionais da administração (*marketing*, finanças, recursos humanos e operações). Como fazer isso levaria a um desvio do foco deste capítulo, vamos apenas discutir *en passant* cada uma dessas áreas.

Na área de *marketing*, dois dos autores de maior presença nas salas de aula dos cursos brasileiros de administração são Kotler e Keller, que definem o *marketing* da seguinte maneira:

> *O* marketing *está por toda parte. Formal ou informalmente, pessoas e organizações se envolvem em um grande número de atividades que poderiam ser chamadas de* marketing. *O bom* marketing *tem se tornado ingrediente cada vez mais indispensável para o sucesso dos negócios. E o* marketing *afeta profundamente a nossa vida cotidiana. Ele está em tudo o que fazemos – das roupas que vestimos aos sites que citamos, passando pelos anúncios que vemos. O* marketing *envolve a identificação e a satisfação de necessidades humanas e sociais. Para defini-lo de uma maneira bem simples, podemos dizer que ele "supre necessidades lucrativamente" [...]. Vemos a administração de* marketing *como a arte e a ciência de escolha de mercados-alvos e da captação, manutenção e fidelização de clientes por meio da criação, da entrega e da comunicação de um valor superior ao cliente [...]* marketing *é um processo social pelo qual indivíduos e grupos obtêm o que necessitam e desejam por meio da criação, da oferta e da livre troca de produtos e serviços de valor com outros.* (KOTLER; KELLER, 2006, pp. 2 e 4)

> *O objetivo do* marketing *é tornar supérfluo o esforço de venda. O objetivo do* marketing *é conhecer e entender o cliente tão bem que o produto ou o serviço seja adequado a ele e se venda sozinho. Idealmente, o* marketing *deveria resultar em um cliente disposto a comprar. A única coisa necessária, então, seria tornar o produto ou o serviço disponível.* (DRUCKER apud. KOTLER; KELLER, 2006, p. 4)

Na área de recursos humanos, Chiavenato (2008, pp. 4-5) explica a sua criação em função de mútuas necessidades entre trabalhadores e organizações. Para ele, as pessoas:

> Dependem das organizações nas quais trabalham para atingir seus objetivos pessoais e individuais. Crescer na vida e ser bem-sucedido depende de crescer dentro das organizações.

Já as organizações dependem das pessoas para "operar, produzir seus bens e serviços, atender seus clientes, competir nos mercados e atingir seus objetivos globais e estratégicos".

Assim, ele apresenta algumas definições para a Administração de Recursos Humanos:

> *Administração de Recursos Humanos (ARH) é o conjunto de políticas e práticas necessárias para conduzir os aspectos da posição gerencial relacionado com as "pessoas" ou recursos humanos, incluindo recrutamento, seleção, treinamento, recompensas e avaliação de desempenho.*
>
> *AHR é a função administrativa devotada à aquisição, treinamento, avaliação e remuneração dos empregados. Todos os gerentes são, em um certo (sic) sentido, gerentes de pessoas, porque todos eles estão envolvidos em atividades como recrutamento, entrevistas, seleção e treinamento.*
>
> *ARH é o conjunto de decisões integradas sobre as relações de emprego que influenciam a eficácia dos funcionários e das organizações.*
>
> *ARH é a função na organização que está relacionada com a provisão, treinamento, desenvolvimento, motivação e manutenção dos empregados.*
>
> *Gestão de pessoas é o conjunto integrado de atividade de especialistas e de gestores – como agregar, aplicar, recompensar, desenvolver, manter e monitorar pessoas – no sentido de proporcionar competências e competitividade à organização.*
>
> *Gestão de pessoas é a área que constrói talentos por meio de um conjunto integrado de processos e cuida do capital humano das organizações,*

o elemento fundamental do seu capital intelectual é a base do seu sucesso. (CHIAVENATO, 2008, p. 9)

Na área de Produção/Operações Nigel Slack, Stuart Chambers e Robert Johnston afirmam que "a função de produção na organização representa a reunião de recursos destinados à produção de seus bens e serviços", o que faz dela "uma das três funções centrais de qualquer organização", ao lado da função desenvolvimento do produto e da função *marketing* (SLACK; CHAMBERS; JOHNSTON, 2002, p. 32). Em suma, para eles, o administrador da produção "deve desenvolver seus recursos para que forneçam as condições necessárias para permitir que a organização atinja seus objetivos estratégicos" (SLACK; CHAMBERS; JOHNSTON, 2002, p. 64). Portanto, essa área deve ser a atividade-fim da empresa.

Na área de finanças, Gitman (2000) traz o conceito de *stakeholders* e a importância da responsabilidade social para as organizações.

> *As finanças podem ser definidas como a arte e a ciência de gerenciamento de fundos. Virtualmente, todos os indivíduos e organizações ganham ou captam, e gastam ou investem dinheiro. As finanças lidam com o processo, as instituições, os mercados e os investimentos envolvidos na transferência de dinheiro entre indivíduos, negócios e governos [...]. Os administradores financeiros gerenciam ativamente as questões financeiras de muitos tipos de negócios – financeiros e não financeiros, privados e públicos, grandes e pequenos, com ou sem fim lucrativo. Eles trabalham em tarefas financeiras tão variadas como planejamento, concessão de crédito para clientes, avaliação de investimento, assim como meios de obter recursos para financiar as operações da empresa.*
>
> *As ações dos gerentes financeiros devem ser tomadas para alcançar os objetivos dos proprietários da empresa, seus acionistas. Na maioria dos casos, se os administradores financeiros têm sucesso nessa empreitada, eles vão também alcançar seus próprios objetivos financeiros e profissionais. Portanto, administradores financeiros precisam saber quais são os objetivos dos proprietários da empresa.*

Capítulo 10 ▸ Valquíria Padilha · Thiago Martins Jorge

> *Apesar de a maximização da riqueza dos acionistas ser a meta principal, recentemente muitas empresas ampliaram seu enfoque para incluir os interesses dos* stakeholders *da mesma forma que os acionistas. Os* stakeholders *são grupos como os empregados, fornecedores e credores, que têm uma ligação direta com a empresa. Empregados são pagos por seu trabalho, clientes compram os produtos ou serviços da empresa, fornecedores são pagos pelos materiais e serviços que proveem, credores que proporcionam financiamento de dívidas e os proprietários possibilitam o financiamento de ativos através de ações. A meta não é maximizar o bem-estar dos* stakeholders, *mas preservá-lo.*
>
> *A questão do* stakeholders *não altera a meta de maximização da riqueza do acionista. Tal questão é, muitas vezes, considerada parte da "responsabilidade social" da empresa. Espera-se que ela forneça benefícios a longo prazo para acionistas através da manutenção de relações positivas com os* stakeholders. *Tais relações devem minimizar a rotatividade de* stakeholders, *conflitos e litígios. Claramente, a empresa pode atingir melhor a sua meta de maximização da riqueza dos acionistas com a cooperação de – em vez do conflito com – seus outros* stakeholders. (GITMAN, 2000, pp. 34, 42-43 e 45)

Destarte, fica claro que o denominador comum que sedimenta a fala dessas diversas áreas e teorias da administração é a **ideologia neoliberal de gestão**. Em todos esses autores, é patente a presença de valores utilitaristas, individualistas (quando não narcisistas), a defesa incondicional de precedência dos interesses dos acionistas sobre os demais e a completa ausência de qualquer discussão do papel político-social das organizações. Esses elementos estão presentes de forma tão profunda e natural que é absorvido pelos estudantes, em sua maioria, de forma praticamente imperceptível.

Utilizando a terminologia de Mészáros (2011), a disciplina Administração está completamente incorporada ao "sociometabolismo do capital", já que a sua origem derivou de uma necessidade deste. Consequentemente, o ensino da Administração normalmente não concebe outro meio de atuação que não seja numa sociedade regida pela lógica do capital, o que é uma ideia falaciosa, uma vez que administrar recursos é uma necessidade de qualquer tipo de empreendimento em qualquer sociedade.

Contudo, uma vez que a administração é incorporada ao sociometabolismo do capital, sua função é garantir a sobrevivência deste. Nessa linha, é inevitável constatar que a administração não é uma ciência a serviço da sociedade (compreendida de forma ampla), mas sim a serviço de uma reduzida parcela dessa sociedade: os acionistas. A administração não se dedica ao gerenciamento eficiente e eficaz dos recursos do planeta, mas busca a eficiência e a eficácia microcósmica, ou seja, dos recursos de cada empresa. Portanto, enquanto nesse nível ela obtém resultados positivos, no macrocosmo ela acumula terríveis resultados.

> *Sob uma aparência pragmática e racional, a gestão subentende uma representação do mundo que justifica a guerra econômica. Em nome do desempenho, da qualidade, da eficácia, da competição e da mobilidade, construímos um mundo novo. Uma sociedade global, marcada por um desenvolvimento paradoxal, na qual a riqueza e a pobreza aumentam, assim como o conhecimento e a ignorância, a criação e a destruição, o bem-estar e o sofrimento, a proteção e a insegurança.*
> (GAULEJAC, 2007, p. 27)

Assim, situações absurdas tornam-se regra. Por exemplo, enquanto as empresas gastam bilhões em propaganda e *marketing*, Mészáros (2011) destaca a redução da taxa de uso de cada mercadoria e podemos falar da assustadora estratégia da obsolescência planejada (PADILHA e BONIFÁCIO, 2013); já Gurgel (2003) afirma que a tão destacada Terceira Revolução Industrial não contribuiu para o aumento da capacidade produtiva, tal revolução está inserida num momento histórico em que as empresas se interessam em reduzir o seu público-alvo à parcela mais lucrativa da população. Consequentemente, enquanto a minoria privilegiada da população pode consumir produtos de altíssima capacidade tecnológica, bilhões de pessoas (mais da metade da população mundial) vivem em condições subumanas.

Podemos concluir que, nesse cenário, a terminologia científica da administração desempenha uma função novilinguística. Tal linguagem busca encobrir, naturalizar ou sutilizar as contradições inerentes à lógica do capital. Os melhores exemplos dessa situação são o uso do termo "custo agente-principal" para tratar de uma questão célebre da crítica marxista: o antagonismo de interesses entre capital e trabalho, ou a transformação do sentido da *mais-valia*. Essa terminologia, aliada à completa ausência de discussões político-sociais, busca conferir uma falsa neutralidade, retirando qualquer conotação crítica ou política desses grandes problemas, o que, evidentemente, se converte numa posição político-social bastante definida: a defesa do *status quo*.

Portanto, para realizarmos uma contraposição a isso, na sequência, discutiremos as possibilidades críticas existentes – ainda que minoritárias – dentro do campo da administração, apresentando alguns autores e correntes que se opõe ao *status quo*, para depois discutirmos, com maior profundidade, como a sociologia, inspiradora e inspirada nessas correntes, pode realizar um contraponto ao núcleo duro dos cursos de Administração.

As correntes críticas na área dos estudos organizacionais

1. Teoria Crítica nas Organizações

A origem da Teoria Crítica (TC) remete à primeira metade do século XX, à chamada "Escola de Frankfurt".

> *De orientação socialista e materialista, a Escola elaborou suas teorias e desenvolveu suas pesquisas à luz das categorias de totalidade e dialética: a pesquisa social não se dissolve em pesquisas especializadas e setoriais; a sociedade deve ser pesquisada "como um todo" nas relações que ligam uns aos outros âmbitos econômicos com os culturais e psicológicos. [...] A Teoria Crítica pretende fazer emergir as contradições fundamentais da sociedade capitalista e aponta para "um desenvolvimento" que leve a uma sociedade sem exploração.* (REALE; ANISTERI, 2006a, p. 469)

A TC – de influência marxista, hegeliana, existencialista, fenomenológica e psicanalítica – vê a dialética como o método mais apropriado para a construção de conhecimento sobre a realidade.

> *A crítica dialética tem um compromisso com qualquer objeto e opera mediante o desvelamento de suas contradições, estas compreendidas em face da totalidade, e não de maneira segmentada.* (BATISTA-DOS-SANTOS; ALLOUFA; NEPOMUCENO, 2010, p. 314)

Para compreender os fundamentos da Teoria Crítica é necessário entendê-la como um contraponto à chamada "Teoria Tradicional". Esta se baseia na sociologia positivista, ou seja, defende que as ciências sociais partam dos mesmos princípios analíticos utilizados pelas ciências naturais. Para ela os fenômenos sociais devem ser encarados como coisas dadas, naturais e estáveis (a-históricos).

A Teoria Crítica vai de encontro a isso. Para ela, os fenômenos sociais só podem ser plenamente compreendidos quando analisados conjuntamente com o momento econômico, histórico, social e psicológico aos quais estão inseridos (BATISTA-DOS-SANTOS; ALLOUFA; NEPOMUCENO, 2010).

> *(TT) toma a realidade social formada por elementos, organizados numa lógica harmônica que elimina a contradição [...] (uma vez que) a TT opera mediante uma lógica de retirada dos fenômenos sociais de seu contexto "natural", que é histórico. A exigência do pensamento positivista é que todos os elementos estejam ligados de modo direto e não contraditório, de forma que todas as proposições sobre um determinado campo possam ser derivadas de algumas poucas. Dessa maneira, a totalidade é transformada em um sistema unificado e matemático de signos. (Já a Teoria Crítica) apresenta como característica o fato de que não objetiva nenhuma visão definitiva da totalidade social, e toma a totalidade da práxis social como dimensão central para a crítica dialética, considerando seus antagonismos reais que emergem no devir histórico; em oposição à faticidade redutora da história, e à lógica de funcionamento sistêmico contido no esquema dedutivo positivista.* (BATISTA-DOS-SANTOS; ALLOUFA; NEPOMUCENO, 2010, p. 316)

A crítica final da Teoria Crítica à Teoria Tradicional é a inadequação do seu pragmatismo ao desenvolvimento de um processo emancipatório, o qual apenas reforça os métodos de dominação e alienação. A emancipação dos indivíduos é o grande objetivo da TC:

> Emancipação essa, entendida como conscientização que se organiza como reflexão racional pela qual o que aparenta ser a ordem natural e essencial, na sociedade cultural, é decifrado como ordem socialmente determinada em condições dadas de produção real e efetiva da sociedade. (BATISTA-DOS-SANTOS; ALLOUFA; NEPOMUCENO, 2010, p. 316)

Assim TC questiona a ordem vigente "procurando não apenas entender a realidade, mas, sobretudo, modificá-la em benefício do desenvolvimento coletivo" (FARIA, 2007, p. 5). Para isso a Teoria Crítica funda-se em seis categorias (FARIA; MENEGHETTI, 2007; FARIA, 2009):

1) contradições: os fatos se transformam. As aparências nem sempre denunciam as mudanças das essências;

2) ideologia dominante: a ideologia torna parcial a consciência dos indivíduos em relação ao todo social;

3) racionalidades dominantes: as racionalizações são capazes de convencer que práticas exploradoras, opressivas e preconceituosas sejam utilizadas quase livremente;

4) contexto social-histórico: cada contexto implica um conjunto de elementos singulares a sua época: a) condições materiais; b) graus de consciências distintos; c) conhecimentos específicos sobre determinados assuntos; e d) concepções morais diferenciadas, entre outros. Nesse sentido, não é possível entender o desenvolvimento de um determinado fato social sem entender sua trajetória histórica;

5) Emancipação: é a busca incessante da autonomia do indivíduo e da sociedade, alimentada na capacidade de criar sua própria história, desempenhando papel ativo sobre os problemas relevantes de interesse coletivo. Uma sociedade emancipada é, antes de tudo, consciente da sua existência;

6) Conscientização individual e coletiva: consciência significa estar ciente de si mesmo, das próprias percepções, sentimentos e emoções. A consciência individual fragmentada impossibilita o advento da consciência emancipada (FROMM, 1979 *apud* FARIA, 2009).

Inspirada nessas categorias, a Teoria Crítica nas organizações chama a atenção para a "derrota do pensamento crítico" frente à racionalidade tecnológica, o culto à ordem, aumento do individualismo e transferência aos críticos da imagem de radicais, geradores do caos.

Assim, o individualismo avança destituindo qualquer forma de pensamento unificador, defensor dos interesses coletivos – o que interessa é o bem individual. A consequência disso é a perda da capacidade de mobilização coletiva para protestar, gerando uma "tolerância passiva":

> *Na tolerância passiva, o comportamento adotado por aqueles que estão alienados dos meios de produção da sociedade engloba-se na trama ideológica vigente, muitas vezes reproduzindo-a. Suas opiniões quase sempre estão em concordância com as das elites, suas esperanças fundam-se na promessa imaginária de ascensão profissional e social. A tentativa de fuga dessa forma de tolerância é responsável por uma série de punições indiretas: demissão da empresa em que trabalha, exclusão social, alvo de preconceitos etc. A dinâmica que rege a tolerância passiva é a do cumprimento dos papéis sociais, ou seja, os indivíduos devem se enquadrar nas personagens sociais determinadas, eliminando qualquer forma de atitudes imprevistas e indesejadas.* (FARIA; MENEGHETTI, 2007, p. 250)

Esse efeito é agravado pela lógica da competitividade e desempenho que rege o sistema atual. Nele, todos os indivíduos e organizações estão constantemente competindo e só os vencedores colhem os frutos.

> *O engajamento do indivíduo para vencer as competições sociais, desloca-o de uma posição reflexiva para uma mais passiva. Toda a sua energia é direcionada a tarefas e funções que proporcionem ganhos instrumentais para a obtenção de sucesso. Assim, às vezes sem perceber, o indivíduo torna-se meio na realização dos interesses de uma minoria, ganhando em troca, algumas realizações individuais e promessas imaginárias de sucesso.* (FARIA; MENEGHETTI, 2007, p. 254)

Em oposição a isso, os autores apresentam a ideia de autonomia e o papel da Teoria Crítica na sua busca:

> *Autonomia não pressupõe liberdade absoluta. As leis, normas e regras explícitas ou implícitas, quando advindas da prática reflexiva e dos interesses coletivos são, em si mesmas, a expressão da autonomia. Assim, diferentemente da liberdade absoluta, a autonomia é a prática das relações que nem sempre são expressas no rompimento das estruturas regimentais da sociedade. Sua função, muitas vezes, é de colocar limites para as atitudes humanas.*
>
> *Nesse sentido, é necessário ampliar a linha da Teoria Crítica nos estudos organizacionais, que tem tratado de questões que envolvem a emancipação do indivíduo, libertando-o do pensamento unidimensional, da alienação, da competição predatória, das necessidades falsas, da supressão da individualidade e da sua adoção como instrumento para se obter fins para grupos específicos. O papel da Teoria Crítica nos estudos organizacionais é oferecer uma alternativa democrático-reflexiva, possibilitar o pensamento crítico e autônomo das condições de vida e de trabalho.* (FARIA; MENEGHETTI, 2007, pp. 253 e 256)

2. *Critical Management Studies* (CMS)

O *Critical Management Studies* é um movimento de origem europeia que se consolidou como corrente de pesquisa na década de

1990, com as contribuições de Alvesson e Willmott. Eles "tentaram unificar sob a rubrica CMS a análise das organizações em uma perspectiva crítica que vinha sendo realizada esporadicamente desde os anos 1980" (PAULA *et al.* 2010, p. 12).

Alvesson e Willmott (2003) afirmam que a ideia de *Critical Management Studies* surgiu a partir de um congresso em 1989 que conectou o trabalho de autores críticos norte-americanos e europeus. Desde então, esse movimento vem ganhando espaço com a ampliação de congressos dedicados exclusivamente para ele, além de receber *status* de área temática nas conferências da *Academy of Management* bem como no EGOS (*European Group for Organizational Studies*). A principal diferença desse movimento em relação à Teoria Crítica deve-se à sua fundamentação filosófica. O CMS inspira-se no pós-estruturalismo, o qual, por sua vez, tem sua base no estruturalismo.

> *A etnolinguística mostrou como e em que medida nossa visão de mundo depende da linguagem que falamos; o marxismo evidenciou o peso da estrutura econômica na construção do indivíduo, de suas relações e de suas ideias; a psicanálise mergulhou nosso olhar na estrutura inconsciente que sustenta os fios dos comportamentos conscientes de nosso eu; a antropologia e as ciências etnográficas põem a nu sistemas compactos de regras, valores, ideias e mitos que nos plasmam desde o nascimento e nos acompanham até o túmulo [...]. Diante de tudo isso, diante da lúcida consciência do torniquete representado pela onipresença e pela onipotência das estruturas psicológicas, econômicas, "epistêmicas" ou "psicológicas" e sociais, continuar falando de "sujeito" ou "eu", ou "consciência" ou "espírito livre, responsável, criativo e construtor da história, quando não é ignorância é brincadeira [...]. Desse modo, o estruturalismo configura-se como a filosofia que pretende erigir-se com base em nova consciência científica e que, por seu turno, traz a consciência da redução da liberdade em um mundo sempre mais "administrado" e "organizado": ele é consciência dos condicionamentos que o homem descobre e – digamos – dos obstáculos que talvez ele próprio criou para si e cria no caminho de sua iniciativa livre e criadora.* (REALE; ANTISERI, 2006b, p. 83)

O pós-estruturalismo vai de encontro à base filosófica da Teoria Crítica, ao combater o existencialismo e a fenomenologia, isto é, substituindo a ideia de que os indivíduos são seres racionais e autoconscientes por uma ideia de sujeito determinado pelas estruturas culturais, sociais e psicológicas.

Todavia, Alvesson e Willmott (2003) afirmam que os autores do CMS não afastam completamente a Teoria Crítica dos seus trabalhos. Para eles a TC representa um contraponto ao *mainstream* dos estudos organizacionais. Assim, o CMS traz uma série de novas abordagens que, ao confrontar os princípios da Teoria Crítica, não objetiva confundir nem complicar, mas sim enriquecer os estudos organizacionais (ALVESSON; WILLMOTT, 2003).

Em sua página na internet o CMS é definido da seguinte forma:

> *O* Critical Management Studies *(CMS) é uma ampla abordagem de esquerda na área dos estudos organizacionais. Ele desafia o entendimento convencional predominante de gestão e organizações. O CMS interroga as relações estabelecidas de poder, controle, dominação e ideologia nas organizações, explorando suas relações com as pessoas e a sociedade. A orientação metodológica do CMS abraça várias tradições teóricas, incluindo o anarquismo, a Teoria Crítica, feminismo, marxismo, pós-marxismo, pós-estruturalismo, pós-modernismo, pós-colonialismo e da psicanálise, o que representa um movimento pluralista, multidisciplinar.*

Nessa linha, Misoczky e Amantino-de-Andrade (2005) afirmam que o principal compromisso do *Critical Management Studies* é romper com a linha positivista que norteia a produção acadêmica organizacional anglo-saxã.

Contudo, em função da sua crença de que os indivíduos são determinados pela macroestrutura, construídos em termos relacionais e divididos entre forças libidinais e práticas socioculturais, o CMS adota uma postura emancipatória limitada. Paula (2008) entende que o CMS vê o processo emancipatório como uma formulação incerta, contraditória, ambígua e precária, o que a autora denomina de "microemancipação".

Em suma, o CMS acusa a Teoria Crítica de adotar uma postura utópica, afirmando, portanto, ser necessário desenvolver um movimento mais condizente com as possibilidades reais. Alvesson e Willmott (2003) afirmam que o CMS, ao se inspirar não só em Habermas (adepto da TC), mas também em Foucault (pós-estruturalista), evita cair tanto numa utopia quanto numa "distopia".

Por outro lado, Misoczky e Amantino-de-Andrade (2005, p. 201) acreditam que ao se afastar da utopia típica da Teoria Crítica, o CMS "trata-se, de modo evidente, de uma opção por atitudes remediadoras, e não transformadoras da ordem dominante".

3. Estudos Organizacionais Críticos

Já no Brasil, a tradição crítica é inaugurada na segunda metade do século XX por autores como Alberto Guerreiro Ramos e Maurício Tragtenberg. Esse movimento ficou conhecido como "Estudos Organizacionais Críticos" (EOC). Portanto, o EOC não é apenas anterior ao *Critical Management Studies*, como apresenta também diferenças epistemológicas significativas.

Paula *et al.* (2010, p. 11) demonstram que:

> *Enquanto a produção do movimento CMS é predominantemente circundada pelo pós-estruturalismo, a produção brasileira sofreu grande influência dos pensamentos de Guerreiro e Tragtenberg, manifestando-se como humanista radical. Por humanismo radical compreendemos o alinhamento com a fenomenologia e o existencialismo, defendidos por Guerreiro, com o marxismo heterodoxo permeado pelo anarquismo, peculiar ao pensamento de Tragtenberg, e com a Escola de Frankfurt. Por esse motivo, na produção nacional se destacam principalmente temáticas como a autonomia dos sujeitos e a autogestão, que são marginais na produção do movimento CMS.*

Em suma, tanto Tragtenberg quanto Guerreiro, ao se apoiarem em autores fenomenológicos, existencialistas, marxistas e frankfurtianos, estão mais próximos dos fundamentos humanistas da Teoria Crítica do que do pós-estruturalismo do *Critical Management Studies*.

Guerreiro Ramos é reconhecido pela sua busca em criar uma sociologia tipicamente brasileira, isto é, uma sociologia "fundada em uma criação original, a qual somente é possível pela conversão de fatos em conceitos" (FARIA, 2009, p. 426). Para isso, ele utiliza-se da "Redução Sociológica", que é um método para assimilação crítica da produção sociológica estrangeira, por meio da transposição de experiências e conhecimentos típicos de outras sociedades para a perspectiva nacional, é uma forma de romper as amarras intelectuais da sociedade, permitindo a formação do indivíduo parentético (FARIA, 2009; BOAVA; MACEDO; ICHIKAWA, 2010).

> *(O indivíduo parentético é) um participante da organização que, por tentar ser autônomo, não pode ser entendido ou explicado pela psicologia da conformidade, como o são os indivíduos que se comportam de acordo com os modelos operacional e reativo. O homem parentético possui uma consciência crítica altamente desenvolvida sobre as premissas de valor presentes de forma latente no cotidiano. O homem parentético é um reflexo das novas circunstâncias sociais e, simultaneamente, uma reação a essas circunstâncias.* (GUERREIRO RAMOS, 1972 apud FARIA, 2009, p. 426)

Guerreiro Ramos afirma que os homens parentéticos são indivíduos capazes de desenvolver uma clara separação entre a consciência do "eu do mundo interior" do "eu do mundo em volta" e, dessa maneira, entendem os arranjos precários que constituem a sociedade. Portanto, enquanto os demais indivíduos analisam a realidade social pelas definições convencionalmente estabelecidas, os homens parentéticos têm a capacidade de "suspender suas circunstâncias internas e externas, podendo, assim, examiná-las com visão crítica" (FARIA, 2009, p. 426). Consequentemente, o homem parentético não se empenha em demasia para ser bem-sucedido segundo os padrões convencionais, seu principal objetivo é encontrar um sentido para sua vida e não aceita acriticamente padrões de desempenho.

Já em *Nova Ciência das Organizações* Guerreiro Ramos propõe o arcabouço conceitual de uma nova ciência das organizações, objetivando "contrapor um modelo de análise de sistemas sociais e de delineamento organizacional de múltiplos centros ao modelo atual centralizado no mercado" (GUERREIRO RAMOS, 1981 *apud* FARIA, 2009, p. 429).

Para ele, a teoria dominante não considera as exigências ecológicas e não se vincula ao estágio contemporâneo das capacidades de produção.

> *Ele alerta para o fato de ser ilusória e desastrada a maneira como a teoria dominante é ensinada, por negar sua limitada utilidade funcional, tornando necessário um modelo alternativo de pensamento.* (FARIA, 2009, p. 429)

A teoria dominante baseia-se na racionalidade instrumental, em que a razão aparece como cálculo utilitário de consequências. Tal racionalidade exerce um impacto desfigurador sobre a sociedade, enquanto, por outro lado, garante o seu sucesso. Assim, a nova teoria deve se basear na razão substantiva ou de valor "que é independente de expectativas de sucesso e não caracteriza uma ação interessada na obtenção de resultado" (FARIA, 2009, p. 429).

Já Maurício Tragtenberg diferencia-se da sua época pelo uso combinado da teoria marxista e weberiana. "Marx é para Maurício o teórico por excelência da estrutura, da base econômica, enquanto Weber é por excelência o teórico da superestrutura política e ideológica da sociedade" (MOTTA, 2001, p. 64).

> *As formas de exploração encontram possibilidades explicativas em Marx. As formas de dominação encontram possibilidades explicativas em Max Weber, seja nas organizações capitalistas, seja nas organizações comunistas.* (MOTTA, 2001, p. 68)

Tragtenberg concentrou a sua pesquisa no elemento ideológico das teorias administrativas, a qual ele chama de "harmonia administrativa", uma vez que a principal função é atender aos interesses socioeconômicos dominantes, amenizando as tensões entre capital e trabalho. Ele trata a burocracia como um elemento de dominação, e vai de encontro à categorização do toyotismo como modelo pós-burocrático, tratando-o como uma forma de "burocracia flexível". Para ele houve apenas uma adequação do modelo burocrático às novas demandas da sociedade, tornando-o mais sofisticado (MOTTA, 2001; PAULA, 2008).

Tragtenberg contraria também a ideia de que o desenvolvimento tecnológico concederia mais tempo livre aos indivíduos para que se dediquem ao ócio criativo, o que culminaria no processo de "emanciapação". Ele afirma que o processo de emancipação não está ligado ao desenvolvimento tecnológico, mas sim ao modo como as forças sociais se relacionam, o que pode resultar tanto em opressão quanto em libertação.

Outro elemento ideológico criticado por Tragtenberg é o culto ao empreendedorismo como forma de emancipação.

> É a idealização do trabalho autônomo. Técnicas e ideias anteriormente circunscritas ao treinamento empresarial são disponíveis a qualquer interessado, exacerbando o individualismo e criando uma falsa sensação de liberdade. Essa ideologia contribui para a desmobilização política, afastando-nos das vias de democratização.
>
> [...] As formas ritualistas, pobres em conteúdo, seja na escola, na empresa ou na sociedade, o poder sem saber e o saber sem poder, eram tratados de forma irônica e mordaz por Maurício, que procurava sempre as relações sociais reais escondidas na ideologia e em seus mecanismos. [...] Ciência e compromisso eram, para ele, sinônimos, entendido o compromisso como ético, como busca da transformação do mundo. Era intransigente nesse sentido: nunca cooptou a ciência que não tivesse como horizonte a elevação da condição humana, a dignidade do homem. (MOTTA, 2001, p. 67)

Portanto, Tragtenberg (2005) faz duras críticas ao modelo universitário vigente. Ele afirma que esse modelo promove uma formação profissional que não tem outro objetivo senão desenvolver indivíduos homogêneos, despolitizados e com habilidades técnicas específicas, os quais visam apenas a melhora do desempenho das organizações, sem jamais questionar ou ousar ir de encontro aos seus objetivos. Resumidamente: "Cabe à 'formação' profissional a transformação da empresa numa entidade homogênea" (TRAGTENBERG, 2005, p. 43).

Inspirado nessas correntes e vislumbrando a possibilidade real de formar administradores críticos, discutiremos a seguir a importância da sociologia como uma disciplina que oferece, *a priori*, possibilidades de uma formação contestadora da ordem dentro das escolas de Administração.

A sociologia e a utopia das brechas na formação do administrador

Disciplinas da área de sociologia integrando a grade curricular dos cursos de graduação em Administração podem ter um significado ambíguo: de um lado, ou o professor vai se valer de um repertório sociológico mais conservador (de inspiração positivista e funcionalista, por exemplo) não instigando nos estudantes nenhum desejo de enfrentamento das "leis do mercado", ou, de outro lado, vai movimentar referenciais teórico-metodológicos da sociologia crítica (de inspiração marxista) e, assim, tensionar o debate com as ideologias da "sociedade da gestão" (GAULEJAC, 2007) propagadas pelos professores das outras disciplinas do curso. Tudo indica que o significado e a importância da sociologia na formação de gestores ficam a critério do posicionamento dos professores responsáveis pela disciplina, ou seja, dependem das fontes onde os professores bebem seu saber sociológico e, em última instância, de sua disposição em enfrentar as tensões inerentes ao processo de formação crítica.

Concordamos com Bauman e May (2010, p. 24) quando afirmam que:

> *Em face do mundo considerado familiar, governado por rotinas capazes de reconfirmar crenças, a sociologia pode surgir como alguém estranho, irritante e intrometido. Por colocar em questão aquilo que é considerado inquestionável, tido como dado, ela tem o potencial de abalar as confortáveis certezas da vida, fazendo perguntas que ninguém quer se lembrar de fazer e cuja simples menção provoca ressentimentos naqueles que detêm interesses estabelecidos. Essas questões transformam o evidente em enigma e podem desfamiliarizar o familiar [...].*

"Colocar em questão aquilo que é considerado inquestionável" (como as leis do mercado e o próprio sistema capitalista, por exemplo) e "desfamiliarizar o familiar" (como as inúmeras formas de se justificar e naturalizar a desigualdade social, por exemplo) podem ser tarefas da sociologia, mas não de qualquer sociologia. Na passagem acima, os autores utilizam verbos que demonstram certa cautela: "a sociologia **pode** surgir" ou "ela **tem o potencial** de".

Compartilhamos de Adorno (2008) sua ideia – que ele construiu sobre fundação marxiana – de que a sociologia deve ser uma ciência que se empenha em descobrir o que é essencial na sociedade, ou seja, em buscar o que dá sentido (essência) aos fenômenos observáveis (aparência). Assim, cabe ao sociólogo atentar para o que na aparência é secundário ou natural e, assim, conseguir "pensar além". Adorno, em consonância com a Teoria Crítica, afirma que a sociologia crítica deve basear-se no pensamento dialético. Pelo raciocínio dialético, a sociologia deve passar pelo crivo da negação de tudo o que for dado como certo ou natural, como os próprios conceitos de sociedade e de indivíduo. A sociedade de hoje **não é** uma sociedade "plena como associação livre de homens livres dotada de autonomia" (COHN, 2008, p. 32). O que é então a sociedade e o que ela poderia ser? Neste capítulo, estamos defendendo fortemente a tese de que apenas a sociologia crítica tem a intenção verdadeira de: 1) ser anticapitalista; 2) levar os sujeitos à emancipação; 3) "escovar a história a contrapelo" (BENJAMIN, 1994, p. 225); e 4) ser contrária às ideologias da gestão. Vamos esclarecer, ainda que de forma sintética, o que entendemos por cada um desses itens a fim de tornar clara nossa defesa da sociologia crítica na formação dos futuros gestores.

Sociologia crítica é anticapitalista

O capitalismo é, *grosso modo*, um sistema econômico-político-social baseado na centralidade do capital e do capitalista, que é quem tem a posse privada dos meios de produção, da circulação dos bens e do lucro advindo desse processo. O capital é mais do que dinheiro, é tudo o que se transforma em mais capital, ou seja, tudo o que participa do processo de produção e reprodução dele mesmo. Uma floresta não é capital se não for explorada, mas torna-se capital quando seus recursos são explorados, transformados em bens de capital. Uma mala de dinheiro enterrada debaixo da terra não é capital. Dinheiro é capital quando é reinvestido para gerar mais dinheiro, quando gera a posse de um patrimônio. O capitalismo é um sistema em que a acumulação do capital torna-se a espinha dorsal de todo o complexo funcionamento da sociedade. No entanto, apenas uma pequena parcela da população mundial é capitalista e, portanto, acumula capital.

Dois pressupostos do sistema capitalista são, de forma interligada, a *propriedade privada* (portanto, a divisão da sociedade em classes sociais – de um lado os que são proprietários dos meios de produção e dos bens produzidos, de outro lado os que não têm nada mais que sua força de trabalho) e o *lucro* (o "mais dinheiro" resultante da venda dos bens produzidos). Portanto, o que move o capitalismo é o capital transformado em empresa cujo propósito único é a busca do lucro. O capital é valor que se valoriza, valor que engendra mais valor. Quanto menores os custos da produção (matéria-prima e força de trabalho, principalmente), maiores os lucros dos capitalistas.

A condenação do capitalismo – da qual a sociologia crítica é signatária – parte do conhecimento de que, sob a lógica do capital, reinam a desigualdade social, o esgotamento dos recursos naturais por empresas privadas, a apropriação do saber – que deveria ser um bem coletivo –, a exploração do trabalho – que ocorre, dentre outros, pela expropriação da mais-valia –, a mercantilização e monetarização da vida – visto que tudo o que é mercadoria vendida e comprada gera lucro para alguém, portanto, quanto mais o mundo for recheado de mercadorias que se troca por dinheiro, melhor aos capitalistas. No sistema capitalista, não se pode esquecer que o Estado fica subjugado aos interesses e mandos dos capitalistas (donos de empresas/acionistas), numa relação quase sempre promíscua entre o que é público (bem comum) e o que é privado (interesses individuais) (HARVEY, 2011).

Vale lembrar ainda, com Mészáros (2003, p. 12), que a lógica do capital é "absolutamente inseparável do imperativo da dominação do mais fraco pelo mais forte". No reino do dinheiro-capital, quem não é capitalista está condenado a se alienar sob as regras do capital. Marx, ao analisar de forma contundente o processo de produção do capital, desenha acertadamente como o trabalhador está subsumido ao capitalista pela relação de compra e venda da sua força de trabalho, tornada mercadoria como outra qualquer. Nos *Manuscritos econômico-filosóficos de 1844*, Marx descreveu como ocorre, no capitalismo, a alienação humana pelo trabalho alienado – cujos frutos (a riqueza gerada) não pertencem àqueles que os produziram. Ele afirma:

> *O trabalhador se torna tão mais pobre quanto mais riqueza produz, quanto mais a sua produção aumenta em poder e extensão. O trabalhador se torna uma mercadoria tão mais barata quanto mais mercadorias cria. Com a valorização do mundo das coisas, aumenta em proporção direta a desvalorização do mundo dos homens. O trabalho não produz só mercadorias; produz a si mesmo e ao trabalhador como uma mercadoria, e isso na proporção em que produz mercadorias em geral. [...] O objeto que o trabalho produz, o seu produto, se lhe defronta como um ser alheio,*

> *como um poder independente do produtor.* (MARX, 1989b, pp. 148-149. Grifos no original)

Para libertar o homem do jugo do capital, só restaria, segundo Marx, a superação do capitalismo e a construção do socialismo como uma etapa transitória para o comunismo – "um movimento *real* que supera o estado de coisas atual" (MARX; ENGELS, 1989, p. 52. Grifo no original). O fim da propriedade privada e do lucro seria condição *sine qua non* para o fim de tudo de negativo que o capitalismo significa para a humanidade e para a natureza. Uma sociologia crítica, marxista, dialética, deve levar as pessoas a compreenderem a essência do capitalismo para além de sua aparência (que se ergue sob os pilares da liberdade, da democracia e da meritocracia), para então desejarem aderir ao movimento de sua superação. Assim, o ser humano seria emancipado e verdadeiramente livre.

Uma leitura mais atualizada e menos ortodoxa do marxismo sugere um "outro mundo possível", sem que ele seja necessariamente o socialismo. Há, portanto, propostas de humanização do capitalismo numa perspectiva mais de redução de danos que de mudança radical. O *Fórum Social Mundial*, que teve sua primeira edição em Porto Alegre, no Brasil, no ano de 2001, é um excelente exemplo de um movimento internacional e apartidário que, ao menos teoricamente, é anticapitalista, anti-imperialista e antineoliberalista, em defesa de um mundo mais justo e sustentável. Defendem uma globalização solidária a serviço da justiça social e não a serviço do capital. A sociologia crítica, com mais ou menos ortodoxia, vislumbra também um mundo menos desigual e mais justo em que as pessoas não sejam reduzidas a escravos do capital. As diferenças entre os autores e os diversos movimentos sociais organizados parecem estar mais na metodologia (como vencer o capitalismo) do que no diagnóstico acertado da perversidade da lógica do capital.

Sociologia crítica leva os sujeitos à emancipação

Para os marxistas, a emancipação humana está profundamente ligada à liberdade, vista em termos do "múltiplo desenvolvimento das possibilidades humanas" e da "criação de uma forma de associação digna da condição humana" (BOTTOMORE, 2001, pp. 123-124). Não se trata de compreender a liberdade como os liberais, é preciso focar em determinados obstáculos à liberdade individual que o sistema capitalista impõe às pessoas, dentre os quais se destacam as condições do trabalho assalariado. Para Marx, a origem do estranhamento humano está na divisão do trabalho e na propriedade privada; ambos são idênticos, pois revelam a distribuição e a apropriação desigual, tanto quantitativa quanto qualitativamente, do trabalho e de seus produtos (MARX; ENGELS, 1989). Assim, a emancipação ocorrerá quando o "ser" estiver em harmonia com a sua "essência" (*Idem*). Para isso, seria preciso romper com a lógica do capital e construirmos uma sociedade em que haja identificação de cada indivíduo com sua coletividade, de forma que os interesses coletivos sejam prioridade sobre os interesses individuais.

> [...] por emancipação entendo o processo de libertação dos homens em relação ao seu estado de sujeição ao sistema e aos imperativos econômicos oriundos do modo de produção. Uma sociedade cujos membros são emancipados é uma sociedade que possibilita o livre desenvolvimento dos mesmos sem que eles tenham que sacrificar as próprias vidas em função de interesses que não são diretamente as necessidades humanas, coletivas e sociais. Na verdade, homens emancipados são aqueles capazes de identificar os seus próprios interesses e alcançá-los, articulando atividades individuais com necessidades sociais. Uma sociedade emancipada, pode-se dizer, é uma sociedade tornada efetivamente humana e social. Entende-se que não pode haver uma sociedade emancipada [...] sob o universo capitalista. (PADILHA, 2000, pp. 16-17)

Trata-se, então, de subverter o capitalismo e combater suas forças sociais para combater o estranhamento humano e libertar as forças produtivas do jugo da propriedade privada. Assim, teríamos um sentido verdadeiro de comunidade, de liberdade e não mais aparente, como a que vivemos hoje.

> *É unicamente no interior da coletividade que o indivíduo pode tornar-se universal, pois somente nela ele tem os meios necessários para desenvolver as suas potencialidades em todos os sentidos. A liberdade pessoal só é possível, portanto, no interior da coletividade [...].* (RANIERI, 2001, p. 140)

O que se espera, então, é que se resgate a individualidade autêntica perdida na teia do capitalismo, ou seja, cada indivíduo deve ter a consciência de que ele só tem lugar no mundo como um ser "que é produto identificado com a objetividade social" (*Idem*, p. 143).

A sociologia crítica, nesse sentido, teria a missão de revelar as desmedidas do capital mostrando não só a necessidade de superar o sistema capitalista como também apontando possíveis saídas – ainda que não imediatas.

Sociologia crítica "escova a história a contrapelo"

Quando Walter Benjamin afirma que o materialismo histórico deve se desviar da barbárie e do fascismo, diz que sua tarefa seria "escovar a história a contrapelo" (BENJAMIN, 1994, p. 225). Para Benjamin, assim como para a Escola de Frankfurt no geral, a cultura industrializada e comercializada pelas classes dominantes – "Indústria Cultural" – é sinônimo de barbárie. Tratando da história e da cultura sob a perspectiva do materialismo histórico, alertaram sobre os perigos de entregar-se às classes dominantes como seu instrumento e buscaram superação do mercado visando a autodeterminação humana (a qual leva à autonomia e à emancipação). Como as classes dominantes não param de vencer e os historiadores, segundo Benjamin, se identificam sempre com os vencedores, ele provoca o leitor dizendo que para saber o lado dos vencidos é preciso acariciar a história a contrapelo.

É preciso despentear a ordem vigente – o capitalismo visto como um sistema natural e universal, por exemplo – para encontrar, debaixo dos pelos, a versão dos dominados. A sociologia crítica teria, nesse sentido, um papel fundamental ao usar como referencial teórico-metodológico o materialismo histórico.

> *A tradição dos oprimidos nos ensina que o "estado de exceção" em que vivemos é na verdade a regra geral. Precisamos construir um conceito de história que corresponda a essa verdade.* (BENJAMIN, 1994, p. 226)

O sujeito desse conhecimento histórico proposto por Benjamin deveria ser a "própria classe combatente e oprimida" (*Idem*, p. 228).

Na época em que Benjamin escrevia essas palavras, o "estado de exceção" era o fascismo. Hoje, nos interessa parafrasear Benjamin para mostrar que a sociologia crítica e o materialismo histórico devem estimular as pessoas a não se sentirem satisfeitas com uma ordem aparente, pois sua estabilidade é, certamente, *apenas* aparente. Acariciar a contrapelo é uma bela metáfora para mostrar outra metáfora: a de que só se consegue salvar o cachorro das pulgas se os pelos forem despenteados no sentido contrário. Dito de outra forma, as ameaças se escondem por trás da ordem, é preciso desordenar para se deparar com elas.

Quem são essas ameaças que a sociologia crítica quer fazer emergir? Diante da impossibilidade de explorar aqui todas as formas possíveis e os significados dessas ameaças concretas, vamos nos concentrar nas ideologias da gestão, no gerencialismo e nas formas de poder e controle que as organizações conseguiram transformar numa ordem dominante à luz dos interesses de manutenção dos privilégios do capital.

Sociologia crítica é contrária às ideologias da gestão

No universo do capitalismo atual, uma boa forma de compreender o poder e os alcances das organizações é começar assistindo aos filmes e documentários *The Corporation (O que você faria?)* *(El Metodo)*, *Minha parte do bolo (Ma Part du Gâteau)*, *Criança: a alma do negócio*, *O veneno está na mesa*, *O mundo segundo a Monsanto*, *O capital* (de Costa Gavras). A sociologia crítica pode se utilizar desses filmes para introduzir as pessoas numa problematização que parta da tese de que somos sujeitos assujeitados pelas ideologias da gestão que as organizações e seus gurus propagam.

Como já foi dito na primeira parte deste capítulo, servir ao mercado capitalista é a missão que as organizações conseguem introjetar não só nos futuros gestores como em toda a sociedade. Dominados pelos mitos da eficiência, da competitividade, do *self made man*, do enriquecimento como sinônimo de sucesso, da rentabilidade como alvo, da meritocracia pelo esforço próprio, somos todos servos da lógica do capital. Alguns têm consciência disso e decidem pela servidão voluntária ou pela resistência, mas a maioria sequer compreende o que tudo isso significa.

A sociedade da gestão conta com um aparato ideológico poderoso que vai dos cursos de Administração à mídia empresarial, passando por consultores especializados (preferencialmente com um MBA feito numa faculdade de renome e fazendo uso fluente de palavras em inglês, para impressionar) munidos de seus livros, cursos e vídeos que poderiam tranquilamente ser encontrados nas prateleiras de autoajuda das livrarias. Na retórica dos que são porta-vozes das demandas de acumulação do capital, tudo se justifica pela guerra econômica competitiva comandada pelo mercado. A relação entre as pessoas, dentro e fora das empresas, é permeada pela racionalidade instrumental e contábil. A gestão da empresa, da vida pública e de si mesmo se igualam na obsessão pelos números, pela mensuração e pela monetarização. Existe um pensamento utilitarista, pragmático, funcionalista e positivista dando subsídios a esse modelo de sociedade acometida da doença do gerencialismo (GAULEJAC, 2007). Autores que bebem dessa fonte são utilizados *ad nauseam* nas disciplinas que formam o *núcleo duro* dos cursos de Administração de empresa, dentro e fora do Brasil.

A sociologia crítica, que desconfia da autoridade dos fatos, é contrária a esse pensamento e à ideologia da superioridade, naturalização e universalização do gerencialismo e, nesse sentido, dá respaldo às teorias críticas das organizações, já citadas anteriormente. O gerencialismo pode ser compreendido como a ideologia da gestão capitalista, dando sustentação à reprodução da dominação do capital sobre o trabalho e legitimando as ações decorrentes dessa lógica (FARIA, 2011). O gerencialismo é a forma que o capital encontrou de colocar a gestão, em todas as suas formas, a seu dispor. Nessa lógica, o humano nada mais é que um recurso a serviço da empresa. Ganhou força nos anos 1980, quando a demanda de identificação e comprometimento dos indivíduos com as empresas começou a tomar contornos mais sutis na história do capitalismo industrial. Foi nessa década que a cultura do *management* se consolidou no gerencialismo e sua busca frenética pela eficiência e rentabilidade (CALGARO; SIQUEIRA, 2008).

Essa lógica, que é hoje a lógica do mercado financeiro, revolucionou a noção de tempo impondo a urgência e a instantaneidade como formas hegemônicas de dominação e controle nas organizações e na vida social. A sobrevivência das empresas, reguladas pelo capital financeiro – expresso na figura dos acionistas –, passa a depender do imediatismo das respostas, visto que o mercado é extremamente volátil. O tempo é cada vez mais manipulado, comprimido, marcado pela urgência, pois quanto mais se ganha tempo, mais se ganha novos mercados (AUBERT, 2003). A sociedade não está apenas doente da gestão, está também doente do tempo, aumentando as pressões, angústias e a "depressão nervosa". Como analisa Ehrenberg (2010),

a cultura do *management* é a cultura do heroísmo, do funcionário-
-atleta, empreendedor, do culto da *performance*. Ele diz:

> *Quando a salvação coletiva, que é a transformação política da sociedade, está em crise, a verborreia de challenges, desafios, performances, de dinamismo e outras atitudes conquistadoras, constitui um conjunto de disciplinas de salvação pessoal. Quando não temos mais nada senão a nós mesmos para nos servir de referência; quando somos a questão e a resposta; o mito prometeico do homem sozinho no barco de seu destino e confrontado com a tarefa de ter de se construir; encontrar para si próprio, e por si mesmo, um lugar e uma identidade sociais, torna-se um lugar comum. [...] A ação de empreender é eleita como o instrumento de um heroísmo generalizado.* (EHRENBERG, 2010, p. 13. Grifos no original)

Como afirmou Gaulejac (2007, p. 29), a gestão não é um mal em si, pelo contrário, é necessário "organizar o mundo, racionalizar a produção, preocupar-se com a rentabilidade. Com a condição de que tais preocupações melhorem as relações humanas e a vida social". O que não nos parece plausível é que os *managers* estejam sendo formados para fazerem da gestão única e exclusivamente um instrumento a serviço da acumulação do capital, atendendo as demandas de lucro dos acionistas em detrimento da saúde física e mental dos trabalhadores – inclusive dos próprios gestores – e da preservação dos recursos naturais, que deveriam ser tratados como propriedade da coletividade, de hoje e do futuro. Trabalhadores e natureza são explorados até o limite para saciar a ganância dos capitalistas. Com isso, não podemos ser cúmplices, porque, nessa lógica, o enriquecimento da minoria traz em seu bojo o empobrecimento da maioria, como já mostramos anteriormente.

A ideologia da gestão colonizou todas as esferas da vida social e a sociologia crítica é necessária para desfamiliarizar e despentear essa colonização travestida de progresso e desenvolvimento. Contra gestores e publicitários – servos fiéis do capital –, a sociologia crítica deve ser capaz de colocar em evidência como o capitalismo é um sistema que mantém a sociedade refém do capital (MÉSZÁROS, 1989) e quais são os problemas disso. Os efeitos do domínio da ideologia da gestão são de ordem objetiva e subjetiva e se manifestam no cotidiano da vida de sujeitos aprisionados, de um lado, pelo desejo de fazer parte do jogo para ganhar dinheiro e poder, sacrificando, muitas vezes voluntariamente, sua vida familiar, sua saúde física e emocional e sua paz de espírito. De outro lado, pela impotência de conquistar autonomia e liberdade, de conseguir escapar das garras do capital e sofrer pela culpa do imobilismo.

Sobre o poder educativo do pensamento crítico

Recorremos à Teoria Crítica, Adorno à frente, para darmos sustentação à nossa tese de que uma sociologia crítica é necessária na formação de gestores. Como sugerem Zuin *et al.* (1999, p. 13), Adorno, defensor de uma ciência social comprometida, é um filósofo/sociólogo central para nos indicar caminhos da luta e do combate, "numa época em que a sociedade se espraia qual um imenso e sufocante sistema administrativo". Os autores afirmam:

> Mesmo diante de todos os avanços técnicos, produtos engendrados pela divisão social do trabalho cada vez mais complexa, fica presente a sensação de que algo está errado. Essa sensação se recrudesce quando observamos a nítida relação entre o desenvolvimento das forças produtivas e a devastação irrefreável das naturezas interna e externa. [...] Será que realmente a nossa subjetividade instrumentalizada permite fazer com que as necessidades básicas sejam suprimidas, em prol de uma verdadeira e democrática apropriação coletiva? (ZUIN et al., 1999, p. 48)

De que serve para a humanidade tanto avanço tecnológico, científico e econômico se não há apropriação coletiva no fazer e no colher os frutos? Eis uma questão importante a ser colocada aos que almejam ser gestores de empresas. Estaria no fundo de seu desejo de poder e controle a intenção de transformar a produção e a economia em arenas de organização social, coletiva, democrática? Tudo indica que não. A empresa administrada é puro reflexo de uma vida toda administrada, danificada pelo imperativo da reprodução do sempre idêntico. A quem serve a ciência, transformada na "principal mercadoria da sociedade capitalista contemporânea" (*Idem*, p. 52). A racionalidade é irracional, afirmaram os filósofos da Escola de Frankfurt, nas décadas de 1940 a1960.

Latouche (2001, p. 12), emblemático defensor do movimento conhecido como *Decrescimento Econômico*, argumenta que "o comportamento racional do homem moderno em busca do lucro máximo, manipulando a natureza sem limite" não é nada razoável. Em nome dessa racionalidade irracional, a cultura do *management* e seu "delírio da eficácia" (LATOUCHE, 2001), afastam o saber da coletividade, estimulam a destruição da natureza objetiva e subjetivamente, produzem e reproduzem os entraves sociais para a emancipação humana.

A garantia do investimento do saber em prol de uma sociedade livre e igualitária não vem junto com o diploma do administrador de empresas. O que nos remete aos conceitos adornianos de formação (cultura) e semiformação (ou semicultura). Na "decrépita ordem criada pelo homem" (ADORNO, 1996, p. 390), o mercado é que forma a consciência das pessoas, as quais, integradas e adaptadas ao sistema, percebem cada vez menos as barreiras sociais que neutralizam sua formação cultural. Podemos pensar na lógica do produtivismo-consumismo como o "véu da integração" (*Idem*, p. 394) a serviço da qual estão sendo formados os *managers*. Lembremos, com Adorno (*Idem*, p. 391), que a adaptação/integração é um esquema de dominação progressiva pelo qual, como apontou Freud (1970), as pessoas submetem suas pulsões humanas. A adaptação leva a uma falsa liberdade e falsa sensação de elevação espiritual. A verdadeira formação, para Adorno (1996), supõe uma humanidade sem exploração e uma libertação da imposição dos meios e da utilidade – ao contrário da semiformação.

A semicultura ou semiformação é o espírito da "indústria cultural" (leia-se mídia), que leva as pessoas à ilusão de que "todos os que riem juntos conseguem a identificação" (*Idem*, p. 396). Mas, nessa "sociedade desqualificada pela onipotência do princípio de troca", a liberdade das pessoas não é verdadeira, posto que não há consciência crítica do quanto seus espíritos – e si mesmos – estão sendo devastados pelos motivos do lucro que encobrem a cultura como um mofo (ADORNO, 1996, p. 400). "O semiculto dedica-se à conservação de si mesmo sem si mesmo" (*Idem*, p. 405).

Interessa-nos aqui reter a ideia de que o semiculto – que se personifica na figura do telespectador/consumidor passivo diante da televisão e das publicidades, repetindo os clichês típicos da indústria cultural – acaba por descartar a teoria, a reflexão, o aprofundamento e apega-se, de forma conformista e acomodada, ao pragmatismo do aqui e agora. "Os delirantes sistemas da semiformação cultural dão um curto-circuito na permanência" (p. 406). O sujeito semiformado de Adorno vê-se a si mesmo como um eleito, um salvo, quando, na verdade, perdeu a capacidade de crítica e se isolou numa "alienação social radical" (p. 406). Sua consciência alienada, que lhe impede de fazer relações, anda *pari passu* com os sistemas delirantes coletivos da semiformação. O semiculto tem horror de "procurar por trás dos bastidores" (p. 407), como a consciência crítica nos leva a fazer.

Libertar-se dessa alienação de imaginar-se culto, quando na verdade não é, exige um movimento contínuo de autorreflexão crítica. Pensamos, então, que a sociologia crítica pode e deve ser um caminho para essa autorreflexão crítica que, concomitantemente, levaria toda a sociedade à verdadeira formação. Para Adorno, "quanto mais lúcido o singular, mais lúcido o todo" (p. 392), ou seja, é preciso primeiro ser sozinho aquilo que todos os homens deverão ser. A autonomia pessoal precede a autonomia de toda a sociedade. Somente depois de estar verdadeiramente realizado, o sujeito se deparará com as contradições e os problemas a resolver. O que nos parece uma saída muito mais possível, num plano concreto, se pensarmos no universo da formação de gestores, do que o vislumbre da revolução socialista em curto prazo. Isso porque, nossa realidade sugere, pensando à luz da Teoria Crítica, que o professor de sociologia e de filosofia, munido da vontade de levar seus estudantes à autorreflexão crítica e à construção de um eu forte, pode ser a chave para abrir as portas de um amplo processo de conscientização e emancipação social.

Mas sabemos que nada disso é fácil. Pelo contrário, os desafios são enormes. Loureiro (2007) conta uma história relatada por Ray Brasbury, em seu livro *Fahrenheit 451*, (s/d) em que um capitão explica a seu bombeiro que para garantir a felicidade das pessoas, basta não mostrar a elas os dois lados de uma questão, na verdade, o melhor é não mostrar lado nenhum e entulhá-las com informações inúteis, "dados não combustíveis", para enfastiá-las. Ele diz: "não lhes dê coisas escorregadias como filosofia ou sociologia para embrulhar as coisas. Esse é o caminho da melancolia" (BRADBURY, s/d *apud* LOUREIRO, 2007). Alienação e falsa felicidade, consciência e melancolia. A ignorância é uma benção! Pragmatismo e o saber técnico impregnado de utilidade imediata para atender ao soberano mercado são princípios infiltrados de forma hegemônica na educação, desde a formação dos docentes.

Santos (2002, p. 151) já havia anunciado sua crítica ao pragmatismo triunfante do projeto educacional que é tributário das ações imediatas que dispensam reflexão, "essa cegueira radical que reforça as tendências à aceitação de uma existência instrumentalizada". A formação para o trabalho sucumbiu à formação para a vida plena, o ensino se transformou num mero processo de treinamento que instrumentaliza as pessoas a competirem no implacável mundo das organizações. Com sábias palavras, Santos (2002, p. 151) afirma: "a escola deixará de ser o lugar de formação de verdadeiros cidadãos e tornar-se-á um celeiro de deficientes cívicos".

Não há conclusões possíveis, posto que estamos em construção. As teorias e reflexões costuradas aqui são apenas o começo da conversa.

Encerramos nosso capítulo com Said (2005, pp. 26-27), para quem o papel do intelectual não pode ser desempenhado sem a consciência de ser alguém cuja função é levantar publicamente questões embaraçosas, confrontar ortodoxias e dogmas (mais do que produzi-los); isto é, alguém que não pode ser facilmente cooptado por governos ou corporações, e cuja *raison d'être* é representar todas as pessoas e todos os problemas que são sistematicamente esquecidos ou varridos para debaixo do tapete. [...] O que o intelectual menos deveria fazer é atuar para que seu público se sinta bem: o importante é causar embaraço, ser do contra e até mesmo desagradável.

Esperamos ter causado angústias, questionamentos, desconfortos. Só assim, teremos ao menos certa tranquilidade de que estamos fazendo uma sociologia crítica de qualidade.

CAPÍTULO 11▸
As fissuras do horizonte: utopia, a despeito da nebulosa neoliberal

Daniel Pereira Andrade

Eis que uma névoa espessa nos obscurece o horizonte, deixando-nos sós em uma realidade árida sem linha de fuga. É o fim das utopias. Aos não resignados, apressam-se a repetir que qualquer projeto alternativo de sociedade é um devaneio tolo. "Mas isso é utopia, dizem, sabemos que não pode se realizar". Reafirmam, assim, a existência do mundo atual como único mundo possível, mesmo que esse mundo naturalizado seja um deserto que não pare de crescer. É preciso lutar permanentemente para sobreviver nesse presente eternizado, pois, para além do deserto, há apenas a ameaça de um mar convulsionado pela tempestade das crises. Não há saída adiante, não há futuro.

Há uma pintura de Caspar David Friedrich intitulada *O monge à beira do mar* (*Der Mönch am Meer*, 1808-1810). Nela, um monge solitário, com a mão no rosto na atitude tradicional da melancolia, encontra-se sobre uma superfície desértica contemplando o mar. À sua frente, ocupando quatro quintos da tela, um imenso céu nublado, cujas nuvens carregadas se confundem com o oceano escuro. As nuvens precipitam-se sobre o eremita, encurtando dramaticamente a linha do horizonte e remetendo a uma bidimensionalidade ameaçadora. A composição em três quadrantes horizontais, a opacidade da bruma e o fato do espaço se estender menos em profundidade do que em superfície impedem que a obra seja interpretada como uma paisagem de visão longínqua. A paisagem se constitui, antes, como representação de um estado de alma. A porção desértica e a desproporcionalidade entre o eremita e a imensidão lúgubre do céu são símbolos da impossibilidade da salvação. O monge porta sobre si a culpabilidade do mundo, contemplando ascética e melancolicamente o vazio insondável com o qual se defronta (CLAIR, 2005).

Imagem 1. Caspar David Friedrich, *O monge à beira do mar* (*Der Mönch am Meer*), 1808-1810.

Essa imagem é retomada em um filme de Oliver Stone de 1987. O filme é *Wall Street*, o qual retrata o advento do poder do capital financeiro globalizado e seus efeitos trágicos sobre a economia real americana. Na cena em questão, o megainvestidor Gordon Gekko (Michael Douglas) decide dissolver uma companhia aérea (Bluestar Airlines) e revender suas partes separadamente, provocando a demissão em massa de seus funcionários. Decisão baseada em informações privilegiadas e com vistas ao alto e imediato lucro financeiro, ela traía o acordo feito com os sindicatos e desconsiderava o plano de recuperação da empresa elaborado pelo jovem Bud Fox (Charlie Sheen), que, além de ambicionar pelo ganho produtivo de médio prazo, buscava preservar o emprego de décadas de seu próprio pai. É justamente após a decisão de última hora resultante de uma alteração do cenário econômico, decisão comunicada por telefone celular, já que Gekko encontra-se em sua casa de praia, que a reprodução da pintura de Caspar David Friedrich toma lugar. Gekko, em meio à praia deserta, contempla então o sombrio e reduzido horizonte carregado de nuvens que se engrandecem sobre o mar, ocupando a maior parte da tela. Trata-se de uma metáfora do futuro próximo e desastroso que se anuncia ao personagem, que, culpado, acaba preso por suas manobras ilegais, mas igualmente de uma metáfora da falta de horizonte de uma sociedade com mercados desregulamentados que promove a busca de lucratividade financeira máxima no curto prazo.

Imagem 2. *Wall Street*. Oliver Stone, 1987.

A recuperação da imagem de Friedrich por Stone se dá exatamente na época em que, na Inglaterra, Margareth Thatcher insistia que não havia alternativa ao neoliberalismo e que, nos EUA,

Capítulo 11 ▸ Daniel Pereira Andrade

Ronald Reagan apresentava como remédios inevitáveis para a crise de estagflação a desregulamentação econômica, os cortes de impostos, os cortes orçamentários e o ataque ao poder sindical e profissional. A derrota do sindicato americano dos controladores de voo, uma associação de profissionais especializados, na longa greve de 1981, abriu caminho para a generalização do ataque ao trabalho organizado em um momento em que a política econômica adotada produzia altas taxas de desemprego, originando um longo período de declínio de direitos e salários reais (HARVEY, 2009, p. 34). A implementação autoritária e violenta das políticas neoliberais em ambos os países era apresentada como uma fatalidade econômica, como o único caminho possível de superação da crise, imagem que se reforçou após o colapso do socialismo real e a queda do muro de Berlim. O discurso da via única se difundiu pelo mundo globalizado e foi o mesmo adotado no Brasil desde a década de 1990.

Mas se no início a coerção garantiu a aceitação fatalista, a hegemonia incontestada do modelo neoliberal nas décadas seguintes demanda uma explicação mais ampla. É preciso compreender o que, na própria lógica neoliberal, produz essa opacidade que, mesmo diante de um presente desértico e das convulsões das crises, impede a formulação de projetos alternativos de sociedade. O entendimento do que produz essas nuvens espessas é necessário, não apenas para esclarecer por que ainda estamos condenados a esse presente sombrio, mas também para localizar as suas fissuras e abrir linhas de fuga para outros horizontes, cujos primeiros raios parecem despontar. Enfim, é preciso colocar a questão, não apenas das formas atuais de dominação, mas retomar também os projetos e as transgressões que permitam uma saída da atual fase do capitalismo e do próprio capitalismo.

São três os conjuntos de fenômenos que serão analisados para esclarecer a nossa questão. Primeiro, a introdução do tempo de curto prazo derivado da financeirização globalizada e das novas tecnologias informacionais. Redução do horizonte temporal que acaba por desfazer os projetos coletivos de longo prazo. Segundo, a introdução das concepções de capital humano e de empreendedor de si mesmo, que responsabilizam o indivíduo por tudo o que lhe acontece, mesmo que as variáveis escapem inteiramente ao seu controle. Tais formas de subjetivação, ao supervalorizarem a importância da ação individual, dissuadem e corrompem a ação coletiva, ao mesmo tempo em que apequenam o indivíduo impotente diante de um mundo cujas demandas o esmagam, restando-lhe apenas o esforço hercúleo de se adaptar à sua dinâmica acelerada. Terceiro, a introdução da lógica da concorrência no mercado em outras esferas da vida, como nos próprios Estados, convertendo-os em empreendedores governamentais na competição global por capitais. Com isso, a esfera pública, que deveria permitir o embate entre projetos alternativos de sociedade, ligados às diferentes perspectivas de classe social, se desfaz em uma lógica administrativa que naturaliza a concorrência e busca apenas estratégias gerenciais para se sair melhor nela. A competição dos Estados-empreendedores faz com que eles se casem com os interesses do capital, constituindo uma hegemonia dos interesses financeiros a expensas da condição de vida dos trabalhadores.

Todos esses elementos têm como efeito o rebaixamento dos horizontes de expectativa e a dissolução dos projetos de transformação política da sociedade. No entanto, a própria deterioração global da vida da maior parte das populações cria as condições para a emergência de novos projetos. Inscrevendo-se na urgência da situação presente, novas formas de organização da luta política e de reconstituição da práxis comum começam a desafiar a ordem vigente já abalada pela grave crise econômica que veio à tona em 2008. É na própria luta política que as utopias renascem, derivando antes dos enfrentamentos reais do que guiando previamente a ação dos sujeitos. O projeto deve constituir-se, assim, a partir dos atos que já, atualmente, o conclamam. A ação coletiva traz consigo o renascimento do debate público sobre que mundo queremos, reabrindo os horizontes futuros do possível.

O horizonte estreito: o tempo de curto prazo

Apenas dois anos após a estreia de *Wall Street*, David Harvey publicou seu livro *Condição pós-moderna*, no qual apresentava uma importante reflexão sobre a compressão do tempo-espaço nas duas últimas décadas. Tratava-se de uma reflexão sobre a aceleração do tempo e da expansão do curto prazo, temporalidades que afetam profundamente a possibilidade de formulação de projetos coletivos de longo prazo.

Na esfera da produção, a aceleração do tempo de giro surgiu como uma solução para os graves problemas da crise econômica de meados dos anos 1970, que indicavam o esgotamento do regime de acumulação capitalista baseado no fordismo-keynesianismo. Mudanças organizacionais no sentido da desintegração vertical das burocracias (subcontratação, precarização dos contratos de trabalho, maior autonomia de decisão nos diversos subníveis hierárquicos, eliminação de níveis administrativos inteiros, foco no cliente etc.) permitiram uma maior flexibilidade e redução do tempo de resposta às mudanças do mercado (HARVEY, 1989, p. 257). Decompondo a integração vertical fordista, a unidade produtiva deixou de ser a grande empresa para se converter no projeto de curto ou médio prazo vinculado a demandas variáveis de mercado, projeto a ser executado por uma rede flexível de empresas e trabalhadores que se dissolve e se recompõe conforme as necessidades específicas (CATELLS, 2007; RIFKIN, 2001). O tempo de giro também foi acelerado pela incorporação e adaptação de técnicas gerenciais japonesas, como o sistema de entregas *just-in-time*, que elimina estoques e introduz a produção em fluxo contínuo (HARVEY, 1989, p. 257). Buscando coordenar de modo estrita o fluxo produtivo de maneira a não deixar nenhum tempo morto, produzindo conforme a demanda, recebendo a matéria prima no exato momento do início da produção e distribuindo a mercadoria assim que ela é concluída, essas técnicas buscam eliminar toda imobilização não produtiva do capital.

As consequências dessas inovações organizacionais são a intensificação dos processos de trabalho, a aceleração da desqualificação e requalificação das competências necessárias para atender às necessidades voláteis do mercado e o aumento dos trabalhadores precários em situação de vulnerabilidade. A rotação rápida dos trabalhadores e a extensão da lógica do fluxo contínuo para setores além da produção industrial, como os de serviços e de gestão de pessoas, acabaram fazendo com que os próprios processos de integração e familiarização dos trabalhadores às suas funções fossem drasticamente reduzidos em nome da eliminação do tempo produtivo desperdiçado, equiparando o ritmo de formação dos trabalhadores ao de rotação dos produtos (AUBERT, 2003, p. 84). Tal como os produtos, o tempo de vida dos trabalhadores é curto, promovendo uma descartabilidade acelerada. A precarização dos vínculos trabalhistas pela subcontratação ou pelos empregos temporários crescentes impede o planejamento de vida, deixando o trabalhador à mercê das circunstâncias e recolocando-o em uma forma de existência fragilizada que visa somente à satisfação das necessidades imediatas, tal como ocorria no início do século XX (CASTEL, 1998).

As próprias empresas, ao priorizarem a reatividade de curto prazo às transformações do mercado, reduzem a sua possibilidade de um planejamento estratégico de longo alcance. Essa tendência foi reforçada pela financeirização da economia e pelas novas tecnologias informacionais (Aubert, 2003). Se a desregulamentação dos fluxos internacionais de capital e a criação de inovações financeiras que introduzem o tempo futuro no presente já estavam em curso desde a década de 1980, apoiadas em novas tecnologias de operação em tempo real, seus efeitos só se fizeram sentir na gestão interna das empresas a partir dos anos 1990. Para além da forte onda de fusões e aquisições e de empreendedorismo com papéis que se iniciou na década anterior, a financeirização criou efeitos que impõem o planejamento de curto prazo no cotidiano das empresas.

Segundo Nicole Aubert (2003, pp. 43-51), o alinhamento entre a lógica dos acionistas e dos gestores se dá pela exigência da publicação dos resultados da empresa em intervalos cada vez mais curtos (em geral trimestrais, e não mais anuais). A razão, para tanto, é a vontade dos investidores de serem informados continuamente para suas tomadas de decisão. Sua consequência é a indução de uma temporalidade de curto prazo que contraria os planejamentos e ciclos mais longos. O imediatismo do resultado impede medidas racionais para o aumento da produtividade e da lucratividade, que demandam períodos de redução de ganhos. Para compensar os maus resultados da fase de maiores custos, ações frequentemente disfuncionais são adotadas apenas para satisfazer os acionistas. A própria publicação recorrente dos resultados causa uma volatilidade crescente dos investimentos, pois resultados mais frequentes desencadeiam reações igualmente mais frequentes, minando a previsibilidade de longo prazo. A consequência no cotidiano é um estresse permanente, não só para a publicação, mas para a melhora dos resultados no curto tempo, comprometendo o planejamento estratégico dos dirigentes, reduzidos que estão a um papel meramente contábil.

A exigência dos acionistas de informações também desencadeia um ajuste brutal de custos e, portanto, de efetivos. Para obter resultados que não inquietem os mercados, os trabalhadores com contratos precários, constituintes de uma base de empregados flutuante, são dispensados. Essa volatilidade tem um custo humano e social considerável para a própria empresa, pois implica perda de funcionários já treinados e qualificados e a necessidade de recrutar e formar novamente. Para os trabalhadores, como já foi dito, implica uma instalação na provisoriedade, que piora sua condição de vida e impõe a incerteza do futuro como norma.

Por fim, a exigência de alta lucratividade para os investimentos, em geral em torno de 15% ao ano, seguindo uma meta dos grandes fundos de pensão norte-americanos, impõe uma pressão considerável que obriga os dirigentes a assumirem riscos maiores. O pagamento de dividendos acima do que o fundo da empresa comporta, a assunção de empréstimos que criam endividamento da empresa e a realização de investimentos que, para serem mais lucrativos, são também mais arriscados, são medidas que, visando o lucro financeiro imediato, aumentam a incerteza no médio e longo prazos. O poder desses grandes fundos, sua notoriedade perante os outros investidores, bem como a avaliação permanente das medidas dos dirigentes permitem aos acionistas assumirem o controle efetivo sobre as empresas. O medo da fuga dos investidores impõe, assim, uma pressão enorme por resultados que se estende aos *managers* e a todos os trabalhadores assalariados, com metas inflacionadas permanentemente.

Se essa imposição do curto prazo é característica das empresas que têm ações nas bolsas de valores, ela, no entanto, se estende por contágio a praticamente toda a economia. Seja pelo trabalho em rede, seja pelos prazos estabelecidos pelas empresas clientes, seja ainda pela difusão de uma ideologia administrativa que valoriza a resposta rápida como regra de sobrevivência na concorrência globalizada, a lógica da instantaneidade do lucro financeiro se estendeu para a gestão de todas as empresas, impondo a pressão da urgência, mesmo onde ela não se faz necessária. A urgência converte-se, assim, em "um modo privilegiado de regulação social e uma modalidade dominante de organização da vida coletiva" (AUBERT, 2003, p. 34).

A lógica do mercado financeiro se apoia sobre a revolução tecnológica permitida pela fusão entre telecomunicações e informática. A operação em tempo real e a imediatez das respostas que as novas tecnologias proporcionam permitiram a integração mundial dos mercados financeiros, com um consequente fluxo internacional de capitais que pode desencadear, de uma hora para outra, crises globais, pelo efeito em cadeia de operações conectadas, e também crises locais, pela fuga de capitais. Além da integração econômica, essas tecnologias permitem um fluxo intensificado de informações que impactam diretamente as possibilidades de lucro. Ainda mais do que isso, elas permitem igualmente um intervalo cada vez mais reduzido de decisão, que podem ser comunicadas de última hora, levando em consideração a própria alteração das informações recebidas continuamente.

Tecnologias como telefone celular, internet e *e-mail* operam em uma dupla possibilidade. Por um lado, elas suprimem o espaço e o tempo estabelecendo uma comunicação a partir de qualquer lugar e a qualquer hora, permitindo ao indivíduo dar ordens, tomar decisões, operar sem estar presente e demandar prontamente o que quer, com uma acessibilidade direta e generalizada. Por outro lado, o mesmo indivíduo está submetido às mesmas demandas descentralizadas e de última hora, demandas urgentes e de cumprimento imediato que não cessam de se multiplicar. O indivíduo é esmagado pelo fluxo gigantesco de informações, *e-mails*, ligações e demandas *online* que lhe impedem de triar o que é realmente importante. É lhe imposta, assim, uma reatividade permanente, inclusive a demandas pouco relevantes ou urgentes. Tais tecnologias também o tornam continuamente disponível, desfazendo o limite entre tempo de trabalho e tempo de não trabalho. O indivíduo responde a chamados profissionais em sua vida privada e nela executa tarefas que não foi possível concluir durante a jornada. Desse modo, o tempo que, por um lado, as tecnologias permitem economizar, é, por outro lado, colocado a serviço de uma produtividade intensificada: "Tornando-se aparentemente mestre do tempo, o indivíduo tomba sob o jugo da urgência" (AUBERT, 2003, p. 71).

Do lado do consumo, aconteceu uma aceleração paralela derivada das respostas buscadas à crise de demanda ocorrida desde os anos 1970. Buscou-se reduzir o tempo de giro por meio dos sistemas de comunicação e de fluxo de informações, da racionalização das técnicas de distribuição, do dinheiro eletrônico e das compras virtuais. O tempo de obsolescência programada também foi diminuído e a mobilização da moda em mercados de massa foi intensificada. A oferta de serviços efêmeros não apenas pessoais, comerciais, de educação e saúde, mas também de diversão, espetáculos, eventos e distrações, ganhou maior importância econômica, na medida em que o serviço é consumido no mesmo momento em que é prestado, tendo um tempo de giro mais rápido que o dos bens físicos (HARVEY, 1989, pp. 257-258).

A busca de novas estratégias comerciais diante do fim dos mercados de massa oligopolistas levou a uma estratégia de competição baseada na diferenciação dos produtos. A exploração de nichos de mercado especializados e de pequena escala acarretou um processo de inovação permanente e customização dos bens. As empresas se aproximaram mais dos clientes e procuraram envolvê-los no desenvolvimento dos produtos, criando relacionamentos mais complexos do que a venda pontual no mercado. O objetivo era transformá-lo de um comprador eventual em um cliente fiel (RIFKIN, 2001, pp. 3-6, 80-81). A radicalização da estratégia do foco no cliente e a busca por novas formas de diferenciação e superação dos concorrentes levaram as empresas a adotarem a estratégia do *marketing* de experiências (RIFKIN, 2001; PINE e GILMORE, 1999). Ainda que a experiência já fosse a matéria-prima da indústria cultural, é a partir dos anos 1990 que a lógica experiencial se expandiu para os seguimentos de serviços e de produção de bens, generalizando e diversificando a gestão emocional dos consumidores. A partir de então, já não eram os serviços ou bens que de fato eram vendidos, mas a experiência resultante deles, repleta de sensações e emoções. A economia de experiências procura converter todas as relações humanas, todo o tempo de vida e toda a substância vivida dos consumidores em mercadorias. E o faz desde a infância, levando em conta que quanto mais jovem o consumidor se tornar fiel à empresa, maior o lucro que ele dará ao longo de toda a sua vida. A criação de uma realidade experiencial paralela se deu pela profusão de imagens derivadas da publicidade e da virtualização, cuja ambiência se metamorfoseia na velocidade de um *clic*. A gestão incessante das experiências promove, assim, uma rápida fluidez, variação, oscilação e intensificação emocionais em um movimento frenético e inquietante de perpétua ultrapassagem dos limites experienciais. O fluxo emocional acelerado é fruto da sua adequação ao próprio tempo de giro do capital financeiro, como uma forma de produção de mais-valia econômico-emocional (ANDRADE, 2013).

A difusão de um tempo de curta duração no trabalho e na vida privada, com a introdução mesmo do tempo real, desfaz radicalmente a possibilidade dos projetos coletivos que procuram construir um mundo comum em longo prazo. Por um lado, a aceleração é fruto de uma globalização que, estendida a todo mundo e tornando acessível todos os espaços, desloca a competição econômica do espaço para o tempo, mas, por outro lado, são os indivíduos, e não o tempo, que de fato se aceleram, comprimindo-se para responder às exigências da economia e da sociedade. A urgência é assim interiorizada. Ela pode aparecer na forma da necessidade de um ritmo acelerado como sentimento de existir intensamente, mas pode igualmente se manifestar como um desinvestimento amargo em razão da perda de laços sociais e do sentido do trabalho, ou como uma depressão derivada do esgotamento diante das pressões. O futuro, assim, desaparece pelo esmagamento do homem pelo presente intensificado, vivendo apenas para a reatividade imediata ou para a instantaneidade das sensações fortes. A eficácia e o bem-estar imediatos desfazem a busca de sentido em longa duração e os projetos de transformação coletiva. As linhas de fuga para o horizonte são assim apagadas pela opacidade da perspectiva do curto termo, do tempo real, da sociedade que se faz imediata a si mesma (AUBERT, 2003).

Como explica Paul Virilio (2000, pp. 21-23), estamos desfazendo a perspectiva renascentista que "concede um favor exclusivo ao 'próximo' e ao 'longínquo' de um *ponto de fuga* que literalmente fascina", perdendo assim as "lonjuras inacessíveis" e colocando em seu lugar a "proximidade mediática que tudo deve à velocidade da luz", acostumando-nos "aos efeitos das distorções das aparências provocadas pela *perspectiva do tempo real* das telecomunicações, perspectiva onde a antiga linha de horizonte se encolhe no quadro do *écran*".

O eremita no deserto: o solitário empreendedor de si mesmo e a crise da ação coletiva

Além de se deparar com esse horizonte encurtado, é de modo solitário que o indivíduo precisa encará-lo. Os laços sociais duráveis são desfeitos, não apenas pela falta de tempo de cultivar as relações e pela efemeridade dos contatos na lógica das redes e projetos de curto prazo. A erosão das solidariedades também se dá pela instituição da concorrência generalizada como norma social e pela responsabilização de cada um pelo seu próprio sucesso ou fracasso, mesmo quando as variáveis que determinam as trajetórias dependam de realidades macroeconômicas e sociais que estão completamente fora do alcance das pessoas isoladamente. Desse modo, ao mesmo tempo em que os contatos rápidos se multiplicam, os vínculos de pertencimento se desfazem, legando ao indivíduo um deserto relacional. A chave de compreensão do isolamento desértico são os dispositivos associados às noções inter-relacionadas de capital humano e de empreendedor de si mesmo.

A noção de capital humano não é uma invenção da gestão, mas um conceito da economia neoliberal formulado a partir de 1959 que é posteriormente adotado e erigido a um ideal pelos homens de empresas. A ideia original dos neoliberais parte de uma crítica à concepção de trabalho simples e abstrato dos teóricos clássicos da economia, os quais mediam o valor do que consideravam um fator originário de produção apenas em quantidade de trabalhadores e horas trabalhadas. Os neoliberais reivindicavam uma apreensão qualitativa, e não apenas quantitativa, do trabalho, afirmando que "o trabalhador era, ele mesmo, um meio de produção produzido, um item de equipamento de capital" (JOHNSON, 1960, pp.

561-562). O próprio homem tornava-se, assim, uma forma de capital, um meio e um produto de investimentos (FOUCAULT, 2004, pp. 225-228; LÓPEZ-RUIZ, 2007, pp. 183-194).

Os teóricos neoliberais promoveram uma mudança epistemológica na economia, convertendo-a em uma ciência do comportamento humano feita com base na racionalidade interna do investidor. Tratava-se então de estudar a natureza e as consequências das escolhas substituíveis, isto é, a análise das maneiras pelas quais eram alocados recursos raros a fins concorrentes. O investimento em capital humano era então concebido de dois modos (ambos ligados à aquisição de capacidades duráveis): investimento em capital de produção e em capital de consumo. O primeiro refere-se aos gastos para desenvolver capacidades particulares de produção e assim gerar retornos em termos de melhores rendimentos e ganhos. Já o segundo investimento permite a melhoria do gosto e da qualidade do consumo de modo a resultar em maiores satisfações. Dessa forma, o consumo e o investimento acabam por borrar suas fronteiras, pois grande parte dos gastos realizados pelo trabalhador em si mesmo passa a ser visto como incremento de seu capital humano como produtor ou como consumidor, voltado para retornos futuros, e não como puro hedonismo presente (LÓPEZ-RUIZ, 2007, pp. 211-219).

Com essa redefinição do homem econômico como capital humano, o trabalhador converteu-se em um capitalista de si mesmo, desaparecendo, ao menos nos textos neoliberais, a oposição entre capital e trabalho. Cada indivíduo aparece como uma empresa, a qual é preciso gerir mediante frio cálculo racional com o objetivo único de manter e aumentar seu valor econômico. O critério inequívoco a ser seguido na relação consigo mesmo era o da maximização de rendimentos. Expandia-se assim, para a formação da própria individualidade, a norma da competição entre empresas no mercado introduzida pela governamentalidade neoliberal. A dinâmica da acumulação capitalista era internalizada pelos sujeitos, convertendo a vida em *business*, submetendo o cuidado de si ao *logos* administrativo e transformando os demais trabalhadores em concorrentes. A noção de empreendedor era, então, erigida em um valor social (FOUCAULT, 2004, pp. 231-237; LÓPEZ-RUIZ, 2007, pp. 219-222; DARDOT e LAVAL, 2009, p. 457; BOUSSARD, 2008, pp. 25-27).

Apenas na década de 1990 que a teoria do capital humano emergiu na literatura de negócios. Ela foi instrumentalizada pelos *managers* com o objetivo de promover um engajamento total do indivíduo ao seu trabalho, de modo a eliminar a distância entre seu interesse e o da empresa (DARDOT e LAVAL, 2009, pp. 408-409; GORZ, 2005, pp. 22-23). O dispositivo do capital humano substituiu o controle disciplinar predominante no fordismo e fortemente criticado pelos movimentos de contracultura e de base dos trabalhadores. Esse novo dispositivo respondia a duas transformações derivadas das reformas administrativas iniciadas na década de 1980. Por um lado, a nova organização do trabalho tornou cada vez mais difícil prescrever as tarefas, tornando as empresas mais dependentes do engajamento subjetivo do trabalhador para a inovação, a tomada de decisões, a análise do fluxo contínuo de informações e o bom relacionamento no trabalho em equipe e com os clientes. Por outro lado, esse engajamento era requisitado justamente quando muitos trabalhadores haviam sido demitidos em reestruturações e terceirizações e quando o desmonte das leis trabalhistas permitira a expansão de vínculos contratuais precários.

Foi nesse momento que a teoria do capital humano instituiu uma releitura das relações entre capital e trabalho, convertendo todo trabalhador em um capitalista de si mesmo. Com isso, a figura do empregado de corporação cedeu lugar à do empreendedor, que, mesmo prestando serviço para uma grande empresa, trabalhava, em última instância, para si mesmo. Cada um se tornou responsável por ser seu próprio empregador, investidor e vendedor, obrigando-se a impor a si os constrangimentos necessários para assegurar a viabilidade e competitividade da empresa que se era (GORZ, 2005, pp 23-24). O cálculo econômico passou a incluir em seu campo uma série de elementos que até então eram considerados completamente estranhos ao seu domínio, imiscuindo a esfera pessoal e profissional. Toda e qualquer relação social e atividade que pudesse ser prevista como produtora de capacidades duradouras com possibilidade de retornos em ganhos ou satisfações futuras converteu-se em objeto de racionalização contábil. Com esse discurso que transforma a própria vida em *business* e que abole a condição salarial, a precarização das relações trabalhistas foi relida como sendo o risco e a responsabilidade de empregabilidade resultante dos investimentos prévios do trabalhador em seu próprio capital humano.

Ao agir segundo a lógica dos investimentos, o homem deveria voltar seu olhar para o futuro como justificativa das decisões presentes. No entanto, como se trata de um futuro de curto prazo, o trabalhador precisa adaptar o seu investimento às demandas voláteis do mercado, correndo o risco permanente de se equivocar. O risco das escolhas de investimento é duplicado quando as estruturas flexíveis transferem para o indivíduo a responsabilidade por organizar as complexidades dos projetos e responder de maneira inovadora, repousando sobre a sua *performance* pessoal a qualidade das decisões. Cabe, assim, ao indivíduo responder pelos seus investimentos e decisões, assumindo o risco que corresponde à própria condição de empreendedor que lhe é imputada. Não por acaso a literatura de negócios celebra o "colaborador" como um agente econômico independente, uma espécie de sócio capitalista que investe, ao lado do acionista, seu capital na empresa, embora se trate apenas de seu capital humano. É desse modo que, a despeito da precarização dos direitos trabalhistas e da ameaça permanente de ser demitido em uma época de desemprego estrutural, o discurso neoliberal afirma não haver antagonismo de interesses entre o capital financeiro e os trabalhadores-investidores, mas convergência, sendo a associação um jogo de ganha-ganha (FRIEDMAN *et al.*, 2000, pp. 7-32).

A celebrada autonomia do "empreendedor de si mesmo" é, então, um paradoxo, uma "autonomia controlada", espécie de "servidão voluntária" em que o indivíduo leva a cabo sua autocoerção e sua autoculpabilização de modo a tornar vendável seus serviços (GORZ, 2005, pp. 22-23; ASPE e COMBES, 2004; DARDOT e LAVAL, 2009, p. 435). Essa servidão se intensificou à medida que o trabalho nas novas empresas, ao demandar e mobilizar qualidades pessoais inseparáveis e indistinguíveis do indivíduo, adquiridas em sua vida social dentro e fora do mundo do trabalho, acabou por colocar em questão a própria dignidade da pessoa. Ao submeter o indivíduo a avaliações permanentes que visam medir o valor que o capital humano de cada um está agregando para os acionistas a cada instante, o que se está avaliando é a própria realização de si e o desenvolvimento pessoal do indivíduo. Como todos os domínios da vida se tornam recursos importantes do desempenho na empresa, e como a subjetividade é recrutada e avaliada pelas empresas, a totalidade da vida é que se mobiliza e se submete aos imperativos da racionalidade administrativa. A partir do momento em que a valorização mercantil é tomada como sinônimo da valorização de si, o fracasso no mundo corporativo é considerado não apenas como um fracasso profissional, mas como um fracasso pessoal completo.

Nesse sentido, o risco que é produzido em uma dimensão social pela precarização do trabalho e pelo desemprego estrutural é estrategicamente transferido para o indivíduo e naturalizado como uma dimensão ontológica das escolhas da existência. Mesmo as crises sociais passam a ser percebidas como problemas privados, submetendo à responsabilidade de cada um as causas exteriores cujas variáveis estão completamente fora do controle individual. A expansão dos seguros privados sinalizou essa gestão privada dos riscos depois que as alternativas públicas e coletivas de proteção social foram desfeitas, em razão do desmonte do Estado do Bem-Estar Social e da fragmentação de formas de solidariedade tradicionais ou de classe (DARDOT e LAVAL, 2009, pp. 429-431).

O capital humano promove um solapamento da organização dos trabalhadores como uma classe com interesses antagônicos aos do capital. Ao considerar-se como capital humano, o trabalhador deixa de se identificar com sua classe e passa a ver os outros trabalhadores como empresas concorrentes, não como companheiros de luta. A resistência coletiva contra formas insidiosas de exploração e contra a perda de direitos sociais, de salário real e de garantias trabalhistas se dissolve em um individualismo extremado, que busca de modo oportunista apenas a vantagem pessoal. Ao invés da consciência do compartilhamento de condições com os demais trabalhadores, o empregado passa a se identificar com os interesses da empresa para a qual trabalha ou presta serviço, pois é nela que suas qualidades humanas podem se converter em fontes de rendimentos (ANDRADE, 2011).

Quanto mais o trabalhador adota a visão de empreendedor de si mesmo, quanto mais assume a lógica administrativa do capital humano, mais ele leva adiante um trabalho sobre si que o faz suportar as situações de precariedade e condutas competitivas que pioram progressivamente as condições de trabalho (DARDOT e LAVAL, 2009, pp. 410-411). As empresas, por mais que sejam apresentadas como o local de cooperação e realização pessoal, tornam-se os lugares da competição acirrada, da *performance* inflacionada, da adaptação contínua e da luta pela sobrevivência.

O indivíduo encontra-se, assim, isolado nesse deserto relacional da concorrência generalizada, responsabilizando-se por variáveis que ele não pode compreender nem controlar, e, ao mesmo tempo, portando a culpa pela impossibilidade da sua salvação, já que é por meio da produção de si do sujeito que o mundo que lhe esmaga se reproduz de forma cada vez mais árida. O monge eremita que contempla ascética e melancolicamente o vazio insondável do céu apresenta-se contemporaneamente como o solitário empreendedor de si mesmo. Como afirma Zygmunt Bauman (2001, pp. 43 e 45):

> *A maneira como se vive torna-se uma solução biográfica das contradições sistêmicas. Riscos e contradições continuam a ser socialmente*

> *produzidos; são apenas o dever e a necessidade de enfrentá-los que estão sendo individualizados [...] o que aprendemos antes de mais nada da companhia dos outros é que o único auxílio que ela pode prestar é como sobreviver em nossa solidão irremível, e que a vida de todo mundo é cheia de riscos que devem ser enfrentados solitariamente.*

O céu sombrio: Estado empreendedor e a crise da esfera pública

Se o horizonte desaparece é também porque aquilo que deveria iluminar o mundo passa a obscurecê-lo, encobrindo o céu com nuvens sombrias. A esfera pública, que devia permitir o confronto (e muitas vezes o pacto) das diferentes perspectivas e projetos coletivos sobre o mundo comum (ARENDT, 2001), desfez-se quando o Estado democrático, lócus privilegiado da política moderna, converteu-se em parte da competição econômica que ele próprio generalizou como norma. Ao converter-se na forma empresa, o Estado se submete ao mercado globalizado, naturalizando-o ao invés de discutir a sua pertinência. Com isso, a questão sobre que mundo nós queremos é ofuscada pelo procedimento gerencialista que reafirma o mundo existente como o único possível, buscando o sucesso no interior e segundo os parâmetros da lógica mercantil reinante. O Estado ajuda, assim, a construir e a repor uma realidade da qual, posteriormente, ele afirma não ter saída. Sob o falso discurso ideológico neoliberal do Estado mínimo, o que existe é "um Estado opaco e extremamente ativo" (BROWN, 2007, p. 79).

Nos anos 1970, com a crise do fordismo, o Estado encontrava-se em uma difícil situação. Para se legitimar, precisava atender às demandas crescentes por parte de minorias que queriam ser incluídas em pé de igualdade na sociedade de consumo e nos direitos sociais, mas, ao mesmo tempo em que as despesas estatais aumentavam, a arrecadação fiscal permanecia estável devido à redução dos lucros das grandes corporações. Em consequência do déficit crescente, ocorreu um endividamento público que, no caso dos EUA e Inglaterra, foi combatido por meio de políticas monetárias frouxas que acabaram por generalizar a inflação em um momento de crescimento econômico pequeno ou nulo. Diante da crise de estagflação, do aumento da dívida pública e das críticas à ineficiência dos serviços públicos, reemergiu o debate sobre a construção do Estado (HARVEY, 1989).

Constituiu-se, assim, uma luta ideológica contra o antigo papel keinesiano e de bem-estar social, com dois focos principais. Primeiro, valendo-se de uma "revolta dos contribuintes", afirmou-se que o Estado, além de ineficiente em função da falta de concorrência no funcionalismo público, ainda prejudicaria a competitividade das empresas pelo seu alto custo. A crítica ao Estado era contraposta ao mito do mercado eficiente e autorregulador, sem custos, embora, na prática, esse mercado necessitasse de políticas neoliberais ativas para a sua própria construção. Nesse discurso ideológico, os problemas sociais antes tidos como derivados do capitalismo passam a ser tidos como decorrentes do Estado, sendo a intensificação do capitalismo a solução. Segundo, argumentou-se que as intervenções do Estado, ao invés de resolverem problemas como os da pobreza, acabavam por agravá-los, devido à desmoralização resultante dos estímulos ao não trabalho. Nesse sentido, não seria o mercado que destruiria a sociedade pelo apetite do ganho, mas antes o Estado, pela via da desmoralização da população. O mercado, inversamente, dependeria de virtudes da sociedade civil, pois o enriquecimento como valor estimularia o trabalho, o esforço, a responsabilidade, a inovação, a racionalidade etc. O cálculo econômico individual criaria, assim, a moralização dos comportamentos e o aumento da eficiência dos sistemas sociais, devendo ser introduzido para além da vida econômica, como na ação privada e pública, desfazendo a diferença entre política, sociedade e economia (DARDOT e LAVAL, 2009, pp. 289-299).

O embate ideológico abriu caminho para a mudança da racionalidade normativa do Estado. Como explicam Dardot e Laval (2009, p. 281):

> *Se a ordem econômica keynesiana e fordista baseava-se na ideia de que a concorrência entre empresas e entre economias capitalistas devia ser enquadrada por regras fixas, comuns em matéria de taxa de câmbio, de políticas comerciais e divisão de renda, a nova norma neoliberal instituída no fim dos anos 1980 erigiu a concorrência em regra suprema e universal de governo.*

Essa mudança da regulamentação da competição para uma regulação pela competição se deu a partir de uma série de medidas apresentadas como respostas à crise: o fim do tratado de Breton Woods e a consequente abertura para a influência dos mercados sobre a política econômica; o fim do ciclo nacional e a internacionalização da economia; uma política monetarista de combate à inflação e restauração das taxas de lucro, com uma alta de juros que promove recessão e desemprego, abrindo caminho para uma forte ofensiva contra os sindicatos, para a baixa dos impostos e das despesas com bem-estar social e para a desregulamentação dos mercados; um sistema disciplinar mundial imposto pelo FMI e pelo Banco Mundial, veiculado pelas exigências atreladas aos empréstimos concedidos a Estados endividados e por princípios formulados pela comunidade financeira internacional (Consenso de Washington), que, ao alegar serem medidas de recuperação econômica, na verdade escancaravam as economias nacionais aos interesses do capital internacional, levando-as muitas vezes à bancarrota; a liberalização política das finanças com vistas ao financiamento das dívidas públicas pelos investidores internacionais, sob a crença de que a concorrência entre atores financeiros seria melhor para a administração dos créditos do que a via estatal, o que criou uma financeirização globalizada.

Todas essas medidas partiam de uma política governamental que tentava resolver os problemas das economias nacionais dos países desenvolvidos pela busca de mercados externos. Essas diversas medidas políticas, no entanto, acabaram por criar uma competição internacional e a necessidade de adaptação a ela, de tal modo que a maior parte dos países se vê na impossibilidade de contrariar os interesses do capital. Desse modo, se houve uma construção política do mercado financeiro internacional pelos governos, há um efeito de retorno das finanças globalizadas sobre o Estado, que, não prevendo todas as transformações que elas colocavam em curso, precisa agora se adaptar ao seu poder difuso e incontrolável (DARDOT e LAVAL, 2009, pp. 280-288).

O Estado, assim, em função da sua dependência em relação ao financiamento de sua dívida pública, mas também em função da concorrência internacional com outros Estados para atrair investimentos, assume o papel ativo de criar condições favoráveis ao capital, enredando-se em uma dupla contradição. Por um lado, para promover um clima favorável de negócios, ele assume funções crescentes que contrariam a ideologia do Estado mínimo, a qual sobrevive apenas no âmbito da teoria. De fato, o Estado neoliberal não se constitui como Estado mínimo, mas sim como um Estado que se configura em torno da norma da concorrência – equívoco fundamental que levou os partidos de esquerda que chegaram ao poder a acreditar que contrariavam a lógica neoliberal de redução do Estado enquanto a implementavam ao constituir um quadro estatal sólido para a economia de mercado. Por outro lado, é em nome do interesse da nação que o Estado busca os investimentos internacionais, mas, ao mesmo tempo, para atraí-los, precisa mobilizar os atores domésticos para atenderem aos interesses do capital internacional, contrariando muitas vezes os próprios interesses nacionalistas – embora muitas vezes seja possível uma conjugação coerente entre Estado, capital nacional e capital internacional em detrimento das classes trabalhadoras (HARVEY, 2009, pp. 80 e 89).

As diversas medidas que implantaram a governamentalidade neoliberal favorecem amplamente o capital em detrimento do trabalho. Se no Estado fordista, por mais centralizado e tecnocrático que fosse, ainda havia a internalização das relações de força entre as classes sociais, a partir do final dos anos 1970 o pacto foi desfeito, com a constituição de uma nova racionalidade estatal que, a despeito de se manter democrática, se alinhava quase exclusivamente com os interesses de apenas um lado, restaurando o poder de classe (HARVEY, 2009).

O Estado, na racionalidade neoliberal, assume uma dupla função. Em primeiro lugar, torna-se um dos responsáveis (ao lado, por exemplo, das empresas) pela implantação da norma da concorrência não apenas na esfera econômica, mas também para além dela, estendendo o cálculo econômico como grade de leitura para todas as esferas da vida. Na esfera econômica, o Estado precisa garantir ativamente os direitos de propriedade, a livre troca e a estabilidade monetária, de modo a oferecer previsibilidade ao mercado. O Estado assume, inclusive, a posição de garantidor de última instância das transações financeiras, mantendo os lucros privados, mas nacionalizando muitas vezes os prejuízos. Além disso, o Estado procura criar novos mercados, promovendo privatizações e novas regras para setores econômicos em que a concorrência não existia. Esse é o caso da educação, saúde, energia, transporte público, seguridade e outras áreas que mantinham relativa autonomia, mas que passam a se basear na rentabilidade empresarial como critério de eficiência. Os próprios indivíduos e as famílias são crescentemente incitados por políticas públicas a estender o cálculo econômico do capital humano a todos os âmbitos da vida, desfazendo as ações baseadas em valores. Com a generalização da norma concorrencial, a vida se converte em um permanente *business*. A concorrência, o mercado e o comportamento econômico não são fatos naturais, são construções moldadas por leis e instituições e exigem uma intervenção e uma orquestração política. Na racionalidade neoliberal, o sucesso das políticas e do Estado é medido exatamente por essa capacidade de sustentar e fomentar os mercados (BROWN, 2007, pp. 51-53).

Em segundo lugar, o próprio Estado se submete à norma da concorrência, constituindo-se como um agente inserido no mercado global, conformando-se à forma empresa e adotando a racionalidade econômica como critério. Trata-se de uma transformação da ação pública. Se o Estado é visto como um instrumento encarregado de transformar e de gerir a sociedade para colocá-la a serviço das empresas, ele próprio deve seguir as regras das firmas privadas. O Estado se torna, assim, flexível, reativo, fundado no mercado e com foco no cliente, buscando melhorar a sua eficácia e reduzir os custos da ação pública. Essa redução da intervenção política à interação horizontal com outros atores privados coloca a questão da medida quantificada de sua eficácia comparada àquela de outros atores, desfazendo seu papel de promotor do interesse geral e dos direitos sociais ligados à cidadania.

A instituição política do mercado teve, assim, como contrapartida, a introdução da lógica mercantil na instituição pública. É o que fica claro na adaptação de concepções originárias do mundo corporativo e da economia de mercado, como a de Governança, *New Public Management* e os princípios do *Public Choice*. A racionalidade de custo e benefício é adotada não apenas na formulação de políticas públicas, mas também em relação aos seus beneficiários, que passam a ser tidos como calculadores racionais que devem ser responsabilizados pelas suas escolhas, o que retira a responsabilidade do Estado. Uma boa política pública deve, portanto, responder aos critérios de rentabilidade, de incitação da concorrência, da produção de sujeitos racionais e da extensão da forma empresa para todo o corpo social. A agenda, a não agenda e a maneira de realizar a agenda estatal são submetidas ao critério da eficácia econômica (DARDOT e LAVAL, 2009, pp. 353-357; BROWN, 2003, pp. 54-58; DENEAULT, 2013).

As consequências da racionalidade estatal neoliberal para a democracia são enormes e de modo algum positivas. Ainda que os aparatos formais, como eleições livres e direitos civis e políticos, possam ser mantidos, o conteúdo do princípio do governo pelo povo é esvaziado, ao mesmo tempo em que sua erosão passa despercebida por uma subjetividade despolitizada fruto das mesmas forças antidemocráticas.

De saída, o Estado, no neoliberalismo, deriva a sua legitimidade da sua capacidade de sustentar e fomentar o mercado, ou seja, da garantia da atividade econômica. A economia é o princípio de legitimidade e a base de ação do Estado. Sendo os próprios indivíduos considerados empresas de si mesmos e a sociedade vista como mercado, o sucesso do Estado está ligado ao crescimento econômico. Com essa função específica, o Estado pode reduzir ao máximo a sua responsabilidade pelos direitos sociais, transferindo-a para os indivíduos calculadores, reduzindo assim a cidadania a níveis mínimos. Nessa mesma lógica, os cidadãos passam a estabelecer uma relação mercantil com o Estado, encarando-o como mais um prestador de serviços no mercado, dos quais eles são consumidores (BROWN, 2007, pp. 53-57). Na posição de consumidores, os indivíduos abandonam a busca do seu próprio bem mediado pelo bem comum; antes, incomodam-se com as instâncias coletivas de decisão por limitarem a sua liberdade de escolha (BAUMAN, 2001, p. 45; STREECK, 2013). O próprio debate político se reduz a *slogans* publicitários baseados em pesquisas de opinião e voltados a seduzir os desejos individuais, ao invés de debater projetos de mundo comum.

O neoliberalismo, estendendo a lógica econômica a todos os domínios da vida, desfaz a autonomia relativa que a moral e a política possuíam. A linguagem do *management* constitui-se, por meio da noção e dos princípios da governança, em um fundo simbólico comum que perpassa todas as instituições, minando a tensão entre ideais democráticos e a economia política capitalista. A submissão ao cálculo econômico das oposições políticas, morais e subjetivas, tributárias de uma racionalidade não mercantil, faz desaparecer os valores que criavam ao menos programas reformistas. Ao findar a autonomia das esferas da vida, a brecha ética entre política e economia sucumbe. Com isso, o Estado se casa com o capital. Qualquer contestação ou reivindicação de direitos, nesse caso, passa a ser calculada em termos de custo e perda de competitividade, remetendo a soluções autoritárias justificadas pelo ganho em termos econômicos (BROWN, 2007).

Como afirmam Dardot e Laval (2009, p. 462):

> *O solapamento prático dos fundamentos culturais e morais, e não somente políticos, das democracias liberais: (permitiram que) o cinismo, a mentira, o desprezo, o filistinismo, o abrandamento da linguagem e dos gestos, a ignorância, a arrogância do dinheiro e a brutalidade da dominação valessem para governar em nome da "eficiência".*

A neutralização dos valores fundadores da democracia liberal dá lugar, assim, à suspensão da lei e à transformação do estado de exceção em estado permanente.

É assim, pois, que o gerencialismo neoliberal esvazia a esfera pública, redefinindo a própria democracia como a generalização do espírito de empresa. As diferentes perspectivas sobre o mundo comum, com seus projetos políticos, são negadas como utopias inatingíveis porque, baseadas em valores, ignoram a racionalidade econômica como critério central. "It's the economy, stupid", *slogan* da campanha eleitoral de Bill Clinton e Al Gore em 1992, resume a sentença de morte imposta a qualquer projeto alternativo. Não se trata da impossibilidade real da construção de outro mundo, trata-se, antes, da opacidade que o Estado neoliberal, mesmo que formalmente democrático, joga sobre qualquer outra via. No neoliberalismo, a política, reduzida à linguagem do *management* e aos critérios econômicos de custo e benefício, mais obscurece do que joga luzes sobre o mundo. O horizonte do possível fica, assim, coberto por espessas nuvens.

As fissuras no horizonte nebuloso: o retorno político do comum

Neste sombrio presente, surgem, no entanto, fissuras pelas quais a luz força passagem. Não por acaso, as visões do horizonte começam a se multiplicar, seja pela rememoração de antigas linhas de fuga, seja pela formulação de novas. Para se ter uma ideia, no início do ano de 2014, foi realizada uma exposição na Fundació Juan Miró, em Barcelona, intitulada "Davant l'horitzó" (Diante do horizonte), na qual eram expostas e colocadas em um diálogo anacrônico no melhor estilo benjaminiano pinturas, fotografias, esculturas e instalações de todo o mundo que representavam o horizonte desde o século XIX até o XXI. Seu mote era o horizonte como *locus* privilegiado que concentra os paradoxos da atividade pictural. No mesmo mês de fevereiro, em Paris, era realizado na Université de Nanterre o colóquio internacional "Penser l'émancipation" (Pensar a emancipação), cujo chamado para contribuições abria espaço para análises sobre movimentos sociais do passado e para reflexões originais que acompanham as lutas atuais, com a finalidade de redefinir formas de organização social alternativas. E tudo isso ocorrendo enquanto, por aqui no Brasil, as manifestações contra a Copa, contra as remoções e contra o aumento das tarifas de transporte eram retomadas com o apoio do Movimento do Passe Livre, cuja atuação deu início às grandes manifestações de junho de 2013. Também na Turquia, a população lutava contra uma lei de controle da internet na simbólica Praça Taksim, ocupada desde 2013 por manifestantes para impedir a privatização do local por mais uma manobra neoliberal.

No caso brasileiro, essas frestas nada têm a ver com o celebrado sucesso da década de governo do Partido dos Trabalhadores (2002-2014). Sem ignorar a grande importância da melhoria da condição de vida dos miseráveis e trabalhadores precarizados, nem a formação de multinacionais brasileiras que, apoiadas pelo governo, entram na disputa global, o fato é que tais mudanças em nada alteram o modelo capitalista neoliberal, ainda que se trate de um neoliberalismo de esquerda, que busca gerir suas mazelas com políticas sociais. A inclusão dos mais pobres se dá no âmbito do mesmo regime de acumulação e governo vigentes, sem desafiar em nada a hegemonia financeira – o próprio limite do grau de inclusão é dado pelos interesses intocáveis do capital. Desse modo, a ideia de que finalmente o futuro do "país do futuro" havia chegado, só pode ocorrer, como explica Paulo Arantes (2014, p. 345): "Pela aceitação do tempo presente identificado com o novo mundo de amanhã e de cujas exigências é preciso urgentemente correr atrás". Não há, assim, ampliação dos horizontes: "A percepção de horizonte encolhido também ocorre por motivo inverso, de transfiguração do presente como pura expectativa de si mesmo" (ARANTES, 2014, p. 347). Esse "sol da nova conjuntura" que de repente nasceu é, portanto, "o sol absoluto de um presente que se estende igualando-se ao futuro" (ARANTES, 2014, p. 345). Espécie de sol do meio-dia que queima os miolos dos sujeitos políticos, paralisando a crítica, sua verticalidade não pode ampliar o horizonte nem desfazer as nuvens que o encobrem.

As fissuras do horizonte que se anunciam, portanto, são outras. Desde o fim dos anos 1980, as fissuras podem ser encontradas em movimentos, combates e discursos como dos altermundialistas, da luta pelo controle popular da distribuição de água na Bolívia e na Itália, da "primavera" dos povos, da luta dos estudantes contra a universidade capitalista no Chile, Canadá e Estados Unidos, das reivindicações pelo direito à cidade em Madri, Cairo, Nova Iorque, Istambul, São Paulo, Rio de Janeiro e outras cidades brasileiras ou dos combates por "democracia real" em toda parte do mundo. Tendo em larga medida como origem uma reação à "pilhagem levada a cabo pelo Estado e pelos oligopólios daquilo que até então pertencia ao domínio público, ao Estado social ou que ainda estava sob o controle das comunidades locais", esses movimentos reivindicam a preservação dos comuns (*commons*), ainda que muitas vezes dentro de estratégias essencialmente defensivas (DARDOT e LAVAL, 2014, p. 98).

É na conversão desses vários "comuns", entendidos como objetos de natureza muito diversa, que são tomados a cargo pela atividade coletiva dos indivíduos, em um "comum" singular e abstrato, que permite a constituição de um princípio que anima essa atividade e que preside ao mesmo tempo a construção de uma forma de autogoverno político local, a "comuna", que se pode buscar uma nova racionalidade política positiva que se opõe ao neoliberalismo e visa uma saída anticapitalista.

Em um livro lançado igualmente em 2014, apenas um mês após o final da exposição de Barcelona e do colóquio de Paris (que já tomava o "comum" como tema central para a emancipação), Christian Laval e Pierre Dardot fazem justamente um esforço de reconstrução teórica desse princípio. Para os autores, o "comum" não remete a uma finalidade suprema encarnada na soberania do Estado ou na sacralidade da Igreja, ou seja, à norma no limite antidemocrático do "bem comum" como princípio de ação daqueles que se encarregam pelo governo dos corpos e das almas. Tampouco diz respeito à reificação jurídica que toma os "bens comuns" como certo tipo de bens econômicos, deduzindo a qualificação de "comum" de uma natureza inapropriável inerente às coisas e que, portanto, lhes converteriam em propriedade de todos. E, por fim, o termo não retrata aquilo que seria comum a todos, a universal natureza humana, ou, inversamente, aquilo que é rejeitado por ser comum apenas no sentido de ordinário, algo superficial que não é parte integrante da essência humana.

A definição de "comum" proposta, escapa a essas limitações teológicas, jurídicas e filosóficas para remeter a um sentido enfaticamente político, desessencializando e desnaturalizando o "comum" ao caracterizá-lo como práxis. "O comum, afirmam Dardot e Laval (2014, p. 48), é pensado como coatividade, e não como copertencimento, copropriedade ou copossessão". E continuam afirmando que é

> *somente a atividade prática dos homens que pode tornar as coisas comuns, do mesmo modo que é somente essa atividade prática que pode produzir um novo sujeito coletivo, bem diferentemente da ideia de que tal sujeito possa preexistir a essa atividade ao título de sujeito de direitos.*
> (DARDOT e LAVAL 2014, p. 49)

Sua universalidade, desse modo, é também prática, ou seja, aquela de todos os indivíduos que estão, em um momento e em condições dadas, engajados em uma mesma tarefa. Trata-se de um princípio político elaborado a partir das concepções aristotélicas de *koinôn* (instituição do comum) e de *koinônein* (colocar em comum – *mise em commun*), as quais enfatizam o comum como a deliberação dos cidadãos para determinar o que convém para a cidade e o que é justo a se fazer. Trata-se de colocar em comum as palavras e os pensamentos, e de produzir, pela deliberação e pela legislação, os costumes e as regras de vida aplicáveis a todos os que perseguem o mesmo fim. A instituição do comum deriva dessa atividade que supõe uma reciprocidade entre os que dela participam ou partilham de um modo de existência. Trata-se de uma coobrigação daqueles engajados em uma mesma atividade, de um agir comum que produz normas morais e jurídicas.

> *Em senso estrito, o princípio político do comum se anuncia nos seguintes termos: "Só há obrigação entre aqueles que participam de uma mesma atividade ou de uma mesma tarefa". Ele exclui por consequência que a obrigação encontre seu fundamento em um pertencimento que seja dado independentemente da atividade.* (DARDOT e LAVAL, 2014, p. 23)

A prática do colocar em comum (*mise en commun*) é a condição de todo comum, em suas dimensões afetivas e normativas (DARDOT e LAVAL, 2014, pp. 23-24). O comum não é um bem, é um princípio político a partir do qual devemos "construir os comuns e nos reportar a eles para preservá-los, estendê-los e fazê-los viver. Ele é por isso mesmo o princípio político que define um novo regime de lutas em escala mundial" (DARDOT e LAVAL, 2014, p. 49). Lutas que englobam um conjunto de práticas e de valores visando a defesa da comunidade contra uma agressão das classes dominantes. Os seres humanos que agem nessa construção não pertencem a um tipo de homem ou a uma categoria social predefinida, eles são o que essa própria prática faz deles. Tendo como inspiração primeira o socialismo, o princípio do comum não se confunde, no entanto, com o totalitarismo comunista ou com a social-democracia do século XX, já que não atribui ao Estado o monopólio da "utilidade comum", evitando, de um lado, a administração burocrática da produção e, de outro, a gestão securitária do "social" como domínio intermediário entre o Estado e o mercado. A pretendida realização do comum pela propriedade do Estado jamais teria feito outra coisa senão a destruição do comum pelo Estado.

Ainda que antiestatal, a instituição do comum inclui tanto o social quanto o econômico em seu domínio, já que essas dimensões não podem ser separadas do político nas sociedades contemporâneas. Inspirados nas pesquisas de Elinor Ostrom, especialmente em sua teoria institucionalista da ação coletiva, a qual mostra que o mercado e o Estado não são os únicos sistemas de produção possíveis, existindo formas institucionais muito diversas em todo mundo que podem prover a seus membros recursos duráveis e em quantidade suficiente, os autores afirmam a possibilidade de uma organização econômica por meio da criação e renovação de regras de gestão comum. Mas o fazem ampliando o sentido ao se desfazerem da reificação dos "bens" que é característica do discurso econômico e que produz efeitos paralisadores.

Por fim, os autores não acreditam que a instituição do comum possa decorrer naturalmente da vida social atual, como uma tendência que bastasse estimular para se implantar. Partindo das práticas coletivas e das lutas políticas, eles formulam de uma perspectiva estratégica a ultrapassagem de um estágio apenas reativo à dominação em direção ao comum como fonte de instituição e de direitos. O direito constitui-se, assim, como campo de batalha privilegiado, já que a nova organização da sociedade se dá em um combate contra o direito de propriedade, tido como um dispositivo de apropriação do fruto do trabalho coletivo de outros. Desse modo, o direito comum não ignora os antagonismos sociais e se afirma como direito dos desprovidos contra os privilegiados. Trata-se de um direito que não se baseia em costumes, mas que é instituído por um ato consciente. A instituição do comum, portanto, é um ato e ela não perde de vista as práticas que instituem as regras, a "práxis instituidora", fazendo existir o novo a partir de condições existentes e pela transformação delas. "Para ter qualquer chance de ver o dia, o direito do comum deve proceder de tal práxis e não se remeter à simples difusão espontânea de costumes" (2014, p. 232). Essa práxis deve se estender ao trabalho, à empresa, à associação, aos serviços públicos e ao plano internacional, substituindo a atual concorrência globalizada por uma federação dos comuns e pela constituição de uma cidadania política transnacional.

Exercício de imaginação política, pode-se dizer que o horizonte estendido que começa a se esboçar por entre a nebulosa neoliberal é o horizonte do comum. Ao construir um projeto que repõe e expande a esfera pública, ao mesmo tempo em que retoma a ação coletiva e as grandes narrativas e transforma os sujeitos, o princípio político do comum reencontra a ideia de revolução como autoinstituição da sociedade. Ligado a diversas lutas democráticas e movimentos sociais, ele abre a perspectiva de um novo tempo de emancipação. Desponta, assim, mais uma vez a luz na história política da humanidade.

REFERÊNCIAS BIBLIOGRÁFICAS/WEBGRAFIA

INTRODUÇÃO

ADORNO, Theodor. *Indústria cultural e sociedade*. São Paulo: Paz e Terra. Coleção: Leitura, 2006.

_____. *Educação e emancipação*. Rio de Janeiro: Paz e Terra, 1995.

ARBEX JUNIOR, José. *Showrnalismo, a notícia como espetáculo*. São Paulo: Editora Casa Amarela, 2001.

_____. *O jornalismo canalha: a promíscua relação entre a mídia e o poder*. São Paulo: Editora Casa Amarela, 2003.

BENJAMIN, Walter. *Magia e técnica, arte e política: ensaios sobre literatura e história da cultura*. São Paulo: Brasiliense, 1994.

BISCALCHIN, Fabio Camilo. *Universidade, mercado e a formação de papagaios burros*. Piracicaba-SP: Biscachin Editor, 2008.

MAIA, Ari Fernando. Theodor Adorno e os conceitos de ideologia e tecnologia. Em: CROCHÍK, José Leon et al. (orgs.), *Teoria crítica e formação do indivíduo*. São Paulo: Casa do Psicólogo, 2007.

CAPÍTULO 1 ▶ O papel da ideologia nas teorias organizacionais

ALTHUSSER, Louis. *Aparelhos ideológicos do Estado*. Rio de Janeiro, Graal, 1983.

BARNARD, Chester. *As funções do executivo*. São Paulo: Atlas, 1971.

BELL, Daniel. *O fim da ideologia*. Brasília: Editora da UnB, 1980.

CANO, Wilson. América Latina: notas sobre a crise. Em: *Revista Economia e Sociedade*. Vol.18, n. 3, Campinas-SP, 2009.

REFERÊNCIAS BIBLIOGRÁFICAS/WEBGRAFIA

CASTRO, Antonio Barros de. *O capitalismo ainda é aquele*. Rio de Janeiro: Forense Universitária, 1979.

CORIAT, Benjamin. *Pensar pelo avesso*. Rio de Janeiro: Editora REVAN/UFRJ, 1994.

CHAUÍ, Marilena. *O que é ideologia?* São Paulo: Brasiliense, 1989.

COVRE, Maria de Lourdes. *A fala dos homens*. São Paulo: Brasiliense, 1983.

DRUCKER, Peter. Mary Parker Follett: profeta do gerenciamento. Em: GRAHAM, Pauline (Org.). *Mary Parker-Follett: profeta do gerenciamento*. Rio de Janeiro: Qualitymark, 1997.

EAGLETON, Terry. *Ideologia*. São Paulo: Boitempo, 1997.

FAYOL, Henri. *Administração geral e industrial*. São Paulo: Atlas, 1990.

FOLLETT, Mary Parker. *Creative Experience*. New York: Longmans, Green, 1949.

GALEANO, Eduardo; BORGES, José. *Las Palabras Andantes*. Montevideo: Siglo XXI, 1994.

GRAHAM, Pauline. *Mary Parker-Follett: profeta do gerenciamento*. Rio de Janeiro: Qualitymark, 1997.

RAMOS, Alberto Guerreiro. *Uma introdução ao histórico da organização racional do trabalho*. Rio de Janeiro: Departamento de Imprensa Nacional, 1950.

GURGEL, Claudio. *A gerência do pensamento – gestão contemporânea e consciência neoliberal*. São Paulo: Cortez, 2003.

GURGEL, Claudio; RODRIGUEZ, Martius V. Rodriguez. *Administração – elementos essenciais para a gestão das organizações*. São Paulo: Atlas, 2014.

HERZBERG, Frederic, MAUSNER, Bernard, SNYDERMAN, Barbara. *The Motivation in Work*. New York: John Wiley, 1959.

HILFERDING, Rudolf. *O capital financeiro*. São Paulo: Nova Cultural, coleção Os economistas, 1985.

KALECKI, Michal. *Crescimento e ciclo das economias capitalistas*. São Paulo: Editora Hucitec, 1977.

KEYNES, John Maynard. *Teoria geral do emprego, do juro e do dinheiro*. Rio de Janeiro: Editora Fundo de Cultura, 1964.

MANNHEIM, Karl. *Ideologia e utopia*. Rio de Janeiro: Zahar, 1976.

MYRDAL, Gunnar. *Teoria econômica e regiões subdesenvolvidas*. Rio de Janeiro: Editora Saga, 1968.

MARX. Karl; ENGELS, Friedrich. *Manifesto Comunista*. Em: *Textos*, vol. III. São Paulo: Alfa-Ômega, 1982.

MARX, Karl. *Contribuição à crítica da economia política*. São Paulo: Martins Fontes, 1983.

_____. *Grundrisse*. São Paulo: Boitempo, 2011.

_____. *Crítica à filosofia do direito de Hegel*. São Paulo: Boitempo, 2005.

MASLOW. Abraham. *A Theory of Human Motivation. Psychological Review*. American Psychological Association, 1943.

MAYO, Elton. *The Human Problems of an Industrial Civilization*. New York: Harvard Univ. Press, 1933.

MÉSZÁROS, István. *O poder da ideologia*. São Paulo: Editora Ensaio, 1996.

OHNO, Taiichi. *O sistema Toyota de produção*. Porto Alegre: Editora Bookman, 1997.

RAMOS, Alberto Guerreiro. *Uma introdução ao histórico da organização racional do trabalho*. Rio de Janeiro: Departamento de Imprensa Nacional,1950.

ROETHLISBERGER, Fritz Jules; DICKSON, William John. *Management and the Worker*. Cambridge: Harvard Univ. Press, 1939.

SAY, Jean-Baptiste. *Tratado de economia política*. São Paulo: Abril Cultural. Coleção: Os economistas, 1983.

SCHUMPETER, Joseph. *A teoria do desenvolvimento econômico*. São Paulo: Abril, 1982.

TAYLOR, Frederic. *Princípios de administração científica*. São Paulo: Atlas, 1980.

TOFFLER, Alvin. *A empresa flexível*. Rio de Janeiro: Record, 1985.

TRAGTEMBERG, Maurício. *Burocracia e ideologia*. São Paulo: Ática, 1985.

WEBER, Max. *Economia e sociedade*. Brasília: Editora da UnB, 2000.

_____. *Parlamentarismo e governo numa Alemanha reconstruída: uma contribuição à crítica política do funcionalismo e da política partidária*. Em: Os pensadores. São Paulo: Abril, 1980.

ZIZEK, Slavoj. *Um mapa da ideologia*. Rio de Janeiro: Contraponto, 1996.

CAPÍTULO 2 ▸ A meritocracia nas organizações contemporâneas: gestão de competência, avaliação de desempenho e mobilidade funcional

BARBOSA, Livia. *Igualdade e meritocracia: a ética do desempenho nas sociedades modernas*. 4ª ed., Rio de Janeiro: Editora FVG, 2003.

Referências Bibliográficas/Webgrafia

BRITO, Lidia Maria Pinto. *Gestão de competências, gestão do conhecimento e organizações de aprendizagem – instrumentos de apropriação pelo capital do saber do trabalhador.* Cadernos de Educação FaE/PPGE/UFPel. Pelotas 31: julho/dezembro, 2008, pp. 203-225.

BOBBIO, Norberto; MATTEUCCI, Nicola; PASQUINO, Gianfranco. *Dicionário de política.* Brasília: Editora UnB, 2 Volumes, 1995.

BOURDIEU, Pierre; PASSERON, Jean-Claude. *A reprodução.* Rio de Janeiro: Francisco Alves, 1975.

CARROLL, Lewis. *Alice no país do espelho.* São Paulo: Companhia Nacional, 2002.

FRASER, Nancy. *Escalas de Justicia.* Barcelona: Herder Editorial, 2008.

GAULEJAC, Vincent. *Gestão como doença social.* Aparecida-SP: Ideias & Letras, 2007.

GORSKI, André. *Meritocracia no serviço público: o uso da meritocracia para alcançar eficiência na gestão.* Disponível em: <www.administradores.com.br/artigos/carreira>, 2012.

KANT, Immanuel. *Crítica da razão pura.* São Paulo: Abril Cultural. Coleção Os pensadores, 1980.

KOJEVE, Alexandre. *Introdução à leitura de Hegel.* Rio de Janeiro: Contraponto/EDUERJ, 2002.

LALANDE, André. *Vocabulário técnico e crítico de filosofia.* São Paulo: Martins Fontes, 1999.

MÉSZÁROS, István. *O poder da ideologia.* São Paulo: Boitempo, 2004.

BRITO, Daniel Tahim Alves; SILVA FILHO, José Carlos Lázaro da; CORREIA, Valquiria Melo Souza. *A meritocracia no setor público: uma análise do plano de cargos e carreiras do Poder Judiciário cearense.* Rio de Janeiro: EnANPAD, 2007.

PAGÈS, Max; BONETTI, Michel; GAULEJAC, Vincent de; DESCENDRE, Daniel. *O poder das organizações.* São Paulo: Atlas, 1987.

RAMOS, Cinthia Leticia; FARIA, José Henrique de. *Poder e ideologia: o modelo corporativo de gestão por competências em uma indústria multinacional.* Curitiba: EPPEO, 2014.

CAPÍTULO 3 ▸ A administração e a terceirização: como o pragmatismo compromete a análise

ALVAREZ, Manuel S.B. *Terceirização: parceria e qualidade*. Rio de Janeiro: Campos, 1996.

AMARO, Meiriane Nunes; PAIVA, Silvia Maria Caldeira. Disponível em: <www.senado.gov.br/conleg/artigos/economicas/SituacaodasMicro.pdf>, 2002. Acesso em: 1/5/2007.

AMORIM, Elaine Regina Aguiar. *No limite da precarização? Terceirização e trabalho feminino na indústria de confecção*. São Paulo: Annablume, 2011.

CABRAL, Sandro; LAZZARINI, Sérgio. Impactos da participação privada no sistema prisional: evidências a partir da terceirização de prisões no Paraná. Em: *Revista de Administração Contemporânea*, vol. 14, n. 3, 2010, pp. 395-413.

CARELLI, Rodrigo de Lacerda. *Terceirização e intermediação de mão de obra na administração pública*. Seminário de Integração do Ministério Público Federal e Ministério Público do Trabalho. Goiânia, mimeo, 2002, p. 12.

_____. *Terceirização e intermediação de mão de obra: ruptura do sistema trabalhista, precarização do trabalho e exclusão social*. Rio de Janeiro: Renovar, 2003.

CHESNAIS, François. *Mundialização: o capital financeiro no comando*. Outubro. São Paulo. n. 5, 2001, pp. 7-28.

DAVIS, Frank Stephen. *Terceirização e multifuncionalidade: ideias práticas para a melhoria da produtividade e competitividade da empresa*. São Paulo: STS, 1992.

DRUCK, Maria da Graça. *Terceirização: (des) fordizando a fábrica: um estudo do complexo petroquímico*. São Paulo: Boitempo, 1999.

FREITAS, Marcelo de; MALDONADO, José Manuel Santos de Varge. O pregão eletrônico e as contratações de serviços contínuos. Em: *Revista de Administração Pública*. Rio de Janeiro, n. 47(5), 2013, pp. 1265-1281.

GIOSA, Lívio Antônio. *Terceirização: uma abordagem estratégica*. São Paulo: Pioneira, 1993.

KREIN, José Dari. Capítulo II: As formas de contratação flexível no Brasil. Tendências Recentes nas Relações de Emprego no Brasil. 1990-2005. Campinas. Tese (Doutorado em Economia Aplicada) – Universidade Estadual de Campinas, 2007.

Referências Bibliográficas/Webgrafia

LEIRIA, Jerônimo Souto; SARATT, Newton. *Terceirização: uma alternativa de flexibilidade empresarial.* 8ª edição, São Paulo: Gente, 1995.

LEIRIA, Jerônimo Souto; SOUTO, Carlos Fernando; SARATT, Newton Dornelles. *Terceirização passo a passo: o caminho para a administração pública e privada.* Porto Alegre: SAGRA-DC Luzzatto, 1992.

MARCELINO, Paula. *A logística da precarização: terceirização do trabalho na Honda do Brasil.* São Paulo: Expressão Popular, 2004.

_____. *Trabalhadores terceirizados e luta sindical.* Curitiba: Appris, 2013.

MARTINS, Heloísa Helena Teixeira de Souza; RAMALHO, José Ricardo (orgs.). *Terceirização: diversidade e negociação no mundo do trabalho.* São Paulo: Hucitec: CEDI/NETS, 1994.

MARTINS, Sérgio Pinto. *A terceirização e o direito do trabalho.* 7ª edição, São Paulo: Atlas, 2005.

MORIN, Marie-Laure. Sous-traitance et Relations Salariales. Aspects de Droit du Travail. *Travail et Emploi.* In: Paris, n. 60, 1994, pp. 23-43.

OHNO. Taiichi. *O sistema Toyota de produção: para além da produção em larga escala.* Porto Alegre. Bookman, 1997.

OLIVEIRA, Marco Antonio de. *Terceirização: estruturas e processos em cheque nas empresas.* São Paulo: Nobel, 1994.

PAGNONCELLI, Dernizo. *Terceirização e parceirização: estratégias para o sucesso empresarial.* Rio de Janeiro: D. Pagnoncelli, 1993.

POCHMANN, Marcio. Sindeepres 15 anos – a superterceirização dos contratos de trabalho. Disponível em: <www.sindeepres.org.br/v01/index/Pesquisa%20Marcio%20Pochman.pdf>. Acesso em: 29/7/2007.

QUEIROZ, Carlos Alberto Ramos Soares de. *Manual de terceirização.* São Paulo, 1995.

TEIXEIRA. Francisco José Soares. *Terceirização: os terceiros serão os últimos.* SINE/CE, 1993.

CAPÍTULO 4 ▶ Capitalismo, modelos de gestão e assédio moral no trabalho

ANSART-DOURLEN, Michèle. Sentimento de humilhação e modos de defesa do eu. Narcisismo, masoquismo, fanatismo. Em: MARSON, Izabel; NAXARA, Márcia (orgs.). *Sobre a humilhação: sentimentos, gestos, palavras.* Uberlândia-MG: EDUFU, 2005.

ARAÚJO, José Newton G. Entre servidão e sedução do trabalhador: uma secular insistência do capital. Em: MENDES, Ana Magnólia (org.), *Trabalho e saúde. O sujeito entre emancipação e servidão.* Curitiba: Juruá, 2008.

BARRETO, Margarida. *Violência, saúde e trabalho: uma jornada de humilhações.* São Paulo: Fapesp/Editora PUCSP, 2006.

BARRETO, Margarida et al. (orgs.). *Do assédio moral à morte de si: significados sociais do suicídio no trabalho.* São Paulo: Matsunaga, 2011.

BERNARDO, João. *Democracia totalitária: teoria e prática da empresa soberana.* São Paulo: Cortez Editora, 2004.

BRAGA, Ruy. Mercadoria descartável. Em: *Sociologia, ciência & vida,* Especial, Ano I, n. 3, 2007.

BRAVERMAN, Harry. *Trabalho e capital monopolista: a degradação do trabalho no século XX.* Rio de Janeiro: LTC, 1987.

CHOMSKY, Noam. *O lucro ou as pessoas? Neoliberalismo e ordem global.* Rio de Janeiro: Bertrand Brasil, 2006.

DAL ROSSO, Sadi. *Mais trabalho! A intensificação do labor na sociedade contemporânea.* São Paulo: Boitempo, 2008.

DECCA, Edgar S. de. *O nascimento das fábricas.* São Paulo: Brasiliense. Coleção Tudo é história, n. 51, 1988.

EHRENBERG, Alain. *O culto da performance: da aventura empreendedora à depressão nervosa.* Aparecida-SP: Ideias & Letras, 2010.

FREITAS, Maria Ester de. *Cultura organizacional: identidade, sedução e carisma?* Rio de Janeiro: Editora FGV, 2000.

FREITAS, Maria Ester de; HELOANI, Roberto; BARRETO, Margarida. *Assédio moral no trabalho.* São Paulo: Cengage Learning, 2011.

GAULEJAC, Vincent de. *Gestão como doença social.* Aparecida-SP: Ideias & Letras, 2007.

HARVEY, David. *Condição pós-moderna.* São Paulo: Loyola, 1993.

HELOANI, Roberto. *Gestão e organização no capitalismo globalizado.* São Paulo: Atlas, 2003.

_____. A dança da garrafa: assédio moral nas organizações. Em: *GVexecutivo,* vol. 10, n. 11, janeiro/junho 2011. Especial: Pressões e angústias do mundo corporativo, 2011.

HIRIGOYEN, Marie-France. *Assédio moral: a violência perversa no cotidiano.* Rio de Janeiro: Bertrand Brasil, 2003.

Referências Bibliográficas/Webgrafia

HIRIGOYEN, Marie-France. *Mal-estar no trabalho: redefinindo assédio moral.* Rio de Janeiro: Bertrand Brasil, 2011.

_____. *Abuso de fraqueza e outras manipulações.* Rio de Janeiro: Bertrand Brasil, 2014.

MARTINS, Antonio. E se não for apenas um *slogan*? *Outras Palavras* (Blog). Comunicação compartilhada e pós-capitalismo. Disponível em: <outraspalavras.net/posts/e-se-for-nao-for-apenas-um-slogan/>, 2012. Acesso em: 22/4/2014.

MARX, Karl. *O Capital.* Crítica da economia política. Livro 1, Volume I, Rio de Janeiro: Bertrand Brasil, 1989.

MENEZES, Cynara. Quando trabalho é pesadelo. *Revista Carta Capital,* 30/4/2014.

PINTO, Geraldo Augusto. *A organização do trabalho no século XX*: taylorismo, fordismo e toyotismo. São Paulo: Expressão Popular, 2007.

SOARES, Angelo. As origens do conceito de assédio moral no trabalho. Em: *RBSO (Revista Brasileira de Saúde Ocupacional),* v. 37, n. 126, julho/dezembro de 2012, pp. 284-286.

CAPÍTULO 5 ▶ Entre fazeres e representações: que motivos eu tenho para trabalhar?

BORSÓI, Izabel Cristina Ferreira. *O modo de vida dos novos operários: Quando purgatório se torna paraíso.* Fortaleza: Editora UFC, 2005.

BRAVERMAN, Harry. *Trabalho e capital monopolista: a degradação do trabalho no século XX.* 3ª ed., Rio de Janeiro: LTC – Livros Técnicos e Científicos Editora Ltda, 1987.

BURAWOY, Michael. *A transformação dos regimes fabris no capitalismo avançado,* RBCS, 5 (13), 1990.

CODA, Roberto. Relação entre motivação, satisfação no trabalho e administração de RH. Em: BERGAMINI, Cecília Whitaker; CODA, Roberto (org.). *Psicodinâmica da vida organizacional: motivação e liderança.* São Paulo: Pioneira, 1990.

DEJOURS, Christofhe; ABDOUCHELI, Elisabeth; JAYET, Christian. *Psicodinâmica do trabalho: contribuições da escola dejouriana à análise da relação prazer, sofrimento e trabalho.* São Paulo: Atlas, 1994.

DEJOURS, Christofhe; ABDOUCHELI, Elisabeth; JAYET, Christian. Itinerário teórico em Psicopatologia do Trabalho. Em: *Psicodinâmica do trabalho: contribuições da escola dejouriana à análise da relação prazer, sofrimento e trabalho*. São Paulo: Atlas, 1994, pp. 119-145.

FLEURY, Maria Tereza Leme. Relações de trabalho e políticas de gestão: uma história de questões atuais. Em: *Revista de Administração*, 27 (4), outubro/dezembro, 1992, pp. 5-15.

HIRATA, Helena (org.). *Sobre o "modelo" japonês*. São Paulo: Editora da Universidade de São Paulo, 1993.

LIKER, Jefrey K. *O modelo Toyota: 14 princípios de gestão do maior fabricante do mundo*. Porto Alegre: Bookman, 2005.

MACGREGOR, Douglas. O lado humano da empresa. Em: BALCÃO, Yolanda; CORDEIRO, Laerte. *O comportamento humano na empresa: uma antologia*. 2ª ed., Rio de Janeiro: FGV Editora, 1973.

MASLOW, Abraham. Uma teoria da motivação humana. Em: BALCÃO, Yolanda; CORDEIRO, Laerte, *O comportamento humano na empresa: uma antologia*. 2ª ed., Rio de Janeiro, FGV Editora, 1973.

MAYO, Elton. *The Social Problems of and Industrial Civilization: With an Appendix on the Political Problem*. London: Routledge & Kegan Paul; 1949.

TAYLOR, Frederich Winslow. *Princípios da administração científica*. 8ª ed., São Paulo: Atlas, 1990.

SCOPINHO, Rosemeire Aparecida. Privatização, reestruturação e mudanças nas condições de trabalho: o caso do setor de energia elétrica. Em: *Cadernos de psicologia social do trabalho*. 5, 2002, pp. 19-36.

_____. *Processo organizativo de assentamentos rurais: trabalho, condições de vida e subjetividades*. São Paulo: Annablume: Fapesp, 2012.

SENNETT, Richard. *O artífice*. Rio de Janeiro: São Paulo, Editora Record, 2009.

SIEVER, Burkard. Além do sucedâneo da motivação. Em: BERGAMINI, Cecília Whitaker; CODA, Roberto (org.). *Psicodinâmica da vida organizacional: motivação e liderança*. São Paulo: Pioneira, 1990.

CAPÍTULO 6 ▶ Direitos demais aos trabalhadores no Brasil?

AMADEO, Edward J. Dumping social e os trabalhadores do mundo. Em: *Folha de S. Paulo*, 17/4/1994.

Referências Bibliográficas/Webgrafia

AMADEO, Edward J. Moderno... mas nem tanto. Em: *Folha de S. Paulo*, 8/9/1992.

BARBAGELATA, Héctor-Hugo. *O particularismo do direito do trabalho*. Revisão técnica de Irany Ferrari. Tradução de Edilson Alkimim Cunha. São Paulo: LTr, 1996.

CATHARINO, José Martins. *Em defesa da estabilidade: despedida versus estabilidade*. São Paulo: LTr, 1965.

COSTA E SILVA, José Ajuricaba. O direito do trabalho face ao neoliberalismo econômico. Em: *Revista do Tribunal Regional do Trabalho*, da 15ª Região, São Paulo, LTR, 1996.

COSTA, Emília Viotti da. *Da senzala à colônia*. São Paulo: Editora UNESP, 1998.

FAUSTO, Boris. *História concisa do Brasil*. São Paulo: EDUSP, 2002.

FERREIRA, Jorge. *João Goulart: uma bibliografia*. Rio de Janeiro: Civilização Brasileira, 2011.

FRENCH, John D. *Afogados em leis: a CLT e a cultura política dos trabalhadores brasileiros*. São Paulo: Perseu Abramo, 2009.

GORENDER, Jacob. Estratégias dos Estados nacionais diante do processo de globalização. Em: *Estudos Avançados*, USP, n. 25, 1995.

KOSHIBA, Luiz; PEREIRA, Denise Manzi Frayze. *História do Brasil no contexto da história ocidental*. São Paulo: Atual, 2003.

MATTOS, Marcelo Badaró. *Trabalhadores e sindicatos no Brasil*. Rio de Janeiro: Vício de Leitura, 2002.

_____. *Greves e repressão policial ao sindicalismo carioca*. Rio de Janeiro: PERJ/FAPERJ, 2003.

NASCIMENTO, Amauri Mascaro. *Teoria geral do direito do trabalho*. São Paulo: LTr, 1998.

NOGUEIRA, O. *A indústria em face das leis do trabalho*. Escolas Profissionais Salesianas. São Paulo, 1935.

OLIVEIRA, Sebastião Geraldo de. *Proteção jurídica à saúde do trabalhador*. São Paulo: LTr, 1998.

PARANHOS, Adalberto. *O roubo da fala: origens da ideologia do trabalhismo no Brasil*. São Paulo: Boitempo, 2007.

PASTORE, José. *A agonia do emprego*. São Paulo: LTr, 1997.

POCHMANN, Márcio. O fetiche dos encargos sociais. Em: *Folha de S. Paulo*, 25/6/1997.

POCHMANN, Márcio. O engodo do alto custo do trabalho. Em: *Estado de São Paulo*, 24/11/1997.

PRZEWORSKI, Adam. O futuro será melhor. Em: *Revista Veja*, 18/10/1995.

ROSSI, Clovis (1996). Voltaram as falácias. Em: *Folha de S. Paulo*, 17/2/1996.

SANTOS, Anselmo Luís. Encargos sociais e custo do trabalho no Brasil. Em: OLIVEIRA, Carlos Alonso B.; MATTOSO, Jorge Eduardo Levi (orgs.). *Crise do trabalho no Brasil: modernidade ou volta ao passado?* São Paulo: Scritta, 1996.

SZAJMAN, Abram. A derrota do país na área trabalhista. Em: *Folha de S. Paulo*, edição de 3/3/2014, p.A-3.

TORRES, Guillermo Cabanellas de. *Compendio de Derecho Laboral*. 3ª ed. Tomo I. Buenos Aires: Heliasta, 1992.

VARGAS, João Tristan. *O trabalho na ordem liberal: o movimento operário e a construção do Estado na Primeira República*. Campinas: UNICAMP/CMU, 2004.

VIANNA, Luiz Werneck. *Liberalismo e sindicato no Brasil*. Belo Horizonte: Ed. UFMG, 1999.

CAPÍTULO 7 ▸ 10 questões polêmicas sobre a Redução da Jornada de Trabalho (RJT)

ARENDT, Hannah. *A condição humana*. Rio de Janeiro: Forense Universitária, 2003.

BELLUZZO, Luiz Gonzaga. Os desafios do governo Lula na área econômica. Em: *Debate Sindical*, São Paulo, n. 45, dezembro/janeiro/fevereiro, 2003, pp. 7-10.

BÉNABOU, Roland. Inequality and Growth. In: BERNANKE, Ben; ROTEMBERG, Júlio. *NBER Macroeconomics Annual 1996*. Cambridge: The MIT Press, 1996, pp. 11-74.

BIHR, Alain. *Da grande noite à alternativa: o movimento operário europeu em crise*. São Paulo: Boitempo, 1999.

BLYTON, Paul. L'Evolution du Temps de Travail en Grande-Bretagne: La Victoire des Syndicats de la Mécanique. Em: *Futuribles*, Paris, n. 165-166, main/juin, 1992, pp. 99-110.

BOSCH, Gerhard. Rumo à conquista do tempo livre. Em: *Textos para debate internacional*, São Paulo, n. 6, 1996, pp. 30-35.

REFERÊNCIAS BIBLIOGRÁFICAS/WEBGRAFIA

CALVETE, Cássio. Reorganização produtiva e inserção sindical: os metalúrgicos no Rio Grande do Sul. Dissertação (Mestrado em Economia) – Faculdade de Ciências Econômicas/Universidade Federal do Rio Grande do Sul, Porto Alegre, 1996.

CALVETE, Cássio. A redução da jornada de trabalho como solução do desemprego: o mito de Sísifo ou Prometeu? *Revista Cívitas*, Porto Alegre, v. 3, n. 2, julho/dezembro de 2003, pp. 417-433.

CETTE, Gilbert: TADDÉI, Dominique. Em: *Reduire la Durée du Travail: de la Théorie à la Pratique*. Paris: Le livre de Poche, 1997.

Confederação Francesa Democrática do Trabalho. Resoluções do 43º congresso da CFDT. *Textos para debate internacional*, São Paulo, n. 6, 1996, pp. 2-22.

DAL ROSSO, Sadi. *A jornada de trabalho na sociedade: o castigo de prometeu*. São Paulo: LTr, 1996.

_____. *O debate sobre a redução da jornada de trabalho*. São Paulo. Coleção: ABET, 1998.

DELEIRE, Thomas; BHATTACHARYA, Jayanta; MACURDY, Thomas. Comparing Measures of Overtime Acros BLS Surveys. In: *Industrial Relations*, vol. 41, n. 2, 2002, pp. 362-369.

DIEESE. *A situação do trabalho no Brasil*. São Paulo: DIEESE, 2001.

_____. *Reduzir a jornada é gerar empregos*. São Paulo: DIEESE (Cartilha da Campanha pela Redução da Jornada de Trabalho sem Redução do Salário), 2004.

_____. *Processo de mudança da jornada de trabalho em alguns países selecionados*. São Paulo: DIEESE, Nota Técnica n. 91, 2010.

DUTT, Amitava. Stagnation, Income Distribution and Monopoly Power. In: *Cambrigde Journal of Economics*, London, vol. 8, march 1984, pp. 25-40.

_____. Kalecki e os kaleckianos: a relevância atual de Kalecki. Em: POMERANZ, Lenina; MIGLIOLI, Jorge; LIMA, Gilberto Tadeu (orgs). *Dinâmica econômica do capitalismo contemporâneo: homenagem a M. Kalecki*. São Paulo: Universidade de São Paulo, 2001.

EIRO. *Working time developments 2002. European industrial relations observatory on-line*. Disponível em: <www.eiro.eurofound.eu.int/2003/03/update/tn0303103u.html>, 2003. Acesso em: 12/7/2004.

FERREIRA, Aurélio. *Novo dicionário da língua portuguesa*. Rio de Janeiro: Nova Fronteira, 1986.

FRACALANZA, Paulo Sérgio. Redução do tempo de trabalho: uma solução para o problema do desemprego? Tese (Doutorado em Economia) – Instituto de Economia/Universidade Estadual de Campinas, Campinas, 2001.

GAROFALO, Antônio; VINCE, Paolo. Worksharing in a Labour Market Perspective with Effort and Minimum Wages. In: *Rivista Internacionale di Scienze Sociali*, vol. 108, n. 3, 2000, pp. 329-45.

GONZAGA, Gustavo; MENEZES, Naércio; CAMARGO, José Márcio. Os efeitos da redução da jornada de trabalho de 48 para 44 horas semanais em 1988. Em: *Revista Brasileira de Economia*, vol. 27, n. 2, abril/junho 2003.

GRIJÓ, Eduardo. Efeitos da mudança no grau de equidade sobre a estrutura produtiva brasileira: análise a partir da matriz de contabilidade social. Dissertação (Mestrado em Economia) – Faculdade de Administração, Contabilidade e Economia/Pontifícia Universidade Católica do Rio Grande do Sul, Porto Alegre, 2005.

HART, Robert. A. *Reducción de la Jornada de Trabajo: un Dilema para la Negociación Colectiva*. Madrid: Centro de Publicaciones del Ministerio de Trabajo y Seguridad Social, 1987.

HARVEY, David. *A condição pós-moderna*. São Paulo: Loyola, 1992.

HIPPO, Yasuyuki. Japon: la Réduction du Temps de Travail. Une Révolution Culturelle Inachevée. *Futuribles*, Paris, n. 165-166, mai/juin 1992, pp. 111-128.

HUNT, Jennifer. Hours Reductions as Work-sharing. In: *Brookings Papers on Economic Activity*, n. 1, 1998, pp. 339-381.

_____. Has Work-sharing Worked in Germany? *The Quartely Journal of Economics*, vol. 114, n. 1, 1999, pp. 117-148.

IMD (Internactional Institute for Management Development). *World Competitiveness Yearbook*. Disponível em: <www.imd.org/uupload/IMD.WebSite/wcc/WCYResults/1/scoreboard.pdf>. Acesso em: 30/4/2014.

KALECKI, Michal. Os aspectos políticos do pleno emprego. Em: KALECKI, Michal. *Crescimento e ciclo das economias capitalistas*. São Paulo: Hucitec, 1997.

_____. Luta de classe e distribuição da renda nacional. Em: KALECKI, Michal. *Crescimento e ciclo das economias capitalistas*. São Paulo: Hucitec, 1977.

_____. Três Caminhos para o Pleno Emprego. Em: KALECKI, Michal. *Kalecki*. Coleção Grandes cientistas sociais, São Paulo: Ática, 1980.

LIMA, Gilberto. Estrutura de mercado e inovação tecnológica endógena: um modelo macrodinâmico kaleckiano. Em: POMERANZ, Lenina; MIGLIOLI, Jorge; LIMA, Gilberto Tadeu (orgs.). *Dinâmica econômica do capitalismo contemporâneo: homenagem a M. Kalecki*. São Paulo: Universidade de São Paulo, 2001.

MARCHAND, Olivier. Une Comparaison Internationale des Temps de Travail. In: *Futuribles*. Paris, n. 165-166, mai/juin 1992, pp. 29-40.

MARX, Karl. *O capital*. São Paulo: Difel, 1987.

OECD. *Employment Outlook*. Paris, 1998.

OWEN, John. Work-time Reduction in the U.S and Western Europe. In: *Monthly Labor Review*. Vol. 111, n. 12, 1988, pp. 51-54.

POSSAS, Mário. Demanda efetiva, investimento e dinâmica: a atualidade de Kalecki para a teoria macroeconômica. Em: POMERANZ, Lenina; MIGLIOLI, Jorge; LIMA, Gilberto Tadeu (orgs.). *Dinâmica econômica do capitalismo contemporâneo: homenagem a M. Kalecki*. São Paulo: Universidade de São Paulo, 2001.

SANT'ANNA, André Albuquerque. Distribuição funcional da renda e crescimento econômico na década de noventa: uma aplicação do modelo departamental de Kalecki. Dissertação (Mestrado em Economia) – Instituto de Economia/Universidade Federal do Rio de Janeiro, Rio de Janeiro, 2003.

SENNETT, Richard. *A corrosão do caráter*. Rio de Janeiro: Record, 2000.

TAUILE, José Ricardo; YOUNG, Carlos Eduardo. *Concentração de renda e crescimento econômico: uma análise sobre a década de setenta*. Rio de Janeiro: IPEA (Cadernos de Economia; n. 9), 1991.

CAPÍTULO 8 ▶ O desejo de mandar

COSTA, F.B. *Homens invisíveis – relatos de uma humilhação social*. São Paulo: Globo, 2004.

FREUD, S. *Obras psicológicas completas de Sigmund Freud*. Rio de Janeiro: Imago, 1987.

GEERTZ, C. *A interpretação das culturas*. Rio de Janeiro: Guanabara Coogan, 1993.

MARX, K. *A ideologia alemã*. São Paulo: Hucitec, 1993.

CAPÍTULO 9 ▸ A liderança diante dos sofrimentos dos outros

BAUMAN, Zygmunt. *Bauman sobre Bauman*. Rio de Janeiro: Zahar, 2011.
_____. *Tempos líquidos*. Rio de Janeiro: Zahar, 2007.
BUCKINGHMAN, Markus. What Great Managers do? *Harvard Business Review*, março 2005, pp.16-24.
CASEY, Catherine. *Work, Self and Society After Industrialism*. London: Routledge, 1995.
CORCOS, Maurice; PIRLOT, Gérard; LOAS, Gwenloé. *Qu'est-ce que L'alexithymie?* Paris: Dunod, 2011.
CLECKLEY, Harvey M. *The Mask of Sanity: an Attempt to Clarify Some Issues About the so Called Psychopathic Personality*. William and Dolan, 5th edition (nov/1988), 1941.
DE GAULEJAC, Vincent. *La Société Malade de la Gestion: Idéologie Gestionnaire, Pouvoir Managérial et Harcèlement Social*. Paris: Seuil, 2005.
DEJOURS, Christophe. *A loucura do trabalho*. São Paulo: Oboré, 1987.
FLEMING, Peter; SPICER, Andre. Working at a Cynical Distance: Implications for Power, Subjectivity and Resistance. In: *Organization*, 10(1), 2003, pp. 157-179.
FOUCAULT, Michel. *Le Courage de la Vérité*, Paris: Gallimard, 2009.
HIRIGOYEN, Marie-France. *Le Harcèlement Moral: la Violence Perverse au Quotidien*. Paris: Syros, 1998.
IONESCU, Serban; JACQUET, Marie-Madeleine; LHOTE, Claude. *Les Mécanismes de Défense: Théorie et Clinique*. Paris: Éditions Nathan, 1997.
KARFAKIS, Nikos; KOKKINIDIS, George. Rethinking Cynicism: Parrhesiastic Practices in Contemporary Workplaces. In: *Culture and Organization*, 17 (4), 2011, pp. 329-345.
KELLERMAN, Barbara. *Bad Leadership*. Boston: Harvard Business School Press, 2004.
KUNDA, Gideon. *Engineering Culture: Control and Commitment in a High-Tech Corporation*. Philadelphia: Temple University Press, 1992.
LAUFER, Laurie. Présentation, être Indifférent? La Tentation du Détachement. In: *Mutations Revue Mensuelle*. Paris: Éditions Autrement, 2001.
MASLASCH, Christina; LEITER, Michael. *The Truth About Burn-Out*. San Francisco: Jossey-Bass Publishers, 1997.

REFERÊNCIAS BIBLIOGRÁFICAS/WEBGRAFIA

MINTZBERG, Henry. *Le Manager au Quotidien – Les 10 Rôles du Cadre*. Paris: Éditions d'Organisation, 2004.
NOIVILLE, Florence. *J'ai Fait HEC et je M'en Excuse*. Paris: Librio, 2009.
RACAMIER, Paul-Claude. Entre Agonie Psychique, déni Psychotique et Perversion Narcissique. In: *Revue Française de Psychanalyse*, 50(5), 1986, pp. 1299-1309.
SLOTERDITJ, Peter. *Critique of Cynical Reason*. Minneapolis: University of Minnesota Press (Em português: *Crítica da razão cínica*, Estação Liberdade), 1987.
SOARES, Angelo. Assédio moral: O estresse das vítimas e das testemunhas. Em: LIMA, Cristiana Queiroz Barbeiro; OLIVEIRA, Juliana Andrade; MAENO, Maria. (orgs.). *Compreendendo o assédio moral no ambiente de trabalho*. São Paulo: Fundacentro, 2013, pp. 35-41.
_____. La Qualité de Vie chez les Membres de l'APTS, la CSN et la FIQ au CSSS Ahuntsic/Montréal-Nord. In: *La Santé Malade de la Gestion*, p. 33, 2010.
SONTAG, Susan. *Diante da dor dos outros*. São Paulo: Companhia das Letras, 2003.
TEDLOW, Richard. Admit it: You're in Denial. In: *The Washington Post*, 2010.
_____. *Miopia corporativa*. São Paulo: HSM Editora, 2012.
TRUCHOT, Didier. *Épuisement Professionnel et Burnout: Concepts, Modèles, Interventions*, Paris: Dunod, 2004.

CAPÍTULO 10 ▸ A sociologia e o mal-estar na formação de administradores

ADORNO, Theodor W. *Introdução à sociologia*. São Paulo: Editora Unesp, 2008.
_____. Teoria da Semicultura. *Educação & Sociedade*. Ano XVII, n. 56, dezembro de 1996, pp. 388-411.
ALVESSON, Mats; WILLMOTT, Hugh (org.). *Studying Management Critically*. London: Sage Publications, 2003.
ANDRADE, Daniel Pereira. Paixões, sentimentos morais e emoções: Uma história do poder emocional sobre o homem econômico. Tese (Doutorado) – Curso de Sociologia (Departamento de Sociologia) Faculdade de Filosofia, Letras e Ciências Humanas, São Paulo, 2011.

AUBERT, Nicole. Le Culte de L'urgence. In: *La Société Malade du Temps*, Paris: Flammarion, 2003.

BATEMAN, Thomas S.; SNELL, Scott A. *Administração: construindo vantagem competitiva*. São Paulo: Atlas, 1998.

BATISTA-DOS-SANTOS, Ana Cristina; ALLOUFA, Jomária Mata de Lima; NEPOMUCENO, Luciana Holanda. Epistemologia e Metodologia para as pesquisas críticas em administração: leituras aproximadas de Horkheimer e Adorno. Em: *RAE – Revista de Administração de Empresa*. São Paulo, vol. 50, n. 3, julho/setembro 2010, pp. 312-324.

BAUMAN, Zygmunt; MAY, Tim. *Aprendendo a pensar com a sociologia*. Rio de Janeiro: Zahar, 2010.

BENJAMIN, Walter. *Magia e técnica, arte e política: ensaios sobre literatura e história da cultura*. São Paulo: Brasiliense, 1994.

BOAVA, Diego Luiz Teixeira; MACEDO, Fernanda Maria Felício; ICHIKAWA, Elisa Yoshie (2010). Guerreiro Ramos e a Fenomenologia: redução, mundo e existencialismo. Em: *Organizações e sociedade: especial Alberto Guerreiro Ramos*. Salvador, vol. 17, n. 52, janeiro/março 2010, pp. 69-83.

BOTTOMORE, Tom (org.). *Dicionário do pensamento marxista*. Rio de Janeiro: Jorge Zahar Editor, 2001.

BRAVERMAN, Harry. *Trabalho e capital monopolista: a degradação do trabalho no século XX*. Rio de Janeiro: LTC, 1987.

CALGARO, José Claudio Caldas; SIQUEIRA, Marcus Vinícius Soares. Servidão e sedução: duas faces do gerencialismo contemporâneo. Em: MENDES, Ana Magnólia (org.). *Trabalho e saúde: o sujeito entre emancipação e servidão*. Curitiba: Juruá, 2008.

CHIAVENATO, Idalberto. *Gestão de pessoas: o novo papel dos recursos humanos nas organizações*. 3ª ed. Rio de Janeiro: Elsevier, 2008.

COHN, Gabriel. Apresentação à edição brasileira. A sociologia como ciência impura. Em: ADORNO, Theodor W. *Introdução à sociologia*. São Paulo: Editora Unesp, 2008.

DOCUMENT d'Information d'Oxfam, n. 178. Em Finir avec les Inégalités Extremes. Confiscation Politique et Inégalités économiques. Disponível em: <www.oxfam.org/>, 2014. Acesso em: 20/1/2014.

ENGELS, F. O materialismo moderno. Em: FERNANDES, Florestan (org.). *Marx, Engels – História*. São Paulo: Editora Ática. Coleção Grandes cientistas sociais, n. 36, 1989.

FARIA, José Henrique de (org.). *Análise crítica das teorias e práticas organizacionais*. São Paulo: Atlas, 2007.

FARIA, José Henrique de. Os fundamentos da Teoria Crítica: uma introdução. Em: FARIA, José Henrique de (org.). *Análise crítica das teorias e práticas organizacionais*. São Paulo: Atlas, 2007.

FARIA, José Henrique de; MENEGHETTI, Francis Kanashiro. As organizações e a sociedade unidimensional. Em: FARIA, José Henrique de (org.). *Análise crítica das teorias e práticas organizacionais*. São Paulo: Atlas, 2007.

FARIA, José Henrique de. Consciência crítica com ciência idealista: paradoxos da redução sociológica na fenomenologia de Guerreiro Ramos. Em: *EBAPE*, Rio de Janeiro, v. 7, n. 3, setembro, 2009, pp. 419-446.

_____. *Economia política do poder: as práticas do controle nas organizações*, vol. 3, Curitiba: Juruá, 2011.

GAULEJAC, Vincent de. *Gestão como doença social: ideologia, poder gerencialista e fragmentação social*. 2ª ed. Aparecida-SP: Ideias & Letras, 2007.

GITMAN, Lawrence J. *Princípios de administração financeira*. 2ª ed. São Paulo: Bookman, 2000.

GURGEL, Claudio (2003). *A gerência do pensamento: gestão contemporânea e consciência neoliberal*. São Paulo: Cortez.

HARVEY, David. *O enigma do capital e as crises do capitalismo*. São Paulo: Boitempo, 2011.

HOLLOWAY, John. *Fissurar o capitalismo*. São Paulo: Publisher, 2013.

KONDER, Leandro. *Marx: vida e obra*, 1998.

KOTLER, Philip; KELLER, Kevin Lane. *Administração de marketing*. 12ª ed. São Paulo: Pearson Prentice Hall, 2006.

LÊNIN, V.I. *O que é marxismo?* Porto Alegre: Movimento. Coleção Dialética, vol. 9, 1987.

LOUREIRO, Robson. *Aversão à teoria e indigência da prática: crítica a partir da filosofia de Adorno*. Educ. Soc., Campinas, vol. 28, n. 99, maio/agosto 2007, pp. 522-541.

MARX, Karl. *O capital*. Crítica da Economia Política. Livro 1 – O processo de Produção do Capital, vol. 1, Rio de Janeiro: Bertrand Brasil, 1989.

_____. Trabalho alienado e superação positiva da auto-alienação humana. Em: FERNANDES, Florestan (org.). *Marx, Engels – História*. São Paulo: Editora Ática. Coleção: Grandes cientistas sociais, n. 36, 1989.

MÉSZÁROS, István. *Produção destrutiva e Estado capitalista*. São Paulo: Cadernos Ensaio, 1989.

_____. *Para além do capital: rumo a uma teoria da transição*. São Paulo: Boitempo, 2011.

MISOCZKY, Maria Ceci; AMANTINO-DE-ANDRADE, Jackeline. *Uma crítica à crítica domesticada nos estudos organizacionais*. RAC, Rio de Janeiro, vol. 9, n. 1, janeiro/março 2005, pp. 192-210.

MOTTA, Fernando Cláudio Prestes; VASCONCELOS, Isabella Gouveia. *Teoria geral da administração*. 3ª ed. São Paulo: Cengage Learning, 2008.

MOTTA, Fernando Cláudio Prestes. *Maurício Tragtenberg: desvendando ideologias*. RAE, São Paulo, vol. 41, n. 3, julho/setembro 2011 pp. 64-68.

NOGUEIRA, Arnaldo Mazzei. *Teoria geral da administração para o século XXI*. São Paulo: Ática, 2007.

PADILHA, Valquiria (2000), *Tempo livre e capitalismo: um par imperfeito*, Campinas-SP: Alínea.

PADILHA, Valquiria; BONIFÁCIO, Renata A. Obsolescência planejada: armadilha silenciosa na sociedade de consumo. Em: *Le Monde Diplomatique Brasil*, 2/9/2013.

PAULA, Ana Paula de Paes. *Teoria Crítica nas organizações*. São Paulo: Thomson Learning, 2008.

PAULA, Ana Paula Paes de et al. *A tradição e a autonomia dos estudos organizacionais críticos no Brasil*. RAE, São Paulo, vol. 50, n. 1, janeiro de 2010.

RANIERI, Jesus. *A câmara escura – alienação e estranhamento em Marx*. São Paulo: Boitempo, 2001.

REALE, Giovanni; ANTISERI, Dario. *História da filosofia: de Nietzsche à Escola de Frankfurt*. 6ª ed. São Paulo: Paulus. Tradução: Ivo Storniolo, 2006.

_____. *História da filosofia: de Freud à atualidade*. 7ª ed. São Paulo: Paulus. Tradução: Ivo Storniolo, 2006.

SAID, Edward W. *Representações do intelectual*. São Paulo: Companhia das Letras, 2005.

SLACK, Nigel; CHAMBERS, Stuart; JOHNSTON, Robert. *Administração da produção*. 2ª ed. São Paulo: Atlas, 2002.

TRAGTENBERG, Maurício. *Administração, poder e ideologia*. 3ª ed. São Paulo: UNESP, 2005.

ZUIN, Antonio A.S.; PUCCI, Bruno; RAMOS-DE-OLIVEIRA, Newton. *Adorno: o poder educativo do pensamento crítico*. Petrópolis: Vozes, 2000.

CAPÍTULO 11 ▸ As fissuras do horizonte: utopia, a despeito da nebulosa neoliberal

ANDRADE, Daniel Pereira. Emotional Economic Man: Power and Emotion in the Corporate World. In: *Critical Sociology*, 2013, pp. 1-21.

_____. Paixões, sentimentos morais e emoções. Uma história do poder emocional sobre o homem econômico. Tese de doutorado apresentada ao Departamento de Sociologia da Universidade de São Paulo. São Paulo, 2011.

ARANTES, Paulo. *O novo tempo do mundo*. São Paulo, Boitempo, 2014.

ARENDT, Hannah. *A condição humana*. 10ª ed. Rio de Janeiro: Forense Universitária, 2001.

ASPE, Bernard; COMBES, Muriel. *Revenu Garanti et Biopolitique*. <multitudes.samizdat.net/Revenu-garanti-et-biopolitiique>. Acesso em: em: 29/10/2004.

AUBERT, Nicole. *Le Culte de L'urgence. La Société Malade du Temps*. Paris, Flammarion, 2003.

BAUMAN, Zygmund. *Modernidade líquida*. Rio de Janeiro: Jorge Zahar, 2001.

BOUSSARD, Valerie. *Sociologie de la Gestion. Les Faiseurs de Performance*. Paris: Éditions Belin, 2008.

BROWN, Wendy. *Les Habits Neufs de la Politique Mondiale. Neoliberalisme et Neoconservatisme*. Paris, Les Prairies Ordinaires, 2007.

CASTEL, Robert (1998). *Metamorfoses da questão social: uma crônica do salário*. Petrópolis-RJ: Vozes, 1998.

CASTELLS, Manuel. *A sociedade em rede*. São Paulo: Paz e Terra, 2007.

CLAIR, Jean (org.). *Melancholie. Génie et Folie en Occident*. Gallimard, Paris, 2005.

DARDOT, Pierre; LAVAL, Christian. *La Nouvelle Raison du Monde. Essai sur la Société Néolibéral*. Paris: La Découverte, 2009.

_____. *Commun. Essai sur la Revolution au XXI e Siècle*. Paris, La Découverte, 2014.

DENEAULT, Alain. *Gouvernance. Le Management Totalitaire*. Québec, Lux, 2013.

FOUCAULT, Michel. *Naissance de la Biopolitique – Cours au Collège de France (1978-1979)*. Paris: Seuil/Gallimard, 2004.

FRIEDMAN, Brian; HATCH, James; WALKER, David. *Capital humano: como atrair, gerenciar e manter funcionários eficientes*. São Paulo: Futura, 2000.

GORZ, André. *O imaterial: conhecimento, valor e capital*. São Paulo: Annablume, 2005.

HARVEY, David. *Condição pós-moderna*. São Paulo: Edições Loyola, 1989.

_____. *O neoliberalismo: história e implicações*. São Paulo, Edições Loyola, 2009.

JOHNSON, Harry. The Policital Economy of Opulence. In: *Canadian Journal of Economics and Political Sciences*, 26: pp. 552-564, 1960.

LÓPEZ-RUIZ, Osvaldo. *Os executivos das transnacionais e o espírito do capitalismo: capital humano e empreendedorismo como valores sociais*. Rio de Janeiro: Azougue Editorial, 2007.

PINE, Joseph e GILMORE, James. *The Experience Economy: Work is a Theatre & Every business a Stage: Goods & Services is no Longer Enough*. Boston: Harvard Business School Press, 1999.

RIFKIN, Jeremy. *A era do acesso*. São Paulo: Makron Books, 2001.

STREECK, Wolfgang. *O cidadão como consumidor: considerações sobre a invasão da política pelo mercado*. Piauí, 79, 2013, pp. 1-8.

VIRILIO, Paul. *Estratégia da decepção*. São Paulo, Estação Liberdade, 2000.

SOBRE OS AUTORES

ANGELO SOARES

Doutor em Sociologia do Trabalho, realizou seu pós-doutorado na UQAM, Montreal, Canadá. Professor titular no Departamento de Organização e Recursos Humanos (ORH) da Escola de Ciências da Gestão da Universidade do Quebec, em Montreal (ESG-UQAM). Dirige pesquisas sobre assédio moral, emoções e sobre a saúde mental no trabalho.

Foi convidado, a título de *expert*, no Comitê interministerial sobre o assédio moral no trabalho (2001, Ministério do Trabalho da província de Quebec) e no Comitê senatorial permanente sobre aspectos sociais das ciências e da tecnologia – a saúde mental, a doença mental e a toxicomania (2005, Senado do Canadá). Foi pesquisador associado ao CNRS (França) no laboratório GTM – Gênero, Trabalho e Mobilidades. Foi professor visitante na USP, UnB, PUC-SP e UNESP.

CÁSSIO DA SILVA CALVETE

Graduado em Ciências Econômicas pela Universidade Federal do Rio Grande do Sul (UFRGS) (1988), especialista em Economia do Trabalho e Sindicalismo pela Universidade Estadual de Campinas (UNICAMP) (1992), mestre em Teoria Econômica pela Universidade Federal do Rio Grande do Sul (UFRGS) (1997) e doutor em Economia Social e do Trabalho pela Universidade Estadual de Campinas (UNICAMP) (2006). Professor doutor na Faculdade de Ciências Econômicas da Universidade Federal do Rio Grande do Sul (UFRGS). Autor da tese de doutorado "Redução da Jornada de trabalho: uma análise econômica para o Brasil" e de diversos artigos sobre a temática da Redução da Jornada de Trabalho (RJT).

CLAUDIO GURGEL

Economista, com especialização em administração de empresas na Pontifícia Universidade Católica (PUC-RJ), mestre em Administração Pública na Escola Brasileira de Administração Pública (EBAPE/FGV-RJ) e em Ciência Política, Doutor em Educação na Universidade Federal Fluminense (UFF). Professor da Faculdade de Administração e Ciências Contábeis na Universidade Federal Fluminense (UFF), atua no curso de graduação em Administração e no Programa de Pós-Graduação em Administração. É um dos coordenadores do projeto Contribuição do Pensamento Social Brasileiro para o ensino e a pesquisa em administração, no âmbito do PROADM/CAPES.

Autor de: *Estrelas e borboletas – origens e questões de um partido a caminho do poder; Evolução do pensamento administrativo; A gerência do pensamento – gestão contemporânea e consciência neoliberal; Administração – elementos essenciais para a gestão das organizações* e *Estado, organização e pensamento social brasileiro.*

CINTHIA LETÍCIA RAMOS

Graduada em Administração pelas Faculdades Integradas Curitiba (2002), especialista em Gestão de Organizações Sociais – Terceiro Setor (2004), formação em Leitura e Dinâmica de Grupos (2006), mestre em Organizações e Desenvolvimento (FAE-PR, 2013). Administradora plena da Petrobras – REPAR (Refinaria Presidente Getúlio Vargas). Experiência na área de Administração, com ênfase em Administração de Recursos Humanos. Pesquisadora do Grupo de Pesquisa Economia Política do Poder em Estudos Organizacionais (CNPq).

DANIEL PEREIRA ANDRADE

Pós-doutor em Sociologia pela Université Paris Ouest – Nanterre La Défense (França), Doutor, mestre e bacharel em Sociologia pela FFLCH (USP) com estágio doutoral na EHESS-Paris (França). Professor de Sociologia da EAESP (FGV).

Autor de: *Nietzsche – a experiência de si como transgressão* e de diversos artigos nacionais e internacionais.

FERNANDO BRAGA COSTA

Graduado em Psicologia, mestre e doutor em Psicologia Social pela Universidade de São Paulo (USP). Psicólogo clínico.
Autor de: *Homens invisíveis: relatos de uma humilhação social*.

JORGE LUIZ SOUTO MAIOR

Graduado Graduado em Direito pela Faculdade de Direito do Sul de Minas (FDSM). Mestre em Direito pela USP, com a dissertação: "Requisitos da petição inicial nos dissídios individuais trabalhistas" (1995). Doutor em Direito também pela Universidade de São Paulo (USP), com a tese "Procedimento oral, um pressuposto da efetividade do processo trabalhista" (1997). Jurista e professor livre-docente de Direito do Trabalho Brasileiro na Universidade de São Paulo (USP), além de juiz titular na 3ª Vara do Trabalho de Jundiaí. Participou de uma pesquisa em nível de pós-doutorado, sob orientação de Jean-Claude Javillier, na Université Paris II, França, com a tese "Modes de Règlement des Conflits Individuels du Travail" (2001). Autor de: *Relação de emprego & direito do trabalho; Temas de processo do trabalho; Direito do trabalho como instrumento de justiça social; Direito processual do trabalho; Curso de direito do trabalho – teoria geral do direito do trabalho – vol. 1, parte 1; Dano moral nas relações de emprego* e *Trabalhos marginais*.

JOSÉ HENRIQUE DE FARIA

Graduado em Ciências Econômicas (FAE-PR), especialista em política Científica e Tecnológica (IPEA/CNPq), mestre em Administração (PPGA/UFRGS), doutor em Administração (FEA-USP), pós-doutor em *Labor Relations* (University of Michigan). Professor Titular da Universidade Federal do Paraná. Professor Pesquisador Sênior do PPGADM/UFPR. Líder do Grupo de Pesquisa Economia Política do Poder em Estudos Organizacionais (CNPq). Diretor-executivo do Instituto Ambiens de Pesquisa, Educação e Planejamento. Reitor da UFPR (1994-1998).

Autor de: *O autoritarismo nas organizações*; *Relações de poder e formas de gestão*; *Comissões de fábrica: poder e trabalho nas unidades produtivas*; *Tecnologia e processo de trabalho*; *Economia política do poder: 3 volumes*; *Análise crítica das teorias e Práticas organizacionais*; *Gestão participativa: relações de poder e de trabalho nas organizações*.

PAULA MARCELINO

Doutora em Ciências Sociais pela Unicamp. Professora do Departamento de Sociologia da Universidade de São Paulo (USP).

Autora de: *Trabalhadores terceirizados e luta sindical* e *A logística da precarização: terceirização do trabalho na Honda do Brasil*. Editora da *Revista Crítica Marxista* (São Paulo).

Sobre os Autores

ROSEMEIRE APARECIDA SCOPINHO

Graduada em Psicologia pela Faculdade de Filosofia Ciências e Letras de Ribeirão Preto da Universidade de São Paulo (Ribeirão Preto-SP), mestre em Educação pela Universidade Federal de São Carlos (UFSCar) e doutora em Sociologia pela Universidade Paulista Júlio de Mesquita Filho (Unesp), *campus* de Araraquara-SP. Professora Associada do Departamento de Psicologia da Universidade Federal de São Carlos (UFSCar) – SP.
Autora de: *Processo organizativo de assentamentos rurais: trabalho, condições de vida e subjetividades*; *Vigiando a vigilância: política e prática de saúde e segurança no trabalho em tempos de qualidade total*. Coorganizadora, com Izabel Cristina Ferreira Borsoi, do livro: *Novos trabalhos, velhos dias*. Coorganizadora, com Leandro Lamas Valarelli, do livro: *Modernização e impactos sociais: o caso da agroindústria sucroalcooleira da região de Ribeirão-SP*. Coorganizadora, com Neiry Alessi Primo, Sandra Azevedo Pinheiro, Antônio Palocci Filho e Graciete Borges, do livro: *Trabalho e saúde no Sistema Único de Saúde*.

THIAGO MARTINS JORGE

Administrador de empresas, formado pelo Departamento de Administração da Faculdade de Economia, Administração e Contabilidade de Ribeirão Preto (FEARP), Universidade de São Paulo (USP), *campus* de Ribeirão Preto-SP.

VALQUÍRIA PADILHA

Graduada em Ciências Sociais pela PUCCAMP (Campinas-SP), especialista em estudos do Lazer pela Unicamp (Campinas-SP), mestre em Sociologia pela Unicamp, doutora em Ciências Sociais pela Unicamp, com doutorado sanduíche feito na Université de Bourgogne, (Dijon, França), pós-doutora em Ciências Sociais pela UFSCar (São Carlos-SP) e pós-doutorada em "Travail, Economie et Gestion", pela Téluq--UQAM (Montréal, Canadá). Professora doutora no Departamento de Administração da Faculdade de Economia, Administração e Contabilidade de Ribeirão Preto (FEARP), Universidade de São Paulo (USP), *campus* de Ribeirão Preto-SP.
Autora de: *Tempo livre e capitalismo: um par imperfeito*; *Shopping center: a catedral das mercadorias*. Organizadora do livro: *Dialética do lazer*. Coorganizadora, com Vera Navarro, do livro: *Retratos do trabalho no Brasil*.

Esta obra foi composta em CTcP
Capa: Supremo 250g – Miolo: Pólen Soft 80g
Impressão e acabamento
Gráfica e Editora Santuário